高等院校工商管理专业精品教材系列

STRATEGIC MANAGEMENT
THEORY, APPLICATION AND CASES IN CHINA

战略管理
理论、应用和中国案例

（第2版）

孟鹰　余来文　陈明　李寅龙 ◎编著

经济管理出版社
ECONOMY & MANAGEMENT PUBLISHING HOUSE

图书在版编目（CIP）数据

战略管理：理论、应用和中国案例/孟鹰等编著 . —2 版 . —北京：经济管理出版社，2019.7
（2024.7重印）
ISBN 978 - 7 - 5096 - 6661 - 6

Ⅰ. ①战…　Ⅱ. ①孟…　Ⅲ. ①企业管理—战略管理—案例—中国　Ⅳ. ①F279. 23

中国版本图书馆 CIP 数据核字(2019)第 118498 号

组稿编辑：申桂萍
责任编辑：申桂萍　姜玉满
责任印制：黄章平
责任校对：陈　颖

出版发行：经济管理出版社
　　　　　（北京市海淀区北蜂窝 8 号中雅大厦 A 座 11 层　100038）
网　　址：www. E - mp. com. cn
电　　话：(010) 51915602
印　　刷：唐山昊达印刷有限公司
经　　销：新华书店
开　　本：787mm×1092mm/16
印　　张：19. 5
字　　数：475 千字
版　　次：2019 年 8 月第 1 版　　2024 年 7 月第 2 次印刷
书　　号：ISBN 978 - 7 - 5096 - 6661 - 6
定　　价：58. 00 元

前　言

　　《战略管理：理论、应用和中国案例》第一版出版以来，企业的生存环境不断在变化，企业界的产业事件每天都在发生，我们目睹着这些变化，萌生了修订本书的想法。此次修订着重中国本土化案例的更新，选择最新的企业案例；全书结构也做了调整，使之更适应教学的需求；在内容上补充了企业使命、愿景、国际化战略、商业模式创新等章节，使全书内容更加充实，更适应时代的特征。

　　再版教材继续保持第一版中的"实践特色""中国特色""时代特色"。"实践特色"是指本书理论与案例并举，突出战略实践在战略管理教材中的重要地位，就全书文字量而言，案例部分占50%左右，这比一般的战略管理教材的比例明显要高，体现了教材的"操作性"。"中国特色"是指本书编写的所有案例全部来自中国企业，中国企业鲜活的战略实践将使读者备感亲切而喜闻乐见，体现了教材的"可读性"。"时代特色"是指本书编写的案例大都是近几年发生的"战略故事"。本版教材的这三个特色进一步凸显，与时俱进，特色鲜明。

　　本版教材由孟鹰、余来文、陈明、李寅龙负责，参与编写的还有江西师范大学汤美丽博士研究生，程云鹏、王江容、陈剑红等硕士研究生。其中，第一、二、七章由陈明、汤美丽、王江容编写；第三、四、五、六章由孟鹰、余来文、程云鹏、李寅龙编写；第八章由陈明、余来文、程云鹏编写；第九、十章由汤美丽、陈明、程云鹏、陈剑红编写。

　　我们还必须感谢本书案例中的中国企业。没有大量的业界实践，我们的战略理论将成为"无本之木"。特别需要说明的是，本教材在编写过程中，学习、借鉴、吸收和参考了国内外众多专家学者的研究成果及大量相关文献资料，并引用了一些书籍、报刊、网站的部分数据和资料内容，尽可能地在参考文献中列出，也有部分由于时间紧迫，未能与有关作者一一联系，敬请见谅，在此，对这些成果的作者深表谢意。

　　限于编写者的学识水平，书中的瑕疵敬请广大读者批评指正！

目　录

第一章　战略管理导论……………………………………………………… 1

第一节　战略管理的性质……………………………………………… 3
一、战略及战略管理的定义………………………………………… 3
二、战略管理的特征………………………………………………… 5
三、战略管理的意义与风险………………………………………… 9
四、战略管理的过程………………………………………………… 11

第二节　战略管理模型………………………………………………… 12
一、自发型战略模型………………………………………………… 12
二、意图型战略模型………………………………………………… 13
三、两种模型的比较………………………………………………… 13

第三节　有效战略的评判标准………………………………………… 15
一、有效战略的内涵………………………………………………… 15
二、验证有效战略的方法…………………………………………… 16

第四节　中国公司战略管理的背景变化……………………………… 17
一、全球化与本土化………………………………………………… 17
二、信息化与不完全信息化………………………………………… 19
三、市场化与不完全市场化………………………………………… 20

第二章　企业使命、愿景与战略目标…………………………………… 23

第一节　企业使命……………………………………………………… 25
一、企业使命的内涵………………………………………………… 25
二、企业使命的作用………………………………………………… 26
三、企业使命的确立………………………………………………… 28

第二节　企业愿景……………………………………………………… 30
一、企业愿景的内涵………………………………………………… 30
二、企业愿景的作用………………………………………………… 31
三、企业愿景的表述………………………………………………… 32

第三节　企业战略目标………………………………………………… 34
一、战略目标的含义和特点………………………………………… 34

二、企业战略目标的作用 ··· 35

三、企业战略目标体系的建立 ·· 38

第三章 外部环境分析 ··· 45

第一节 外部环境分析基础 ·· 47

一、外部环境分析的意义 ··· 47

二、外部环境分析的内容 ··· 48

三、环境分析的过程 ·· 49

第二节 宏观环境分析 ··· 50

一、政治、法律因素 ·· 50

二、经济因素 ··· 52

三、社会因素 ··· 52

四、技术因素 ··· 54

五、自然环境因素 ·· 55

六、全球化 ··· 56

第三节 行业环境分析 ··· 58

一、行业结构—行为—绩效模型 ····································· 58

二、行业生命周期 ·· 59

三、行业成功关键因素 ··· 62

四、行业竞争环境：波特五力竞争模型 ······························ 63

第四节 竞争环境：竞争对手分析 ·································· 69

一、识别竞争者 ·· 70

二、竞争情报 ··· 70

三、竞争态势矩阵 ·· 71

第五节 经营环境：相关利益者分析 ································ 72

一、客户 ··· 72

二、供应商 ··· 74

三、债权人 ··· 74

四、人才市场 ··· 75

五、地方政府 ··· 75

第六节 外部因素评价矩阵 ·· 77

第四章 内部资源分析 ··· 82

第一节 企业资源分析的性质 ······································ 85

一、企业资源分析的目的 ··· 85

二、企业资源分析的过程 ··· 86

三、三种基本资源：有形资源、无形资源及组织能力 ················ 87

第二节 内部资源条件自我审视 ···································· 88

一、内部资源审视的关键要素 ·· 88

二、内部资源审视的检测问题 ··· 96

第三节 资源基础理论：以核心竞争力的视角 ······························· 99

一、核心竞争力的含义 ··· 100

二、核心竞争力的评价标准 ··· 101

三、核心竞争力的维系与保持 ··· 101

四、对 RBV 理论的评价 ··· 102

第四节 价值链理论：以价值增值的视角 ····································· 102

一、价值链分析模型 ··· 102

二、价值链分析模型的应用 ··· 103

三、对价值链分析模型的评价 ··· 105

第五节 标杆理论：以横向比较的视角 ··· 106

一、标杆管理的内涵、类型与步骤 ··· 106

二、标杆理论的应用价值 ··· 107

第六节 整合理论：以外部资源内部化的视角 ······························· 109

一、外部人力资源的整合 ··· 109

二、外部运营资源的整合 ··· 109

三、外部财务资源的整合 ··· 110

第七节 内部因素评价矩阵 ··· 110

第八节 可持续竞争优势——VRIO 模型 ······································· 112

一、价值 ··· 112

二、稀缺性 ··· 112

三、难以模仿性 ··· 113

四、组织 ··· 113

第五章 战略类型 ··· 117

第一节 总体战略的选择维度：收益与风险 ··································· 119

第二节 总体战略的路径选择 ··· 120

一、市场渗透 ··· 120

二、市场开发 ··· 121

三、产品开发 ··· 123

第三节 扩张型战略 ··· 125

一、专业化战略 ··· 125

二、多元化战略 ··· 125

三、一体化战略 ··· 128

第四节 稳定型战略 ··· 132

第五节 紧缩型战略 ··· 132

一、转向 ··· 134

二、剥离 ··· 135

三、清算 ··· 137

第六节　共享资源战略···138
　　一、合资经营···138
　　二、战略联盟···138
第七节　竞争战略··140
　　一、成本领先战略···140
　　二、差异化战略···143
　　三、目标集聚战略···144

第六章　国际化战略···151
第一节　国际化战略的动因···155
　　一、扩大市场规模···155
　　二、提高投资回报率···155
　　三、产生规模经济和范围经济···155
　　四、构筑区位优势···155
第二节　国际市场进入方式···156
　　一、贸易型进入方式···156
　　二、契约型进入方式···156
　　三、股权投资型进入方式···161
第三节　影响国际化战略的因素···165
　　一、进入国际市场的时机选择···165
　　二、国际化战略的风险···166
　　三、国际化战略的风险管控···169

第七章　战略的选择评估···174
第一节　战略的选择工具···177
　　一、SWOT 矩阵···177
　　二、SPACE 矩阵···178
　　三、GSM 矩阵···182
　　四、BCG 矩阵···183
　　五、IE 矩阵···187
　　六、QSPM 矩阵···188
　　七、对战略选择工具的综合评价···191
第二节　战略评估的基本原则···194
第三节　战略选择的评估技术···199
　　一、已动用资本回报率评价···200
　　二、折现现金流评价···200
　　三、经济增加值评价···203
第四节　战略选择的影响因素···204

第八章　战略实施的资源配置与组织机制 ···················· 209

　第一节　资源配置与战略的关系 ······················· 211
　　一、战略促使资源有效配置 ······················· 211
　　二、资源配置与战略的相互作用 ···················· 211
　　三、资源配置与战略的动态组合 ···················· 212

　第二节　组织结构与战略的关系 ······················· 213
　　一、组织结构的概念及发展模式 ···················· 213
　　二、战略的前导性和组织结构的滞后性 ··············· 216
　　三、组织结构与战略的匹配 ······················· 216

　第三节　组织文化与战略的关系 ······················· 222
　　一、组织文化的定义 ··························· 222
　　二、组织文化的作用 ··························· 224
　　三、组织文化与战略管理 ························· 225

第九章　战略风险与控制 ···························· 238

　第一节　战略风险的类型 ··························· 240
　　一、战略风险的定义 ··························· 240
　　二、战略风险的性质 ··························· 241
　　三、战略风险的类型 ··························· 241

　第二节　战略风险的来源 ··························· 249
　　一、超过预期的环境变化 ························· 249
　　二、基于业绩压力的规模过度扩张 ·················· 250
　　三、富于冒险精神的企业文化 ····················· 252

　第三节　战略风险的控制 ··························· 255
　　一、培育风险管理文化 ·························· 255
　　二、建立风险管理系统 ·························· 256
　　三、设置战略风险边界 ·························· 259
　　四、强化内部控制 ···························· 260

第十章　战略变革 ······························· 266

　第一节　战略变革基础 ···························· 268
　　一、战略变革的含义 ··························· 268
　　二、战略变革的动因 ··························· 269
　　三、战略变革的类型 ··························· 272

　第二节　战略变革模型 ···························· 273
　　一、常规战略变革模型 ·························· 273
　　二、自发性战略变革模型 ························· 275

　第三节　战略变革的阻力分析 ························· 277

一、战略变革阻力产生的原因 ··· 277

二、战略变革的阻力分析 ··· 278

第四节 战略变革的选择 ··· 280

一、战略变革的领域选择 ··· 280

二、战略变革的时机选择 ··· 281

三、战略变革的策略选择 ··· 281

第五节 战略变革与商业模式创新 ··· 284

一、商业模式创新的定义 ··· 287

二、商业模式创新的作用 ··· 289

三、商业模式创新的类型 ··· 291

四、商业模式创新的路径 ··· 295

五、移动互联网下的商业模式创新 ··· 295

第一章　战略管理导论

【学习要点】

　　☆ 了解战略及战略管理的定义、特征与意义。

　　☆ 理解战略管理的三个层次和要素。

　　☆ 掌握常见的战略管理两模型。

　　☆ 领会有效管理战略的评判标准。

　　☆ 了解中国公司战略管理的背景变化。

【章首案例】　　　　　　　　　**海尔的战略发展轨迹**

　　海尔集团创立于 1984 年，是全球大型家电第一品牌，通过多年的发展已经成为集综合家电、通信、IT 数码产品、智能家居、生物制药、家电家居、软件、物流、金融、房地产等综合性集团公司。目前已从传统家电产品制造企业转型为开放的创业平台。在互联网时代，海尔致力于转型为真正的互联网企业，打造以社群经济为中心，以用户价值交互为基础、以诚信为核心竞争力的后电商时代共创共赢生态圈，成为物联网时代的引领者。世界权威市场调查机构欧睿国际（Euromonitor）发布 2017 年全球大型家用电器品牌零售量数据显示：中国海尔以 10.5% 的市场份额，位列全球第一，这是自 2009 年以来海尔第九次蝉联全球第一。2017 年，海尔集团位列全国 500 强企业第 50 位。

　　海尔集团自创立以来，经过了多个阶段的品牌战略发展时期，具体可以分为以下几个阶段：名牌战略发展阶段、多元化战略发展阶段、国际化战略发展阶段、全球化品牌战略发展阶段、网络化战略发展阶段。

　　名牌战略发展阶段（1984～1991 年）：这个阶段可以说是海尔创立品牌的关键时期，20 世纪 80 年代恰逢国内经济复苏，改革开放如火如荼地进行。海尔在这个时期引进了德国利勃海尔的先进技术，在家电市场供不应求、家电企业扩大产量的时期，海尔并没有盲目扩张，而是注重产品品质，实施全面质量管理。在这个时期，海尔史上著名的砸冰箱事件发生，时任海尔厂长的张瑞敏带头砸毁 76 台有质量问题的电冰箱，这在当时产生了非常大的轰动效应，也可以看作是海尔质量管理的开端。

　　多元化战略发展阶段（1991～1998 年）：20 世纪 90 年代，部分企业在专注于自身专业化发展的同时开始进行多元化发展，同时国家政策也支持各企业之间进行兼并重组。然而，一些企业在兼并之后无法发展与生存，或者企业内部反对多元化发展而继续进行专业化发展之路。海尔在这段时期，依托于海尔文化激活"休克鱼"的创新形式，兼并重组国内 18 家企业，扩大了企业多元化经营的领域，扩展了企业的发展空间。在此期间，国内家电行业已经进入激烈的竞争时期，在各大家电企业纷纷开启价格战的时候，海尔在国内率先推出星级服务体系，凭借差异化的优势在企业竞争中处于领先。

这一阶段，海尔开始实行 OEC（Overall Every Control and Clear）管理法，即每人每天对每件事进行全方位的控制和清理，目的是"日事日毕，日清日高"。这一管理法也成为海尔创新的基石。

国际化战略发展阶段（1998~2005 年）：20 世纪 90 年代末及 21 世纪初期，中国正在为加入 WTO 做最后的努力，为了适应加入 WTO 之后的市场竞争及企业发展，国家鼓励并提倡企业能够"走出去"。国内的很多企业"走出去"之后发现国外的发展环境困难，不得不重新返回国内继续做贴牌等加工业务。在这个时期，海尔认为不光需要"走出去"，也需要创立属于中国自己的品牌。海尔在此期间提出了"走出去，走进去，走上去"的三步走战略，不光要能"走出去"，而且还要能够在发达国家立足、发展、生根。海尔首先进入发达国家创立品牌，并依托于此进入发展中国家。在这个阶段，海尔逐渐在海外建立了设计、制造、营销三位一体的本土化经营模式。位于美国纽约的海尔大厦是纽约的地标性建筑，并成为海尔在美国的总部。

在这个阶段，海尔还在国内率先开展"市场链"管理，以计算机信息技术为基础，以订单信息流为中心，带动物流和资金流的运行，实现业务流程再造。这一管理创新加速了企业内部的信息流通，激励员工使其价值取向与用户需求相一致。

全球化品牌战略发展阶段（2005~2012 年）：在这个时期，互联网发展已经进入快车道，以阿里巴巴等为代表的互联网企业已经开始快速发展并占据主导地位。市场营销也随着互联网的发展逐渐从以企业为中心的产品营销演变为以用户为主导的服务营销模式，即市场由用户驱动的供需模式。互联网的发展也给全球经济一体化、国际化和全球化之间带来了新的逻辑关系。国际化是指企业利用自身的资源去创造一个国际品牌。全球化是指将所有全球可利用的资源为我所用，创造本土化主流品牌。在这个阶段，海尔整合全球的研发、制造及营销资源，创造出一个国际化全球化的海尔品牌。2009 年，海尔成为全球排名第一的家用电器零售品牌；同时，海尔旗下冰箱、冰柜、洗衣机、酒柜也以大幅度领先第二名的优势位列全球品牌零售榜第一位。

在这一阶段，海尔在管理上有了非常重要的创新改革模式，即互联网时代创造顾客的商业模式"人单合一双赢"模式；并在 2012 年获得全国企业管理现代化创新成果一等奖第一名。这也是接下来海尔互联网时代转型创新的管理根基。

网络化战略发展阶段（2012~2019 年）：新的战略发展时期，互联网的发展已经颠覆传统经济的发展模式，新的模式下，基础和运行体现更多的网络化，市场和企业更多地呈现出网络化。传统型企业面对互联网时代的发展，仍然以自身为中心发展，而海尔借助互联网时代将企业打造成为平台型企业，探索创新性的人单合一管理模式，打造一个网络化、平台化的企业。在这个阶段，海尔企业发展战略的实施主要体现在以下几个方面：企业无边界，管理无领导，供应链无尺度。即进行大规模的定制，按需设计、按需制造、按需配送。

从 1984 年创业至今 30 多年来，海尔致力于成为"时代的企业"，每个阶段的战略主题都随着时代的变化而不断变化。但贯穿海尔发展历程的，都离不开管理创新，重点关注的就是"人"的价值实现，使员工在为用户创造价值的同时实现自身的价值。按照战略决定组织、组织从属于战略的原则，目前海尔正通过平台型生态圈组织来支持企业向平台型企业的战略转型，并通过持续推进"人单合一双赢"模式，对内打造用户需求驱动的投资驱动创业平台，对外构筑并联的开放生态圈体系，创造互联网时代的世界级品牌。

资料来源：笔者根据多方资料整理而成。

第一节 战略管理的性质

一则新《龟兔赛跑》寓言讲道：自从上一次龟兔赛跑后，兔子一直耿耿于怀，对于自己由于骄傲自大、半路睡觉而输给乌龟很不服气。它要求与乌龟再比赛一次，乌龟欣然应战。比赛开始后，乌龟按规定路线拼命往前爬，等到了终点，却没看到兔子，乌龟又一次赢得了胜利。原来，兔子总结了上次的教训，比赛一开始，便"兔不停蹄"地往前跑，等到累得跑不动了，抬头一看，大吃一惊，原来奔跑的方向从一开始就错了。目标错了，怎么能取得成功呢？

一、战略及战略管理的定义

"战略"一词的希腊语是 strategos，意思是将军指挥军队的艺术，原是一个军事术语。20 世纪 60 年代，战略思想开始运用于商业领域，并与达尔文"物竞天择"的生物进化思想共同成为战略管理学科的两大思想源流。

什么是企业战略？从企业未来发展的角度来看，战略表现为一种计划（Plan）。而从企业过去发展历程的角度来看，战略则表现为一种模式（Pattern）。如果从产业层次来看，战略表现为一种定位（Position）；而从企业层次来看，战略则表现为一种观念（Perspective）。此外，战略也表现为企业在竞争中采用的一种计谋（Ploy）。这是关于企业战略比较全面的看法，即著名的 5P 模型。

战略并不是空的东西，也不是虚无，而是直接左右企业能否持续发展和持续盈利最重要的决策参照系。战略管理，则是依据企业的战略规划，对企业的战略实施加以监督、分析与控制，特别是对企业的资源配置与事业方向加以约束，最终促使企业顺利达成企业目标的过程管理。

安索夫在 1976 年出版的《从战略规划到战略管理》一书中提出了企业战略管理理论。他认为：企业的战略管理是将企业的日常业务决策同长期计划决策相结合而形成的一系列经营管理业务。斯坦纳在 1982 年出版的《企业政策与战略》一书中则认为：企业战略管理是确定企业使命，根据企业外部环境和内部经营要素确定企业目标，保证目标的正确落实并使企业使命最终得以实现的一个动态过程。由此，我们将战略管理定义为：企业确定其使命，根据组织外部环境和内部条件设定企业的战略目标，为保证目标的正确落实和实现进行谋划，并依靠企业内部能力将这种谋划和决策付诸实施，以及在实施过程中进行控制的一个动态管理过程。同时，要掌握企业战略管理的要点还应当注意以下两方面：

第一，战略管理不仅涉及战略的制定和规划，而且还包含将制定出的战略付诸实施的管理，因此是一个全过程的管理。战略制定与战略实施的区别如表 1 - 1 所示。

表 1-1   战略制定与战略实施的区别

对比项目	战略制定	战略实施
行动时间	行动前部署力量	行动之中管理和运用力量
主要过程	主要是一种思维过程	主要是一种实践过程
简要技能	很好的直觉和分析技能	特殊的激励和领导技能
协调对象	小范围内进行协调	需要与众多人进行协调
注重重点	效能	效率

第二，战略管理不是静态的、一次性的管理，而是一种循环的、往复性的动态管理过程。它是需要根据外部环境的变化、企业内部条件的改变，以及战略执行结果的反馈信息等，而重复进行新一轮战略管理的过程，是不间断的管理。

专栏 1-1　　　　　**古井酒厂：实施 PPSP 战略**

PPSP 战略是古井酒厂根据我国白酒市场发展态势和本企业实际情况提出的一种长期战略，其主要由产品（Product）、生产（Production）、销售（Sale）和宣传（Promotion）四大战略组合而成。它们既相互独立，又相辅相成，为企业的发展奠定了良好的基础。

产品战略是 PPSP 战略的核心。关键是抓好工业设计，调整产品结构，改进包装装潢，使产品更有魅力。随着市场的变化，要根据不同层次的消费者开发不同的产品。对高档酒，在确保其浓香型风格和进一步提高质量的同时，酒厂调整了多种度数古井酒的勾兑方式，扩大其产量，更好地带动中低档酒的销售，制定出口战略，增加创汇能力；对中档酒，继续抓好以古井贡酒和古井特曲为代表的中档酒质量，形成新的风格，更好地适应市场；对低档酒，加强对液态白酒风味物质作用的研究，加强勾兑工作，重视原材料的分析研究和选购，严格执行勾兑标准。同时古井酒厂也十分注意产品的外观设计，力求新颖、独特、美观、大气。

生产战略是 PPSP 战略的基础。其核心是提高全部产品的质量和名酒收得率，其主要途径是依靠科技进步、改进生产工艺。它的主要战略思想是：继续更新观念，产量质量一起上。处理好产量和质量之间的关系。以质量为中心，改进生产工艺。抓好制曲工艺的标准化、规范化、程序化，改进大曲质量；全面实施窖泥发酵新工艺，提高贡酒的产量和质量，使酒味更加绵软、醇厚，为勾兑奠定基础；进一步完善夏季压池子工艺，通过适当降低出酒率提高名酒收得率。

销售战略则是 PPSP 战略的关键。其主导思想是市场建设与市场开发并重，处理好限制与发展之间的关系，实行一省一策、一地一策的"两策策略"。在市场建设方面，实施"三定"销售法，即定销售单位、定销售量、定产品品种，以此牢牢掌握市场主动权，巩固传统市场。在市场开发方面，选取一些相当有经营实力的商业单位作为代理商，以便进一步提高市场占有率。

宣传战略是 PPSP 战略的推动力。实施一种"立体宣传"战略，坚持"两主两辅"的方针，即以硬广告宣传为主，以软广告宣传为辅；以电视广告为主，以报纸广告为辅。多角度地进行宣传，突出产品品质，烘托企业形象，力求产生轰动效应。

（资料来源：笔者根据多方资料整理而成。）

二、战略管理的特征

第一，战略管理具有全局性。企业的战略管理是以企业的全局为对象，根据企业总体发展的需要而制定的。它所管理的是企业的总体活动，所追求的是企业的总体效果。虽然这种管理也包括企业的局部活动，但是这些局部活动是作为总体活动的有机组成在战略管理中出现的。具体地说，战略管理不是强调企业某一事业部或某一职能部门的重要性，而是通过制定企业的使命、目标和战略来协调企业各部门自身的表现，是它们对实现企业使命、目标、战略的贡献大小。这样也就使战略管理具有综合性和系统性的特点。

第二，战略管理者的决策性。战略管理的主体是企业的高层管理人员。由于战略决策涉及一个企业活动的各个方面，虽然它也需要企业管理者和全体员工的参与和支持，但企业的最高层管理人员介入战略决策是非常重要的。这不仅是由于他们能够统观企业全局，了解企业的全面情况，而且更重要的是他们具有对战略实施所需资源进行分配的权力。管理者的思维特征如表 1 - 2 所示。

表 1 - 2 管理者的思维特征分析

	企业家型	官僚型
思维特征	机会在哪里 怎么向这个机会投资 需要什么资源 如何取得对这种资源的控制 什么结构和状态是最好的	我控制的资源是什么 什么结构决定了我们的组织及与市场的关系 在我力所能及的范围内如何确保各种因素影响的最小化 什么机会是适当的

第三，战略管理涉及企业大量资源的配置问题，具有对企业资源的整合性。企业的资源，包括人力资源、实体财产和资金，或者在企业内部进行调整，或者从企业外部来筹集。在任何一种情况下，战略决策都需要在相当长的一段时间内致力于一系列的活动，而实施这些活动需要有大量的资源作为保证。因此，这就需要为保证战略目标的实现，对企业的资源进行统筹规划、合理配置。

专栏 1 - 2   **吉利汽车的发展规划**

浙江吉利控股集团始建于 1986 年，1997 年进入汽车领域，多年来专注实业，专注技术创新和人才培养，取得了快速发展。现资产总值超过 179 亿欧元，连续十年进入全国企业500强，连续八年进入中国汽车行业十强，是国家"创新型企业"和"国家汽车整车出口基地企业"。2012年，吉利控股集团以总营业收入233.557亿美元进入世界500强，成为唯一入围的中国民营汽车企业。2017年，吉利实现利润106.3亿元，同比增长达108%，成为当年"最赚钱自主车企"。

2007～2017年，中国汽车市场乘用车总量从630万辆增长到2400万辆，增幅近四倍；中国品牌乘用车销量从250万辆增长到1000多万辆，增幅超四倍。吉利汽车十年间销量由18万辆增长到2017年的124.7万辆，增长了近六倍。

吉利的经营路线，是以"低价"式进军汽车市场。相对于国际先进的技术，中国的汽车业仍处于初级阶段，不足以和国际高端车型媲美和抗衡。所以，吉利公司选择了"低端车型"作为市场经营的主力产品。然而，在中阶、高阶汽车的投入上也持续不断。

吉利于2007年起推动转型计划，将原本战略"造老百姓买得起的好车"，改成"造最安全、最节能、最环保的好车"，从技术上、质量上和各种理念上进行整体改变。吉利的造车哲学在满足中国人拥有自主品牌汽车的需求下以规模生产优势达到用较低的价格去满足较大市场的消费需求，并对汽车消费的市场边界进行了重新界定，将原来被排除在外的普罗大众重新考虑进来，并承诺要为其提供高性价比的汽车。2009年吉利汽车尝试多品牌战略，一口气推出"帝豪、全球鹰和英伦"三大品牌。但之后由于产品的研发和投产不能赶上这个庞大的品牌导入计划，三个独立而且分散的管道就面临缺少产品线的冲击。最终促使吉利回归一个吉利战略。

面对消费升级、市场竞争加剧和渠道结构转型等大环境的变化，以及消费者日臻成熟催生的更加复杂多变的市场环境，吉利汽车结合企业自身的发展状况，于2014年底发布全新的品牌战略，提出"造每个人的精品车"的品牌使命，致力于为消费者打造具有高品质、高技术、高附加值的精品车型。2014年12月15日，吉利具有划时代意义的首款中高级轿车——吉利博瑞在全球发布。在从国民车到精品车的蜕变过程中，吉利汽车近几年的市场表现可以说经历着跨越式成长。

为满足全球化快速发展的需求，吉利多年来开启"买买买"模式，先是2006年收购英国锰铜股份，2010年全面收购沃尔沃轿车，2017年又再次收购沃尔沃集团股份，日本收购马来西亚宝腾汽车公司和英国路特斯跑车公司，甚至在2018年初突击购买了部分戴姆勒-奔驰股份。经历多轮收购和并购，目前吉利控股已形成吉利汽车、领克、沃尔沃、伦敦出租车（英国锰铜）、宝腾和路特斯（莲花）六大汽车品牌矩阵，覆盖中低端品牌、豪华品牌的完整产品谱系。

吉利收购沃尔沃获得的不仅仅是技术、专利等知识产权和制造设施，还获得了沃尔沃轿车在全球的经销渠道。该项海外并购案的成功，为中国汽车的自主创新提供原始技术并实现技术跨越，解决中国汽车产业自主创新所面临的问题，并为中国汽车产业"走出去"提供现成的通道，迅速提升中国汽车及零组件在全球市场的份额，提升中国汽车产业在全球市场的竞争力。

> 吉利的发展战略是总体跟随世界汽车工业发展大趋势、局部超越（着重于人才和创新）、重点突破（包括汽车安全技术、发动机和变速器等核心零组件技术）、招贤纳士、合纵连横、后来居上。成功进行战略转型，抛弃了低价战略，打技术战、质量战、品牌战、服务战、企业道德战，绝不打价格战。
>
> 在产品和品牌格局规划方面，吉利汽车也给出吉利、领克和沃尔沃"三线并进"的答卷。未来，领克将与现有吉利汽车品牌和沃尔沃汽车品牌共同组成对市场区间的全面覆盖：吉利汽车品牌定位主流汽车品牌、领克定位全球高端汽车品牌、沃尔沃定位全球豪华汽车品牌。可见，吉利汽车对当前自身的技术水平、未来技术发展的应用前景，都有很清晰的认识。
>
> （资料来源：笔者经多方资料整理而成。）

第四，战略管理从时间上来说具有长远性（见表1-3）。战略管理中的战略决策是对企业未来较长时期（五年以上）内，就企业如何生存和发展等进行统筹规划。虽然这种决策以企业外部环境和内部条件的当前情况为出发点，并且对企业当前的生产经营活动有指导、限制作用，但是这一切是为了更长远的发展，是长期发展的起步。从这一点来说，战略管理也是面向未来的管理，战略决策要以经理人员所期望或预测将要发生的情况为基础。在迅速变化和竞争性的环境中，企业要取得成功必须对未来的变化采取预应性的态势，这就需要企业做出长期性的战略计划。

表1-3　战略管理的时空观

标准	考察的关键领域
预见性	公司战略勾勒了一幅怎样的未来蓝图？它的时间进度是怎么样的？
涵盖面	公司战略在多大范围内考虑了公司所在行业可能发生的变化，以及导致这些变化的驱动力量？
独特性	公司战略对未来有独特设想吗？竞争对手是否会对此感到诧异和惊异？
共识	在公司内是否取得了公司未来的共识？如果没有，同时追求不同战略将产生什么问题？
可行性	公司战略是否已将当前采取的行动考虑在内？在公司战略下一步需采取的步骤上是否取得一致？必要的核心竞争力和未来的市场机会是否已得到确认？

第五，战略管理需要考虑对环境的适应性。现今的企业都存在于一个开放的系统中，企业外部环境中存在诸多因素，企业影响着这些因素，但更通常的是受这些不能由企业自身控制的因素所影响。因此，在未来竞争的环境中，企业要使自己占据有利地位并取得竞争优势，就必须考虑与其相关的因素，这包括竞争者、顾客、资金供给者、政府等外部因素，以使企业的行为适应不断变化中的外部力量，企业能够继续生存下去。

（1）竞争者。每个企业都有自己的竞争对手，竞争对手的一举一动都会对企业的发展产生影响。在对竞争对手进行分析之前，首先应该明确谁是产业内的竞争对手，包括现有竞争对手和潜在竞争对手。

针对竞争者，所要关注的问题有：竞争者采取扩张或者防御战略？竞争者在市场中的地位如何？竞争者的客户基础是否牢固？

（2）顾客。不同阶层、不同年龄的消费者对于产品的偏好是不一样的。随着人们物质生活水平的提高，购买力水平大大提高，顾客不再是被动的产品接受者。相反，顾客才是企业产品生产的决定者，他们告诉企业自己需要什么样的产品，他们对企业的影响力越来越大。"满足顾客的需求"已是一个很模糊的概念，"满足什么顾客什么方面的需要"才是企业经营的真正追求和永远探索的方向。

对于顾客，所要关注的问题有：顾客地域构成如何？顾客年龄结构如何？是否出现新的需求结构？

（3）资金供给者。竞争就意味着大量的资本投入。如果进入一个产业对资本的要求越高，潜在的进入者就越有限。生产所需的工厂和设备、原材料采购和产品的库存、营销等都需要大量的资本投入。特别是高风险和不可回收的前期广告、研究与开发等所需的资本更多。所以，即使新的产业很有吸引力，企业也可能无法获得足够的资本支撑各种活动。

对于资金供给者，所要关注的问题是：资金供给者资信状况如何？资金供给者现金实力如何？与资金供给者关系相处得如何？

（4）政府。管理者当局和政府的行动常常会带来产业准则和战略方面的重大变化，在制定自己的发展战略时必然要认真考虑政府的影响。有些政府行为对企业起到了限制、约束的作用，而有些政府行为则对企业发展起到了带动作用并产生了积极的影响。政府往往对关系到国计民生的重要产业（如金融、航空、能源、交通、医药等）及对财政收入有重要贡献的产业实行严格的控制。另外一些公共事业，如广播等，政府也会限制进入。

对于政府的双重身份，所要关注的问题是：所投资国家政局是否稳定？政府属于积极管理型还是消极管理型？政府政策趋势是什么？

专栏 1-3   **万科的拿地策略**

万科企业股份有限公司成立于 1984 年，经过 30 余年的发展，已成为国内领先的城乡建设与生活服务商，公司业务聚焦全国经济最具活力的三大经济圈及中西部重点城市。2016 年，公司首次跻身《财富》"世界 500 强"，位列榜单第 356 位；2017 年再度上榜，位列榜单第 307 位。

土地是房地产开发企业得以生存和壮大的根本，各企业也有自己不同的策略。进入白银时代，市场波动加大，土地拿得多并不意味着是财富。房企巨头虽然实力雄厚，但是要保证项目利润和布局战略，单靠重金拿地是不可能实现的，尤其是在当前房企普遍资金充裕、市场竞争白热化的形势下，没有"看家本领"必然也无法纵横市场。以客户为导向是万科拿地的核心，万科拿地策略中首先分析客户需求，先制定客户策略，再出台土地策略，最后是产品策略。

鉴于核心城市土地资源日益稀缺，主要城市土地竞争激烈，地价成本大幅上升，公司秉持理性投资策略，充分发挥自身的品牌、资金、运营优势，积极拓展合作、股权收购、代建等渠道，发掘各类潜在的市场机会。公司拿地策略主要有三个特点：一是有一套严格的财务筛选标准，看位置、地价和未来收益来拿地。二是在区域选择上，考虑一、二线城市，以及一、二线城市附近的都市圈中，可能成为其卫星城、轨道能够通到的地方。也就是经济发展，就业增长，有更多住宅需求的城市。三是不会跟风，在市场较差时，果断出手拿很多土地，而在市场较好时，则会采取股权合作等方式，拿小的地产商手中的一些存量土地，从而控制拿地成本。

为获取价格合理的土地资源，满足可持续发展需要，万科在拿地方面有五大招，招招连环，包括：城市进入策略研究方法、城市评价标准、城市地图编制工作思路、根据土地进行客户细分策略、获取利润最大化方法。

（资料来源：笔者经多方资料整理而成。）

三、战略管理的意义与风险

实行战略管理，是社会主义商品经济的客观要求，是市场机制的客观要求，战略管理也对企业生存和发展有着重要的战略意义。

第一，战略管理有助于企业正确评价外部环境的危机与机遇（见表1-4）。外部环境分析对企业非常重要，其重点是识别和评价超出某一企业控制能力的外部发展趋势和事件，从而揭示企业所面临的主要机会和威胁，企业能够对这些因素做出进攻性或防御性的反应。企业只有正确识别和评价外部机会与威胁才能制定明确的任务，设计实现长期战略目标所需的战略及相应的政策，并随着企业外部竞争环境的变化做适度的调整。

表1-4 企业外部条件分析：机会与威胁

行业主要机会和威胁		经营领域条件	领域主要机会及威胁说明
机会或威胁	发生概率	领域条件	
主要机会	1······ 2······ 3······		
主要威胁	1······ 2······ 3······		

第二，战略管理有助于明确企业核心能力，制定企业有效的战略活动领域，使企业获得长久的竞争优势。通过战略管理中对企业的内部分析，使企业认清自己的优势与弱势，明确企业的核心能力，并以企业核心能力为主题，明确企业发展的领域，保证企业的专业性；制定企业发展战略，从而使企业获得持久的竞争优势和稳定的超额利润。企业采取基于核心能力的发展战略，不仅能够保证企业专业化的发展，还可以在多样性的业务上具备很强的竞争力。通过战略管理对企业的内部分析，可以使企业依据自身的具体情况对企业战略进行适度的调整（见表1-5）。

第三，实行战略管理可以优化组合企业人力资源，增强企业的执行力，营造企业文化。再完美的战略，若没有好的执行力，对企业而言也只是空谈。一个企业执行力的高低取决于其人力资源水平。保持企业战略和人力资源战略的一致性是战略优化的核心内容。由于很多企业忽视人力资源问题，导致在战略匹配中出现严重问题，最终企业战略实施失败。战略管理是一个企业内部各方面高度相互作用的过程，要求对企业内部各种职能领域进行有效的协调。各个部门的管理者和职员共同工作并提供想法和信息，参与制定企业的战略，加强组织内的协调与沟通，有助于增强员工的归属感和责任感，并形成企业特有的软实力，与企业战略目标一致的企业文化。成功的企业文化能为企业战略的制定提供成功的动力，是企业战略顺利实施的关键，也是维持企业战略优势的重要条件。保持企业文化—战略管理路径的通畅可以使企业战略管理能力得到持续提高，最终提高企业核心竞争力水平。

表1-5 战略管理内部条件分析

	数量			质量			配置			说明
	现状	未来	差距	现状	未来	差距	现状	未来	差距	
财力资源										
物力资源										
技术资源										
市场资源										
环境资源										

第四，战略管理有助于企业建立基于消费者价值的战略评价与控制系统。在战略管理中，对战略的实施情况进行系统化的检查、评价和控制是一项极为重要的工作，企业的战略评价与控制系统必须具有灵活性、创新性和主动性。由于战略评价与控制并不是企业的主要任务，要求控制系统在经济性、可行性的基础上，能够真实地反映企业的经营情况，并且促进其他各职能部门的沟通与理解。很多大企业，由于规模较大，组织协调难度加大，很难把握战略控制的分寸。

战略管理同时也存在着风险。对战略风险概念的定义目前学术界尚存在着分歧，但基本上没有脱离战略风险字面的基本含义。风险的基本定义是损失的不确定性，战略风险就可理解为企业整体损失的不确定性。战略风险是影响整个企业的发展方向、企业文化、信息和生存能力或企业效益的因素。

战略风险因素也就是对企业发展战略目标、资源、竞争力或核心竞争力、企业效益产生重要影响的因素。影响战略风险的因素很多，罗伯特·西蒙斯将战略风险的来源和构成分成四个部分：运营风险、资产损伤风险、竞争风险和商誉风险。

当企业出现严重的产品或流程失误时，运营风险就转变为战略风险；如果是对实施战略有重要影响的财务价值、知识产权或者是资产的自然条件发生退化，资产损伤就变成一种战略风险；产品或服务与众不同的能力受损伤的竞争环境的变化，竞争风险就会变成战略风险。商誉风险是上述三个方面的综合结果，当整个企业失去重要关系方的信心而使价值减少时，就产生了商誉风险。

四、战略管理的过程

一般说来，战略管理的过程包含四个阶段（见图1－1）：战略分析——了解组织所处的环境和相对竞争地位；战略选择——战略制定、评价和选择；战略实施——采取措施发挥战略作用；战略评价和调整——检验战略的有效性。

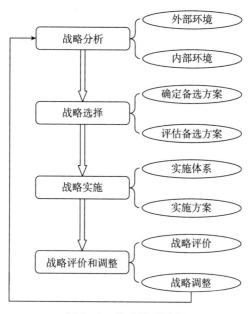

图1－1 战略管理过程

第一，战略分析的主要目的是评价影响企业目前和今后发展的关键因素，并确定在战略选择步骤中的具体影响因素。战略分析包括三个主要方面（见图1－2）：其一，确定企业的使命和目标。它们是企业战略制定和评估的依据。其二，外部环境分析。战略分析要了解企业所处的环境（包括宏观、微观环境）正在发生哪些变化，这些变化将给企业带来更多的机会还是更多的威胁。其三，内部条件分析。战略分析还要了解企业自身所处的相对地位，具有哪些资源以及战略能力；还需要了解与企业有关的利益和相关者的利益期望。

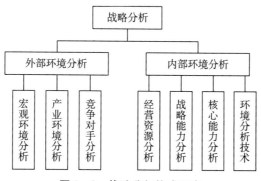

图1－2 战略分析构成要素

第二，战略分析阶段明确了"企业目前状况"，战略选择阶段所要回答的问题是"企业走向何处"。第一步需要制定战略选择方案。在制定战略过程中，当然是可供选择的方案越多越好。第二步是评估战略备选方案。评估备选方案通常使用两个标准：一是考虑选择的战略是否发挥了企业的优势，克服劣势，是否利用了机会，将威胁削弱到最低程度；二是考虑选择的战略能否被企业利益相关者接受。第三步是选择战略。即最终的战略决策，确定准备实施的战略。

第三，战略实施就是将战略转化为行动。主要涉及以下一些问题：如何在企业内部各部门和各层次间分配及使用现有的资源；为了实现企业目标，还需要获得哪些外部资源以及如何使用；为了实现既定的战略目标，需要对组织结构做哪些调整；如何处理可能出现的利益再分配与企业文化的适应问题，如何进行企业文化管理，以保证企业战略的成功实施等。

第四，战略评价就是通过评价企业的经营业绩，审视战略的科学性和有效性。战略调整就是根据企业情况的发展变化，即参照实际的经营事实、变化的经营环境、新的思维和新的机会，及时对所制定的战略进行调整，以保证战略对企业经营管理进行指导的有效性。包括调整公司的战略展望、公司的长期发展方向、公司的目标体系、公司的战略以及公司战略的执行等内容。

第五，战略的三个层次。战略不是一种抱负和目标，而应该是方法，是实现竞争优势、独树一帜的方法。经典的企业战略分为三个层次：事业战略，就是究竟选择什么作为公司的主业，这是企业首要的、第一层次的战略；竞争战略，既然我选定了主业，那我用什么样的竞争手段来打败竞争对手；功能战略，为了打败竞争对手，我公司的目标、财务、人力资源、业务流程及公司治理应该怎么管。

第二节　战略管理模型

对战略模型有很多分类方法，根据对战略形成的原始动力不同，可以将战略管理模型分为意图型战略和自发型战略。把战略区分为这两种类型，其实是在提醒企业家，在战略执行过程中需要保持开放的心态，鼓励依据变化创新而得的自发涌现的战略，在审慎规划、临时应变、鼓励创新之间求取平衡。比如腾讯的微信和小岗村的家庭联产承包责任制。

一、自发型战略模型

自发型战略模型的核心理论是：战略的最终目标在一开始制定战略时并不明确，其要素也是在战略的发展过程中逐渐丰富和发展起来的，它会根据人们的需要不断调整，而且在很长的时间内持续地发展变化。这样一来，公司战略要进行反复试验且是小步前进，而不是事前计划好的。从微信成长史来看，微信其实是腾讯内部的"自发涌现的战略"，还险些在内部被扼杀掉，在腾讯总部以及马化腾眼中，并没有对微信进行过严肃科学的事前规划，即使"微信之父"张小龙也没有对微信在事前有准确的定义。这种情况类似于"摸着石头过河"，表现出对人类理性的过分信任。因此，对这一模型仍然存在很多争议。

二、意图型战略模型

这一模型主要倾向于认为战略意图是提前规划好的，更宏观地说，战略是对未来的预见与选择，是对未来成长的时空布局。

这种战略思维方式产生于第二次世界大战后日本企业戏剧性上升的大背景之下。"二战"后，日本经济迅速崛起，逐渐实现了其主宰世界市场的野心。当时在西方社会看来，不管是从日本的资源，还是从其竞争能力分析，日本的这一战略意图是极不现实的。但是，在日本社会内部的各个层面，确实就产生并持续保持着一股强烈的在经济领域赢取世界的意图，这个宏伟的战略意图最终成为日本企业用 10 ~ 20 年时间夺取全球市场领袖地位的竞争基础。意图型战略具有以下三个方面的属性：

第一，方向感（Sense of Direction）。企业对于构建今后十年的市场和竞争地位的观点。它是企业对于未来的看法，为企业提供统一的、深入人心的方向感。

第二，探索感（Sense of Discovery）。要能够于各种资源、能力中区分出：着眼于未来的独特竞争能力。它能够带领企业员工去探索新的竞争天地。

第三，使命感（Sense of Destiny）。这有一定的情感成分，它能够让员工感知到其内在价值。

三、两种模型的比较

自发型和意图型战略模型都是比较经典的战略管理模型，两者都作为企业制定战略的一种模式，卓越企业的最佳行动一部分是来自远见严谨的战略规划，另一部分最佳行动则是来自实验、尝试错误和机会主义。它们在很多方面有所不同（见表 1 - 6）。

表 1 - 6　自发型战略和意图型战略对比

	出发点	制定过程	决策主体
自发型战略	战略目标未定 战略随时调整	伴随不断地修改和增加工作	实用主义者 属风险厌恶型
意图型战略	很强的目的性 强烈的方向感	不会轻易做出调整	理想主义者 属风险偏好型

第一，出发点不同。自发型战略模型在制定初期，决策者并没有预料到公司将来的发展去向，因此也就没有完全将战略目标确定下来，而是随着时间的变化和公司的发展不断做出调整，是一种更切合实际的战略模型。意图型战略模型带有很强的目的性。在制定初期，决策者已经胸有成竹地站在全局的角度，宏观把握企业未来的发展走势，有很强的方向感。

第二，制定过程不同。自发型战略模型在制定的过程中，伴随着不断地修改和增加工作，它可以是根据决策者的主观需要做出调整，也可以是公司在发展过程中不得不做出的战略转变。总之，自发型战略模式不是一蹴而就的。意图型战略模型则强调战略目标的确定性，在执行战略的过程中，不会轻易地做出调整，它更是一种指向性的战略模式。

第三，决策主体不同。自发型战略的决策者是实用主义者，他们属于风险厌恶型。在制定战略时，总是希望考虑到最全面，即使以现在的条件，不能制定出完美的战略，也要为将来留出余地，随着实际的变化而不断将之完善。意图型战略的制定者则更像是理想主义者，可以把他们归为风险偏好一类，这种决策者喜欢一步到位解决问题，他们更关心的是公司的发展走向，而不拘泥于细枝末节。

专栏 1-4　　　　　　　　　　　　　**微信的诞生**

2010 年下半年，正处于移动互联网爆发的前夜，当时 iOS 和 Android 平台作为新平台开发者也相当少。10 月，一款名为 Kik 的 App 因上线 15 天就收获了 100 万用户而引起业内关注。Kik 是一款基于手机通讯录实现免费短信聊天功能的应用软件。

QQ 邮箱研发团队的老大张小龙注意到了 Kik 的快速崛起，他产生了一个想法：移动互联网将来会有一个新的 IM，而这种新的 IM 很可能会对 QQ 造成很大威胁。他想了一两个小时后，给腾讯 CEO 马化腾写了封邮件，申请团队做一个类似的应用出来。马化腾也已经意识到有十年历史的 QQ 并不是这个时代最需要的手机 IM，一款更适合手机使用场景的 IM 是需要的，不仅是用户需要，腾讯也需要。他仿照"微博"为这个应用起了一个名字——微信。

2011 年 1 月 21 日，微信 1.0 的 iOS 版上线。1.0 版界面非常简洁，功能也非常简单，主要包括文字即时通信、照片分享、更换用户头像三个方面，但是，跨平台交流、极速轻快的楼层式对话和便捷的图片分享功能给用户带来了非常良好的体验。

4 月份，Talkbox 突然火爆起来，团队敏锐地发现语音是最大的亮点。于是当机立断在微信中加入语音功能。语音版使微信成为一个有一定影响力的产品，也使微信在竞争中占据了一个相对有利的位置。

2011 年 8 月 3 日，微信 2.5 版本发布，支持查看"附近的人"。这一功能使用户可以查看到附近微信用户的头像、昵称、签名及距离，以便用户之间产生进一步的交流。这一功能使微信从熟人之间的沟通走向了陌生人之间的交友。语音版奠定了微信的基础，但真正让外界感受到微信强大的，是"附近的人"这个功能。查看"附近的人"功能出来之后，微信新增好友数和用户数第一次迎来爆发性增长。

2011 年 10 月 1 日，微信发布 3.0 版本，支持"摇一摇"和漂流瓶。摇一摇和漂流瓶两个功能，相当于给微信这个基于熟人关系的通信工具增加了陌生人社交的功能，添加了一种新的基于移动互联网的交友方式，它精准地迎合了人性的社交需求和好奇心，使产品具备了有趣好玩的特性，增加了用户互动，保持了用户黏性。

2011 年 12 月 20 日，微信推出 3.5 版本，其中一个最重要的功能，是加入了二维码，方便用户通过扫描或在其他平台上发布二维码名片，拓展微信好友。同时，微信也推出了名为 WeChat 的英文版。

2012 年 4 月 19 日，微信 4.0 的 iOS 版发布，其中"朋友圈"功能引起业界颇多注意。与脸书、微博、博客（空间）等的社交网站不同，微信朋友圈的设计延续了微信的双向好友关系。只有互相是好友关系才能查看对方的评论。这种设计使得互相的人际没有向二度关系扩散，既有效地保护了用户的隐私，又凸显了微信这款产品区别于其他社交产品的特性。

2013年8月9日，微信5.0版本发布。这一版本中，微信团队对微信的公众平台进行了升级，分为订阅号和服务号。公众订阅号的推出，让再小的个体，也有自己的品牌。大量自媒体的涌现，使得普通资讯的生产、发行和消费摆脱了传统印刷技术和PC互联网的桎梏，效率显著提升。

微信5.0版还增加了"表情商店""扫一扫""游戏中心""微信支付"等功能（还有很实用的"收藏"功能）。首次出现的"微信支付"功能更是正式开启了微信商业化的大门。通过绑定银行卡可以在公众号、扫二维码、App中实现一键支付，如此就满足了用户快速、便捷、安全的移动支付需求。这一支付方式的出现使得微信游戏平台的游戏付费下载、移动购物分成、购买收费表情等盈利方式变得清晰可见。

2014年春节前夕，微信5.2版本发布，微信群中抢"新年红包"就呈现刷屏之势，很多用户为"抢红包""发红包"而在微信支付中绑定了银行卡，使微信支付的用户增长形成了一个高潮。微信支付的火爆使得微信迅速从支付宝手中抢占了"移动互联网支付"的一大块市场份额。

（资料来源：笔者根据多方资料整理而成。）

第三节　有效战略的评判标准

一、有效战略的内涵

第一，要有一个独特的价值诉求。企业在有效战略指引下所从事的工作与其他竞争者相比要有很大差异。价值诉求主要有三个重要方面：企业准备服务于什么类型的客户？满足这些客户什么样的需求？企业想寻求什么样的相应价格？这三点构成了企业的价值诉求。企业的战略选择要和对手有所不同，即在有效战略中体现着企业独特的价值诉求。

第二，要有为客户精心设计的价值链。在制定战略时，企业都必须考虑到消费者的层次和诉求，以客户为中心，急客户之所急，以此来制定有针对性的、独特的产品生产和销售方案。而且对产品的营销、制造和物流都必须和对手不同，这样才能立于不败之地。

第三，要做清晰的取舍。一个有效战略要考虑取舍的问题，这样可以使竞争对手很难模仿自己的战略。取舍非常之重要，鱼和熊掌不可兼得，要做到有所为、有所不为。企业常犯的一个错误是决策者想做的事情太多，不愿意舍弃。如果一个企业在制定战略时学会取舍，就会迫使对手做出相应的取舍，获得先发优势。

第四，有效战略中的具象，必须是相互匹配并彼此促进的。西南航空的低成本模式、戴尔的直销和大规模定制模式为什么难以模仿？因为他们的优势不是某一项活动，而是整个价值链连在一起起作用。竞争对手要想模仿不能只是模仿一件事情，而是要模仿整个战略才能有效。

第五，战略要有连续性。有效战略必须要实施三到四年，否则就无法考察其成效，有效战略一定是公司持之以恒的方针，而不会经常性地调整或者变化。

二、验证有效战略的方法

检验有效战略受到环境、时机、人为等多种因素的影响，很难给出一个具体而统一的验证标准和评价体系。研究发现，几乎找不到完全可靠的办法证明某一项战略一定是最好的或一定有效。但战略评价并非没有原则可循。要确定一个战略是否是有效战略，应该从以下几方面的标准来着手：

第一，一致性。一个有效的战略方案中不应出现不一致的目标和政策。下列情况是"不一致"的典型表现：在战略执行中，不断有管理问题出现，而且不断换人也不能解决问题；一个组织部门的成功意味着另一个部门的失败；政策问题不断地被上交到最高领导层来解决；战略执行中，需要不断检视内部的一致性问题，才能及时调整。表现为部门间战略目标的一致，实行战略过程中的一致。

第二，协调性。协调性是指在评价战略时，既要关注单个战略任务内部执行的协同性，又要关注战略组合的匹配性，有效战略必须对外部环境和企业内发生的关键变化做出适应性反映。协调性问题之所以经常出现，是因为外部因素常与内部因素纠缠在一起，相互影响，很难判断究竟是哪一个或哪一些因素在起主导作用。例如，幼儿园的迅速增长便是多种因素共同作用的结果，这些因素包括平均受教育水平的提高，通货膨胀的加剧以及女性就业的增多。尽管单一的经济趋势和人口状况看上去多年保持不变，但各种因素和变化趋势的相互作用却一直在发生着。良好的战略还必须保证价值链内在各业务模块之间的相关性。企业要在竞争中脱颖而出，就必须充分调动企业内部各个业务领域，促使它们保持协调一致的行动。战略任务内协同运作，战略组合亲密无间。

第三，可行性。企业所能调集的各种资源是战略制订和执行的硬约束。通常，财务资源就是战略制订的最直接的硬约束，对于战略选择来说，更重要的制约因素是企业的人力资源和组织能力。一个有效的经营战略不仅不能浪费资源，更不能超出企业现有的资源边界。否则，就只能是一厢情愿，或勉为其难。但需强调指出的是，尽管可用（存量）资源的约束是刚性的，但挖掘（增量）资源的方法却是多样的。以融资为例，内部财务公司、销售回租安排及将厂房抵押与长期合同挂钩等方式，均可有效地用于协助在快速扩张的产业中获得关键优势。在验证有效战略时，不仅要注重过去所执行的战略是否充分利用了企业的各种资源，还要看战略是否激励企业通过各种创新手段，来扩大战略的资源基础。表现为财务资源提供坚强后盾，人力资源始终保障到位。

第四，优越性。有效战略必须能起到保持和增强企业现有竞争力的目的。竞争优势的来源很多，天时、地利和人和都可以成为企业的竞争优势。按照以沃纳菲尔特、大卫·柯林斯、塞西尔·蒙哥马利等为主要代表的资源学派的观点，只要是拥有较竞争对手更稀缺的资源，如企业的技能、文化、销售网络、独特的位置等，都有可能获得竞争优势。不仅如此，对资源的合理配置也可以提高整体效能，军事理论家、棋手和外交家等早就深谙此道，这一道理亦为越来越多的企业家所熟知。体现为精湛的高新技术、独特的企业文化、高效的销售网络、独特的地理位置等方面。

第四节 中国公司战略管理的背景变化

一、全球化与本土化

自中华人民共和国成立以来，中国企业战略管理的背景经历了由本土化到全球化的变革，这一变革大体上可以分为三个阶段。第一阶段，1949～1978年，这个阶段中国经济体制以计划经济为主，企业基本没有自我掌控生产的能力，战略管理更无从谈起。第二阶段，1978～2001年，改革开放以后，我国对内改革和对外开放格局逐步打开，经济体制也从计划经济逐步向市场经济过渡，企业开始拥有一定的自主权利，中国本土企业之间的竞争变得越来越激烈，企业开始意识到进行战略式发展的重要性。这一阶段也可以说是中国企业战略管理背景由本土化向全球化的过渡时期。第三阶段，2001年至今，中国加入WTO后，中国企业不仅面临着"走出去"的机遇，也要遭受跨国大型企业进入中国，与中国企业同场竞技的挑战，在中国政府"走出去，引进来"政策的支持下，中国企业开始以全球化为背景，重新审视企业的发展规划。

在全球化的今天，外部环境对于中国的企业有很大的影响，首先，打开国门后和中国的本土企业"走出去"后，会面临大量的强劲的竞争对手，中国刚刚起步的汽车行业和欧美国家百年的汽车基业有很大距离，在核心的技术上有很多的差距，在对客户的分析中全球化的不同文化，个人经历（职业，经济环境，生活方式）的不同，心理（消费动机和信念）的不同，社会（社会角色）的不同都是中国全球化战略管理中必须要考虑的，也是中国企业和中国制造走出国门，得以在全世界范围内销售的关键。根据世界区域文化的不同，在市场进入战略上就有了很多不同。在针对不同的市场时也有不一样的特色产品，如华为在欧洲的高端机策略。中国企业在国外的本土化，各大企业在国外建厂生产，形成全球化的供应链条，这也是全球化的一大特征，全球化的运作可以给企业降低生产成本，增加利润空间，获取更大的收益，同时全球化的供应链也保证了产品生产的多元化和原材料的充足供应。在全球化的背景下，中国主要的企业战略模式可以分为以下三种：

第一，海外本土化＋人才培养。这种模式特点是中国企业在海外建立自己的生产和人才培训基地，直接建立和推广自己的品牌，并直接以所培养的人才投入海外分公司的运营管理，树立当地企业形象，以便更好更多地销售自己在当地和中国所生产的产品，避免更多的关税壁垒等。这种模式的优点是容易获得所在国消费者的信任和欢迎，提高销售，但是缺点是成本太高。

第二，借船出海，走出国门。这种模式特点是中国企业在国外收购已经具有一定消费者基础的品牌并加以经营，以幕后操作的形式将资金注入国外子公司，以便迅速开展业务，招揽当地消费者，避免企业直接进军海外时品牌辨识度不高的尴尬处境。这种模式的优点是容易利用所在国消费者信赖的品牌快速进军国外市场，但是缺点是收购成本可能过高，收购机会很难获得。

专栏 1-5　　　　　　　　　联想借船出海模式

联想的模式是一个以小博大的赌注，其核心是借船出海。在中国 PC 市场上，联想在 2000 年前后已经达到 30% 的份额，但是如果再往上提高一个百分点，联想都会付出巨大的代价。因此，联想决定充分发挥在 PC 领域的特长，走一条国际化的道路寻求发展。2004 年 12 月 8 日，联想斥资 12.5 亿美元购入 IBM 的全部个人电脑（PC）业务，收购完成后，占全球 PC 市场份额第九位的联想一跃成为全球第三，仅次于戴尔和惠普，全年营业额达到 130 亿美元，销售个人计算机 1400 万台，这一收购也使联想一跃跨入世界 500 强行列。2014 年 5 月，联想正式宣布以 23 亿美元收购 IBM 的服务器业务，又一举超越惠普成为全球销量第一的个人电脑（PC）厂商。此时，联想在产品、市场、技术和运营各个方面产生了巨大的协同效应。这些举措，同样让联想获得了 IBM 在国际上成熟的团队和销售渠道，可以充分发挥双方在台式机和笔记本电脑方面的优势，为全球个人客户和企业客户提供更多种类的产品和服务。借船出海战略的成功实施，使联想商誉价值的增加和国际商业地位的提升远远超过了收购 IBM 所付出的成本。不过，联想国际化的进程准备已有一段时间，从联想英文更名、成为奥运的顶级赞助商，联想为出海做了大量的铺垫。这种蛇吞象模式最大的挑战是两个公司文化的融合和国际人才的使用。

（资料来源：笔者根据多方资料整理而成。）

第三，技术进入，占领市场。这种模式主要是指中国企业利用其技术优势，以业内领先的技术与科技出口为导向，迅速占领国外市场，主要操作方式通常是企业在发达国家或者高新城市设立自己的技术研发中心，以便形成集聚效应，规模优势，博采众家之所长，形成更强大的创新竞争优势。这种模式的特点是后期投入相对以上两种模式较少，但前期对技术的研发投入成本较高，其模式的挑战性是如何在加强技术创新的同时又能够避免知识产权纠纷。

专栏 1-6　　　　　　　华为以技术开拓海外市场

华为海外市场的销售收入已经突破 20 亿美元，占了总销售收入的四成，继 2015 年华为出货突破一亿部大关，2017 年华为智能手机全球出货 1.53 亿部，全球份额稳居前三。同时，华为的所有出口产品均为高科技产品，均为华为的自主品牌。华为开拓海外市场令人欣慰，同时引发中国厂商的思考。

1988 年，华为成立伊始。当时的中国电信设备市场几乎完全被跨国公司瓜分，初生的华为只能在跨国公司的夹缝中艰难求生。一开始的华为只是代理香港一家企业的模拟交换机，根本没有自己的产品、技术，更谈不上品牌。但志存高远的华为义无反顾地把代理所获的微薄利润，点点滴滴都放到小型交换机的自主研发上，利用压强原理，局部突破，逐渐取得技术的领先，继而带来利润；新的利润再次投入升级换代和其他通信技术的研发中，周而复始，心无旁骛，为今后华为的品牌战略奠定了坚强的技术基础。

品牌出口的重要基础之一是技术，特别是高科技行业，没有核心技术，品牌会空壳化，没有生命力。华为手机的核心竞争力在于其强大的产品创新及研发能力。《华为基本法》第26条规定，华为必须确保按照销售值的10%给付研发经费，在有必要且有可能性的时候时还会增加经费的比例。华为近年不断在研发上投入高额资金，成立海思独立开发应用处理器芯片，累积的知识产权，让华为智能手机销往全球，功能性与质感方面也能与国际大厂相提并论。

华为的目标是"打造世界级智能终端品牌"，过去十年华为在研发方面的投入累计达到3940亿元。2017年，华为持续加大5G、芯片、智能终端等面向未来的研发投入，研发费用率同比上升0.3个百分点。2018年，华为推出面向规模商用的全套5G网络设备解决方案，支持全球运营商部署5G网络，让移动互联网再上一个新台阶，开启万物互联时代，承担起各行各业数字化的历史使命。2019年，华为推出支持5G的麒麟芯片，并同步推出支持5G的智能手机，让广大消费者尽快享受5G网络的极致体验。一步步研发，一步步逼近，一步步超越，华为的5G技术已经开始领先国际。

在华为实施全球化战略的过程中，华为始终以技术研发为核心，把核心技术牢牢掌控在自己的手上，保证其核心竞争力。华为公司里最大的一项投资就是对研发部门的投入，只有推动技术研发，拥有自主研发的核心技术，企业才能在全球化竞争中拥有优势。只有拥有核心技术，打破国外的技术垄断，才能摆脱对国外技术的依赖，中国制造业/互联网企业要想成功"走出去"，也需不断地提升技术研发水平，并形成自己的核心优势。

（资料来源：笔者根据多方资料整理而成。）

二、信息化与不完全信息化

伴随着信息技术的革命，企业的决策者所要考虑的信息量也越来越大，战略决策的背景正在由信息缺失、不完全信息向彻底的信息化过渡。企业信息化正在成为推动企业管理模式变革的重要力量，影响着企业经营管理活动的方方面面。在这个背景下，对于以信息化为背景的企业战略管理变革引起了企业的广泛重视和关注。这种企业战略模式的调整将以企业信息化建设为基础，依托知识管理系统制定企业长远发展规划，在此基础上，形成整合企业内外知识资源的核心结构，从而实现企业高效率、高回报、高适应性、高反应性和持续竞争力的战略目标。

所谓企业信息化，就是利用计算机、网络和通信技术支持企业的产品开发、生产、销售、服务等诸多环节，实现信息采集、加工和管理的系统化、网络化、集成化，信息流通的高效化和实时化，最终实现全面供应链管理和电子商务。因此，我们不难看出，企业信息化的出现，不仅代表着信息技术在企业管理中的广泛应用，而且意味着一种全新意义的管理模式创新与战略管理变革的来临。在这个时代中，企业传统的资源概念发生了全新的变化，在保持对物质资源关注的同时，企业决策层开始了对于数据、信息，特别是以知识为代表的企业无形资产的关注和管理。这种背景下的企业战略管理模式最突出的特点是：强调变革；提倡企业信息资源的有效整合；增加企业的持续发展能力；以顾客为中心；提高企业的核心竞争能力；注重企业信息资产的系统化管理。

在这个过程中，信息技术为企业决策者制定发展战略提供了强大的工具和技术支持，同时这种基于信息的创新战略模式也极大地影响和提升了企业的深刻变革。

三、市场化与不完全市场化

企业市场化是指企业的资源配置按照市场规则进行，企业的生产要素（资本、劳动、土地和企业家）和产品的获取、交易都由市场提供和决定。一个普遍共识是企业市场化能为企业带来利润最大化，因而，市场化背景下的企业战略抉择更加重要。

在中国加入 WTO 和全球经济趋于一体化的情况下，又历经 20 多年发展的中国民营企业也早已从计划经济中完全蜕变出来，而且经历了不完全市场化背景下的发展，在经济全球化的冲击下，企业市场化体系已较为完善。

【章末案例】　　　　　　　　　　**中国人寿的战略发展**

中国人寿保险股份有限公司（以下简称中国人寿）是根据《公司法》《保险法》于 2003 年 6 月 30 日在中国北京注册成立，并于 2003 年 12 月 17 日、18 日及 2007 年 1 月 9 日分别在纽约、中国香港和上海三地上市的人寿保险公司。是国有特大型金融保险企业，总部设在北京，世界 500 强企业、中国品牌 500 强，属中央金融企业。公司注册资本为人民币 28264705000 元。

中国人寿是中国领先的人寿保险公司，拥有由保险营销员、团险销售人员以及专业和兼业代理机构组成的广泛的分销网络。作为国内最大的机构投资者之一，通过控股的中国人寿资产管理有限公司，成为中国最大的保险资产管理者之一。2017 年底本公司总市值达 1208.34 亿美元，位居全球上市寿险公司首位。公司亦控股中国人寿养老保险股份有限公司。公司提供个人人寿保险、团体人寿保险、意外险和健康险等产品与服务，是中国领先的个人和团体人寿保险与年金产品、意外险和健康险供应商。

中国人寿作为中华人民共和国成立以来历史最为悠久的保险公司之一，始终是中国保险业的探索者、开拓者和领跑者，开辟了中国人寿特色的科学发展之路，也是中国保险事业发展与改革的一个缩影。

一、1949～1959 年创业起步阶段

中国人寿的历史可以追溯到成立于 1949 年 10 月 20 日的原中国人民保险公司所经办的人身保险业务。中华人民共和国建立刚刚 20 天，为迅速发展经济，经中央人民政府批准，成立了全国统一的保险机构——中国人民保险公司，下设人身保险室。

中华人民共和国成立初期的人身保险业务有强制保险和自愿保险两大类，强制保险主要是铁路、轮船、飞机旅客意外伤害保险，自愿保险则分为职工团体人身保险和简易人身保险两类。到 1958 年，共实现人身险保费收入 1.41 亿元，参加职工团体人身保险者达到

300 万人，参加简易人身保险者发展到 180 万人，对安定群众生活起到了积极作用。

1958 年 10 月，国务院召开的西安财贸工作会议提出："人民公社化后，保险工作的作用已经消失，国内保险业务应立即停办。"1959 年，人身保险业务和其他国内保险业务一道进入全面停办状态。

二、1979～1996 年恢复发展阶段

党的十一届三中全会之后，1979 年 4 月，国务院批准《中国人民银行行长会议纪要》，做出了"逐步恢复国内保险业务"的重大决定。同年 11 月，全国保险工作会议在北京隆重召开，中断了 20 年的国内保险业务正式宣告恢复，中国保险业迎来了一个崭新的发展时期。

在财产保险业务率先恢复的基础上，1982 年，开始恢复办理人身保险业务。我国改革开放的伟大实践，社会主义市场经济体制的建立健全，为保险业发展提供了强大动力。1982～1995 年，人身保险业务以平均每年 40% 的速度递增。

三、1996～1999 年专业化经营阶段

1996 年，根据《保险法》关于财产保险和人身保险分业经营的要求，中保人寿保险有限公司在承继原中国人民保险公司全部人身保险业务和重组 17 家地方寿险公司的基础上组建成立，进入了专业化经营时代。个人营销制度的引入和全面推行，促进了公司的快速发展。

从 1996 年到 1998 年，营销队伍由 4 万多人发展到 20 万人，保费收入从 192 亿元增加到 540 亿元，一跃成为我国最大的保险公司。

四、1999～2003 年重组改造阶段

1999 年 3 月，中保人寿保险有限公司更名为中国人寿保险公司，成为国有独资的一级法人，直接隶属于国务院。至此，中国人寿正式独立登上中国金融保险市场的大舞台，为数亿中国人提供各种人身保险，承担着服务经济发展与维护社会稳定的重要功能。

为积极应对加入 WTO 带来的挑战，2000 年，中国人寿做出了股份制改革的重大决策，确立了建立现代企业制度的发展方向。

2002 年，中国人寿提出了"实现保费 1000 亿元，跻身世界 500 强"的目标，当年实现保费收入 1287 亿元，并以此业绩首次入选《财富》"全球 500 强"企业。

2003 年，是中国人寿发展史上具有重要里程碑意义的一年。这年 6 月，中国人寿保险公司重组为中国人寿保险（集团）公司，并独家发起设立了中国人寿保险股份有限公司。12 月 17 日和 18 日，中国人寿保险股份有限公司分别在纽约和中国香港成功上市，创造了当年全球最大规模的 IPO。重组上市的成功，标志着中国人寿迈进了一个前景更加灿烂辉煌的新时代。

五、2003 年至今集团化发展阶段

2003 年中国人寿保险（集团）公司重组设立以来，适应金融综合经营的发展趋势，开启了集团化发展的征程。

2003 年，集团公司和寿险公司联合发起设立了中国人寿资产管理有限公司。

2006 年，中国人寿新一届领导班子研究制定了"主业特强、适度多元"的集团化发展战略。2006 年底，财险公司和养老险公司相继成立。同时，对海外公司、国寿投资公司、保险学院的改革工作也基本完成，一个集寿险、财险、企业年金、资产管理、实业投资、保险教育等业务于一体的中国最大的保险集团初具规模。

2007 年 1 月 9 日，寿险公司在上海成功回归 A 股。自此，中国人寿成为中国首家境内外三地上市的金融保险企业。携 A 股回归的"王者之风"，中国人寿在"主业特强、适度多元"的发展战略之下，确立了打造国际顶级金融保险集团的奋斗目标，明确了中国人寿特色的科学发展之路，提出了全面提升综合经营管理能力的战略要求。中国人寿又好又快发展、做大做强做优的道路越走越宽广。

六、未来发展

未来一段时期，中国经济发展的主要特征是由高速增长阶段转向高质量发展阶段，保险业在风险保障、风险管理方面的作用，将比以往任何一个时期都更加凸显。保险消费主力人群的更替、客户购买习惯的变迁、产品需求的多元、服务品质的高要求，特别是监管部门严监管、强监管，大力推进转型，既对行业提出了考验，又为公司拓展了新的空间。

面对复杂多变的外部环境和激烈的市场竞争，公司将坚持"重价值、强队伍、优结构、稳增长、防风险"的经营方针，大力实施创新驱动发展战略，坚持价值导向，多措并举，加快业务发展，推进转型升级。

资料来源：笔者经多方资料整理而成。

【问题思考】

1. 企业为什么要进行战略管理？
2. 分析战略管理的特征意味着什么？
3. 战略管理过程包括的四个阶段之间是如何进行衔接的？

【参考文献】

[1] 迈克尔·希特，R. 杜安·爱尔兰，罗伯特·霍斯基森. 战略管理：概念与案例 [M]. 刘刚，等译. 北京：中国人民大学出版社，2017.

[2] 陈明，孟鹰，余来文. 战略管理：理论应用和中国案例 [M]. 北京：经济管理出版社，2014.

[3] 黄旭. 战略管理：思维与要径 [M]. 第 3 版. 北京：机械工业出版社，2015.

[4] 王迎军，柳茂平. 战略管理 [M]. 天津：南开大学出版社，2013.

[5] 孟宪忠，谢佩洪. 企业战略管理 [M]. 北京：高等教育出版社，2013.

[6] 高红岩. 战略管理学 [M]. 北京：清华大学出版社，2012.

[7] 于萍. 战略管理理论综述 [J]. 商场现代化，2007（26）：57 - 58.

[8] 万子奇. 基于 pest 分析的中国人寿保险企业分析 [J]. 时代金融，2018（26）：300.

[9] 徐二明，李维光. 中国企业战略管理四十年（1978—2018）：回顾、总结与展望 [J]. 经济与管理研究，2018，39（9）：3 - 16.

第二章 企业使命、愿景与战略目标

【学习要点】

☆ 理解企业使命的内涵及作用。

☆ 了解企业使命确立的基本要求和表述。

☆ 理解企业愿景的含义、表述和作用。

☆ 领会战略目标的内容和战略目标体系。

☆ 明确使命、愿景与战略目标的关系。

【章首案例】　**阿里巴巴：一个用使命、愿景与目标驱动的公司**

阿里巴巴网络技术有限公司（简称：阿里巴巴集团）是以曾担任英语教师的马云为首的 18 人于 1999 年在浙江杭州创立。阿里巴巴集团经营多项业务，另外也从关联公司的业务和服务中取得经营商业生态系统上的支援。业务和关联公司的业务包括：淘宝网、天猫、聚划算、全球速卖通、阿里巴巴国际交易市场、1688、阿里妈妈、阿里云、蚂蚁金服、菜鸟网络等。

2003 年 5 月，马云投资 1 亿元人民币建立个人网上贸易市场平台——淘宝网。2004 年 10 月，阿里巴巴投资成立支付宝公司，面向中国电子商务市场推出基于中介的安全交易服务。2014 年 9 月 19 日，阿里巴巴集团在纽约证券交易所正式挂牌上市，股票代码"BABA"。

2018 年 2 月 1 日，阿里巴巴获得蚂蚁金服 33% 的股权。2 月 5 日，阿里巴巴出资 46.8 亿元收购万达集团持有的万达电影 7.66% 的股份。4 月，阿里巴巴联合蚂蚁金服以 95 亿美元对饿了么完成全资收购。4 月 20 日，阿里巴巴宣布全资收购杭州中天微系统有限公司。5 月 3 日，阿里巴巴宣布全资收购北京先声互联科技有限公司。5 月 10 日，百度香港持有的饿了么股权转让给阿里巴巴，总金额为 4.88 亿美元。7 月 19 日，全球同步《财富》世界 500 强排行榜发布，阿里巴巴集团排名 300 位。

使命，就是为什么而存在，要什么、放弃什么，是组织存在的根本意义。阿里巴巴将自己的使命定位为"让天底下没有难做的生意，促进开放、透明、分享、责任的新商业文明"，在新商业文明里，价值链中的不同人士，如生产商、供应商、分销商及客户，有着更为密切的关系，互联网为他们带来更多机会，让他们共享成果，创造双赢局面。"让天下没有难做的生意"的使命在马云看来也包含了企业的社会责任，因为电子商务能够帮助更多的人拥有就业机会，有了就业家庭就能稳定，事业就能发展，社会就能进步，这也是企业社会责任的一种体现。从这个角度衡量，阿里巴巴 B2B 模式让数千万中小企业打破了时空限制，在一个平台上找到产业链的上下家，不仅由此改变了自己的命运，也提升了我国中小企业的国际声誉，同时，也推动阿里巴巴成为国内最大的电子商务企业。这的确是一个非常宏大的使命，但你真正相信，才会有人也相信。为了不至于员工因此而迷失，在使命之外，阿里巴巴还描绘有更为生动的"目标与前景"。

愿景，是一个组织阶段性的目标，是五年、十年、二十年甚至更长时间段以后组织的样子。使命是利他感更强一些，愿景则是利己感更强一些，愿景度量的时间单位必须是一个相对较长的阶段，不能太短，你不能说明年的愿景是什么，明年的那只能单纯的叫目标，所以你不能说我们的愿景是明年业绩增长多少。

阿里巴巴的使命是"让天下没有难做的生意"，这个使命很早就提炼出来确立了，到现在一直没变过。阿里巴巴的愿景早些年是"成为世界十大网站""能够活 80 年"，现在改为"成为分享数据的第一平台""成为幸福指数最高的企业""活 102 年"。阿里巴巴未来十年的战略就是数据分享交易平台，所以愿景和战略也是匹配的。同时，阿里巴巴集团拥有大量市场资料及统计数据，为履行对中小企的承诺，它正努力成为第一家为全部用户免费提供市场数据的企业，希望让他们通过分析数据，掌握市场先机，继而调整策略，扩展业务。

阿里巴巴的价值观：客户第一，拥抱变化，团队合作，诚信，激情，敬业。阿里巴巴有一套考核价值观的制度，是一种通关制的考核制度。价值观考核如果不通过，即使业绩做得很好，也不会获得奖励和晋升的机会。

《基业长青》一书研究发现，最持久成功的公司都有对于使命及愿景的生动描绘。在分析阿里巴巴的使命、愿景时，我们能看到它与其他基业长青公司的共同之处，它们都有明确并且充分沟通而共识的使命、愿景目标和由此形成的核心价值观，并以此为未来发展提供强大的动力支撑。说到底，一个没有明确"使命、愿景和价值观"的企业，它的业务布局、内部组织模式、内部文化、营销理念通常会是混乱的。这样的企业，也很难活得长久。一个公司有了使命、愿景和价值观就可以开始考虑战略了，战略就是你要干什么，你的价值是什么，再落实到组织和人。

资料来源：笔者根据多方资料整理而成。

彼得·圣吉说过，人总是要有点精神的，一个企业也是如此。这种精神的东西，不是公司的规章制度，也不是公司的发展战略，更不是公司的营销策略，但它都在这些物化的东西里有所反映，这就是公司的愿景、使命和核心价值观。正是这种精神，能够把员工的思想统一，能够指导员工的行为，能够产生巨大的凝聚力。公司是一个有生命的组织，如果它没有思想、文化、灵魂，它就会失去生命。缺乏使命与愿景指引的企业或团队会在风险和挑战面前畏缩不前，它们对自己所从事的事业不可能拥有坚定的、持久的信心，也不可能在复杂的情况下，从大局、从长远出发，果断决策，从容应对。企业管理者越来越认识到，使命和愿景可以成为企业成功的重要推动力量，和持续竞争优势的重要支撑，同时也是企业战略变革重要的内生变量。仅有明确的企业使命还不够，必须把这些共同的愿景和良好的构想转化为企业战略目标，企业战略才具有可操作性。目标体系的建立将企业使命和愿景转化为具体的业绩目标，如果企业使命与愿景没有转化为具体业绩目标，那么企业使命与愿景的宣言也仅仅是一些美丽的词句，是不会取得任何好的结果的。如果企业管理者在每一个关键领域都建立目标体系，并为达到这些设定目标而采取适当的行动，这样公司可能获得较好的结果。因此企业在制定战略之前，首先都要明确企业从事什么业务？所追求的宗旨是什么？愿景目标如何？规划期战略目标是什么？

　　战略管理是确定企业使命，根据企业外部环境和内部条件设定其战略目标，为保证目标的正确落实和实现进行谋划，并依靠企业内部能力将这种谋划和决策付诸实施，以及在实施过程中进行控制的一个动态过程。企业使命是企业战略制定的前提，是战略方案制定和选择的依据。企业在制定战略过程中要根据企业使命来确定自己的基本方针、战略活动的关键领域及其行动顺序等。企业愿景是企业前进的方向、意欲占领的业务位置和计划发展的能力，它具有塑造战略框架、指导管理决策的作用。企业使命是企业愿景的起点，愿景的确定必须从使命出发，使命为愿景的一个组成部分。企业战略目标的制定是把无具体的数据特征的企业使命、愿景转化成各种定量与定性的目标。

第一节　企业使命

一、企业使命的内涵

　　企业使命就是阐明企业的根本性质和存在的理由，说明企业经营的宗旨、哲学、信念、原则等。企业使命揭示了企业区别于其他类型而存在的原因或目的，界定企业的业务范围，以及企业力图满足顾客基本需求与其他相关利益者的需要。它从根本上回答了"我们的业务是什么"这一问题，企业使命代表了企业存在的根本价值，没有使命企业可能丧失存在的意义。

　　企业使命的确定是战略管理的起点，是一种企业定位的抉择，它需要回答的问题是：谁是我们的顾客？他们需要什么？我们能为他们做什么？我们的业务应是什么？企业使命的内涵主要体现在两个方面：第一，企业形成和存在的根本目的与企业生存和发展的基本任务；第二，企业达成目的与完成任务的基本行为规范和原则。前者体现了企业设定的宗旨，而后者体现了实现宗旨企业所奉行的哲学与价值观。一般来说，企业使命包括两个方面的内容：即企业哲学与企业宗旨。

　　1. 企业哲学

　　企业哲学是指一个企业为其经营活动或方式所确立的价值观、态度、信念和行为准则，是企业在社会活动及经营过程中起何种作用或如何起这种作用的一个抽象反映。在企业文化系统中，企业哲学居于其深层结构，主导并制约着企业文化其他要素的发展方向。它规定着企业的生存观、发展观、效益观。它对于企业的经营活动具有十分重要的指导意义，因为它是从企业长期的生产经营实践中高度概括出来的，反过来又指导企业生产经营实践活动。

　　2. 企业宗旨

　　企业宗旨是关于企业存在的目的或对社会发展的某一方面应做出的贡献的陈述，有时也称为企业使命，是指规定企业去执行或打算执行的活动，以及现在的或期望的企业类型。企业的宗旨往往被认为是对企业生存的一种肯定。企业宗旨从根本上说是要回答"我们的企业是什么"这个问题。实质上是要企业管理者为整个企业定下发展基调的问题，即"我们的企业将成为什么样的企业"问题。企业宗旨不但涉及企业的长远目标、具体业务，同时更重要的是涉及企业文化、企业精神、经营理念。企业在任何一个发展阶段，都不能偏离企业的宗旨，宗旨实质上就是一个企业的根本思想与发展线路。它影响企业订立各项制度与决策，总体上涉及企业的业务发展方向和企业的规模地位。

二、企业使命的作用

一个伟大的组织能够长久生存下来最主要的条件并非结构形式或管理技能，而是我们称为"信念"的那种精神力量，以及这种信念对于组织的全体成员所具有的感召力。这种精神力量有着内在的激情，可以唤起企业所有员工的这种崇高的使命感，找到企业生存和发展的目的意义。德鲁克指出，使企业遭受挫折的最重要的原因，恐怕就是人们很少充分地思考企业的使命是什么。

企业使命确立了一个经营的指导思想、原则和方向，因此它影响着经营管理者的决策和思维，有助于企业生产经营的战略定位，促进整个企业经营目的的统一，为配置企业内部资源提供基础或标准；也有利于一个企业建立适合自己的经营氛围和环境，明确自身的发展方向与核心业务，协调企业内部和外部的矛盾，树立以用户为导向的思想，企业使命还能表明企业的社会政策。企业使命是战略制定的前提，是战略执行的行动基础。

企业使命不仅是确定企业经营重点、制定战略计划和分配工作的基础，同时也是设计管理工作岗位及设计组织结构的起点，它是一切战略活动展开的前提。企业使命的制定使企业更好地界定出自己的商业领域和目标市场，加深对业务的专注程度；还可以使企业的经营目的具体化，并将这些目的转化为企业目标，以便使成本、时间和绩效参数得到评估和控制；有助于建立统一的组织文化、价值观和行为准则，在员工中建立共同的目的感，使其更好地为组织服务；也能激励员工，更好地控制员工的行为；保证了利益相关者的利益，维持了外部的公众形象；有助于解决管理者之间观点的分歧；企业使命还可以用于指导领导风格。

使命不是写在墙上秀的，而是刻在创始人骨子里的，融化在组织每个人血液里的。所有成功的企业家都很有使命感，所有成功的企业都很有使命感。在生死攸关的重要决定上，使命往往会起到重大的作用。使命足以影响一个企业的成败。著名领导力大师弗兰西斯女士认为：一个强有力的组织必须要靠使命驱动。企业的使命不仅回答企业是做什么的，更重要的是为什么做，是企业终极意义的目标。崇高、明确、富有感召力的使命不仅为企业指明了方向，而且使企业的每一位成员明确了工作的真正意义，激发出内心深处的动机。

专栏 2 - 1　　　　　　　　　**中国电信的企业使命**

中国电信集团公司成立于 2000 年，是我国特大型国有通信企业、上海世博会、广州亚运会全球合作伙伴，连续多年入选"世界 500 强企业"，注册资本 1580 亿元人民币。主要经营固定电话、移动通信、卫星通信、互联网接入及应用等综合信息服务。

2018 年 3 月，中国电信发布 2017 年财务报告，数据显示，2017 年中国电信经营收入 3662 亿元，净利润 186.17 亿元。

企业使命表明企业存在的目的和价值。中国电信的企业使命：让客户尽情享受信息新生活。这一使命展示了中国电信以客户为本，致力于服务和改善人们生活的基本价值定位。

"客户"是企业生存和发展的根基。

"尽情享受"是中国电信对客户的真诚承诺，更是客户在随时、随地、随心地使用综合信息服务过程中，对中国电信服务的品牌、质量、价值的充分感知和美好体验。

"信息新生活"是中国电信为客户提供的一种新的生活方式，也是人类社会生活的更高阶段。信息新生活主要有以下特征：一是信息成为与物质、能源同样重要的资源；二是以开发、传递或利用信息资源为基本特征的经济活动迅速扩大，进而成为国民经济的主要组成部分；三是信息技术在生产制造、金融贸易、科研教育、文化卫生、政府管理以及家庭生活中广泛应用，将改变人们的生活、生产方式。可以说，信息新生活是未来人类生活的理想境界。中国电信将以全新的多业务、多网络、多终端融合及价值链延伸，为客户提供便捷、丰富、个性化、高性能价格比的综合信息服务。中国电信运营的信息网络是开发、传递和利用信息的基础，中国电信打造的信息平台是开发、传递和利用信息的渠道，中国电信提供的信息服务是开发、传递和利用信息的手段。因此，中国电信要责无旁贷地成为创造信息新生活的先导力量，帮助人们跨越时间和空间的阻隔，为社会创造更多的精神和物质财富。

确立这样的使命是中国电信面向未来的必然选择。人类社会已历经了渔猎文明、农业文明和工业文明，正大踏步迈向信息文明。中国电信应主动顺应时代发展潮流，自觉肩负历史赋予的重任，在方兴未艾的全球化和信息化的大潮中奋力搏击，早日将人们充满希冀的美好梦想变成现实。

崇高的使命向中国电信提出了更高的要求，使中国电信从事的工作有了更加非同寻常的意义。中国电信必须：

增强应对市场竞争的危机感。实现这样的使命，最重要的是要加快发展，特别是面对日趋激烈的电信市场竞争，要树立危机意识，为实现中国电信的全面、协调、可持续发展而更加努力地工作。

增强企业战略转型的紧迫感。中国电信要加快从传统基础网络运营商向现代综合信息服务提供商转变，从而为企业创造更大的发展空间，并在国民经济和社会信息化进程中发挥更重要的支撑、保障作用。

增强与国际接轨的责任感。中国电信要按照国际资本市场的要求，以可比的世界级电信企业为标杆，加快中国电信的国际化和现代化进程，在全球化的电信市场竞争中立于不败之地。

（资料来源：笔者根据多方资料整理而成。）

三、企业使命的确立

使命是重要战略决策的本质指导思想。企业在制定战略之前，必须先确定企业的使命，因为企业使命的确定过程，常常会从总体上引起企业发展方向、发展道路的改变，使企业发生战略性的变化；确定企业使命也是制定企业战略目标的前提，是战略方案制定和选择的依据，是企业分配企业资源的基础。

确立使命需想明白三个问题：你有什么？你要什么？你能放弃什么？要想做战略，离开了这些问题，一切都是空的。企业使命是企业形象的一个颇为直接的描述。很多公司有自己的使命陈述，可很多公司没有将使命转化为公司的自觉行为，没有成为凝聚公司全体成员的感召力和动力。企业在确立它的使命时，必须能回答出以下问题：我们现在的企业是什么？我们的经营范围是什么？我们的企业本质是什么？我们的企业将如何改变？我们的企业所要追求的成长方向为何？

企业的使命由企业的高级管理层决定。在确定企业的使命时有许多因素可以参考，比如可向股东、顾客、经销商等有关方面广泛征求意见，同时必须考虑如下诸因素：第一，企业历史上的突出特征。每个企业都有自己的目标、方针和成就的历史。为实现一个新的目的，企业必须尊重它过去历史上的卓著的特征。第二，企业周围环境的发展变化。市场环境不是一成不变的，企业周围环境的发展变化会给企业造成一些市场机遇或危机。企业要抓住机遇，避开危机。考虑企业的使命，自然是为了顺应时代潮流。第三，企业资源的情况。企业的资源往往决定企业的使命。不同的企业，资源条件必然不一样。资源条件的约束，决定了一个企业能够进入哪些领域，不能开展哪些业务。第四，企业的业主和高层管理者的意图和想法。企业的业主或董事会，对企业的发展和未来会有一定的考虑和打算；企业的高层管理人员，也会有自己的见解和追求。这些都会影响到企业使命的界定。第五，独特的能力。企业应把它的使命放在它能最好地为其工作的业务上。每个企业都能从事很多业务，但是只有它最擅长和肯定优于竞争者的特长，才能够成为它的优势所在。界定企业的使命必须结合它独有的核心能力，使之能够扬长避短，倾注全力发展优势，才能干得出色。

1. 使命表述的要求

企业使命的表述应是"需求导向"而不是"产品导向"，同时表述范围不能太宽也不能太窄。立足需求特别是创造需求来概括企业的存在目的，可以使企业围绕满足不断发展的需求开发出众多的产品和服务，获得新的发展机会。范围太宽可能在语言上太模糊而显得空洞无物、不着边际，从而丧失了企业的特色；范围太窄，会由于语言上的局限而失去指导意义，失去与目标市场相似领域中的重要战略机遇而限制企业的发展。在表述时应该注意这些问题：文字清晰；必须具有约束力；必须切实可行；能够反映出企业的个性；具有激励性。使命表述要体现企业特色，需明确以下四点要求：第一，使命表述反映了企业家个性，它是企业家人格及价值的折射。因此，在做使命表述的时候需要量身定做，否则容易成为虚浮的东西，不被人重视和理解。第二，使命表述不能仅靠外部策划。这是一个长期动态过程，不可能一蹴而就，需要不断探索调整。第三，使命表述需体现企业深层价值。第四，使命表述应该从直觉上升为理性思考，并不断自我发展，让员工对其充实和完善。

一个有效的企业使命陈述不需要进行经常性的重大修改，经得起时间的考验，而且是易于理解和便于记忆的。制定有效的企业使命必须满足三点：①适用性原则。使命不是用来看的，而是给企业全体员工解读企业经营理念的。②"启明星"。使命必须体现企业所追求的深层次的目的。③必须易于理解和便于记忆。众所周知，文字的东西如果不能够很好地理解并记在脑子里，就失去了文字的意义。相反的，如果这些文字简洁且便于记忆，那么它发挥的作用将会是很大的。企业使命是企业塑造自己未来的基石，在适应当今环境的剧烈变化的同时，能够保持企业的核心思想和企业使命，才是一个企业战略管理上的成功。

表2-1给出了六个企业的使命表述例证。

表2-1 使命表述的实例

企业名称	使命表述
迪士尼	使人过得快乐
沃尔玛	让普通人享受到富人一样的购物感觉
百度	让人们最便捷地获取信息，找到所求
万科	建筑无限生活
惠普	为人类的幸福和发展做出技术贡献
京东	科技引领生活

2. 企业使命的构成要素

不同类型企业的使命表述，在内容、篇幅和形式上各有不同，即使在同一企业的不同发展阶段，也会因内部资源状况和外部环境的变化而变化。但从构成要素来看，大体上一致，可以归纳为九个方面。

（1）客户。客户是企业的消费者或服务对象。使命表述要以客户为中心，客户或消费者的需要决定企业的经营方向。

（2）产品或服务。企业生产、经销的主要产品或提供的主要服务项目是构成企业活动类型的基本因素，企业经营成败的关键在于其产品或服务在市场上的销路及收益。对企业产品的描述是引导顾客识别企业的重要因素。

（3）市场区域。市场区域即企业计划要开辟或参与竞争的区域。

（4）技术水平。企业技术水平的定位能够反映企业所提供产品或服务的质量，有助于明确企业的技术竞争力。

（5）增长与盈利。增长与盈利即企业是否能够及通过何种方式实现业务增长和提高盈利水平，是表达企业盈利能力的信息。

（6）企业哲学。经营理念是指企业在生产经营活动中所持有的基本信念、价值观念和行为准则、精神追求等。正确的经营理念是企业成功的最重要的保证。

（7）自我认识。自我认识是企业对自身比较优势和特别能力的判断与认识。

（8）对公众形象的关切。

（9）对雇员的关心。

九种要素应当回答的问题如下：

（1）用户：公司的用户是谁？

（2）产品或服务：公司的主要产品或服务项目是什么？

（3）市场：公司在哪些区域参与竞争？

（4）技术：公司的基本技术和优势是什么？

（5）生存、发展与盈利：公司是否努力实现业务的增长和良好的财务状况？

（6）经营哲学：公司的基本价值观、信念和道德倾向是什么？

（7）自我认识：公司最独特的能力或最主要的竞争优势是什么？

（8）公众形象：公司是否对社会、社区和环境负责？

（9）职工：公司是否视员工为宝贵的资产？

第二节　企业愿景

一、企业愿景的内涵

愿景是企业对未来的期待、展望、追求与梦想。德鲁克认为，企业要思考三个问题：第一个问题，我们的企业是什么？第二个问题，我们的企业将是什么？第三个问题，我们的企业应该是什么？这也是思考我们企业文化的三个原点，这三个问题集中起来体现了一个企业的愿景，即企业愿景需要回答以下三个问题：我们要到哪里去？我们未来是什么样的？目标是什么？其核心是解决"我们希望成为什么"的问题。所谓的愿景，就是指由组织内部的成员所制订，借由团队讨论，获得组织一致的共识，并最终形成大家愿意全力以赴的未来方向。是指企业的长期愿望及未来状况，组织发展的蓝图，体现组织永恒的追求。

企业愿景是企业未来的目标、存在的意义，也是企业之根本所在。它回答的是企业为什么要存在，对社会有何贡献，它未来的发展是个什么样子等根本性的问题。企业愿景是企业管理哲学中最核心的内容，是对企业最终期望达成的状态的描述，由核心经营理念、未来展望两部分组成，是企业战略的重要组成。"核心经营理念"由核心价值观和核心目标构成，其目的是使企业在成长与变革的过程中保持思想的统一，维持凝聚力。其中：核心价值观是企业最基本的信念，是企业最持久的处世原则；核心目标是企业存在的根本理由，是企业为之奋斗和永远的追求。"未来展望"包括两个部分：愿景目标和愿景目标的生动描述。一方面，它传递了具体有形的信息，即一些可见的、生动的、真实的东西；另一方面，它又包括了还没有到来的时间，诸如梦想、希望和渴求。愿景目标是一个 10～30 年企业欲实现的宏伟目标，生动的描述就是对达成目标后将会是什么样子的情形形象、生动地描述出来。

专栏 2-2　　　　　　　　　　**红塔集团的企业愿景**

红塔集团 1956 年创立于有着"云烟之乡"美誉的云南省玉溪市，前身是创建于 1956 年的玉溪烟叶复烤厂；1958 年，第一包"红塔山"问世；1959 年，扩建并更名为玉溪卷烟厂；1995 年，改制为玉溪红塔烟草（集团）有限责任公司；2005 年 12 月，更名为红塔烟草（集团）有限责任公司。红塔集团是云南中烟工业有限责任公司下属的具有独立法人的核心骨干企业。

一、世界领先的烟草品牌

世界领先的烟草品牌是指具有高知名度、美誉度和忠诚度的国际一流烟草品牌。我们要坚持"品牌发展是一切管理的核心"，充分发挥集团的原料优势，加强工序工艺上的科技创新，不断提升卷烟制造水平，突出产品品质和特色，持续夯实品牌发展基础；我们要以消费者需求为中心，加强与商业企业及消费者之间的联系，重视营销，服务营销，持续推进营销创新，集中力量共同培育品牌，不断增强品牌竞争力。

二、世界一流的卷烟制造基地

建设世界一流的卷烟制造基地，制造一流的卷烟产品，培育和塑造一流的卷烟品牌，是成就世界领先品牌、打造长青基业的基础。我们要通过持之以恒的努力，形成一流的管理体系、一流的技术装备和一流的人才队伍，以快速有效的市场反应能力，优质、高效、低耗地集成企业资源，在烟叶种植、工艺技术、产品质量等方面持续创新和改进，成为规模宏大、管理规范、技术先进、实力雄厚、可持续发展的现代化卷烟制造基地。

三、受尊重的企业公民

在努力实现企业愿景的过程中，红塔集团永远追求良好的企业形象，成为受尊重的企业公民：积极履行社会责任与义务，在促进地区就业、经济发展、社会和谐、员工成长和环境保护等方面成为区域和行业典范，以成熟的、负责任的企业形象赢得社会的广泛认可。

经过多年的改革发展，红塔集团目前已经成为母分公司、母子公司及股份制公司等多种形式架构的大型国际化集团公司。创立以来，红塔集团取得了巨大的成就：拥有的"玉溪""红塔山""红梅"三大卷烟品牌均为"中国名牌"和"中国驰名商标"产品，红塔集团被授予"五一劳动奖状""全国优秀企业金马奖""全国文明单位""中国工业行业排头兵企业""中国最具影响力的财富企业"等荣誉称号，被誉为"中国民族工业的一面旗帜"。

在承担企业发展责任的同时，红塔集团热心社会公益事业，善尽社会责任。从1993年至2017年，累计捐助社会公益事业资金超过21亿元人民币，涉及教育、赈灾、扶贫、科技、文化等多个领域。截至2017年底，红塔集团拥有总资产1293.00亿元，其中固定资产净值97.17亿元、流动资产568.00亿元。在岗员工9177人。

（资料来源：笔者根据多方资料整理而成。）

二、企业愿景的作用

吉姆·柯林斯和杰里·波拉斯在《基业长青》一书里，将企业划分为两种类型。其一，企业有明确的愿景，并将愿景成功地扎根于企业的员工之中。大多排位世界前列的受尊重的企业是这类企业。其二，企业认为只要提高销售额即万事大吉，没有明确的愿景，或者愿景只是一句简单的"空话"，没有真正扩散到企业里面。这些企业绝不可能位居世界前列，只有企业全体员工都拥有共同的愿景，这个企业才具备成为优良企业的基础。

愿景是企业领导者对企业前景和方向的高度概括，是企业统一员工思想和行动的有力武器。企业愿景通过市场效应，及时、有效地向外界传递企业的发展信息，从而有效整合企业内外部的资源，促进企业愿景与战略目标的达成。企业愿景帮助员工意识到企业未来的发展远景，使他们明确努力的方向，也带给员工压力和挑战，避免限于具体事务的困扰，一叶障目而不见森林。

一般来说，愿景诠释着企业存在的目的和理由，具有独特性、前瞻性，能够准确地反映企业的核心价值和企业文化。具体来说，企业愿景对于企业的意义主要体现在以下几个方面：①改变竞争环境。一种值得公司追求的愿景能在根本上改变某个产业的惯例或竞争规则，能够重新划分产业之间的界线，或者开创新的竞争空间。②引导企业战略。有效的企业愿景对于企业战略具有重要的作用和意义，它可以引导企业战略健康发展。例如，为企业战略确定某些重要的开端和主要方向，集中企业决策中某些关键的意图和思路，促进企业战略保持连续发展。③优化管理氛围。有效的企业愿景不仅能够广泛地引起企业员工在情感上的共鸣，从而促进员工的凝聚力，增强员工对企业的忠诚度。同时，它还可以在企业内部转变成下属公司、部门、团队和员工的理想和期望，从而有利于统一以上各单位和员工的价值观，有利于优化企业的管理氛围。④提升市场价值。愿景对于企业的市场价值也具有一定的作用。有效的企业愿景能够引起企业的客户、传媒以及其他企业和单位的关注及股东和广大股民的兴趣，从而起到提升企业市场价值的作用。甚至在企业面临困难或困境的情况下，有效的企业愿景也会暗示出企业新增长的可能性、良好的前景等，帮助企业维持一定的市场信誉度、得到更多支持。

总之，企业愿景可以展示企业未来的发展方向和结果，鼓舞了员工的斗志，激发了员工的强大动力，可以促使企业的全体员工更加团结和激励，从而形成企业强大的合力，为企业战略目标的实现奠定基础。它是企业面临困难或陷入旋涡时全体员工奋起的动力源泉，是企业在竞争中取胜的有力武器，是把企业凝聚成一个共同体的有效途径。只有清晰地描述企业的愿景，员工、社会、投资者和合作伙伴才能对企业有更为清晰的认识。对任何一个组织来说，有没有共同愿景，或者说愿景能不能得到员工的认同，是企业领导者领导能力的体现，也是提高企业凝聚力的关键。一个美好的愿景能够激发人们发自内心的感召力量，激发人们强大的凝聚力和向心力。

三、企业愿景的表述

愿景是企业发展的阶段性理想，是企业在实践核心价值观、使命过程中的一种体现，是企业期望达到的中长期战略目标与实现的发展蓝图。愿景会随着时间的推移、市场的变化和企业战略的调整而改变，当企业进入新的发展阶段，则需要设定新的愿景，以新的目标来引导企业向新的成功迈进。一个好的企业愿景可以引人入胜，可以让人看到未来美好的景象。在评估愿景时应注意这五个问题：是否能感受到是一个引人入胜的梦想？是否能感受到企业存在的目的与价值？是否符合时代的需求？是否具有实现的可能性？是否很容易被大家理解？

愿景要成为吸引人、感召人、鼓舞人的一个口号，就必须简单清晰、形象生动。因此，企业愿景的表述要非常简明且富有想象，在表述时要注意以下几个原则：第一，要言简易懂。员工在知道共同愿景后，应当能够很快领会它的意思，并且不用十分费力就能回忆起主要内容。因此要简洁地表述，便于记忆，通常要用一两句讲清楚。第二，要有想象空间，具有吸引力。愿景的力量应该是在于它是处于可实现而又不可实现的模糊状态，它既是宏伟的又是激动人心的。第三，要有激励作用。愿景的表述既要富有挑战又要现实可行，既能取得外部利益相关者的认同和支持，又能让内部成员感到企业的未来充满期待，并由此发挥激励作用。第四，要有可操作性。员工能够通过愿景提出实现设想的提案和计划，认清现实与愿景之间的差距，制定一切战略战术行动均围绕愿景展开，使公司取得骄人的业绩和成就。

描绘愿景必须考虑的关键因素主要有：创造一种适合建立企业愿景的文化；识别和培养关键利益关系者；了解信息和价值观；了解员工的渴望和梦想；进行高质量的沟通并鼓励员工规划出个人愿景。

构建愿景要遵循五个基本步骤：①激发个人愿景。如果管理者没有激情洋溢、积极向上的个人愿景，那么他就不能成功地描绘出企业愿景，因为个人愿景是企业愿景的基石。因此，管理者在描绘企业愿景前必须建立鲜明的个人愿景，这样才能为描绘企业愿景提供能量。②形成团队愿景。愿景是得到企业全体成员及利益关联者的广泛认可并愿意为之努力奋斗的目标，它关系企业的前景。愿景不是偶然的、一时的、少数人的想法。因此，管理者在描绘企业愿景前要着力培养员工相互信任、积极创新、善于应付环境变化、充满想象力、积极进取和共同学习的愿景意识，并形成一个团队愿景。③融合、提炼。企业愿景必须经过个人愿景和团队愿景的融合、提炼，才会显得完整和合理。因此，管理者在总结出自己的个人愿景和团队愿景后，还要把它们融合在一起，并最终提炼出企业愿景。④沟通与修正。愿景也是需要沟通的，通过沟通和探讨方能相互启发、消除分歧、达成共识。愿景草案形成后还要进行多方沟通和反复修正，再通过信息的传递、沟通和反馈，最终形成清晰、独特、持久、共同的企业愿景。⑤整合传播。企业愿景的价值需要通过企业愿景的整合传播才能得以实现，仅有愿景描绘和愿景宣言是远远不够的，还必须建立完善的、健全的企业愿景体系，在企业内外达成共识，形成强烈共鸣。

表2-2给出了六个企业的愿景表述例证。

表2-2 愿景表述的实例

企业名称	愿景表述
麦肯锡	帮我们的客户成为最杰出的公司
微软	致力于提供使工作、学习和生活更加方便、丰富的个人电脑软件
腾讯	通过互联网服务提升人类生活品质
京东	成为全球最值得信赖的企业
蚂蚁金服	为世界带来微小而美好的改变
迪士尼	成为全球的超级娱乐公司

第三节　企业战略目标

一、战略目标的含义和特点

企业在确定了使命或愿景之后就要着手考虑规划期的战略目标。战略目标是企业使命和愿景的具体化，是对企业的经营目的、社会使命的进一步阐明和界定，也是对企业在既定领域开展经营活动所要达到的水平的具体描述，对企业经营战略的制定和实施有直接的指导作用。从广义上看，企业战略目标是企业战略构成的基本内容，战略目标是对企业战略经营活动预期取得的主要成果的期望值。从狭义上看，企业战略目标不包含在企业战略构成之中，它既是企业战略选择的出发点和依据，又是企业战略实施要达到的结果。与企业使命不同的是，战略目标要有具体的数量特征和时间界限，一般为 3 ～ 5 年或更长。战略则是为达到其战略目标而采取的行为。

企业战略目标秉承了企业战略全局性、长远性、纲领性、抗争性、风险性的特征，与企业其他目标相比，具有以下特点：

（1）宏观性。战略目标是一种宏观目标。它是对企业全局的一种总体设想，它的着眼点是整体而不是局部。它是从宏观角度对企业的未来的一种较为理想的设定。它所提出的，是企业整体发展的总任务和总要求。它所规定的，是整体发展的根本方向。因此，人们所提出的企业战略目标总是高度概括的。

（2）长期性。战略目标是一种长期目标。它的着眼点是未来和长远。战略目标是关于未来的设想，它所设定的，是企业职工通过长期努力奋斗而达到的对现实的一种根本性的改造。战略目标所规定的，是一种长期的发展方向，它所提出的，是一种长期的任务，绝不是一蹴而就的，而是要经过企业职工相当长时间的努力才能够实现。

（3）相对稳定性。战略目标既然是一种长期目标，那么它在其所规定的时间内就应该是相对稳定的。战略目标既然是总方向、总任务，那么它就应该是相对不变的。这样，企业职工的行动才会有一个明确的方向，大家对目标的实现才会树立坚定的信念。当然，强调战略目标的稳定性并不排斥根据客观需要和情况的发展而对战略目标作必要的修正。

（4）全面性。战略目标是一种整体性要求。它虽着眼于未来，却没有抛弃现在；它虽着眼于全局，但又不排斥局部。科学的战略目标，总是对现实利益与长远利益，局部利益与整体利益的综合反映。科学的战略目标虽然总是概括的，但它对人们行动的要求，却又总是全面的，甚至是相当具体的。

（5）可分性。战略目标具有宏观性、全面性的特点本身就说明它是不可分的。但战略目标作为一种总目标、总任务和总要求，总是可以分解成某些具体目标、具体任务和具体要求的。这种分解既可以在空间上把总目标分解成一个方面又一个方面的具体目标和具体任务，又可以在时间上把长期目标分解成一个阶段又一个阶段的具体目标和具体任务。人们只有把战略目标分解，才能使其成为可操作的东西。可以这样说，因为战略目标是可分的，因此才是可实现的。

（6）可接受性。企业战略的实施和评价主要是通过企业内部人员和外部公众来实现的，因此，战略目标必须被他们理解并符合他们的利益。但是，不同的利益集团有着不同的甚至是相互冲突的目标，因此，企业在制定战略时一定要注意协调。一般的，能反映企业使命和功能的战略易于为企业成员所接受。另外，企业的战略表述必须明确，有实际的含义，不至于产生误解，易于被企业成员理解的目标也易于被接受。

（7）可检验性。为了对企业管理的活动进行准确的衡量，战略目标应该是具体的和可以检验的。目标必须明确，具体地说明将在何时达到何种结果。目标的定量化是使目标具有可检验性的最有效的方法。但是，由于许多目标难以数量化，时间跨度越长、战略层次越高的目标越具有模糊性。此时，应当用定性化的术语来表达其达到的程度，要求一方面明确战略目标实现的时间，另一方面须详细说明工作的特点。

（8）可挑战性。战略目标不是轻易可以实现的，需要通过全体员工努力工作和协作才能实现。因为，战略目标中还包含一定的风险因素，不过一旦实现目标则会给企业和个人带来很大的好处或自身价值得到体现。因此，目标本身是一种激励力量，特别是当企业目标充分体现了企业成员的共同利益，使战略大目标和个人小目标很好地结合在一起时，就会极大地激发组织成员的工作热情和献身精神。

（9）具体性。在公司制定战略目标时，应当结合公司所处的内外部环境。要有具体的实现时间，目标实现的效果。切忌一味贪大、空喊口号。

二、企业战略目标的作用

战略目标的制定是企业经营战略设计的核心，是战略规划的重要环节，它指明了企业在今后较长时期内的努力方向。战略目标具有三大功能：第一，战略目标是制定、选择战略方案和战略实施控制的依据；第二，战略目标是企业资源配置的依据和指导原则；第三，战略目标是企业评价新机会是否值得利用的关键标准。因此，企业确定战略目标具有重要意义。

（1）协调外部环境、内部条件和企业目标的统一。在企业战略目标的引领下，企业可以更好地进行环境分析，认清企业发展所面临的形势，识别和把握环境中的机会，成功规避环境中的威胁，科学评价企业自身的实力，审视企业发展中的优势与劣势，从而保证企业减少损失，少走弯路，健康发展。最终实现外部环境、内部条件和企业目标三者之间的动态平衡。

（2）使企业使命具体化，便于落实。企业使命是高度概括和抽象的，只有细化为具体直观的战略目标才能确保企业经营活动与企业使命的一致性，实现企业的使命与愿景。

（3）为战略方案的决策和实施提供评价标准。在企业战略方案实施的过程中，由于环境的变化，难免会出现企业战略活动与战略目标不一致的情况，这时可以通过战略目标与企业战略活动的比较，发现存在的误差，及时采取措施，保证战略活动与战略目标的协调统一。

（4）激发员工的积极性、主动性和创造性。企业战略目标描绘了企业的发展前景，能够使企业员工充分认识和理解企业的发展方向，使得员工个人的发展目标与企业战略目标融为一体，激发出工作的潜能和热情，充分调动和发挥企业员工的积极性、主动性和创造性。

专栏 2 - 3　　　　　　　　　　　　　　**小米的战略目标**

　　小米科技，全称北京小米科技有限责任公司，由在 Google、微软、金山等公司工作过的顶尖高手组建，成立于 2010 年 3 月 3 日，是一家专注于智能硬件和电子产品研发的移动互联网公司，同时也是一家专注于高端智能手机、互联网电视以及智能家居生态链建设的创新型科技企业。米聊、MIUI、小米手机是小米科技的三大核心产品。"为发烧而生"是小米的产品理念。小米公司首创了用互联网模式开发手机操作系统、60 万名发烧友参与开发改进的模式。2018 年 2 月，Google 联合 WPP 和凯度华通明略发布的《2018 年中国出海品牌 50 强报告》显示，小米在中国出海品牌中排名第四，仅次于联想、华为和阿里巴巴。

一、公司的愿景、使命

1. 愿景

　　"让每个人都能享受科技的乐趣"是小米公司的愿景。小米公司致力打造其特有的公司文化——创新、快速的互联网文化，平等、轻松的伙伴式工作氛围，让你充分享受与技术、产品、设计等各领域顶尖人才共同创业成长的快意。

2. 使命

　　（1）经营主线。小米公司主要专注于手机产品开发研究与生产，是目前国产手机的领跑者。

　　（2）经营目的。客户忠诚度：小米致力于向客户提供最高质量的产品、服务和解决方案以及更多价值，以赢得客户信任。

　　利润：小米手机基本上是零利润售机，不过也必须要保障后期获得足够的利润来支持公司的发展壮大，为公司的其他项目提供资金支持。

　　市场领袖：小米公司致力于不断开发和改进更出色的产品，同其他品牌竞争，成为国产手机领头羊，成为发烧友的最爱，带领国产手机走向世界。

　　对员工的承诺：小米没有严格的等级制度，每个人都是小米的主人公，都要从工作中获得满足感和成就感。

　　（3）核心价值观。不与已存在的智能机抢客户，而是通过服务与销售软件的形式盈利，避免在市场占有率的直接碰撞。利用自身较低的价格，获取客户，而后从已有的客户身上赚取利润。

二、公司的战略目标

　　小米 CEO 雷军说过：我们的目标是成为全球最代表未来、最酷的科技公司。至于如何界定这个"酷"，雷军认为，用户认同的便是最酷的。小米希望做让国人骄傲的国际品牌。应用互联网开发模式开发产品的模式，用极客精神做产品，用互联网模式干掉中间环节，致力让全球每个人，都能享用来自中国的优质科技产品。在研发环节强调"极致的产品态度"，制造环节强调"真材实料"，服务环节强调"和用户交朋友"，定价环节追求"硬件成本价"。

　　短期目标：不以硬件盈利，而以硬件提升品牌知名度，与国内运营商合作为运营商定制产品，推动 MIUI 用户规模的增长。

中期目标：自主研发，开发新的软件，和国内外巨头互联网公司合作，整合互联网用户和互联网产品，抢占市场份额。

长远目标：开发多元化的智能手机产品，抢占高中低端智能手机市场，做国产智能手机大王。

三、小米手机的差异化战略

（1）在产品质量方面，小米手机搭载的基于 Android 系统深入优化开发的 MIUI 系统更符合国人的使用习惯。

（2）营销差异化战略。在市场营销方面，相对于一般手机厂家采用的诸如电视宣传、户外广告等常见营销方式，小米手机主要针对手机发烧友，综合采用了多种营销手段。①口碑营销。小米一直将"为发烧而生"作为口号，催生了一大批"米粉"，众多"米粉"口口相传，取得了不错的效果，并为公司节省了大笔的广告费用。②事件营销。小米手机的宣传非常成功，会在每次新品推向市场前召开发布会，利用小米手机的高配低价吸引媒体关注。并且，关于小米手机的信息一经发布，就窜至各大网站手机版块的头条。③微博营销。由于小米团队是先做系统后做手机，在做手机之前已经拥有百万客户，这些客户是小米手机的潜在客户。小米科技通过微博、论坛等新型互联网信息传播渠道宣传小米手机，并让这些客户参与小米手机的开发环节，为小米手机的开发提出了大量中肯的意见。④饥饿营销。尽管董事长雷军否认小米采用类似于苹果的饥饿营销，解释其定期开放购买的原因是产能不足。但实际上，小米通过这种销售方式赢得了国内市场。小米手机进行了工程机先发市的营销策略，这在手机市场来说尚属首例。

（3）服务差异化战略。在客户服务上，小米力争离客户近一点，服务更细一点，体现了其"为用户省一点心"的服务理念。小米现在采用的是互联网销售模式，其绝大部分商品使用凡客诚品如风达的配送体系进行配送，小米的网络直销模式使消费者体验了自主购物，也适应了现在网购的潮流。并且，各大论坛及微博为网友提供了很好的交流平台，客户可以及时反馈意见，让小米的服务尽量做到完美。

（4）人员差异化战略。人员差异化战略上最明显的一点就是小米科技是由微软、Google、摩托罗拉等国内外知名 IT 企业的优秀软件工程师组建的，在技术上具有明显的优势。并且，小米的员工中大多为具有十年经验的工程师，同时也吸纳了少数刚毕业的研究生，因此小米是一个既有经验又有活力的团队，怀揣创业的梦想是这个团队所有成员的共同特点。

（5）利润获取方式差异化策略。小米获得超高利润，而且是源自硬件销售的暴利，这是不争的事实。小米获得的超高利润，其实源自备受争议的期货模式（预订模式）。手机产业链的物料价格，会随着时间推移不断大幅下降。

（6）供应链差异化策略，小米凭借电商预订模式，做到了以销定产。小米早早拿到终端消费者巨额的预付款，同时"挟巨额订单以令上游供应链"，获取最优原料、加工价格，又没有传统手机渠道商压货占款之虑，小米现金流优势明显。

（资料来源：笔者根据多方资料整理而成。）

三、企业战略目标体系的建立

1. 战略目标体系的内容

战略目标是企业增强其市场地位、竞争活力和未来经营前景的结果。制定战略目标的有效方法是构造战略目标体系，使各个战略目标之间相互联合、相互制约，从而使战略目标体系整体优化，反映企业战略的整体要求。企业战略目标体系一般是由企业总体战略目标（主目标）和主要的职能目标（保证目标）所组成，在企业使命和企业功能定位的基础上制定企业总体战略目标，为保证总目标的实现，必须按层次或时间阶段进行分解。

在建立战略目标体系时，要避免两个误区：一是战略目标不是企业现有资源和能力在未来时点的实现，如此制定的目标与企业的发展显然是相悖的；二是战略目标要建立在把握公司现状、预判未来变化、战略定位清晰的基础上，而不应当是企业决策者个体思想的具象化。由于战略目标体系是由各不同的战略目标组成的，战略目标是企业使命和功能的具体化，一方面，有关企业生存的各个部门都需要有目标；另一方面，目标还取决于个别企业的不同战略。因此，企业的战略目标是多元化的，既包括经济目标，又包括非经济目标；既包括定性目标，又包括定量目标。每个企业都需要制定目标，并要形成一定的目标体系，这是公司的管理者承诺在具体的时间框架下要达到的具体业绩目标，企业战略目标体系的内容主要包括以下六个类别的目标：

（1）盈利目标。盈利目标主要有利润额、资本利润率、销售利润率、投资利润率、投资收益率、每股平均收益率等。

（2）产品目标。产品目标主要包括产量、质量、品种、规格、产品销售额、产品盈利能力、产品技术含量和新产品开发周期等。

（3）市场竞争目标。市场竞争目标有销售总额、市场占有率、市场覆盖率、竞争位次、企业技术水平、市场开拓、市场渗透、产品形象和企业形象等。

（4）发展目标。主要包括企业的规模、知名度、资产总量、技术创新、劳动生产率、产品结构调整等。

（5）职工发展目标。职工发展目标主要包括职工成长和教育情况，职工文化素质与专业技能的提高，职工的工资、福利、住房条件、业余文化生活的改善和提高等。

（6）社会责任目标。企业的社会责任目标属于非盈利性目标，主要包括合理利用资源、保护生态环境、支持社会公益事业、推动社会进步与和谐等。

战略目标不是只有一个，而是由若干个目标项目组成的战略目标体系。从纵向上看，企业的战略目标体系可以分解成一个树形图（见图2-1）。在企业使命和企业愿景的基础上制定企业的总战略，为了保证总目标的实现，必须将其层层分解，保证职能战略目标的实现。也就是说，总战略目标是企业的主体目标，职能性战略目标是保证性的目标。从横向上来说，企业的战略目标大致可以分成两类，第一类是用来满足企业生存和发展所需要的项目目标，这些目标项目又可以分解成业绩目标和能力目标两类。业绩目标主要包括收益性指标、成长性指标和安全性指标等三类定量指标。能力目标主要包括企业综合能力指标、研究开发能力指标、生产制造能力指标、市场营销能力指标、人事组织能力指标和财务管理能力指标等一些定性和定量指标。第二类是用来满足与企业有利益关系的各个社会群体所要求的社会贡献目标。与企业有利益关系的社会群体主要有顾客、企业职工、股东及其他社会群体。

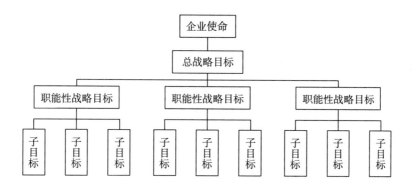

图 2 - 1　企业战略目标体系

对于如何设置与表述企业战略目标，正如企业使命的确定和表述一样，并没有普遍适用的定式。有些企业并没有设定具体的目标，有些仅设定了很有限的几个目标，有些则将目标仅仅局限于经营业绩。企业的战略目标一般包括以下内容：①盈利能力。用利润、投资收益率、每股平均受益、销售利润等表示。②市场。用市场占有率、销售额或销售量来表示。③生产率。用投入产出比率或单位产品成本来表示。④产品。用产品线或产品的销售额和盈利能力、开发新产品的完成期来表示。⑤资金。用资本构成、新增普通股、现金流量、流动资本、回收期表示。⑥生产。用工作面积、固定费用或生产量来表示。⑦研究与开发。用花费的货币量或完成的项目来表示。⑧组织。用将实行变革获奖承担的项目来表示。⑨人力资源。用缺勤率、迟到率、人员流动率、培训人数或将实施的培训计划数来表示。⑩社会责任。用活动的类型、服务天数或财政资助来表示。

一个企业并不一定在以上所有领域都规定目标，并且战略目标也并不局限于以上十个方面。企业可以把这些战略目标转化为事业部或分公司的目标，进一步细分为部门和单位的目标，一直到企业的最底层目标，从而把企业的使命与战略目标、个人目标联结起来。战略目标的类型主要有以市场占有率为重点的战略目标结构，以盈利为重点的战略目标结构，以创新为重点的战略目标结构，以低成本为重点的战略目标结构，以企业形象为重点的战略目标结构。

企业战略目标的制定必须满足可接受性、灵活性、可量度性、激励性、可实现性、适应性和易理解性等要求。在具体表述企业战略目标时，管理者应根据企业使命要求，选定目标参数，体现多种目标之间的协调性，兼顾目标的可衡量性、可操作性、可分解性及其激励效果。一般来说，战略目标，尤其是战略子目标表述应兼顾五个方面的基本要求——SMART 原则，Specific（具体性：明确、可拓展）、Measurable（可衡量性：结果可考核）、Attainable（可实现性：能达到、能接受）、Relevant（相关性：围绕使命、相互关联）、Time - bound（时间性：可追踪、有时限）。

第一，具体性。指企业的战略目标表述必须是具体的、明确的、不含糊的。战略目标应该具有明确的主题，应避免使用含糊不清、华而不实的抽象语言与毫无意义的空话。第二，可衡量性。指战略目标应该进行相应的量化，并且可以给予准确的衡量，是可以在事后予以检验的。第三，可实现性。指战略目标必须适中、可行，既不能脱离企业实际定得过高，也不可妄自菲薄定得过低。第四，相关性。指战略目标是为达成企业使命服务的，它与企业使命相互关联，而战略子目标与战略总目标相互关联，企业战略目标应围绕企业使命展开，下层次的战略目标应围绕上层次的战略目标展开。第五，时间性。企业目标表述必须有完成时间期限，表明起止时间。

2. 战略目标体系的制定

一般来说，确定战略目标需要经历调查研究、拟定初步目标、目标评价与论证、目标决断等四个步骤。

（1）调查研究。在制定战略目标之前，必须进行调查研究工作，包括：对已经完成的调查研究成果进行复核、整理，深入研究机会与威胁、长处与短处、自身与对手、企业与环境、需求与资源等多组对立关系，为确定战略目标奠定可靠的基础。同时，调查研究要全面进行，但又要突出重点。为确定战略而进行的调查研究侧重点是企业与外部环境的关系和对未来的预测。相对于战略目标决策来说，最关键的还是对企业未来具有决定意义的外部环境信息。

（2）拟定初步目标。拟定战略目标一般需要经历两个环节：拟定目标方向和拟定目标水平。在既定的战略经营领域内，依据对外部环境、需求、资源的综合考虑，确定目标方向；通过对现有能力与手段等条件的全面衡量，对沿着战略方向展开的活动所要达到的水平也要进行预测，这就形成了可供决策和选择的目标方案。在目标确定的过程中，在满足实际需要的前提下，要尽可能减少目标的个数。一般采用的方法是：①把分目标合并成一个目标；②把从属目标纳入总目标；③通过过度求和，形成一个单一的综合目标。在拟定目标的过程中，要充分发挥参谋、智囊人员的作用。要根据实际需要，尽可能多地提出一些目标方案，以便对比和选优。

（3）目标评价与论证。初步目标拟定出来之后，要组织多方面的专家和人员对方案进行评价和论证，战略目标的评价与论证要注意以下三个方面：第一，要论证和评价战略目标方向的正确性。要着重研究拟定的战略目标是否符合企业精神，是否符合企业的整体利益与发展需要，是否符合外部环境及未来的发展趋势。第二，要论证和评价战略目标的可行性。评价的方法主要是按照目标的要求，分析企业的实际能力，找出目标与现状的差距，分析用以消除差距的措施，并且进行精确的测算，尽可能用数据说明。如果制定的途径、能力和措施对消除差距有足够的保证，就说明此目标是可行的。还有一个倾向要注意：如果外部环境及未来的变化对企业发展比较有利，企业自身也有办法找到更多发展途径、能力和措施，就要考虑适当提高战略目标的水平。第三，要论证和评估所拟目标的完善化程度。对于目标的完善化程度评估，包括以下方面：①目标是否明确。所谓目标明确，是指目标应当是单义的，只能有一种理解，而不能是多义的。多项目标的情况下，必须分出主次轻重。实现目标的责任必须能够落实，实现目标的约束条件要尽可能明确。②目标内容是否协调一致。如果目标内容不协调一致，完成其中一部分指标势必牺牲另一部分指标，目标内容便无法完全实现，因此，要对不协调的目标内容进行调整。③目标内容是否最优。如果在评价论证时有多个目标方案，评价论证就要在比较中进行。通过内容对比、权衡利弊，找出各个目标方案的优劣所在。

目标的评价论证过程，也是目标方案的完善过程。要通过评价、论证，找出目标方案的不足，并设法使之完善起来。如果通过评价发现拟定的目标完全不正确或根本无法实现，就要回过头去重新拟定目标，再进行评价。

（4）目标决断。在最终确定目标时，要注意从以下三个方面权衡：①目标方向的正确程度；②目标的可实现程度；③目标期望效益的大小，对这三个方面要综合考虑。同时，目标决断还必须掌握好时机。战略决策毕竟不同于战术目标决策，战术目标决策常常会时间比较紧迫，回旋余地小，而战略目标决策的时间则较为宽裕，有机会进行时机选择。

从调查研究、拟定初步目标、目标评价与论证到目标决断，战略目标确定的四个步骤是紧密联系的，后者的工作要依赖于前一步的成果。在进行后一步的工作时，如果发现前一步工作的不足，或遇到了新情况，就需要重新进行前一步或前几步的工作。

企业在制定战略目标时应该遵循以下原则：一是从实际出发的原则。企业制定战略目标应该首先对自身竞争优劣势有清晰的了解和把握，同时透彻分析企业所处的宏观经济环境和微观市场环境。二是系统性原则。战略目标应该站在企业全面发展的角度，对企业管理中涉及的各个方面进行系统规划。伴随着企业整个发展过程的是企业管理模式的不断改进，而企业管理本身就是一个完整的系统，牵一发而动全身。因此在制定战略目标的时候，除了要考虑业务模式的改进，同时必须考虑与之相适应的管理制度和人力安排，使整个系统协调发展。三是阶段性原则。企业发展战略应该是分阶段进行的，应该是长远目标与近期目标的协调和统一。市场发展程度不同、企业成熟度不同，与之相应的战略也应该是不同的。阶段性战略应该具有阶段适应性和一定程度的前瞻性，使企业在适宜的目标驱动下，稳步提升。四是开放性原则。即企业战略目标应该能充分适应环境变化、具有较强的扩展性，并应根据实际情况进行及时修正。一个企业如果制定了较好的企业使命、企业愿景以及企业战略目标，也就是完成了战略制定的第一步，同时也为接下来的战略实施打下了良好的基础。

表2-3给出了六个企业的战略目标表述例证。

表2-3　战略目标表述的实例

企业名称	战略目标表述
腾讯	腾讯的战略目标是"连接一切"。长期致力于社交平台与数字内容两大核心业务：一方面通过微信与QQ等社交平台，实现人与人、服务及设备的智慧连接；另一方面为数以亿计的用户提供优质的新闻、视频、游戏、音乐、文学、动漫、影业等数字内容产品及相关服务。并积极推动金融科技的发展，通过普及移动支付等技术能力，为智慧交通、智慧零售、智慧城市等领域提供有力支持
百度	百度的战略目标：全球最大的中文搜索引擎。为各类企业提供软件、竞价排名以及关联广告等服务，为企业提供一个获得潜在消费者的营销平台，并为大型企业和政府机构提供海量信息检索与管理方案
京东	本着"让购物变得简单、快乐"的使命，以"诚信、客户为先、激情、学习、团队精神、追求卓越"的价值观，立志做中国最大、全球前五强电子商务公司
格力	格力电器将继续强化核心竞争力，实现销售额突破千亿元的目标；希望早日进入世界500强，持续百年发展是最终目标
中国平安	坚持科技引领金融，金融服务生活理念，推动核心金融业务和互联网金融业务共同发展，成为国际领先的个人金融生活业务提供商，争创世界500强400优
花旗集团	在世界范围内拥有十亿名顾客

【章末案例】 华为的使命、愿景和战略目标

华为技术有限公司于1987年在深圳正式注册成立。华为技术有限公司是一家由员工持有全部股份的生产销售通信设备的民营通信科技公司，总部位于广东省深圳市龙岗区坂田华为基地，目前有18万名员工，业务遍及170多个国家和地区。华为的产品主要涉及通信网络中的交换网络、传输网络、无线及有线固定接入网络和数据通信网络及无线终端产品，为世界各地通信运营商及专业网络拥有者提供硬件设备、软件、服务和解决方案。华为是全球领先的ICT（信息与通信）基础设施和智能终端提供商，致力于把数字世界带入每个人、每个家庭、每个组织，构建万物互联的智能世界。华为坚持围绕客户需求持续创新，加大基础研究投入，厚积薄发，推动世界进步。

2018年第三十二届中国电子信息百强企业名单出炉，华为技术有限公司排名第一位。华为成功有多方面的原因，企业愿景、使命与核心价值观对其成功非常重要。

一、华为的使命、愿景

华为公司的愿景是丰富人们的沟通和生活。使命是聚焦客户关注的挑战和压力，提供有竞争力的通信解决方案和服务，持续为客户创造最大价值。

公司核心价值观是扎根于我们心坎深处的核心信念，是华为走到今天的内在能源，更是我们面向将来的独特许诺。它确保我们步调一致地为客户提供有效的服务，实现"丰盛人们的沟通和生涯"的愿景。华为的核心价值观是：成就客户、艰苦奋斗、自我批判、开放进取、至诚守信、团队合作。

二、华为的战略目标

在战略的制定过程中，华为始终遵循着四项基本原则：第一，战略是不能被授权的，一把手必须亲自领导、亲自贯彻整个战略制定与执行的全过程；第二，战略必须以差距为导向，并集中力量解决关键问题（包括业绩差距、机会差距等）；第三，战略一定要与执行紧密结合，重在结果。如果战略在制定出来以后即束之高阁，没有执行、没有监控、不是闭环的，其价值必然会大打折扣；第四，战略同时是持续不断、周而复始的组织行为。

在华为的发展历程当中，在其历次的战略制定与调整当中，"活下去"是华为始终坚持的最高目标，但它同时也是华为战略目标的最低标准。因为，只有活下去，企业才有机会寻求更好的发展。如果企业连活着都成为问题，那么所谓的发展都是空谈。对战略而言，一定是基于对未来的大胆假设，才能够制定出合理的行动路径以及战略目标。

1. 客户战略

为客户服务是华为存在的唯一理由，客户需求是华为发展的原动力；质量好、服务好、运作成本低，优先满足客户需求，提升客户竞争力和盈利能力；持续管理变革，实现高效的流程化运作，确保端到端的优质交付；与友商共同发展，既是竞争对手，也是合作伙伴，共同创造良好的生存空间，共享价值链的利益。

2. 国际化战略

为了在国际市场上获得更多的机会，华为采取"搭船出海"的策略，积极参与国际主流标准的制定，在全球化竞争中逐渐变被动为主动。华为目前已加入了91个国际标准组织，并在这些标准组织中担任100多个职位。通过了欧洲发达国家运营商的严格认证，

已达到其主要供应商的要求，赢得了欧洲市场的拓展。

3. 技术战略

华为一直贯彻"领先半步策略"，持之以恒的战略研发投入，要走技术独立的路，反驳"唯技术论"，直接购买技术、合作开发。巨资投入研发，确保增强企业核心竞争力。华为持续提升围绕需求进行创新的能力，长期坚持不少于销售收入10%的研发投入，对新技术、新领域进行持续不断的研究和跟踪。目前，华为在FMC、IMS、WIMAX、IPTV等技术和新应用领域，都已经成功推出了解决方案。2017年华为研发费用高达897亿元，同比增长17.4%，近十年投入研发费用超过3940亿元。未来十年将以每年超过100亿美元的规模持续加大在技术创新上的投入。

4. 人才吸收战略

目前华为正大力扩展海外市场，其第一要素即人才需求，华为为增强其国际竞争力必须吸收更多的高端技术人员或管理人员或销售人员等人才。同时注重国内技术的研究与开发，吸收更多的创新技术人才等。通过内部培养，把很多可以培养的优秀人才全部选拔到了云业务部和IT业务部，进行有针对性的锻炼和培养。同时，需要一定的外部招聘，包括从IBM、惠普等世界级云服务公司聘请到一些相关的技术人才，加盟到华为的人才体系当中。

三、华为战略目标的实现

在战略正确的情况下，精准的战术＋严格的执行能够使一个企业的发展达到事半功倍的效果；反之，当战略产生失误，战术越成功，执行越有效，其最终的结果可能会越糟糕。企业不但不能够达成所期望的目标，而且会为客户带来重大的负面影响，更严重者则会全军覆没。华为主要通过以下具体措施实现战略目标：

（1）基于客户需求持续创新。帮助客户满足用户对多样化终端的需求。加大创新力度，拓展市场销售。

（2）应继续推动进入国际市场的步伐并化被动为主动拥有自己独立的品牌得到国际市场的信任。目前华为是我国优秀企业国际化道路领先的精英，华为采取"搭船出海"的策略，加入多个国际标准化组织，在国际化竞争中逐步转被动为主动，并成功赢得欧洲市场的拓展。这些正表明了华为在国际市场上的竞争力慢慢增强的趋势。应继续加强自身品牌在国际上的影响力，化海外合资品牌为独立品牌。

（3）继续坚定决策权前置的机制。这跟"领先半步策略"相似。领先半步策略是为了避免研发人员对市场的敏感度不强而研发一些并不能十分适应市场的产品，华为坚持"市场驱动"为主的研发战略，探索以项目为中心的团队运作模式，确保产品满足市场的需要。与此同时，决策权前置将决策权转给能立即发现目标和机会的前线，即最接近市场的一线。从过去的"推"的机制转变为"拉"的机制。

（4）继续维持或增加投入研发的资金和人才，确保增强企业的核心竞争力。像美国优秀企业一样，虽然在公司经历不景气的阶段，却不曾在研发投入上放松。华为走在我国企业的前列的一个重要因素就是其多年在研发人员和资金的巨额投入，对知识产权的高度重视。

资料来源：笔者根据多方面资料整理。

【问题思考】

1. 企业应怎样树立自身的使命、愿景和战略目标？

2. 企业使命应如何表述？

3. 如何理解企业愿景的内涵？

4. 如何区分企业使命与企业愿景？

5. 在建立企业的战略目标体系时应注意哪些？

6. 企业使命、愿景如何指导战略行动促进企业发展？

【参考文献】

[1] 魏江，邬爱其等．战略管理［M］．北京：机械工业出版社，2018.

[2] 孙超等．企业战略管理［M］．成都：西南交通大学出版社，2016.

[3] 张继辰，王乾龙．阿里巴巴的企业文化［M］．深圳：海天出版社，2015.

[4] 周素萍．企业战略管理［M］．北京：清华大学出版社，2012.

[5] 吴照云，舒辉．战略管理［M］．北京：中国社会科学出版社，2013.

[6] 梁芳园．小米：战略与业务的演变之路［J］．北大商业评论，2015（7）：66－73.

[7] 庄学敏．基于华为的战略转型分析［J］．科研管理，2017，38（2）：144－152.

第三章 外部环境分析

【学习要点】

☆ 了解分析外部环境的意义。

☆ 描述如何进行外部环境分析。

☆ 讨论影响企业的主要外部因素：政治、法律、经济、社会、文化、环境、技术等。

☆ 外部环境分析的工具与评价。

☆ 说明如何建立 EFE 矩阵与 CPM 矩阵。

【章首案例】 湘鄂情的困境

湘鄂情餐饮股份有限公司曾是我国 A 股上市的仅有的三家餐饮企业之一，曾被称为"民营餐饮企业第一股"，是我国高端餐饮企业的代表，在 2009 年上市以后的两年里，发展迅速，直营门店曾达到 30 家以上，在 2012 年后高端餐饮整体低迷的情况之下，公司业绩也一路巨幅下滑，由于公司业绩在高端餐饮的集中度较高，其业绩的下滑幅度也超过了其他高端餐饮企业。

2013 年，全国餐饮收入增幅首次降低到个位数，而这一年也成为餐饮业以及众多餐饮企业发展的转折点，湘鄂情自然未能幸免。以下从财务指标角度探究湘鄂情主营业务、盈利能力以及成长能力变化，解释大环境给湘鄂情带来的影响究竟有多大。

一、主营业务收入构成变化

由表 3-1 可以直观看出，公司的主营业务主要由餐饮服务业收入和商标许可及加盟服务收入两部分构成，从 2010 至 2012 年主营业务收入呈逐年增长态势，2011 年增长率高达 33.98%；2012 年后，主营业务收入出现急剧下滑；2013 年上半年收入下滑幅度达 35.55%。主要原因在于国家政策调整（主要指"三公消费"政策的出台以及宏观经济低迷导致餐饮业结构调整，高端餐饮市场需求低迷使销售额大幅下滑等）。

二、盈利能力变化

由表 3-2 所示的各项财务指标情况可以发现，2010～2012 年，各项盈利指标均表现平稳。2013 年各项盈利指标急剧恶化，其中营业净利率下滑幅度最大，达到 71.46%，主要原因在于 2012 年末政府政策调整对公司主营业务的影响，湘鄂情的主营业务以高端酒楼为主，团膳和快餐为辅，因此公款消费不良之风的收敛及高端餐饮客流减少对公司盈利产生了极大影响。

表 3-1　2010~2013 年湘鄂情主营业务收入构成

项目	2010 年	2011 年	2012 年	2012 年 6 月	2013 年 6 月
餐饮服务业（万元）	91242.58	122675.11	131299.95	65787.37	42520.51
商标许可及加盟服务（万元）	713.41	531.66	3889.16	340.95	99.44
合计（万元）	91955.99	123206.77	135189.11	66128.32	42619.95
增长率（%）	25.07	33.98	9.73	—	-35.55

数据来源：叶欣怡. 湘鄂情财务风险分析及相关建议. 财务与会计 ［J］. 2013（7）：18-19.

表 3-2　2010~2013 年湘鄂情盈利能力分析表

项目	2010 年	2011 年	2012 年	2012 年 6 月	2013 年 6 月
总资产（万元）	139515.00	172860.00	222348.00	227323.00	211950.65
所有者权益（万元）	116975.00	122862.00	126855.00	120486.00	101617.00
营业收入（万元）	92317.40	123474.00	137877.00	68811.00	42662.40
营业成本（万元）	83350.50	110244.00	126877.00	59865.80	65330.30
毛利润（万元）	8966.92	13442.60	12181.60	8966.96	-21879.50
净利润（万元）	6218.22	9385.45	10806.40	7624.34	-30487.90
总资产收益率（%）	4.57	6.01	5.47	3.81	-14.04
销售毛利率（%）	9.71	10.89	8.84	13.03	-51.29
营业净利率（%）	6.74	7.60	7.84	11.08	-71.46
权益报酬率（%）	5.32	7.83	8.65	6.27	-26.69

数据来源：叶欣怡. 湘鄂情财务风险分析及相关建议. 财务与会计 ［J］. 2013（7）：18-19.

三、成长能力变化

如表 3-3 所示，可以看出，主营业务收入增长率在 2010 年和 2011 年均呈现 20% 以上的快速增长；但这一增长趋势在 2012 年发生转变，当年增幅仅为 9.73%，到 2013 年更是同比大幅下滑 35.55%。主要原因在于受宏观政策影响，业绩出现巨幅下滑。从净利润增长率来看，公司在 2011 年的表现突出；2012 业绩下滑，净利润减少；到 2013 年业绩大幅亏损，净利润为负，此时公司已经开始寻找新的业绩增长点，寻求新的出路。

表 3-3　成长能力分析表

项目	2010 年	2011 年	2012 年	2012 年 6 月	2013 年 6 月
主营业务收入（万元）	91955.99	123206.77	135189.11	66128.32	42619.95
净利润（万元）	6218.22	9385.45	10806.40	7624.34	-30487.90
净资产（万元）	116975.00	122862.00	126855.00	120486.00	101617.00
总资产（万元）	139515.00	172860.00	222348.00	227323.00	211950.65
主营收入增长率（%）	25.07	33.98	9.73	—	-35.55
净利润增长率（%）	-23.08	50.93	15.14	—	-499.88
总资产增长率（%）	5.00	23.90	28.63	—	-6.76

数据来源：叶欣怡. 湘鄂情财务风险分析及相关建议. 财务与会计 ［J］. 2013（7）：18-19.

昔日高端餐饮第一股湘鄂情的困局，很大程度上受制于中央的"八项规定"，"三公消费"限制政策的出台使得公款吃喝不良之风大大收敛，使得曾经以公款消费为主的中高端正餐宴请业务市场需求持续低迷，湘鄂情业绩一路下滑。2012年，湘鄂情还有8200万元的净利润；而2013年公司的财报显示当年是历史上亏损最为严重的一年，营收8.02亿元，同比下降41.19%，公司净亏损达5.6亿元。在这样的情况下，转型成了湘鄂情的必然选择，即采取多元化战略，高端餐饮转向大众，实现其餐饮服务的多元化。覆盖中低高档。同时将视线转向环保行业和影视行业，实现其涉及行业的多元化，以期自救。

资料来源：笔者根据多方资料整理而成。

组织在制定战略之前，必须扫描外部的环境来确定可能出现的机会和威胁，同时也要了解内部环境中存在的优势和劣势。在此基础上才有可能做出正确的战略决策。所谓外部环境是指存在于企业边际之外的，对企业有直接或间接影响的环境要素，自外而内有宏观环境和行业环境及经营环境。外部环境分析的重点是识别与评价公司外部（公司基本无法控制）并对公司发展具有重要影响的趋势与事件，诸如国际竞争形势、人口与社会变化趋势、计算机革命等。外部环境分析揭示了企业所面临的主要机会与威胁，从而有利于战略管理者采取适当的战略，利用机会、回避威胁或减小环境威胁所带来的消极影响。本章将沿着这样的思路展开：为什么要分析外部环境？外部环境分析的内容？怎样分析外部环境。

第一节 外部环境分析基础

一、外部环境分析的意义

由于企业规模的日益庞大和复杂，使其开始更多地依赖正式的战略规划来完成企业目标。外部环境分析，一种为企业制定战略提供依据的方法和活动应运而生，并得到国内外企业界的普遍接受。外部环境分析的出现，并非一种偶然，而是具有某种必然性。它既是现代化的大生产企业走向战略管理时代的产物，也是企业经营环境发生深刻变化的必然结果。可以说，当今的企业特别是大中型企业的实际运作无法离开外部环境分析。企业并不是生存和发展于真空中，其外部环境也不是一成不变的，要获得生存与发展，必然要对外部环境的变化做出适当的反应。其实，达尔文的"物竞天择，适者生存"及孙子的"知己知彼，百战不殆"也说明了这个道理。具体而言，企业要比过去更加关注外部环境的变化，这是因为：

第一，影响企业的外部环境因素日益增多，相互关系错综复杂。影响当代企业经营活动的因素已不再仅仅局限于经济、技术领域，社会文化和政治事件对企业的影响也日益加深。例如，我国的羊绒制品在国际上评价颇好，北方某厂曾出口一种"双羊"牌高档羊绒被，商标被译成英文"Goats"，结果销路在欧洲国家特别不好。原因就在于，在英语中，"goat"这个词除了本意"山羊"外，还有"色鬼"之意。

对于中国企业而言，随着加入WTO，以及信息技术的突飞猛进，企业无可避免地处于全球化、信息化的经营环境中，企业面临着国际竞争与国内竞争的双重压力。加之，中国社会主义市场经济体制改革尚未彻底完成，中国在今后乃至相当长的时期内还处于转轨时期，在某些方面与成熟的市场经济国家还存在一定差距，影响企业战略的外部环境因素仍然相当复杂。

第二，影响企业的外部环境因素容易变化，难以准确预测。由于科学技术特别是以信息技术为代表的知识经济的迅猛发展，新技术、新产品不断问世，人们生活水平的不断提高和消费观念的迅速更新，使得市场需求的变化越来越快，产品生命周期大大缩短。社会、经济、政治形势的不断变化，各种环境力量的相互影响和矛盾冲突，加之各种突发事件的因素，使得企业的发展前景所面临的不确定性不断增加，难以全面而准确地进行预测。例如，曾经被普遍看好的多元化战略，由于外部环境及扩张路径等因素，使企业面临着不同的命运。业界中既有成功的，如通用电气、海尔集团等；也有失败的，如春兰空调、联想集团等。分析企业失败的案例，几乎都存在这样的共同之处：这些企业外部环境发生了剧烈变化，而这些企业通常对外部环境的变化要么没有准确预测，要么没有应对预案。

第三，企业面临的竞争环境空前激烈，竞争压力不断升级。从国际经营的角度来看，国际市场是从各国之间的激烈竞争发展起来的。为了维护本国利益，各国贸易保护势力抬头，各种名目的关税壁垒和非关税壁垒林立，竞争的内容和形式也日益多样化，从而加深了国际经营环境的复杂性和不确定性。

从国内经营的需求角度来看，企业经常面临需求不足或需求过旺。如果需求不足，为争夺有限的客户资源，企业在市场上必然要面对同行的激烈竞争，很容易遭到竞争对手花样繁多的打压，例如 2012 年京东与苏宁的电商价格战等。如果需求过旺，又使得企业经常出现上游资源紧缺的资源约束，为争夺有限的原料资源，企业也必然要面对同行的激烈竞争，例如 2007 年的铁矿石大战、2008 年葡萄酒厂商的原料资源争夺战等。总之，在外部环境变化多端的今天，及时、准确地对环境的各种变化趋势和可能导致的影响做出估计，已成为企业战略成败的关键。

二、外部环境分析的内容

根据与企业战略关联的基本关系及一定的逻辑顺序，可将外部环境划分为三类因素：宏观环境因素、行业环境因素和经营环境因素。

第一，宏观环境。宏观环境因素包括政治、法律、经济、社会文化、技术、自然环境、全球化等外部因素，即以 PESTNG 框架对企业外部的环境予以分析，在有的教材中是以 PEST 框架进行分析，本书根据企业面临的越来越复杂的外部环境变化进行了补充。

第二，行业环境。行业环境分析包括产业特征分析、产业竞争状况分析即同行业竞争者威胁、潜在的加入者威胁、替代品威胁、供应商讨价还价能力、购买者讨价还价能力等五类竞争因素，常用迈克尔·波特的五力模型分析和行业界定分析。本书还引入行业生命周期曲线进行分析。

第三，经营环境。经营环境分析包括竞争者、债权人、客户、供应商、劳动力等五类因素，本章将作适当分析。

一系列的外部因素影响公司对战略方向和战略行动的选择，并最终也会影响组织结构和内部运作程序，这些因素构成了外部环境。图3-1表明了公司与宏观环境、行业环境、经营环境的相互关系，这些因素共同构成了一个公司在竞争环境中面临的机会和威胁的基础。

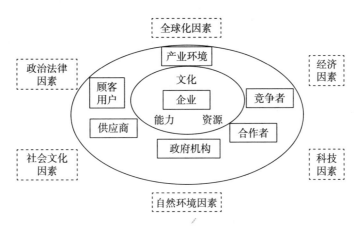

图3-1 公司外部环境分析的框架

三、环境分析的过程

外部环境分析的过程包括搜索、监视、预测、评估四个步骤，如图3-2所示。

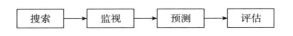

图3-2 外部环境分析的过程

第一，搜索。搜索是外部环境分析的基础，通过搜索，企业能够辨认外部环境潜在变化的早期信号，了解正在发生的变化。决策者搜集外部环境信息的模式包括四种类型：一是无目的观察，即决策者无特定意向，也并不了解将发生什么问题，只是通过直接与企业经营的有关信息接触，了解环境的动态。二是条件化观察，即决策者事先注意到了有明确意义的情报或情报源，并安排企业有关部门对特定的环境范围进行扫描监视，及时捕获有关情报，进行评估和处理。三是非正式搜索，即决策者出于某种特定的目的进行有限的和不系统的搜索，以获取某一特定的情报。四是正规化搜索，即决策者按照预定计划、程序或方法，采取审慎严密的行动，以获取某一特定信息或有关某一特定问题的情报。

第二，监视。监视即决策者或分析家们观察环境变化，看在那些由搜索定位的领域里是否出现重要的趋势。实际上，监视是对特定环境因素的一种连续跟踪。成功监视的关键在于觉察不同事件含义的能力。特别是对于与企业有关的"重大突发事件"保持关注的同时，注意分析其是偶然事件还是必然事件，判断其对于企业是长期影响还是短期影响，影响的强度是大是小。

第三，预测。预测是基于经验或研究对未来趋势和事件的假设。通过预测可能说明由于以上搜索和监视的那些变化和趋势，将会发生什么，多久会发生。例如，企业可能要预测产品的销售规模；或者，当税收政策改变后，消费者的消费模式会发生怎样的改变；或者，产品价格提高后，企业的市场占有率会发生怎样的改变，利润又会变化多少。预测技术大致可分为两类：定量预测技术和定性预测技术。定量预测技术适用的基本条件是：拥有历史数据，并且关键变量之间的关系在未来将保持不变。基本的定量预测技术包括计量经济学模型、趋势外推法等。定性预测技术包括销售人员估计、管理人员评价、预测调查、总体概要预测、德尔菲法、头脑风暴法等六种。当不存在历史数据或预测变量在未来将发生显著变化时，定性预测技术更为实用。

第四，评估。外部环境分析的最终目的是要判断环境变化和趋势对企业战略影响的时间点和显著程度，从而评估企业的发展机会与威胁。因此，仅有预测是不够的，还不能达成最终目的。加之，再好的预测也不会尽善尽美，有的预测甚至会谬之千里。比如，计量经济学中的线形回归所基于的假设是，未来正好与现在一样，而事实当然从未如此。如果没有评估，只有预测，企业只不过得到一些有趣的数据而已，跟竞争有什么关系呢？可见，评估是非常必要的。评估实际上就是总结以上搜索、监视、预测的成果，它既是外部环境分析的结点，也是企业制定和实施战略非常重要的起点和依据之一。

第二节　宏观环境分析

PESTNG 分析模型即宏观环境分析，是分析宏观环境的有效工具，不仅能够分析企业外部环境，而且能够识别一切对组织有冲击作用的力量。它是调查企业受外部影响因素的方法，其每一个字母代表一个因素，可以分为六大因素：政治、法律因素，经济因素，社会因素，技术因素，自然环境因素，全球化。

一、政治、法律因素

政治、法律因素的方向和稳定性都是战略决策者在进行战略决策时考虑的主要因素，政治、法律因素界定了一家公司运作范围内的法律和政策尺度。

第一，各层面的政治因素。从国际层面来看，主要包括贸易壁垒、关税、政治风险、双边及多边关系等，所有这些因素都是相互关联的。从国家层面来看，主要包括税收、管制、反垄断立法、专利保护等。从地方政府层面来看，主要是指经营许可、激励政策等。

第二，几个需要进一步强调的政治因素。一是贸易壁垒和关税。贸易壁垒和关税是公司实施国际化战略的重要阻碍，也是其进行国际化经营必须考虑的因素。它们是某一国家内部的利益集团试图阻止跨国竞争的结果。世界范围内的贸易壁垒和关税有缩减的趋势。二是税收。战略决策者面临最重要的政治因素就是税收。税收不仅影响企业内部的战略投资行为、影响外部投资者的行为，而且影响企业之间的竞争行为。例如，在过去长达近30 年的时间里，中国对外商投资企业实行 15% 的所得税，对内资企业实行 33% 的所得税，导致同一行业中不同企业在同一市场中竞争的起点不同。当然，现在内外资所得税统一了。三是激励政策。企业所在地方政府的激励政策对公司战略也有较大影响，这方面包括地方税收待遇、基础设施改善、工作培训项目、城市规划、社会治安、户籍管理等。

专栏 3-1　　　　　　　　**中美贸易战简况**

2018 年 3 月 8 日，特朗普宣布对钢铁和铝制品分别加征 25% 和 10% 的关税，打响中美贸易战第一枪。

3 月 23 日，作为对美国加征钢铁、铝制品关税的报复，中国政府公布了价值 30 亿美元的加征关税的美国产品清单。4 月 4 日，美国贸易代表基于 301 报告结论，公布将于 7 月 6 日对 1333 种总值 500 亿美元的中国商品加征 25% 的关税。4 月 4 日，中国宣布对 106 种总值 500 亿美元的美国商品加增 25% 的关税，其中包括了大豆和波音飞机。

4 月 5 日，特朗普要求 USTR 考虑加征 1000 亿美元中国商品的关税。4 月 5 日，中国就美国进口钢铁和铝产品的 232 措施，向美方提出 WTO 磋商请求，正式启动 WTO 争端解决程序。同日，中国也就 301 措施提出 WTO 磋商。4 月 18 日，美国表示已同意就征税措施与中国在争端解决机制下磋商。4 月 16 日，美国商务部工业安全局（BIS）宣布对中兴实施制裁。

5 月 2 日，美国代表团抵京。在中美第一次谈判中，美国实施特朗普的"疯人战略"，对中国漫天要价。对美国的漫天要价，中国代表团的反应是有节制的，但也是坚定的。谈判的最终结果不得而知，但可以猜到，中国代表团拒绝了美方的无理要求，但为了避免贸易战，也作了必要的让步。

5 月 15 日至 19 日，刘鹤率团赴美进行第二轮谈判。达成的协议包括采取有效措施以实质性减少美对华货物贸易逆差，中方将大量增加自美购买商品和服务，有意义地增加美国农产品和能源出口。双方就扩大制造业产品和服务贸易进行了讨论，同意为上述领域达成共识创造有利条件。

5 月 20 日，美国财政部部长姆努钦表示，中美贸易战已经"停战"。5 月 29 日，白宫发表声明称将在 6 月 15 日公布限制对华贸易的具体措施。中国商务部立即指出这一声明显然有悖于不久前中美双方在华盛顿达成的共识。

5 月 30 日至 6 月 2 日，中美进行了第三轮谈判。美国商务部部长罗斯和中国副总理刘鹤在结束两天的讨论后没有发表联合声明，美国代表团没有发表评论就启程回国。

6 月 15 日，美国政府宣布，将按原计划于 7 月 6 日执行对中国进口商品加税 25%。数分钟后，中国商务部宣布将对美国出台"同等规模、同等力度"的征税措施，双方此前磋商达成的所有经贸成果将同时失效。6 月 16 日，针对美国 6 月 15 日的决定，中国国务院关税税则委员会发布公告，对原产于美国的 659 项约 500 亿美元进口商品加征 25% 的关税。对美农产品、汽车、水产品等 545 项商品，自同年 7 月 6 日起实施加征关税；对美化工产品、医疗设备、能源产品等 114 项商品加征关税，实施时间另行公告。6 月 18 日，特朗普又宣称将对 2000 亿美元中国商品加征 10% 关税；并威胁如果中国反击，美国将对另外 2000 亿美元的中国商品追加额外关税。6 月 19 日，中国商务部发言人就美白宫 6 月 18 日声明发表谈话，如果美方丧失理性、出台清单，中方将不得不采取"数量型和质量型相结合"的综合措施，做出强有力反制。严格说，中美贸易战还没有真正打起来。从 2018 年 3 月 8 日特朗普宣布对钢铁和铝制品分别加征 25%

和10%的关税，到美国商务部部长罗斯率团来华同刘鹤副总理进行中美之间的第三次贸易谈判，这之间所发生的一切都只是战前交锋。

在经过三轮会谈之后，中美贸易战一度出现停战迹象。但是，6月15日特朗普不顾此前达成的谅解，执意宣布执行4月4日对中国500亿美元产品加征关税的计划。6月15日（美国公布数分钟之后）中国不得不宣布：将对美国出台"同等规模、同等力度"的征税措施，双方此前磋商达成的所有经贸成果将同时失效，中美贸易战基本不可避免。

（资料来源：余永定．中美贸易战的回顾与展望 ［J］．新金融评论，2018（3）．）

法律是政府管理企业的另一种手段，政治因素可能会对企业行为有直接影响，而法律因素是通过对所有企业设定既有的游戏规则，从而对企业实施间接影响活动。法律存在的目的包括：第一，保护企业，反对不正当竞争。提供一个稳定的外部环境。如反垄断、保护技术专利和知识产权等。第二，保护消费者的合法利益。通过保护消费者利益，设定消费者保护法规来间接规范企业的行为。第三，保护员工。包括对员工的招聘、工资领取、工作条件、健康、解聘环节等过程实施保护。各个国家对员工法律保护政策也可能存在差异。第四，保护公众权益不受企业行为损害，如环境保护法。

二、经济因素

经济环境是指一个企业所属的或可能参与其中竞争的经济体的经济特征和发展方向。经济分析的内容包括：经济周期、通货膨胀率、失业率、利率、汇率、财政政策、货币政策、进出口政策、价格政策、平均可支配收入、国民生产总值、政府预算赤字、消费倾向、经济增长率、运输条件、能源供应、通信设施等。宏观经济是变化波动的，对企业战略的制定和实施经常发生直接或间接的影响。尤其在中国，企业不可避免地会受到"宏观调控"的影响。宏观经济变化包括结构变化和周期变化两种类型。

第一，结构变化。宏观经济的结构变化是指资源和顾客群从一个经济部门向另一个经济部门主要和持久的转变。随着这些转变的发生，衰退企业的财务资源、物质资源、员工逐步减少，并向新兴产业转移。比如，中国政府通过一系列手段鼓励和支持高新技术、低耗能、低排污企业的发展，并限制高能耗、高污染企业的生存空间。

第二，周期变化。宏观经济的第二种变动是周期变化。宏观经济周期一般可分为启动、繁荣、收缩、萧条四个阶段，不断往复循环。这些轮替交换的周期在商业上称为商业周期。经营周期度指的是企业对商业周期趋势的追随程度。那些随商业周期变化而增长或收缩的企业称为顺周期企业，那些与商业周期运转相反的称为反周期企业，不受商业周期影响的企业称为无周期企业。了解企业与商业周期的关系对于战略决策者至关重要，原因在于即便不是完全不可能，企业在自己的自然周期里逆水行舟，进行经营是非常困难的。

三、社会因素

社会因素实际上对所有的产品、服务、生产者和消费者都会产生重大影响。社会因素分析可以从两个方面来把握，即人口方面和文化方面。从人口方面来看，研究的内容包括人口变化、收入水平、消费结构、储蓄—信贷倾向、城市化程度等。这些研究内容可以通过比如人口数量、人口增长率、人口死亡率、结婚人数、人口预期寿命、婴儿出生率、人均收入、恩格尔系数、储蓄率、城市化率等指标进行分析。从文化方面来看，研究的内容包括教育水平、语言文字、价值观念、宗教信仰、审美习惯、风俗习惯等。这些研究内容可以通过国民受教育平均年限、万人大学入学率、地区性趣味和偏好变化、社会责任、对用户的态度、对政府的态度、对外国人的态度、节俭观念、消费—投资倾向、购物习惯、信教人口等方面进一步分析。

中国近些年出现的重要社会变化：

第一，大量农民进城务工。大量农民进城务工不仅影响到雇用和薪酬制度及雇主的人力资源能力，同时也创造了农民离家在外而产生的对相关用品和服务的广泛需求。对这种社会变化反应较快的公司提供了如方便食品、微波炉、打工子弟学校等产品和服务。

第二，人口老龄化。随着医疗卫生条件及生活水平的提高，中国人口预期寿命不断延长，中国已进入人口老龄化社会（通常以60岁以上人口占总人口比例超过10%为标准）。人口年龄分布的变化结果造成大量老年客户的需求增加，一些食品、化妆品的生产厂家已经开始调整它们的研究与发展方向，以适应这种需求的变化。

第三，自我实现的愿望更加强烈。自我实现的愿望使人们相对强调自我满足，把一些产品和服务当作自我表现的手段；另外，消费者更加突出个性消费，总是力求与别人有所差别。因此，产品生产的多品种性是今后的趋势。比如，有的汽车公司能在一条生产线上生产不同式样的汽车就是适应了这种潮流趋势。

第四，中国走上新型城镇化道路。新型城镇化涉及社会的方方面面，关系到大至都市，小到农户的产销、合作、互动、和谐的新型社会关系。影响的行业涉及方方面面。以建筑业为例，对于建筑业而言，新型城镇化意味着机遇与挑战并存。机遇表现为：良好的市场前景；转型升级的机会；充分优质的产业资源的供给等。挑战主要来自：对于新的市场需求的适应性；风险控制能力；建筑产品品质及其相应的对于产业素质提高的要求等。

专栏3-2　　　　步入老龄化的中国，有哪些问题和机遇？

人口老龄化是人类社会的一种常态。我们进入了新的历史阶段，老龄化是中国也是世界各国经济发展的必然结果。人口老龄化的主要原因有两个：一是生育越来越少，二是人活得越来越长。生育越来越少，一个原因是中国过去的独生子女政策；还有一个原因是世界各国普遍存在的，那就是随着教育水平的提高，女性更加关注自己的事业，不愿意生孩子。

2015年，全世界已经有70多个国家进入老龄化。进入老龄化有一个基本标准，就是60岁以上的老年人口超过总人口比重的10%。根据2000年11月底第五次人口普查，中国65岁以上老年人口已达8811万人，占总人口的6.96%；60岁以上人口达1.3亿人，占总人口的10.2%，这标志着中国进入老龄化社会。

到 2050 年，全世界将有 150 个国家和地区进入老龄化。到那时还没有进入老龄化的国家和地区，只有非洲以及印度一部分地区。所以，老龄化是社会经济发展的必然结果，不管什么国家和地区，只要生孩子越来越少，人的寿命越来越长，就会进入老龄化。

目前，中国的人口老龄化还有一个现象，农村老龄化程度比城市更高。其中的原因主要是由于人口流动，农村里的年轻人都到城里去了，留在农村的都是老人。到城里去的那些年轻人，年纪大了又回到农村，双重压力使得农村的人口老龄化越来越严重。

人口流动带来的一个大问题就是年龄结构问题。上海本地户籍人口中，老年人口占比高，而外来人口当中只有 2.5% 是老人，8% 是孩子，89% 左右是工作年龄人口。也就是说，整个上海的劳动人口年龄段，主要是靠外来人口在支撑。

老龄化会带来巨大冲击，主要是养老金、公共卫生、劳动力减少等方面的问题。此外，随着步入老龄化社会，人的生命周期也进一步老龄化，这可以从消费模式上反映出来。不同年龄的人，消费模式和收入模式不一样，各个国家也都有差异。比如，日本人平均到 50 岁以后，才达到最高收入点，在他们的支出部分中，年轻时教育支出特别高，老年以后保健费用特别高。中国的工资收入最高点，在平均 35 岁就达到了，这表明年轻人大多集中在 IT、金融、创新产业等新型产业领域，中老年劳动力以及传统产业收入比较低。中国人对子女的教育成本普遍较高，而对老年人的支出包括养老金、长期护理费用等还比较低，但这部分支出有一天也会像日本那样越来越高。

延迟退休是一个必然趋势，全世界现在普遍在 65 岁或者更高年龄退休。在美国，大学教授没有退休年龄，只要能上课，80 岁、90 岁都可以继续工作。未来，基本上年轻劳动力会普遍减少，会进入深度老龄化进程。

首先，老年人得的疾病和年轻人不一样。老年人得的主要是非传染性疾病，比如血管、心脏等老年性疾病；而年轻人得的更多是伤害性、传染性疾病。非传染性疾病往往是不可逆转的，需要持续治疗，所以治疗成本比较高。据统计，美国老年人口占总人口的 3%～5%，但占据了整个美国 50% 的医疗费用。

所以，我们要提倡全生命周期的健康管理，不要等到老了才保健养生，而是要从年轻时就做起。

其次，还要改变老年医疗模式和观念。过去以到医院看病为主，以后要变成以社区管理为主。要以促进健康为目标，而不是以疾病治疗为目标。

最后，还有家庭模式的变化。原来是一对老人下面有很多孩子，后来是四个父母、一对夫妻和一个孩子，再后来可能发展成八个祖父母和外祖父母、四个父母、一对年轻夫妻和两个孩子。如何制定合理的家庭政策，让家庭继续发挥养老功能，这将是未来的公共政策目标。

（资料来源：笔者根据多方资料整理而成。）

四、技术因素

在战略制定中必须考虑技术因素所带来的机会和威胁。技术进步会导致产品更新加速、市场寿命缩短；会造就一些新行业、新市场，同时又淘汰一批传统行业与市场，并改变社会生产方式。技术因素研究的关键变量包括所在行业的研发投入情况，国家科技研发政策、经费比例，竞争对手新产品的开发，最新的产品技术标准，新材料、新工艺、新设备的动向，知识产权与专利保护情况，替代品开发动向，实验室技术向市场转移的速度，信息和自动化技术可能带来的生产率提高，技术开发力量集中的焦点等内容。战略管理实践中考虑技术因素方面应注意的问题：

第一，技术因素问题应该得到应有的重视。很多战略制定者将大量的时间用于决定市场份额、产品定位、价格政策以及对分销商的监控，而技术问题没有受到同等的重视。在实际中，有关技术问题的关键决策过多地交与更低层的管理人员去做，或者被决策人在并没有理解其战略含义的情况下做出。

第二，不同的部门受到技术因素影响的程度不同。并不是所有的部门或行业都同等程度地受到技术发展的影响。通信、IT、电子、医药、航空业，较纺织、冶金、森林工业就具有更大的易变性。对于受快速技术变化影响产业的战略制定者来说，识别和评价技术机会与威胁是外部分析最为重要的部分。

第三，高度重视和利用信息技术。以互联网为代表的信息技术正在作为全球的经济引擎促进了生产率和人们生活水平的提高。互联网通过直接销售和用户自我服务系统为各公司节约了大量的交易成本。互联网正在改变产品的生命周期，加快产品的流通速度，创造新的产品和服务，消除传统区域市场的局限，并改变以往的标准化与灵活性的权衡关系。互联网还在改变着经济规模、进入壁垒，并重新定义公司与供应商、债权人、用户及竞争者的关系。所有这些在改变着企业面临的机会与威胁。

五、自然环境因素

自然环境因素是一个组织的活动、产品或服务中与自然环境发生相互作用的要素。即自然与企业相关的自然界中的物质资源条件以及企业与环境的互动关系。

第一，物质资源条件。物质资源从数量和能否再生两个维度可分为三类：一是无限资源，如空气；二是有限可再生资源，如粮食、森林等；三是有限但不可再生资源，如石油、金属矿石等。企业特别是资源依赖型企业在战略制定时，要十分注意物质资源条件的变化趋势。近年来，中国的年 GDP 持续高增长，2010 年中国超过日本成为世界第二大经济体。与此同时，中国资源绩效位于最差的国家之列，煤炭、钢材、淡水等多项资源消耗量居世界第一。越来越多的企业特别是资源依赖型企业为资源的日趋紧张而感到不安。在这种情况下，已有部分资源生产或加工企业因为资源紧缺，或倒闭或大量裁员；更多的这类企业则加入了残酷的资源争夺大战。当然，资源的紧缺也给部分企业从事开发新资源，寻找替代品带来了很好的机会。

第二，企业与生态环境的互动关系。随着全球气候变暖，环境污染加重，作为生态污染的主要制造者，企业受到越来越多的来自政府和公众的压力，要求把生态因素引入战略决策的过程中。"生态效率"这样的新词语开始受到决策者的青睐，它可以用于描述企业与生态环境的互动关系。生态效率高的公司的四个主要特征是：一是生态效率高的公司是主动的，而不是被动的。政策产生于企业并由企业来推动，这是出于它们自身的兴趣和客户的利益，而不是外界强迫的结果。二是生态效率是在企业内部设计的，而不是外界附加的。这个特征意味着生态效率的最优化需要企业把产品和工艺过程视为内在策略。三是灵活性是生态效率战略执行时所必需的，企业每时每刻都要注意技术创新和市场变化。四是生态效率是相互联系的，而不是孤立的。在全球化的今天，企业不仅要努力跨越行业部门界限，还要跨越国家和文化界限。

六、全球化

经济全球化不可避免地会对中国企业产生一定影响，这其中有好有坏，既有挑战又存在机遇，是一把"双刃剑"，关键要看企业如何掌控。

经济全球化下中国企业的挑战。中国作为一个发展中国家，在经济全球化的浪潮到来之初，中国企业首先面临的是挑战，简要概况为以下三个方面：一是易受外来文化及风险的冲击。全球化趋势下，世界各地之间的文化交流和经济关系等日趋密切，其相互影响也日益增强，特别是地区冲突以及全球各类突发事件会不同程度地波及中国，给中国企业经营等带来风险。二是本地市场优势面临挑战。随着全球市场的一体化，贸易和服务跨国界流动的障碍逐渐消除，国家或者地区的经济保护政策将难再延续，企业将不得不直接面对全球性的激烈竞争。三是企业转型升级压力增大。大量跨国公司的涌入将对国内企业特别是传统生产企业的生存形成压力，给中国企业造成巨大的产品创新和经营管理压力，甚至将引发大批低端生产企业的倒闭潮，以及大量低技术工人失业。

上述挑战从另一个角度来说，又是机遇。经济全球化已是无法逆转和回避的事实，这也将倒逼中国企业必须对自身的发展战略进行积极调整。不仅国家层面要主动作为，创造利于中国企业发展的外部环境；更为重要的是，中国企业也要从自身出发，顺势而为，加强创新意识、合作意识、开放意识、品牌意识，构建企业自身的综合竞争能力和长期竞争优势，以全新的姿态应对挑战。

专栏 3 - 3　　　　　　　　　**力帆集团外部环境分析**

一、政治环境

第一，从国家环境保护政策和产业政策来看，摩托车国Ⅲ标准以及下乡政策和鼓励出口政策的实施，对力帆集团摩托车业务来说都是有利的契机。

第二，从政策管制方面来看，自20世纪90年代末开始，许多城市出于对交通管理、环境保护、城市形象等因素的考虑，逐步出台对各类城市摩托车的限制，甚至禁止使用的地方政策，迄今全国已经有上百个大中城市加入了"限摩、禁摩"行列。

第三，从环境保护方面来看，国家加强了对机动车的排放管理。根据环保部公告《关于调整国家第三阶段摩托车和轻便摩托车排放标准实施方案的公告》（公告2009年第29号）规定：自2010年7月1日起，工信部已不受理国Ⅱ合格证上传，意味着"国Ⅲ"时代正式来临。

第四，从产业政策方面来看，按照财政部等六部委《汽车摩托车下乡实施方案》的规定：2009年2月1日至2013年1月31日，农民购买摩托车可以按销售价格的13%

给予补贴，购买摩托车单价 5000 元以上的，实行定额补贴，每辆补贴 650 元，每户可以购买两辆享受补贴的摩托车，以加快农村消费升级，改善农民生产生活条件。该政策的进一步落实将会在较长时期内对农民购买摩托车产生持续促进作用。

第五，汽摩产业作为国民经济的支柱产业得到国家大力支持，国家以及地方政府出台了一系列鼓励出口政策，对力帆集团拓展出口业务是一个有利的因素。

二、经济环境

近十年来，中国宏观经济始终保持健康、高速增长，城镇及农村居民人均可支配收入稳步提升，居民购买力不断提高，消费逐渐从解决衣食问题向改善住行方向转变，这为摩托车行业的快速发展提供了良好的外部环境和巨大的市场空间。随着全球经济逐渐转暖，国外摩托车需求量增长。我国摩托车出口的区域较广，其中亚洲市场是我国摩托车出口的传统市场。以东南亚为代表，随着 2010 年 1 月 1 日中国与东盟自贸区的正式建成，摩托车产品的关税逐步降低，从而带动国内摩托车出口的增长。非洲国家对我国摩托车的认可度较高，渠道也较为成熟，且受金融危机的影响较小。拉美市场增长也较快，但受金融危机影响较大，随着全球市场信心的逐步恢复，该区域市场也于 2010 年四季度回暖，并有望逐步恢复到 2009 年之前的较快增长水平。

三、社会环境

随着经济的快速发展，交通的供给量始终慢于交通的需求量，这是一个现实情况。由于我国大中城市中有 140 个禁限摩，使这些城市的道路上挤满了汽车，也是造成拥堵的一个原因。据有关方面调查，汽车的使用效率并不高，特别是上下班时间，大多数情况一个汽车中只有一人，占用了较大的道路面积。另外，从汽车的排放和能源的消耗上来看，是摩托车的十倍以上。因此，无论从环保、能源上还是占用道路面积上，摩托车比汽车更加环保，更加经济。如果放弃汽车，而购买摩托车，也能很好地解决大城市汽车拥堵问题。随着摩托车国Ⅲ排放标准的实施，国家也正在考虑是否下令取消城市禁限摩托车的规定，这将有利于摩托车行业的快速发展。

四、技术环境

世界五大摩托车技术是电喷、水冷、多气门、多缸和大排量。力帆集团在这五大技术上具有行业领先优势，为企业的快速发展创造了条件。例如，发动机技术是摩托车产品的核心，而目前，我国摩托车发动机的综合技术水平处于世界中游，但在 250ml 以上的大排量技术领域与世界先进水平差距较大。近年来，行业内优势企业开始加大对大排量如 400ml、600ml 摩托车发动机的研发投入。当今摩托车发动机技术发展的大趋势是高性能、低油耗、节能环保和安全可靠，在此背景下电喷、水冷、多气门等技术得到更广泛的应用。电喷相比化油器能够降低排放；水冷相比风冷能够为发动机更有效地散热，提高了发动机的寿命和性能；多气门技术的应用有效提高了摩托车发动机的性能。

（资料来源：笔者根据多方资料整理而成。）

第三节　行业环境分析

行业（Industry）是指生产类似产品或服务的公司集群，如金融服务或软饮料等。在一个公司特定的任务环境中，供应商和客户是重要的利益相关者群体，对他们进行检验是行业分析的关键部分。行业环境分析对于企业解决"做什么"至关重要，是企业外部环境分析的核心和重点。对于行业环境分析，战略决策者要了解两个基本问题：一是行业界定；二是行业竞争。

一、行业结构—行为—绩效模型

结构—行为—绩效（Structure - Conduct - Performance，SCP）模型是由美国哈佛大学产业经济学权威贝恩、谢勒等人于20世纪30年代建立的。该模型提供了一个既能深入具体环节，又有系统逻辑体系的市场结构—市场行为—市场绩效的产业分析框架。SCP框架的基本含义是，市场结构决定企业在市场中的行为，而企业行为又决定市场运行在各个方面的经济绩效。SCP模型分析在行业或者企业受到表面冲击时，可能的战略调整及行为变化。SCP模型从对特定行业结构、企业行为和经营绩效三个角度来分析外部冲击的影响。SCP具体分析框架为（见图3-3）：

图3-3　SCP分析模型

第一，外部冲击：主要是指企业外部经济环境、政治、技术、文化变迁、消费习惯等因素的变化。例如，技术突破、政府政策或管理方式的改变、人们口味或生活方式的改变等等。

第二，行业结构：主要是指外部各种环境的变化对企业所在行业可能的影响。包括行业竞争的变化、产品需求的变化、细分市场的变化、营销模型的变化等。

第三，企业行为：主要是指企业针对外部的冲击和行业结构的变化，有可能采取的应对措施，包括企业方面对相关业务单元的整合、业务的扩张与收缩、营运方式的转变、管理的变革等一系列变动。

企业行为是市场结构、经济绩效的联系纽带，企业行为通过各种策略对潜在进入者施加压力从而影响市场结构。但必须在不完全竞争市场中讨论企业行为方有意义，完全竞争市场中企业微弱的市场控制力决定了企业广告、窜谋等行为的无效性，企业可以按照市场价格销售任何数量的产品。

第四，经营绩效：主要是指在外部环境方面发生变化的情况下，企业在经营利润、产品成本、市场份额等方面的变化趋势。

专栏 3－4　　　　　　　兰西亚麻产业链延伸的外部环境分析

　　兰西县亚麻产业发展迅速,是兰西县的一个经济增长点。但从产业链延伸的角度看,兰西亚麻产业初加工产品多,附加值低,抵御市场风险能力差,在竞争中已处于明显的弱势。具体来说,目前兰西县亚麻企业的产业链延伸具有产业链短小,产业链条中间重、两头轻的特点。没有形成科研、生产、加工链条,企业的产供销配套体系不健全,大多数企业停留在加工阶段。因此,必须延伸亚麻产业链,才能提高兰西亚麻企业的市场竞争力。制约兰西亚麻产业链延伸的外部环境主要包括:

　　第一,市场结构不完善。市场结构的基本特征表现在参与交易者的数目、产品的差异性、信息的充分性等方面。市场中参与交易者越多,产品之间的差异越小;信息流通渠道越不通畅,企业的竞争力就越弱。兰西亚麻产业目前的市场结构呈现出企业平均规模偏小、产品的差异性小和信息不完善等特点,严重制约了产业链的延伸。

　　第二,技术创新能力不足。兰西亚麻企业的管理者对技术创新的认识和重视程度不够,而且技术创新的资金投入不足,生产方式旧、人才匮乏。目前,兰西县亚麻企业数量多、总体规模大,但上规模、上档次企业、有自主研发能力的企业并不多。

　　第三,相关企业之间缺乏合作。任何一个企业向顾客提供的产品或服务,不仅受自身的生产、经营能力的限制,还要受到上下游关联企业的影响和制约。通过产业链的延伸,参与产业链构成的企业之间是竞争与合作共存的关系。通过这种相互促进的竞争与合作,可以实现亚麻产品的不断创新,能够提高亚麻企业的整体竞争力。但长期以来,兰西亚麻企业始终超越不了自身的局限性,上下游企业或同类企业只有竞争,而不是竞争性合作。各亚麻企业基本处于"各自为战"状态,制约了亚麻产业链的延伸。

　　第四,政府协调职能没有充分发挥。企业的发展需要一个安全、有序的环境,政府作为政策的制定者,其作用是非常重要的。目前,兰西亚麻企业之间存在很多无意义的竞争,各企业分散经营,各自为政,没有充分发挥兰西县政府的协调职能。因此,要大力提高县政府的宏观调控能力,协调兰西县内各亚麻加工企业之间的矛盾和利益,避免无序竞争。

　　(资料来源:笔者根据多方资料整理而成。)

二、行业生命周期

　　行业生命周期(Industry Life Cycle)是指行业从出现到完全退出社会经济活动所经历的时间,主要包括五个发展阶段:幼稚期、成长期、震荡期、成熟期、衰退期。行业生命周期模型是分析行业演变对竞争力量影响的有力工具,它将行业演变划分为五个连续的阶段,对应着五种不同的行业环境:萌芽(Embryonic)、成长、震荡(Industy Shakeout)、成熟和衰退。企业经理人的任务就是预测随着行业环境的演变,竞争力量的强度如何变化,并且制定相应的战略,把握机会,克服威胁。识别行业生命周期所处阶段的主要指标有:市场增长率、需求增长率、产品品种、竞争者数量、进入壁垒及退出壁垒、技术变革、用户购买行为等。

图3-4为行业生命周期的五个阶段。

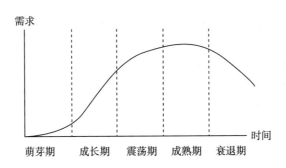

图3-4 行业生命周期的阶段

第一，萌芽期：这一时期的市场增长率较高，需求增长较快，技术变动较大，行业中的企业主要致力于开辟新用户、占领市场，但此时技术上有很大的不确定性，产品、市场、服务等策略有很大的余地，对行业特点、行业竞争状况、用户特点等方面的信息掌握不多，企业进入壁垒较低。例如，生物制药的细分领域。

第二，成长期：这一时期的市场增长率很高，需求高速增长，技术渐趋定型，行业特点、行业竞争状况及用户特点已比较明朗，企业进入壁垒提高，产品品种及竞争者数量增多。例如，电商、快递行业。

第三，震荡期：市场增长率下降，需求趋于饱和，竞争加剧，利润率下降，企业加快削减成本，破产企业数量上升。例如，中国的汽车行业。

第四，成熟期：这一时期的市场增长率不高，需求增长率不高，技术上已经成熟，行业特点、行业竞争状况及用户特点非常清楚和稳定，买方市场形成，行业盈利能力下降，新产品和产品的新用途开发更为困难，行业进入壁垒很高。例如：碳酸饮料行业。

第五，衰退期：这一时期的市场增长率下降，需求下降，产品品种及竞争者数目减少。例如，胶卷行业。

专栏3-5　　　　　　　**中国传统汽车行业生命周期分析**

汽车行业是国民经济的重要组成部分。中国的汽车工业虽然对国民经济有着巨大的贡献，整个市场尚处于成长阶段，无论是从生产技术，供给方的市场竞争，需求市场的培育，还是政府政策的产业扶持方面来看，都还并不成熟。

汽车行业的经典理论其实就是现代经济学中的寡头理论。因为一条生产线需要达到百万辆数量级的产量才能保证规模经济，在相当长的一段时间内，汽车市场中只有不多的几家生产企业，这样汽车市场的竞争就是天然的垄断竞争。

一、中国汽车产业的发展历程简述

第一个阶段：1953年诞生到1978年改革开放前。这一阶段初步奠定了汽车工业发展的基础，国产汽车产品从无到有，技术从起步到逐渐有了一定的基础。

第二个阶段，1978 年到 20 世纪末。中国汽车工业在这 20 年间获得了长足的发展，形成了完整的汽车工业体系，从载重汽车到轿车，从商用车到乘用车，开始全面发展。这一阶段也是我国汽车工业由计划经济体制向市场经济体制转变的转型期。此时期的特点是：商用汽车发展迅速，产品系列逐步完整，生产能力逐步提高，具有了一定的自主开发能力；重型汽车、轻型汽车供给不足得到改变；轿车生产的基本格局初步奠定，整个汽车工业生产体系进一步得到完善。随着市场经济体制的建立，政府经济管理体制的改革，企业自主发展、自主经营，国有大型企业集团对汽车工业发展的影响越来越大。汽车工业企业逐步摆脱了计划经济体制下存在的严重的行政管理束缚，政府通过产业政策对汽车工业进行宏观管理，通过引进技术、合资经营，使中国汽车工业产品水平有了较大提高。与此同时，国内的汽车生产企业也摸索了对外合作、合资的经验。

　　第三个阶段，21 世纪初至今。以 2001 年 12 月 11 日正式加入 WTO 为标志，中国汽车工业进入了一个市场规模、生产规模迅速扩大的阶段，开始全面融入世界汽车工业体系，民营资本开始进入，自主品牌逐步站稳脚跟，市场中主体多元进程逐步展开。

二、产业生命周期及其阶段特征

　　在产品生命周期的第一阶段，即技术创新时期，由于产品需求弹性较小，成本差异对企业生产区位选择的影响不大，因此，产品生产一般集中在国内，国外市场需求基本依靠出口满足。

　　在产品生命周期的第二阶段，产品技术逐渐成熟，对产品的需求随之扩大，产品价格弹性增加，对降低成本的要求十分迫切。同时，产品的样型已经稳定，仿制开始，技术优势弱化。由于竞争对手出现以及担心丧失国外市场，企业纷纷将生产转移到国外，投资地区一般选在收入水平和技术水平与母国相近的地区。

　　第三个阶段是产品的标准化阶段。此时，产品已完全标准化，企业的技术优势丧失殆尽，产品竞争围绕着价格展开。为了降低成本，企业将生产转移到劳动力成本较低的国家和地区，以延长产品生命周期；因而，企业该阶段的产业转移主要流向发展中国家。可以说，中国汽车工业的发展是在外国公司发现中国这个潜在的"汽车消费大国"之后，争先恐后进军中国市场的结果。经过 20 世纪 90 年代以来十几年的发展，特别是加入 WTO 之后几年的发展，中国汽车工业获得了长足的进步。目前，中国汽车工业在一些中小卡车的设计和制造环节均具备了一定技术优势；在轿车领域，中国汽车工业基本上掌握了各类制造技术，一些企业如奇瑞、华晨具备了一定的自主设计和自主研发的能力。跨国公司在中国的竞争也日益白热化，新产品的不断引入和从 2003 年开始的汽车价格战，使中国市场成为全球汽车市场竞争最激烈的场所。

　　汽车行业经历 2001～2010 年十年行业高增长黄金时代后，当前中国汽车行业逐步由成长期步入成熟期，此阶段行业体现出三大特征：行业增速放缓，保有量提升，厂商产能过剩。汽车行业兼备周期与成长双重属性，行业增量红利消失的大背景下，我们认为汽车行业结构性机会犹存：成长属性方面，深度挖掘由智能化、电动化、轻量化以及后市场带来行业革新机会；周期属性方面，仔细甄别部分子板块周期性轮动与复苏带来的机会。短期而言，增量红利消失使得行业分化显现（车型、国别品牌、厂商分化），未来随着销量增速进一步放缓，龙头份额将进一步提升，缺乏品牌效应和规模优势的中小企业在激烈竞争中将渐遭淘汰，强者恒强格局日益凸显。

（资料来源：笔者根据多方资料整理而成。）

三、行业成功关键因素

企业作为整个行业中的一员，必须把握行业成功要素（Key Success Factors，KSF）。所谓行业成功要素是指最能影响行业中企业成功的特定战略要素。从性质上说，行业成功要素是指在行业中占优势地位，对企业竞争地位有重大影响的条件、变量或能力。行业成功要素的特点包括：

第一，不同行业，成功因素不同。这是因为不同的行业生产条件，生产工艺和制造过程，营销特点有明显的不同。表3-4列举了一些行业的成功要素。

表3-4 部分行业成功要素

行业	成功要素
家电	上乘的产品质量
	相对较低的成本
	通畅的销售渠道及高素质的销售人员
	良好的售后服务
汽车	良好的品质水准
	产品的创新能力
	较高的性价比
	有效的营销服务
化妆品	有针对性的功效
	独特上乘的广告
	优秀的营销人员
银行	客户资源
	差异化的金融产品
	良好的服务
个人电脑	企业的技术优势
	生产制造能力
	售后服务到位
酒业	独特的酿造工艺
	独特的广告

第二，行业成功要素是关键性的决定因素。一个行业，一般不会只有一个成功要素。一些学者认为，行业确定3~5个成功要素是比较合适的。也有学者认为5~8个比较理

想。实际上这个数目并无多大意义，但必须明白两点：其一，成功要素并非唯一；其二，行业成功要素是关键性的决定因素。因此，一定要抓重点。

第三，行业成功要素之间是相互影响的。行业成功要素一般是相互关联的，有的要素可能是另一个要素的基础，有的要素之间存在着矛盾。因此，一定要注意其协调和统筹。

KSF 是企业在行业成功的前提，也是企业进行多元化经营事先必须考虑的要点（见图 3－5）。因为一家企业欲进入新的行业，必须考虑自身是否已经具备或者将来能够具备进入新行业的成功要素。作为 KSF 必须满足以下两个条件：其一，满足顾客需求。顾客是一个行业合理存在的基础，满足其要求也是企业成功的前提。因此，必须确认顾客以及他们的需求，尤其是满足顾客的潜在需求，才能有效地选择为顾客提供产品或服务的价值链环节。其二，保持企业的竞争优势。KSF 是在行业中能为企业带来竞争优势的资源、条件。企业要获得成功，不仅依赖选择有吸引力的行业，还要使企业的资源与 KSF 相匹配，达到 KSF 的要求。只有确立企业核心竞争力并不断地维护和升级，才能保持企业的竞争优势。回答下面三个问题有助于确认 KSF：顾客选择不同品牌产品的原因是什么？行业中的企业需要什么样的资源和能力才能成功？怎样的企业才能保持竞争优势？

图 3－5　KSF 识别步骤

四、行业竞争环境：波特五力竞争模型

迈克尔·波特教授以五种竞争力量模型而广为人知，他所提出的五种竞争力量包括：现有企业的竞争强度；潜在进入者的威胁；供应商的议价能力；购买者的议价能力；替代品的威胁。关于波特五力模型如图 3－6 所示。

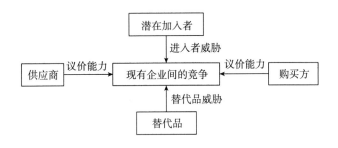

图 3－6　波特的五力竞争模型

1. 潜在加入者

潜在加入者是指不在该行业但有可能进入该行业的公司，是行业内现有企业潜在的竞争对手。如果潜在加入者发生了实际的进入，则成为行业的新进入者，将给行业带来新的生产能力以及相当数量的资源，这样将导致行业竞争的加剧。但是，如果进入壁垒很高而

且潜在加入者预计现有竞争者会进行报复，那么很明显，这样进入者就不会产生严重的进入威胁。这些进入壁垒包括规模经济、产品差异、资金需求、绝对成本优势、分销渠道、政府管制。

第一，规模经济。规模经济是指企业在一定时期内生产的产品增加时，单位产品的制造成本降低的现象。规模经济因素迫使新的进入者要么以一种更大的规模进入，要么接受一种不利于成本降低的局面。以汽车行业为例，规模经济是重要的进入壁垒，若产量达不到一定数量，比如轿车产量低于15万辆甚至60万辆，进入该行业就成本来讲是不利的。

第二，产品差异。消费者对品牌的忠诚和依赖是潜在竞争者必须逾越的另一个壁垒。广告、售后服务，在行业中的排名，以及产品差异是促进品牌识别的因素，可能也是进入化妆品行业、医药行业、饮料行业、会计行业最大的障碍。为了造成进入壁垒，酒类生产商会将品牌识别和规模经济结合使用。

第三，资金需求。资金需求是进入任何一个行业必须逾越的壁垒。如果资金需求庞大，则意味着进入壁垒很高。比如，2001～2006年，中国铝业、铜业的利润增幅很大，利润极其诱人，但进入铝业、铜业动辄几十亿、上百亿的投资规模又使许多垂涎欲滴的行业外企业望而却步。又如，随着国家各项政策措施的出台，房地产的资金进入门槛提高了数倍。一方面使得那些资金实力不足又想"空手套白狼"的企业在竞争中出局，另一方面也限制了房地产业的大量进入。

第四，绝对成本优势。不管新进入者的规模如何，都很难达到现有企业的成本水平。绝对成本优势有三个来源：经验、专利和秘密工艺所带来的卓越的生产运营水平；特殊生产要素的控制，例如劳动力、材料、设备或管理技术；便宜的资金成本，因为现有企业相对于新进入企业风险较小。

第五，分销渠道。潜在竞争者要想产生实际进入，必须保证其产品和服务的分销。例如，无论通过降价、提高质量或其他方法，一种新的牙膏必须取代其他产品在超市货架上的位置。批发和零售的渠道越少，行业中现有企业越有机会控制这些渠道，其结果是进入该行业的难度也就越大。有时这个壁垒实在太高，新进入者不得不建立自己的分销渠道来克服它。

第六，政府管制。政府可以通过进入许可和原料限制等方式阻止或拒绝潜在竞争者的进入，像手机牌照、出租车牌照、汽车生产许可证等就是典型的例子。政府对航空、城市公用事业、矿产等领域的限制更为细致，政府还可以通过安全法规，排污标准等间接阻止新进入者。近年来，中国政府对某些行业放松了政府管制，如城市公用事业等，使得一大批新的公司挤进了市场。五种竞争力量模型预言：政府管制解除，进入壁垒降低，将导致潜在竞争者的实际进入，行业竞争加剧和行业利润下降。

专栏3-6 　　　　　　　乐视电视，彩电行业的搅局者

智能电视时代，彩电行业闯进了新的竞争者。2013年5月7日，乐视网高调发布乐视TV超级电视X60以及普及型产品S40，成为首家正式推出自有品牌电视的互联网公司，搅动了电视产业的一池春水。

近年来，国内彩电业绩整体很不理想。其中，作为彩电行业佼佼者之一的海信电器，在其 2014 年年报中称，2014 年公司营业收入 290.07 亿元，同比增加 1.85%。实现净利润 14 亿元；较上年减少 11.55%；每股收益 1.07 元。公司拟按现行总股本为基数，向股东每 10 股派发现金 3.25 元（含税）。期内净利润同比下滑，主要是因为投资收益同比减少，以及期间费用较上期大幅增加。

乐视作为外来者数次"低价屠城"，不少传统彩电企业被迫跟进，价格战严重影响了毛利率。去年海信作为唯一一家坚持不降价企业，毛利高于平均水平。当时有其他企业高管在业绩会上就提出"向海信学习"的口号。好景不长，最坚挺的企业业绩也不再坚挺，其他企业的状况可想而知。

传统彩电厂商靠硬件赚钱，在硬件成本基础上，增加一些运营成本和品牌溢价，最终的价格就出炉了。到了互联网企业这里，玩法就变了，数据显示，乐视旗下生产硬件的乐视致新在 2015 年净利率为 -11.21%，处于亏损状态。可见乐视并没打算靠硬件赚钱，而是依靠其内容和广告。2015 年，乐视完成了超 300 万台超级电视的销售，营业总收入 130.17 亿元，同比增长超过 90%，净利润同比增长 57.4%。乐视超级电视无疑已经成为互联网电视行业的标杆品牌，传统电视企业对乐视这样的搅局者可谓"恨之入骨"。

乐视开始想要做电视时，视频行业与电视行业都并不看好。不过根据公开资料显示，以乐视超级电视为依托的乐视商城，2014 年全年的销售额已经突破 30 亿元，在中国垂直 B2C 里面排第七名。这算得上是一个不错的成绩。

一直以来，乐视就是一个异类。业内曾评价它，用做贸易的方式做视频网站。不同于其他视频网站把流量变现为广告收入的盈利模式，乐视网依靠影视库的版权内容，取得分销收入、广告收入、高清视频付费点播收入以及终端产品销售收入。刚开始，乐视的商业模式概括起来就是：Hulu（做深内容）＋Netflix（渠道分销）。这种类似垄断型的模式令其具备了其他视频网站不可比拟的盈利能力。

2014 年 10 月，乐视旗下的乐视影业以 2 亿美元的战略基金在美国洛杉矶成立子公司，用于开辟好莱坞市场。乐视影业自 2011 年成立之日起就定位为"互联网时代的电影公司"。2013 年，乐视影业出品、发行影片 9 部，票房 10.5 亿元，2013 年 6 月曾签下国内著名导演张艺谋。2013 年 8 月，乐视影业完成首轮 2 亿元融资，由深创投领投，乐视星云等数家公司跟投；9 月，乐视影业宣布完成 B 轮融资，融资额度为 3.4 亿元。

乐视超级电视是乐视生态在大屏互联网上取得成功的第一个力证。不到两年的时间，超级电视不仅销售超过 200 万台，更对电视行业产生颠覆性影响，在电视这个有着超长供应链、销售链、内容链的行业里，凭借乐视生态的优势，超级电视做到了重度垂直化。乐视的逻辑是硬件亏损、内容广告赚钱，它卖电视不只是表面的售价，还要用户交两年 980 元的内容服务费，所以它的模式能否持续关键看用户是否续费。随着移动互联网的深入人心，手机用户无疑将引爆互联网发展的新一轮雪崩效应。个人下载和视频业务的暴涨，这都是拥有内容和平台优势的乐视不可能放过的机会。

（资料来源：笔者根据多方资料整理而成。）

2. 现有企业间的竞争

第一，竞争者数量很多或者在规模和实力上势均力敌。近年来，在中国的很多行业中，国外竞争者已占有一席之地。

第二，行业增长缓慢。市场需求增长缓慢，通常表示该行业进入成熟期，企业为争夺有限的市场份额，必须采取较为激烈的竞争形式，如20世纪90年代的彩电价格战。

第三，产品同质化高或转换成本较低。产品同质化程度高即意味着行业中各企业的产品基本无差异，这样企业就会将重点放在产品价格和售后服务等方面，从而导致激烈的竞争。产品转换成本是指顾客从现有企业的产品转向新企业产品所付出的时间、精力和金钱等。如果转换成本太高，消费者就往往被锁定。例如，某人使用 Windows 操作系统及其配套的 Office 软件，要转换其他的操作系统的成本就会很高，用户一般是不愿意转换使用的，即使新操作系统比较便宜。反之，若转换成本较低，顾客就不易被锁定，这同时也意味着行业中企业竞争的激烈程度超强。

第四，固定成本过高或产品易损坏。很多生产资料厂商如造纸和水泥行业，由于受此类问题的困扰，很容易导致行业产品的降价。

第五，剩余产能增加。例如，中国的汽车行业和电视机行业，这些年剩余产能大幅度增加，导致价格"跳水"严重。2000年，等离子彩电价格动辄几万元，由于剩余产能大幅度增加，加之液晶电视的强烈冲击，如今已跌破万元。

第六，退出障碍较大。退出障碍，如专用资产或在某一特定行业的管理方法，迫使公司必须始终处于竞争中。尽管这些公司可能利润率较低甚至亏损，但是如果退出，则会招致更大的损失。

第七，竞争对手的竞争战略趋同。为了应对竞争，有的公司采用新的竞争战略，如果被其他的竞争战略模仿则彼此采用大体相同的竞争战略，会导致竞争的进一步加剧。例如，彩电行业中有的公司为摆脱"价格战"实行差异化战略，开发新产品，竞争对手也进行模仿。这样市场竞争则趋向白热化。

3. 替代品的替代威胁

替代品是指来自其他企业或行业的能够满足顾客类似需求的产品。如果行业的产品或服务几乎没有替代品，替代性产品的竞争力量是较弱，则在一般情况下，行业的公司拥有更多的机会提高价格和赚取更多的利润。因此，正是因为微处理芯片没有很好的替代品，像英特尔公司这样的企业才能保持较高的价格。

专栏 3-7　　　　一路走好，盘点那些被手机取代的数码产品

现如今，出门在外没有现金可以用卡，不认识路可以定位导航，但是没有手机，绝对是让每一个人感觉到没有安全感的一个理由。可以说手机已经渗透到我们生活中的每个细节，也正是由于手机硬件性能的不断攀升，彻底取代了曾经盘踞外出行囊位置的诸多数码产品，而这样的趋势还在不断地蔓延，也许在可以预见的将来，我们的出行，只需要一部手机就可以了。现在就来盘点以下几个最常见的被手机"出局"的数码产品。

1. U 盘

电脑的发展淘汰了 2.5/3.5 寸软盘，淘汰了老迈的 IDE 接口，而移动存储这个课题，也成为手机的围剿对象。作为首款应用大容量固化闪存的智能手机，索尼爱立信 W958c 的出现为后续很多产品的设计提供了更加清晰的蓝本：快速、高效、大容量。现如今绝大多数的旗舰级智能手机采用了固化闪存的方式，16/32GB 容量足够满足大多数用户的使用需求，也保障了高品质音乐以及高分辨率视频的存储空间。对于大多数用户而言，随身携带 16GB 存储空间足够满足日常使用需求。闪存的廉价，造就了手机随身存储的发展契机，而便捷的 U 盘模式以及各大智能操作系统的 PC 套件设计，也可以很方便地管理手机。即便是移动硬盘都要区分对待的 Mac 系统，也可以在连接小米 2 以及 Moto XT928 后便捷安装驱动，随身存储。似乎目前唯一影响手机取代 U 盘作为随身存储的因素，就是老旧的 USB 2.0 接口了。未来手机存储功能发展趋势：更大容量，USB 3.0 接口。

2. 电子书

电子书的兴起，可以追溯到网络文学的萌芽时期，互联网中随时可以获取的电子书籍让不少爱好者熬夜扎在显示器前追着连载。不过伴随着手持设备提供对 TXT 以及 Word 格式文件的阅读支持，越来越多的人选择了在手持设备上随时随地的阅读。公交车上、地铁上，有着许多的手机电子书用户，手机的屏幕越来越大，阅读软件越来越多，智能手机的扩展能力和 3G 网络的下载速率，让大多数用户叛逃成为手机电子书党。虽然目前有不少采用电子墨水材质的电纸书，但是相比手机用户群体的数量而言实在少之又少。除了目前主流的各类阅读软件，苹果 iOS 设备中的 iBook 可谓是人气最高的原生电子书软件，虽然目前国内读物较少，但可以方便快捷地导入 PDF 等格式内容，使得 iPad mini 迅速成为新一代看漫画神器，要知道这曾经是 7 英寸 Android 平板的救命稻草一般重要。未来手机电子书功能发展趋势：有声读物、在线购买。

3. 录音笔

曾几何时，数码产品类目中，录音笔是办公用品的一大热门。不过伴随着手机解决了存储空间以及音频录制质量的问题，录音笔很有可能成为除专业用户领域之外被侵蚀最彻底的数码产品。打开电视机，很多比赛的赛后采访，记者向球员采访时手持的，不再是细长的录音笔，取而代之的是 iPhone 的身影。当然，这也与 iPhone 有着丰富的配件有关，例如 TASCAM 推出的 Dock 接口立体声电容麦克风，可以提供更加清晰的录音效果。未来手机录音功能发展趋势：长时间录音、高码率录音，以及专业的麦克风配件。

4. 导航仪

这里说的导航仪可不是驴友出行带的专业 GPS 设备，而是不少车主所使用的各路百元大屏车载导航。目前手机的屏幕尺寸大都突破了 4 英寸，而 2013 年的高端产品则都将屏幕尺寸定格在了 5 英寸上下，全屏运行导航软件，实际使用效果不会比廉价的车载导航差。很多车载导航用户会用专业度来考量手机导航，其实伴随着多轴陀螺仪等感应设备的加入，手机导航已经足够专业，例如联想 K860i 可以在导航软件中实现惯性导航，而高德定制的 Find5 可以通过图层堆叠进行实景导航，大多数 Android 平台产品可以安装凯立德 C Car 版本导航软件。加上手机具备移动网络，可以随时更新数据并且查看准确的周边信息，所以现在手机导航在专业程度上，丝毫不会逊色于车载产品。

上面提到了不少被手机设备吞噬市场份额的数码产品类别，相信随着手机功能的不断专业化，性能的不断攀升，还将有更多数码产品功能将被整合到手机之内，没办法，谁不爱 all in one 呢？

（资料来源：笔者根据多方资料整理而成。）

4. 供应商的议价能力

供应商的议价能力是指供应商抬高供应价格或通过降低投入或品质以降低成本的能力。同购买方一样，供应商对于企业的影响取决于两者间的相互力量对比。按照波特的观点，下列情况供应商是强大的：该行业由少数几家大公司控制且很集中；其产品是独一无二的，或者至少与其他产品有明显差异，或者存在较高的转换成本；无须为了销售而被迫与其他产品竞争；某公司或行业不是供应商所在行业最重要的客户；其他公司无法威胁进入供应商所在的行业；供应商可以威胁进入购买者所在的行业。

5. 购买方的议价能力

购买者的议价能力是指购买者与行业内公司砍价的能力，或者购买者通过要求更好的品质与服务抬高这些公司成本的能力。通过压低价格和抬高成本，强大的购买者会使行业内公司的利润空间压缩。因此，强大的购买者是行业的威胁。反之，如果购买者的议价能力较弱，行业内的公司可能提价，或降低品质和减少服务以降低成本。弱小的买者无疑是行业内公司所期望的。按照波特的观点，在下列情况下购买方的砍价力量是强大的：集中购买或大规模的购买；购买方所购买的产品是普通的，无差别的；从某行业购买的产品是其自身产品的组成部分且其自身产品成本的一大部分；购买方生产的产品利润较低，倾向于降低采购成本；某行业产品对购买方自身产品质量无重大影响；某行业产品或服务水平不会给购买方带来较大的使用风险；购买方可以通过后向一体化生产某行业的产品，具备进入该行业的能力。

专栏 3-8 中国钢厂"被迫"接受铁矿石"暴涨"事实

2008 财年铁矿石价格已由国外钢厂率先达成"在上一财政年基础上涨65%"的协议。中国有关人士表示，虽然以中国宝钢为代表中国钢企与国际铁矿石巨头的谈判还未结束，但中国钢铁企业将"被迫"接受铁矿石暴涨几成事实。

新日本制铁和巴西淡水河谷公司声明证实，日本新日铁和韩国浦项制铁巴与铁矿石供应商巴西淡水河谷公司就 2008 财年铁矿石价格上涨 65% 达成协议。至此，铁矿石粉矿价格由上一财年的每吨 47.81 美元上涨至 78.9 美元。

这已是铁矿石价格连续第六年上涨，2003年至2007年，国际铁矿石基准价格累计涨幅度已高达188%。

按照已实行了28年的谈判规则，如不出意外，包括中国钢企在内的其他钢铁企业以及澳大利亚的两家铁矿石供应商均将跟随这一结果。

银河证券钢铁分析师孙勇表示，根据谈判规则，中方将被迫接受此协议价格，因为这一最先达成的谈判结果具有指导性，这一谈判价格也已成为供应商的底线。银河证券此前预测，2008财年国际铁矿石协议价格将上涨50%～70%。虽然此谈判结果在预测范围之内，但已接近预测的最高限，涨幅偏高，将使中国钢铁企业的生产成本上涨20%。

"该谈判结果对中国钢铁行业影响很大"，孙勇表示，中国钢铁企业会向下游传导成本压力，但下游企业对钢材价格上涨的承受能力有限，钢铁产品涨幅过高必将抑制钢铁产品的需求，加剧钢铁行业的周期性波动。

2007年12月中国进口铁矿石到岸价最高，每吨超过190美元，综合平均到岸价每吨125.28美元，创历史最高价位，与2006年同期相比，涨幅高达81%。

钢铁分析师表示，由于中国一些小型的钢铁企业，拿不到协议价格的铁矿石，而铁矿石现货价格更高。国内小型钢铁企业倒闭的现象将愈演愈烈。这也将抑制国内钢铁企业对国际铁矿石的需求，不过这一供求关系的释放需要一个过程。2007年中国进口铁矿石3.83亿吨。中国钢铁协会预计，2008年中国进口铁矿石增幅将下降，全年进口铁矿石将在4.2亿吨左右。

对于日本钢铁企业率先达成铁矿石价格协议，中国再失首发定价权，分析人士表示可以理解，因为去年国际市场铁矿石现货价格几乎翻了一番，而协议价格未变，铁矿石供应商必然以此为由要求涨价，但在谈判过程中，钢铁企业作为需求方必然要尽量压低价格，而日本钢铁企业对铁矿石价格上涨的承受能力、化解成本上涨压力的能力更强，最先给出了供方能够接受的价格从而率先达成协议。

（资料来源：引自中国新闻网。）

第四节 竞争环境：竞争对手分析

企业的竞争环境，是指企业所在行业及其竞争者的参与、竞争程度，它代表了企业市场成本及进入壁垒的高低。竞争环境是企业生存与发展的外部环境，对企业的发展至关重要。竞争环境的变化不断产生威胁，也不断产生机会。对企业来说，如何检测竞争环境的变化，规避威胁，抓住机会就成为休戚相关的重大问题。目前，在中国加快融入国际经济的背景下，中国企业的竞争环境出现了急剧的变化，行业结构、竞争格局、消费者需求、技术发展等都发生了急剧的变化，不确定性增强。任何企业都必须时刻关注环境的变化，才能趋利避害。任何对环境变化的迟钝与疏忽都会对企业造成严重的甚至决定性的打击。这是催生企业对营销信息管理需求的外部原因。分析竞争对手的目的，是了解每一个竞争对手可能采取的战略行动及其成功的可能性；了解各对手对发生的环境变化可能做出的反应等。如果一个企业不知道在产业中与谁竞争，不知道竞争对手战略行动的意义何在，那么就无从制定与之相应的竞争战略和经营策略，更无法夺取市场份额，获得竞争胜利。因此，对直接竞争对手的分析至关重要。

一、识别竞争者

识别竞争对手并不是一件如想象中容易的事。因为真正的竞争对手并不局限与本企业提供相同产品或服务的组织中。企业面临的实际和潜在竞争者的范围是十分广泛的。一个公司更易于被新出现的不知名的对手击败，而不是当前的竞争者。例如，当一个企业在某行业中处于极有利的市场地位之时，潜在的进入者不太可能对它构成威胁，真正给它带来威胁的是生产那些高质量低成本的替代品的生产者。以下根据产品替代的观点给出三个层次竞争对手的划分方法：一是品牌竞争：当其他公司以相似价格向相同的顾客提供类似产品和服务时，公司应将其视为竞争者。二是行业竞争：公司把制造同样或同类商品的公司，都广义地视为竞争者。三是市场竞争：公司可以更广泛地把所有能为同一类消费者提供相同产品或服务的公司作为竞争者。

竞争者的策略可以通过竞争者的市场行为反映出来。在大多数产业中，可以根据竞争者采用的不同策略，把竞争者分为不同的策略群体。采取相同或相似策略的竞争者属于同一策略群体。如果企业决定进入某一群体，该群体成员就成为企业的主要竞争对手。竞争者之间采用的策略越相似，竞争就越激烈。但群体之间也存在着竞争，因为不同策略群体可能以同一市场为营销目标，或者属于某个群体的企业可能改变策略而进入另一群体。

竞争者通常会有多个目标，如追求利润、投资报酬率、市场占有率、技术领先、服务领先、低成本领先、信誉领先等，对这些目标不同企业在不同时期有不同的侧重点，形成不同的目标组合。对于企业而言，了解竞争者的侧重点非常关键，因为了解了竞争者的侧重点，就可以预知竞争者的反应，进而可以采取适当对策进行防御或进攻。

二、竞争情报

竞争情报即 Competitive Intelligence，是指关于竞争环境、竞争对手和竞争策略的信息和研究，是一种过程，也是一种产品。过程包括对竞争信息的收集和分析；产品包括由此形成的情报和谋略。

根据美国竞争情报专业人员协会（SCIP）的定义，竞争情报是一种过程，在此过程中人们用合乎职业伦理的方式收集、分析、传播有关经营环境、竞争者和组织本身的准确、相关、具体、及时、前瞻性以及可操作的情报。同时又是一个产品，作为一个产品，它是一种信息，这种信息必须符合以下特点：关于组织外部及内部环境的；专门采集而来，经过加工而增值的；为决策所需的；为赢得和保持竞争优势而采取行动所用的。某种意义上可以说，竞争情报具有三大核心功能：预警系统（监测、跟踪、预期、发现）；决策支持（竞争方式、生产决策、新市场、技术研发）；学习系统（借鉴、比较、管理方法和工具、避免僵化）。

竞争情报工作就是建立一个情报系统，帮助管理者评估竞争对手和供应商，以提高竞争的效率和效益。情报是经过分析的信息。决策情报是对组织具有深远意义的情报。竞争情报帮助管理者分析对手、供应商和环境，可以降低风险。竞争情报使管理者能够预测商业关系的变化，把握市场机会，抵抗威胁，预测对手的战略，发现新的或潜在的竞争对手，学习他人成功或失败的经验，洞悉对公司产生影响的技术动向，并了解政府政策对竞争产生的影响，规划成功的营销计划。竞争情报已成为组织的长期战略资产。

三、竞争态势矩阵

竞争态势矩阵（Competitive Profile Matrix，CPM）用于确认企业的主要竞争对手及相对于该企业的战略地位，以及主要竞争对手的特定优势与弱点。CPM 矩阵中的因素包括外部和内部两个方面的问题，评分则表示优势和劣势。

CPM 矩阵的分析步骤如图 3-7 所示：第一步筛选出主要竞争对手；第二步确定行业竞争的关键因素；第三步根据每个因素对在该行业中成功经营的相对重要程度，确定每个因素的权重，权重和为 1；第四步按每个因素对企业进行评分，分析各自的优势所在和优势大小给予 1~4 分值，优势越大，分值越高；第五步得出各竞争者各因素的加权评分值；加总得到企业的总加权分，在总体上判断企业的竞争力。

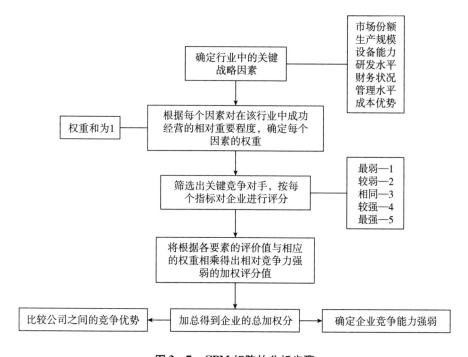

图 3-7　CPM 矩阵的分析步骤

表 3-5 是一个竞争态势矩阵的实例。在这个实例当中，广告及全球扩张是最为重要的影响因素，正如其权重 0.20 所表示的。雅芳（Avon）和欧莱雅（L'Oreal）的产品质量是上乘的，正如其评分 4 所表示的；欧莱雅的"财务状况"是好的，正如评分 3 所示；宝洁公司（Procter & Gamble）从整体上看是弱的，其总加权平均分 2.80 说明了这点。

表 3 – 5 竞争态势矩阵举例

关键因素	权重	雅芳		欧莱雅		宝洁	
		评分	加权分数	评分	加权分数	评分	加权分数
广告	0.20	1	0.20	4	0.80	3	0.60
产品质量	0.10	4	0.40	4	0.40	3	0.30
价格竞争力	0.10	3	0.30	3	0.30	4	0.40
管理	0.10	4	0.40	3	0.30	3	0.30
财务状况	0.15	4	0.60	3	0.45	3	0.45
用户忠诚度	0.10	4	0.40	4	0.40	2	0.20
全球扩张	0.20	4	0.80	2	0.40	2	0.40
市场份额	0.05	1	0.05	4	0.20	3	0.15
总计			3.15		3.25		2.80

注：①评分含义如下：4 = 强，3 = 次强，2 = 弱，1 = 次弱。②总加权分数 2.80 表明，宝洁竞争力是最弱的。

第五节 经营环境：相关利益者分析

在竞争环境中包含着许多因素，这些因素会影响到企业是否能够成功地获取必要的资源或保证其商品和服务营销活动的盈利性，其中比较重要的因素是公司的竞争地位、消费者、供应商、债权人、劳动力市场。经营环境是公司所处的微观环境和直接环境，它比宏观环境对公司的影响更直接、更具体。另外，公司对经营环境的影响和控制较之宏观环境而言也更大。

如图 3 – 8 所示，为企业利益相关者模型。

图 3 – 8 利益相关者模型

一、客户

分析经营环境最重要的是进行客户分析。客户分析应该包括这样几个方面：定义客户、客户刻画、客户细分。正确的客户分析有利于筹划战略活动，预测市场规模的变化，重新配置资源，以此把握需求模式变化所带来的机遇。

首要的任务就是明确谁是公司当前的顾客以及谁是公司将来的客户。对于许多公司来说这个问题必须非常谨慎。如果不能正确区分客户，那么那些也为同一客户群竞争的对手非常可能被公司在竞争分析时遗漏。在做客户识别时，一个广义的观点就是"谁"应该在公司战略中首先考虑。作为选择，彼得·多伊尔教授提出一个基于下述三个原则的有关定义顾客的较好途径：一是客户细分：公司战略应服务的细分市场的数量；二是客户需求：应当满足需求的范围；三是技术：在追求顾客时应掌握什么技术。

客户刻画描述了客户以及他们如何做出购买决策的主要特征。客户刻画有助于公司提供更好的服务；可以解释客户为何购买公司的产品或服务而不是竞争对手的原因；有助于识别公司具备的持续竞争优势。部分不同类别客户的主要特征：

第一，家庭客户。家庭客户为他们自己或他们的家庭购买产品或服务，他们不依赖于任何其他群体，在购买中追求直接的满意。例如，吃冰激凌，这里有数量众多的客户而每一位都只做少量的购买，因此，他们的议价能力就低。通常可以通过客户不同的生活方式来区别不同的顾客群，例如，家庭对散装冰激凌的需求就可以作为一个细分市场。可以通过价格、品牌、广告以及质量和服务水平说服家庭客户购买。这些因素构成了公司竞争优势的基础。

第二，大公司客户。大公司客户更加倾向于合理以及经济的原因进行购买。例如，波音飞机公司对飞机在性能和成本方面应考虑满足特定的航空运输标准。每一个公司客户可能都存在差异。例如，中国国际航空公司和中国东方航空公司就有不同的需求。客户不宜当作一个群体对待但常有大量个体的订单以确保使每个个体都引起注意。对于面向大公司客户的公司而言，竞争优势往往建立在价格、服务以及质量的基础之上。

第三，小公司客户。小公司客户相对于大公司来说拥有更多相同的特征。然而，他们潜在的订单的大小并不足以引起同样的注意。竞争优势可能是基于更高水平的服务以及向小公司提供的服务更有弹性。

第四，大服务客户。大服务客户是指服务行业或公司所面向的大客户，如银行、证券公司、星级酒店所服务的大客户。对于这类客户，服务、环境、服务的地点以及服务方法的弹性可以与普通客户有所区别。这当然不属于歧视小客户，这是因为大客户是这类服务性公司利润的主要来源，大客户的需求也与小客户有所区别，对于小客户提供满足其需求的适当服务即可。对于服务型公司来说，竞争优势通常与价格、服务质量和品牌有关。

客户细分可以定义为识别出那些特定的对公司竞争战略反应与其他群体不同的顾客群。

第一，客户细分的益处。客户细分的理由在于：一是拥有某个群体的一大部分可能比占有一个主要市场一小部分获利更高。二是通常定位目标市场使顾客需求与组织拥有的资源实现匹配。三是由于公司集中向一个较小的市场上努力，公司的资源可以得到更加有效的利用。例如，空中客车 380 型飞机就将在未来超大型飞机上占有一席之地，其设座位500 余个，从而打破了波音公司长期主导 400 座位飞机细分市场的局面。

第二，客户细分的方法。客户细分的新兴方法如图 3 - 9 所示。

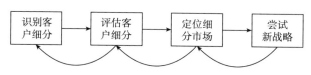

图 3 - 9　客户细分的新兴方法

第三，客户细分的标准。客户细分的标准如表 3 - 6 所示。需要强调的是顾客可以按照任意被证明有益的标准进行细分并不必总是遵循表中所列出的标准。

表 3 - 6　市场细分的一般标准

消费品	工业品
地理因素	地理因素
人口统计因素	最终用途
经济收入	顾客附加值
道德团体	竞争优势来源
宗教信仰	研发状况
生活方式	专业化合作关系
消费地点	顾客交易

第四，有效的客户细分。如果仅仅是将顾客进行简单的分类，而不将客户细分与公司战略合并考虑则是非常错误的，必须做到有效的客户细分。从公司战略的角度来看，有效的客户细分具有下述五个重要特征：一是差异力。客户必须是可区分的，这样他们才可能按照某种标准分类。二是与购买行为有关。区分的标准必须与市场需求差异有关。例如，他们愿意为高质量的产品支付较高的价格。三是足够的规模。如果这个细分市场很小，那么就不足以弥补占有这个市场所需要的资源。四是可进入性。公司战略能够涉及这个细分市场。五是评估细分市场未来的增长率也是重要的。

二、供应商

从公司经营环境的角度来看，公司同供应商之间的可靠关系对于一家公司长期的生存和发展是至关重要的。一家公司要依靠其供应商提供原料、半成品、装备和其他服务。此外，公司有时还会对供应商提出特殊要求，如原料或产品的改进、非正常交货、小批量采购、更宽松的信贷条件等。当这些特殊情况发生时，双方良好的关系显得更为重要。在评估一家公司与供应商的关系除了特别稳定的供应关系外，公司还应考虑以下几个问题：供应商的价格是否有竞争力？供应商能否为大批量采购提供有吸引力的优惠价格？他们的运输费用怎样？供应商生产标准方面是否有竞争力？供应商的能力、信誉和服务是否具有竞争力？供应商与公司是否相互依赖？

三、债权人

债权人是公司经营环境的重要因素，与债权人关系处理的好坏会直接影响公司竞争战略的制定以及公司竞争形势的优劣。战略实践中，就有不少公司因资金链的断裂而招致战略实施中的惨败。在中国，往往表现为一些公司因为银根紧缩而出现经营状况的滑坡，甚至导致公司的关闭。关于债权人因素，公司应考虑以下问题：债权人是否公平评估并接受公司的股票或不动产作为抵押品？债权人拥有充足的流动资本，还是比较少或是没有？债权人的贷款条件是否与公司的盈利目标相一致？债权人是否能够扩大贷款额度？债权人对公司的信用评级如何？

四、人才市场

精明强干的雇员是任何公司在竞争中获得优势的不可或缺的因素。评估人才市场可以从两个方面考虑：一是人才的可获得性；二是人才的价格。

第一，人才的可获得性。一些人的技术极其专业化，要想在人才市场上招聘这些人必须提供较丰厚的薪酬及工作保障，这类人往往包括技术专家和公司经理等，聘用这类人员可不局限于公司所在地的劳动力市场。另外，一般技能的人员可在本地人才市场上招聘，这类人员如一般职员、流水线工人、零售人员等。而且，在经济繁荣时期招聘人员往往比在萧条时期要困难。

第二，人才的价格。人才价格的决定因素比较复杂，往往与本地生活成本、公司对人才的技能要求、工作强度以及人才自身技能等因素相关。如果劳动力的价格相对较低则也是公司在竞争中获取优势的重要砝码。比如，中国的劳动力价格比发达国家低很多，导致中国企业或设在中国的跨国企业出口的商品具有明显的价格优势。但是，随着生活成本如房价的提高，在中国特别是东部地区劳动力的价格上涨趋势也日趋明显。

五、地方政府

政府的功能在于维持社会的安定，保障公民的生命、自由和财产安全，并为社会成员在群体生活中的最基本权益提供一定程度的保障。在现代社会，政府还有义务为公民提供教育、医疗、住房、社会福利、公共设施等服务。在经济学家看来，政府具有解决市场失灵和促进社会公平两大功能。前者通过提供纯粹的公共产品、解决外部效应、规范垄断企业、解决信息不完整问题和协调私人活动等途径实现政府功能；后者通过保护穷人、提供社会保障和资产再分配等途径实现政府功能。企业（尤其是跨国企业）与利益相关者的利益失衡，实际上反映了市场失灵和忽视社会公平的社会现实问题，应通过政府干预行为加以解决。政府纠正市场失灵具有征税、禁止、处罚和交易成本等方面的优势。尽管西方国家在20世纪70年代初发生了"公共失灵"问题，凯恩斯主义失宠，但在随后出现的私有化浪潮中，伴随着新凯恩斯主义的思潮，以政府适度调控的市场经济，即混合经济的模式已占主导地位。尽管"福利国家"制度超越国家承受力，在20世纪末不得不做某些调整，但政府支出与国民生产总值之比在美国仍占1/3，在法国和意大利则占1/2。

政府解决市场失灵和促进社会公平的职能没有削弱。当代法治国家的政府，是服务型政府、有限政府、法治政府和责任政府。政府对社会的治理，包括对企业利益相关者承担责任的社会治理，都应当符合信息社会和生态社会的新要求。正如中国公共行政学专家竺乾威所言，当今社会的政府治理必须实现科学化、知识化、网络化、全球化、一体化、人性化与价值化。强调以知识管理和人本管理为中心。政府治理的目标是实现社会的可持续发展。

专栏 3-9　　　　中国各大城市陆续出台的商品房"限购令"

买房基本上是每个人都可能会遇到的问题，2018年最令人关注的问题莫过于各大城市纷纷出台的住房限购政策。2018年最新部分地区限购政策：

一、北京

1. 在北京市限购一套住房（含新建商品住房和二手住房）的情况

（1）已拥有一套住房的本市户籍居民家庭（含驻京部队现役军人和现役武警家庭、持有有效《北京市工作居住证》的家庭）。

（2）持有本市有效暂住证、在本市没拥有住房，且连续五年（含）以上在本市缴纳社会保险或个人所得税的非本市户籍居民家庭。

2. 暂停在北京市向其售房的情况

（1）已拥有两套及以上住房的本市户籍居民家庭。

（2）拥有一套及以上住房的非本市户籍居民家庭。

（3）无法提供本市有效暂住证和连续五年（含）以上在本市缴纳社会保险或个人所得税缴纳证明的非本市户籍居民家庭。

二、上海

1. 在上海限购一套住房的情况

（1）在本市已有一套住房的本市户籍居民家庭。

（2）连续五年及以上在本市缴纳社会保险或个人所得税的非本市户籍居民家庭限购一套住房。

2. 暂停在上海市向其售房的情况

（1）在本市已拥有两套及以上住房的本市户籍居民家庭。

（2）拥有一套及以上住房的非本市户籍居民家庭。

（3）无法提供连续五年及以上在本市缴纳社会保险或个人所得税缴纳证明的非本市户籍居民家庭。

三、广州

本市户籍居民家庭限购两套住房（含新建商品住房和二手住房，下同）；非本市户籍居民家庭能提供购房之日前五年内在本市连续缴纳三年以上个人所得税缴纳证明或社会保险缴纳证明的，限购一套住房，非本市户籍居民家庭不得通过补缴个人所得税缴纳证明或社会保险缴纳证明购买住房。

四、深圳

本市户籍居民家庭（含部分家庭成员为本市户籍居民的家庭）继续执行限购两套住房的政策；本市户籍成年单身人士（含离异）在本市限购一套住房；能提供自购房之日起计算的前五年及以上在本市连续缴纳个人所得税或社会保险；证明的非本市户籍居民家庭，限购一套住房；对境外机构和个人购房，严格按照有关政策执行。购房时间的认定，以在本市房地产主管部门信息系统网签购房合同的时间为准。

五、南京

暂停向拥有一套及以上住房的非本市户籍居民家庭出售住房，包括新建商品住房和二手住房。暂停向拥有两套及以上住房的本市户籍居民家庭出售新建商品住房。对非南京户籍居民家庭申请购买首套住房时，应提供自购房之日起前两年内在南京累计缴纳一年及以上个人所得税缴纳证明或社会保险（城镇社会保险）缴纳证明。南京户籍成年单身人士（含离异）在本市限购一套住房。

六、济南

本市户籍家庭限购两套住房。非本市户籍家庭在我市限购一套住房（需提供连续24个月以上在市区缴纳个人所得税或社会保险证明）。该政策适用于济南市历下区、市中区、槐荫区、天桥区、历城区和济南高新区。

七、合肥

在市区（不含四县一市，下同）范围内，暂停向拥有两套及以上住房的本市区户籍居民家庭出售新建商品住房；暂停向拥有一套及以上住房或无法提供购房之日前两年内在本市区逐月连续缴纳一年以上个人所得税或社会保险证明的非本市区户籍居民家庭出售新建商品住房和存量住房。

八、武汉

住房限购范围为：江岸、江汉、硚口、汉阳、武昌、青山、洪山区以及武汉东湖新技术开发区、武汉经济技术开发区（不含汉南）、市东湖生态旅游风景区、东西湖区金银湖、金银潭、吴家山片、江夏区纸坊、庙山、大桥、藏龙岛片、黄陂区盘龙城片。

在限购区域内，武汉本市户籍居民禁止购买第三套住房；非武汉户籍居民购房需提供自购房之日前两年（含两年）连续缴纳社会保险或者个人所得税证明，禁止购买第二套住房。

（资料来源：笔者根据多方资料整理而成。）

第六节　外部因素评价矩阵

外部因素评价矩阵（External Factor Evaluation Matrix，EFEM）可以帮助战略管理者归纳和评价宏观环境、行业环境、经营环境等方面的信息（EFEM 结构见表 3-7）。

表 3-7　EFEM 结构

	关键外部因素	权重	评分	加权评分
机会	政治、法律因素			
	经济因素			
	社会文化因素			
	技术因素			
	自然环境因素			
威胁	政治、法律因素			
	经济因素			
	社会文化因素			
	技术因素			
	自然环境因素			
总计		1.00		

注：评分值表示企业对各因素反应的程度：1＝反应很差；2＝反应为平均水平；3＝反应超过平均水平；4＝反应很好。

建立 EFE 矩阵的五个步骤如下：

第一，列出外部环境分析过程中确认的关键外部因素。因素总数在 10 ~ 20 个。因素包括影响公司和其所在行业的各种机会与威胁。

第二，给每个因素赋予权重。权重的取值范围由 0.0（不重要） ~ 1.0（非常重要），所有因素的权重之和等于 1.0。权重标志着在竞争过程中各因素对于企业战略影响的相对大小。无论关键因素反映的是机会还是威胁，对企业战略的影响越大，赋予的权重值就应当较大。

第三，按照公司现行战略对各因素的有效反应程度进行评分，范围在 1 ~ 4 分。"4"表示反应很好，"3"表示反应超过平均水平，"2"表示反应为平均水平，"1"表示反应很差。

第四，用每个因素的权重乘以它的评分，即得到每个因素的加权分数。

第五，将所有因素的加权分数相加，得到企业的总加权分数。

无论 EFE 矩阵包含的因素有多少，总的加权分数最高为 4.0，最低为 1.0，平均总加权分数为 2.5。总加权分数 4.0 表示现行公司战略对外部环境的机会与威胁做了出色反应，1.0 则表示公司战略没有利用机会或没有摆脱威胁。

表 3 - 8 提出外部因素评价矩阵的例子。以国内乳制品行业伊利公司为例，由表可知其总加权分为 2.54，说明该公司在利用外部机会和回避外部威胁方面略高于平均水平。

表 3 - 8　伊利股份公司外部因素评价矩阵

	关键外部因素	权重	评分	加权分数
机会	1. 国家鼓励乳制品发展及一系列政策支持	0.10	4	0.40
	2. 由于二孩政策开放，近年来人们对乳制品的需求逐步扩大	0.12	3	0.36
	3. 伊利赞助奥运会、世博会，扩大其市场效应	0.10	3	0.30
	4. 国外品牌的高价位使其成为更多人的选择	0.06	2	0.12
	5. 乳业市场监管力度加大，行业规范化和集中化更有利于发展	0.11	3	0.33
	6. 机构投资者看好公司前景	0.10	2	0.20
威胁	1. 国家出台一系列政策，严格控制乳制品的市场准入和标准	0.04	3	0.12
	2. 三聚氰胺事件使消费者对国产品牌的质量产生了担忧	0.08	2	0.16
	3. 一部分国际知名品牌调整战略，不断扩大在国内的市场份额	0.06	2	0.12
	4. 乳品在包装控制、储存运输等方面的技术尚不成熟	0.10	1	0.10
	5. 外贸的恶意收购以及金融风暴的影响使企业处境不妙	0.06	2	0.12
	6. 主要竞争对手以及相关替代品的威胁	0.07	3	0.21
		1.00		2.54

【章末案例】　　　　　　聚美优品的竞争环境分析与未来策略

一、公司介绍

作为我国第一家也是目前最大的女性化妆品团购网站，从 2010 年成立以来，凭借口碑传播，短短一年就从月销售额不足 10 万元发展到月销售 3000 万元的规模，如兰蔻、雅诗兰黛等国际一线品牌商相继与其展开合作。目前，聚美优品拥有 100 万注册用户，占女性化妆品团购市场份额的 80% 以上，成为国内最大的化妆品团购网站，开创了一个以团购模式呈现的电子商务奇迹。2010 年 10 月，聚美优品月销售额突破 1000 万元；2010 年 12 月，聚美优品月销售额突破 2000 万元；2011 年 2 月，聚美优品销售额已突破 1 亿元。正如聚美优品创始人陈欧所说，化妆品利润高，中国化妆品市场大，国内化妆品 B2C 市场一直缺乏一个知名的垂直类网购品牌。垂直 B2C 化妆品市场有很大的市场潜力。

2013 年，聚美优品计划完成全年 70 亿元的销售目标。尽管在 2012 年和 2013 年初期，聚美优品受到假货或水货传言的困扰，但公司在危机公关和造势方面具备很强的掌控能力，快速帮公司渡过了信任危机，并且扩大了企业影响力。聚美优品通过消除传统化妆品的暴利，为消费者提供了低价买到各类化妆品的机会，但同样困扰企业的是激进的促销和互联网比价造成的低毛利。随着消费群体的扩大以及忠实用户的积累，聚美优品开始向个性化品类或者定制化妆品的方向发展，这类商品通常不具备可比价的参照，可以为企业获得盈利所需要的毛利。在定制产品方面能否取得成功，是聚美优品业务模式是否可持续的重要方面。

二、聚美优品波特五力竞争模型分析（见图 3 - 10）

第一，行业内现有竞争对手。乐蜂网：聚美线上最大的竞争对手。2013 年 3 月，乐蜂"桃花节"与聚美三周年店庆的开年大战，便可看出两者竞争的激烈程度。乐蜂网（lafaso.com）以专家提供"女性时尚解决方案"为主要服务，由著名节目主持人李静带领团队打造而成的互联网品牌。凭借影视资源的优势，乐蜂与各地其他电视娱乐节目结合，如李静主持的《超级访问》《非常静距离》等，在娱乐圈内拥有一定的地位。乐蜂网品类极其丰富，几乎可以找到任何我们需要的商品，而且拥有自己的品牌静佳（JCare）等，毛利率很大；而聚美则主要代运营市场上最畅销的 20% 化妆品，毛利率不如自有品牌高。屈臣氏：聚美线下主要竞争对手，以"个人护理"概念经营，是目前国内最大规模的保健及美容产品零售连锁店。屈臣氏在店内不仅有其他品牌的专柜，且自有品牌数量达 700 余种，约占所销售总商品数量的 20%；在销售价格上，大约比同类其他品牌便宜 20% ~ 40%，由此带来的利润相当可观。化妆品团购最近几年才开始火爆，一些保守型的顾客不相信网站上的东西，尤其像化妆品这类敏感性产品，而屈臣氏的商品看得见摸得着，质量有保证，品牌知名度更大。屈臣氏在 2011 年底进驻淘宝商城旗舰店，2012 年底开设屈臣氏网上商城，都对聚美产生了很大的冲击。面对来自行业内乐蜂和屈臣氏的竞争，聚美首推 30 天拆封无条件退货，上百万用户的口碑中心的差异化服务，支撑了强大的品牌可信度，赢得了万千女性消费者的信赖。综合以上分析，聚美所面临的行业内竞争十分激烈。

第二，潜在竞争者的威胁。目前，化妆品电商的潜在竞争者主要是大品牌商以及品牌制造商，他们具有规模经济效益，品牌影响力巨大，是行业内的潜在进入者。且电子商务方面的法律法规不是十分完善，加上政府的政策支持，一旦大的品牌商或者制造商，自主建立网络销售渠道，对聚美的影响将非常大。

首先，品牌制造商自主运营电子商务网站，产品质量方面比聚美更有说服力，更能赢得消费者的信赖；其次，企业直营可以有更大的让利空间，价格方面拥有自主权；再次，产品差异化程度高，化妆品卖的不仅是有形产品本身，还有其背后强大的精神意象及产品的差异化对顾客个性化需求的满足，而聚美只卖 20% 最畅销的明星产品，产品种类较单一。因此，潜在竞争者的进入对聚美产生了很大的威胁。

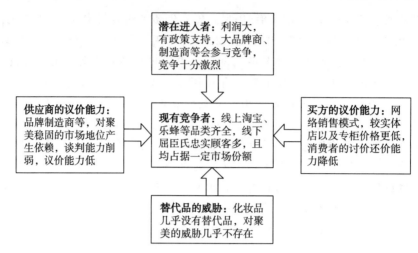

图 3-10 聚美优品竞争环境分析

第三，替代产品或服务的威胁。化妆品的主要功能是皮肤护理，美容同样满足了消费者皮肤护理的需求，但是如果消费者通过美容而减少对化妆品的使用，此时美容是化妆品的替代品。如果美容促进了化妆品的使用，那么就是化妆品的互补品。所以，化妆品行业的替代品可以说几乎不存在，也就几乎没有来自替代品方面的威胁。因此，聚美优品可以通过提高价格来提高利润率。

第四，供应商的议价能力。供应商的议价能力，不仅取决于企业自身的品牌实力，还取决于对方企业的进货渠道，转移成本的多少等。聚美作为国内目前最大的化妆品团购网站，销售量巨大，具有稳固的市场地位。再加上陈欧的励志广告"我为自己代言"引来了无数"80后"的关注，给聚美带来了深远的品牌影响力，无疑是众多供应商希望长期合作的对象，即使是像雅诗兰黛、兰蔻这样的国际性大品牌，也通过聚美这个平台增加其销售量。另外，许多品牌商、制造商在实力不足以自主经营网络销售渠道的情况下，会选择与聚美这样的垂直类B2C网站合作，依托聚美强大的运营能力，专业的口碑中心，为客户提供专业化电子商务服务，实现互惠双赢。

综上，供应商会对聚美产生强烈的依赖感。一般来说，供应商在面对聚美的大额订单时，谈判能力会受到冲击。因此，聚美来自供应商的议价方面的竞争不是很强。

第五，买方的议价能力。购买者主要通过压低价格与要求提供较高的产品或服务质量，来影响行业的盈利能力。对于化妆品行业，市场主要集中于女性消费者，购买者总数多且购买周期不长，但每个购买者的购买量较小。对于消费者在需求范围内，供选择的可信赖的网站就是淘宝旗舰店、京东、乐蜂、聚美等，线下就是各品牌专柜和屈臣氏等，但是从线上转移到线下的转移成本高。电商的网络销售模式，较实体店成本低，为折扣价销售，消费者已经享受了低价的优惠，所以买方的讨价还价能力较低。

三、未来策略

作为垂直类电商，聚美首先需要考虑的是市场空间，如果选择的市场空间较小，即便占据了很高的市场份额，也许能够达到上市要求，但规模往往不大，企业对抗大平台竞争的能力较弱。在拥有较大市场空间的行业，从两个方面稳固自己在价值链中的地位：一方面，缩短流通环节，降低消费者购买成本。通常受到规模限制，垂直类电商很难直接降低价值链过程中的运营成本，往往需要利用社会分工的资源来缩小与综合类电商在运营成本上的差距。聚美优品在这方面做得相对成功。另一方面，增加附加值，简化用户选择过程，或者增加额外增值服务，改善用户体验。具体营销策略包括：

第一，目前大多数团购网站的商品存在严重的同质化现象。为了增强竞争力，很多网站采用了低价促销的方式，而缺乏其他更有吸引力的更有特色的营销方式。聚美优品作为一个团购网站也是以降低价格来吸引更多的用户，针对的主要是低端用户，然而对于一些高端客户，他们往往会存在"东西便宜质量不好"的心理，对于产品的信任度不高，制约着团购网站的发展。在定制产品方面能否取得成功，是聚美优品业务模式是否可持续的重要方面。

第二，在种类繁多的团购网站中，消费者更看重的是团购网站的安全性以及团购商品的价格，经历过"千团大战"阶段后，消费者对团购网站也有了深入了解，在服务质量和安全性能都一样的情况下，消费者更愿意选择价格更优惠的产品。相互之间的价格比拼，无法给商家带来真正有效的价值用户，反而极容易带来低满意度和低诚信度，导致用户黏度不足。提高用户黏度对聚美优品意义重大。

第三，聚美优品需要更好地与当前网络的购物环境相接轨，满足当前网络用户对购物环境的需求，使得网络用户更方便的购物，加强与其他网站的合作。对客户信息进行更有效的采集和分析，进行更有效的市场预测。

四、启示

面对上游，化妆品电商背负着货源上的"原罪"；面对下游，市场的选择正在让渠道走向寡头化。品牌商的上线以及正品平台的建立，也在改变这个市场的游戏规则。聚美优品从团购到B2C，是一项创新之举。但是化妆品电商生来的"原罪"以及当前各大电商疯狂涌入蚕食市场的情况来看，聚美优品仍然有很长的一段路要走。如何走得更长远，如何在激烈的竞争中脱颖而出，除了布局物流中心、扩大品类、深化售后服务和完善供应链外，选择走怎样的转型道路将是聚美优品未来发展的关键一步。

资料来源：笔者根据多方资料整理而成。

【问题思考】

1. 为什么要进行外部环境分析？
2. 如何进行外部环境分析？
3. 影响企业的几种主要外部因素包括哪些？
4. 如何建立 EFE 矩阵？
5. 如何建立 CPM 矩阵？

【参考文献】

[1] 叶欣怡. 湘鄂情财务风险分析及相关建议 [J]. 财务与会计，2013（7）：18 – 19.

[2] 张鲁. 湘鄂情公司战略管理研究 [D]. 四川：西南交通大学，2015.

[3] M. E. 波特. 竞争战略 [M]. 中文版. 北京：华夏出版社，1997.

[4] 冯雪. 企业战略管理理论的发展历程和新趋势 [J]. 科技情报开发与经济，2008（10）：169 – 171.

[5] 余永定. 中美贸易战的回顾与展望 [J]. 新金融评论，2018（3）.

[6] 张岩贵. 跨国公司全球竞争与中国 [M]. 北京：中国经济出版社，2007.

第四章 内部资源分析

【学习要点】
☆ 了解企业内部资源分析的过程。

☆ 清楚内部资源关键要素。

☆ 对核心竞争力的深入理解。

☆ 能够运用价值链分析模型。

☆ 了解并能够运用 IFE 矩阵。

【章首案例】　　　　　　泰康人寿的核心竞争力培育之路

一、泰康简介

泰康人寿保险股份有限公司系 1996 年 8 月 22 日经中国人民银行总行批准成立的全国性、股份制人寿保险公司，公司总部设在北京。2000 年 11 月，泰康人寿全面完成经国务院同意、保监会批准的外资募股工作。泰康人寿通过完善的个人保险、银行保险、团体保险、电话销售及经纪代理全渠道，为客户提供包括寿险、健康险、意外险、投连险、年金险等在内的丰富多样的保险产品。通过稳健、创新发展，泰康人寿已成长为一家以人寿保险为核心，拥有企业年金、资产管理、养老社区和健康保险等全产业链的全国性大型保险公司，连续 12 年荣登"中国企业 500 强"。泰康的企业愿景是：创业阶段（1996～2000年）：立足总部所在地市场，全国机构战略布局；专业发展阶段（2001～2005 年）：立足全国市场，以实施沿海发展战略为突破口，建立完善的全国销售网络；资本运营阶段（2006 年以后）：初步进入资本市场运营阶段，以寿险业务为依托，全面建设集保险银行和证券于一体的金融控股集团。

二、泰康第一个五年发展概况

在泰康的营业厅中醒目地摆着一高一矮两个饮水机，因为来办保险业务的人群中，老人、残疾人占有一部分比例，而且有的家长偶尔会带着小孩来办理业务，这一高一矮的饮水机正好满足不同群体的需要，这是陈东升在纽约一家保险公司参观时学来的；泰康公司员工上下班会留意电梯口的电子公告栏，公司近期的重要事项都会被写在上面，公告栏能高效地传达信息，这是陈东升在瑞士一家保险公司学到的。泰康初创，模仿是获取核心竞争力的捷径。

善于模仿、博采众长为泰康夯实了基础、尝到了甜头。1997 年，泰康北京营业总部成立；1998 年，武汉、广州两家分公司开业；2000 年，沈阳、成都、上海三家分公司开业；2001年，济南、郑州、杭州、南京、天津五家分公司开业。从1996到2001年，在这五年时间里，泰康在北京、上海、广州等发达省市成立11家分公司，保费增长率、人力增长率逐年大幅上升（见表4-1）并且成为国内第一家获得3A信用等级的保险公司。

表4-1 1997~2001年泰康人寿保费增长率及人力增长率情况　　　　　单位：%

年份	保费增长率	人力增长率
1997	1225	281
1998	82	135
1999	72	81
2000	34	34
2001	187	221

资料来源：根据泰康人寿保险公司．内部资料《业务手册》，2003：5-18整理。

保险企业的核心竞争力要素主要包括：人力资源、技术体系、管理体系、企业文化。根据相关资料显示，泰康发展的第一个五年，其竞争力主要体现在销售管理和客户管理上，其中销售技巧、队伍管理、关系管理上最为突出，而在产品管理和渠道管理上需要改进。

三、泰康十年　形成核心竞争力

泰康人寿以178亿元保费收入位居中国保险业五强之列。2003年到2005年，泰康人寿连续三年获得100%税后利润增长；2005年，泰康人寿每月业务产出量达到了10万保单左右，达到了世界级保险公司的产出量；同时，2005年中国所有保险公司的投资回报率泰康人寿位居首位。

1. 产品创新

2002年，泰康人寿自己"出牌"，开始了从率先模仿到自主创新的飞跃。而"出牌"的标志就是，以"一张保单保全家"为基础的理念、产品、服务、技术全方位的创新。在寿险市场激烈竞争的时代，产品创新能力往往决定一个公司竞争的成败。因此，泰康人寿全面实施产品创新战略，建立产品创新机制，逐步实行产品差异化策略。在市场上取得"一张保单保全家"独特话语权的家庭保障计划，堪称泰康人寿产品自主创新的典型代表。

经过之后几年的版本升级，2005年推出的最新版本"爱家之约"已经涵盖了保障、健康、教育、养老、投资等多种功能，是真正意义上的"保险超市"。如果说传统的一对一的保险形式是"身份证"，"爱家之约"这个面向全家的新产品就是"户口本"。泰康人寿以家庭为中心开发新产品，属国内首创。为实现家庭保单的系统开发，泰康人寿引进了具有国际一流水平的CSC系统，实现了从"以保单为中心"向"以客户为中心"的根本转变。

2. 客户关怀

服务是寿险的生命，是寿险企业诚信的最佳体现。客户出险后能否及时、顺利地得到理赔，是保险公司专业化服务的本质体现。

1999年，泰康人寿在业界首推"100%电话回访"，使其成为寿险业界的服务标准。

2003 年，泰康人寿全系统推行"超百回访"工程，即在"100% 电话回访"的基础上，总、分、支公司高级管理人员对以往回访过的客户做随机抽样，进行再次回访，检查电话回访的落实情况，深入了解客户的需求。借此，客户再一次感受到泰康人寿服务质量的提升。

2002 年，为配合"新生活理念"和家庭保障计划的推广，体现全新服务理念的"新生活广场"在泰康人寿全国 29 家分公司全面推出。四位一体的"新生活广场"将门店、95522、泰康在线、专业技术的员工服务有机整合，实现了现实与虚拟相结合的互动式的综合服务，是对泰康人寿现有资源的重新整合和提升。

2004 年，为客户提供差异化、个性化服务的泰康人寿新生活俱乐部浮出水面。新生活俱乐部成为泰康人寿和客户进行沟通互动的绿色通道，使"分享快乐、创造新生活"的服务理念在客户的切身体验中得以实现。

3. 建立高效管理体系

2005 年底，泰康人寿成立了泰康资产管理有限责任公司，建立了一支专业化的投资管理团队。公司可投资资产达 623 亿元，在国内债券市场、存款市场、基金和股票市场均有涉足，取得了良好的投资业绩。

陈东升曾说："金融的本质在于，资金一定流向效益最高的地方。制约保险业发展的最大障碍是资金运用，推动保险业发展的核心命题也是资金运用，资本战略是头等大事。"基于这样的认识，泰康人寿通过实施基于稳健思想的资本战略，创造了开业十年没有一笔呆坏账的神奇业绩。

四、泰康二十年强化核心竞争力

2016 年，泰康航母正式起航，将泰康人寿保险股份有限公司更名为泰康保险集团股份有限公司。自 1996 年泰康人寿获批成立，成为《保险法》颁布后国内首批股份制人寿保险公司，到 2016 年，正好是 20 年。经过 20 年专业创新驱动、稳健发展，泰康已成长为中国大型保险金融服务集团，管理资产超 9000 亿元（截至 2016 年 6 月 30 日），总资产超 5600 亿元，连续 12 年荣登"中国企业 500 强"；形成保险、资管、医养三大核心业务体系；在全国设有北京、上海、湖北、广东、山东等 35 家分公司及 285 家中心支公司，各级机构超过 4200 家。

1. 坚持专业化稳健发展

"专业化"与"稳健经营"是泰康持之以恒、行之有效的核心理念。在此核心理念的指引下，20 年间，泰康人寿经历了初创期、快速发展自主创新期、超常规跨越式发展期和深耕寿险产业链期，已迈向创新型保险金融服务集团，向着"百年老店"稳步前进。

2. 自主创新

在泰康 20 年跨越式快速发展的历程中，自主创新起到了非常关键的作用。

2002 年，泰康人寿创新推出了中国第一个可以实现"一张保单保全家"的综合家庭保障计划，为广大城市人群提供了省钱省事更省心的家庭一站式保险服务。2004 年，泰康人寿进一步深化了"家"的概念，提出"买房、买车、买保险，新生活三大件"的理念。2012 年 4 月 25 日，泰康人寿首个与养老社区相结合的综合养老计划"幸福有约终身养老计划"成功签单，标志着泰康养老商业新模式正式落地。2014 年可以被视为泰康人寿互联网创新的元年，当年 2 月 28 日，中国保险业首款微信社交型保险产品"微互助"诞生，掀起了微信朋友圈"全民求爱"的热潮；同年 4 月 15 日，泰康人寿首创全民免费航意险模式，推出"飞常保"产品，免费提供每人每份保额100万元的航空保障；同年6月15日，泰康人寿再推全民免费的"铁定保"，免费提供每人每份保额50万元的高铁意外保障；"飞铁保"用户数当年就突破2000万人。

3. 坚持医养核心战略

如今，中国正进入老龄化社会，养老问题成为越来越多的人不得不面对的棘手问题。泰康自2007年开始布局医疗、养老产业，抓住战略机遇的同时努力践行"快速发展不失稳健，稳健经营不乏创新"。

从2007年提出建设养老社区设想，2009年在保险行业第一个获准试点投资建设养老社区，到2012年北京的泰康之家·燕园养老社区破土动工，再到2015年燕园及配套的康复医院开业，泰康率先完成了北京、上海、广州、三亚、苏州、成都、武汉和杭州"八城联动"的全国布局，深度辐射华北、华中、华南、长三角、珠三角、西南等全国核心经济区域。

实践证明，在资金运用上，保险与医养的嫁接确实是"天配"。保险公司拥有大量长期资金，需要寻找有稳定回报的投资出路；而养老社区非常符合保险资金投资的要求：安全、不受经济波动影响、有稳定的现金流。就泰康而言，陈东升并不想赚快钱、短钱，而是着眼于未来十年、二十年。"我们建立医养结合、长期为客户提供高品质养老医疗服务的产业是微利、薄利，是要长期投入、长期坚守的。我坚信，医养融合这一创新模式将会引领中国寿险的潮流，最终也会走向世界。"陈东升如是说。

资料来源：笔者根据多方资料整理而成。

第一节　企业资源分析的性质

企业资源是企业经营管理的基础，是战略实施的保证。一个企业的资源条件，直接决定着企业竞争优势的大小。企业资源分析就是对企业资源数量和质量进行评价和分析，以便确认企业是否拥有战略维持和战略延伸的资源（见图4-1）。在企业战略管理过程中的资源分析，一是要对企业现有资源状况及变化趋势进行分析，二是要对战略实施中应增加哪些资源进行预测。对企业资源的分析不仅包括对企业现有资源的分析，还应包括对企业通过努力能够获得的支持战略的所有资源的分析。同时，资源分析涉及很多复杂的内容，但那些必需的资源并不一定构成企业独特能力的基础，因而要特别注意分析那些对巩固企业独特能力很重要的资源。

一、企业资源分析的目的

内部资源分析可以帮助企业清楚了解企业目前所处的真正位置。内部资源分析可以通过评估企业过去的成功和失败来探讨成功和失败的原因，从而为未来奠定经验基础。内部资源分析可以帮助企业分析自己到底拥有什么，哪些是优势，哪些是劣势。并有效地利用优势和弥补劣势。企业内部资源分析的目的就是：

第一，分析企业的现状，掌握企业拥有哪些资源和能力，明确企业已有的绩效及存在的问题等，这些企业内部因素都是在企业自身可控制的范围之内的。

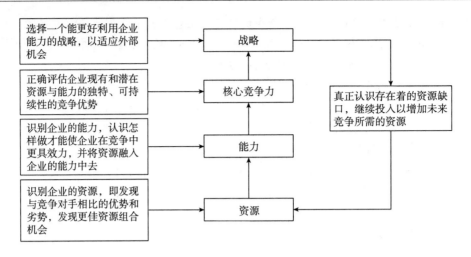

图 4 - 1　以资源为基础的战略分析

第二，通过对企业资源和能力等关键内部因素的分析，明确同竞争对手相比自身具有的优势与劣势，特别是明确作为企业持续竞争优势根源和基础的特有能力。可见，企业外部环境分析主要是回答"企业可以做什么"，而内部环境分析则主要是回答"企业能够做什么"。

第三，了解企业现在已确定的将在战略规划期内实施的改革、改组、改造和加强管理的措施，并预测其成效，因为这些措施在制定战略规划时都必须考虑。

第四，在上述分析基础上，结合企业外部环境分析提供的机会与威胁，以及明确的企业使命陈述，共同构成企业战略目标形成与战略制定、实施和评价基础。

二、企业资源分析的过程

第一，现有资源分析。对现有资源进行分析是为了确定企业目前拥有的资源量，或是有可能获得的资源数量，包括企业有形资源和无形资源。经过分析列出企业的资源清单，在此基础上，进一步进行资源评价，为战略的制定提供可靠依据。资源清单至少需要包括以下内容：管理人员和管理部门、企业员工、市场和营销资源、财务资源、生产资源、设备和设施资源、组织资源、企业形象资源。

第二，资源的利用情况分析。分析资源利用情况，主要是分析企业的效率，即产出与资源投入的比率。对企业不同的职能活动要采用不同的指标，如对营销活动效率进行分析时可使用销售额与广告费用、销售费用、销售人员工资以及销售场地面积的比率等进行分析；对生产活动的分析可使用产出数量与废次品或返工产品的比率等指标进行分析。

第三，资源的应变能力分析。资源应变能力分析的目的是要确定资源配合战略发展的能力，即一旦战略环境发生变化，企业资源对环境变化的适应程度。这是一种动态的资源观的体现。特别是在目前环境多变的条件下，企业要把分析重点放在那些对环境变化特别敏感的资源上。

第四，资源的平衡分析。资源平衡分析主要包括四个方面：业务平衡分析、现金平衡分析、高级管理人员平衡分析、战略平衡分析。

第五，资源预测。资源预测是指企业根据实施战略所需的资源量与企业资源现有量、利用率进行比较，找出所需资源。资源预测除对所需资源数量的预测外，还要对获得资源的途径以及代价做相应的分析和预测。

通过上述步骤进行企业资源分析，关键是要确定企业的资源优势和劣势。进行企业资源分析的主要目的，不是列出企业资源的数量、种类和品质清单；而是分析和判定相对于竞争对手，企业的资源优势和劣势所在，找出关键因素，进而确定形成企业核心能力和竞争优势的战略性资源，以便围绕战略性资源进行持续投入，从而增加竞争资产，减少竞争负债，全面提升企业的资源基础。

三、三种基本资源：有形资源、无形资源及组织能力

资源是企业所控制的，包括设备、厂房、人员、资金、土地、商标、专利、技术、文化等能给企业带来价值的任何要素。表4-2为企业资源的分类。

表4-2　企业资源的分类

企业资源	内涵
有形资源	企业的厂房、土地、机器设备等的规模以及先进程度
实体资源	企业获取原材料的能力
财务资源	企业的自有资金、融资能力和投资能力
组织资源	企业的信息交流系统以及正式的计划、控制和协调系统
无形资源	企业的专利、商标、版权和商业机密
技术资源	企业技术创新的资源，包括研究设备、科学技术人员
声誉资源	企业通过产品品牌、商标、质量、与客户关系，从而建立在客户心中的企业声誉
	企业在其供应商、金融机构、员工等公众心目中的声誉形象
人力资源	企业管理者的决策能力
	企业员工的专业知识和技能
	企业员工的忠诚度和献身精神

资料来源：唐拥军等.战略管理［M］.武汉：武汉理工大学出版社，2005：64.

第一，有形资源。有形资源是指可见的、能量化的企业资产，包括财务资源、实体资源和组织资源。有形资源的价值最容易辨认和评估，如财务资源和实体资源不仅能够被识别，而且可在企业的财务报告中予以估价，但有形资源的价值是有限的，很难再更深地挖掘它们的价值，也就是说，很难从有形资源中获取额外的业务和价值。

第二，无形资源。无形资源是指企业在长期的经营实践中逐步积累起来的，具有不可见性和隐蔽性，即没有实物形态的、竞争对手难以掌握和模仿的资源，包括技术、专利、商誉、品牌和企业形象等。随着企业经营的知识化，无形资产逐渐受到重视，在激烈的市场竞争中，企业有形资源上的差异对企业竞争力的影响越来越小；相反，无形资源的差异对竞争力的影响则变得越来越重要，并成为越来越有价值的资源。

第三，组织能力。企业的组织能力是指企业获取资源、分配资源和使用资源的效率，是企业有目的地整合这些资源来达到一种预想的最优状态的技能。企业所拥有的资源并非都可以成为企业绩效或竞争优势的来源，因为在竞争充分的市场上，每一种资源都可以通

过市场交易来获取，而单独的每一种企业资源都不能产生实际生产力，真正的生产力来自企业各项资源的有效组合；因此，真正能成为企业绩效与竞争优势决定性因素的，是能够有效利用、开发企业内部资源的能力。

第二节　内部资源条件自我审视

一、内部资源审视的关键要素

内部资源分析就是要确定和评价企业内部战略要素，从而找出企业的优势和劣势，为制定企业战略提供信息。因此，内部资源分析关键的一步，就是要对企业所拥有的资源与能力各个方面进行调查与评价，从中找出影响企业战略制定的优势与劣势。因此，本节就对企业文化、内部管理、人力资源管理、市场营销、财务会计、生产运作、研究开发、管理信息系统等关键内部环境因素做逐一介绍。

1. 企业文化

企业文化是指处于一定社会经济、文化背景下的企业，在长期的生产经营实践过程中所形成的价值观、企业精神等，以及由此为核心衍生的行为规范、道德标准、文化传统、风俗习惯、管理制度、典礼仪式、企业形象等，是全体员工在工作过程中所创造的由观念形态文化、物质形态文化和制度形态文化构成的综合体。如表 4 - 3 所示，这些要素是战略制定者用来影响和指导战略的制定、实施和评价活动的杠杆。

表 4 - 3　文化要素及其定义

要素	定义
仪式	将各种文化表现集中于一个事件的，经过相对精心设计、计划并具有一定戏剧性的一组活动。它通过社会的相互作用而进行，并往往是为了某一观众群体的利益
礼仪	与特定场合或事件相联系的一系列仪式
神话	对想象中的事物进行戏剧性的叙述，通常用于解释某种事物的起源与转变。同时也包括对特定方式与行为实际收益的未经事实支持但不被怀疑的信念
传奇	对某一群体及其领袖的特殊成就的往往是英雄史诗式的叙述
传说	对世代流传下来的、基于历史事实但已经增添了虚构情节的精彩事件的叙述
故事	对真实事件的有时也将事实与虚构结合起来的叙述
民间故事	完全虚构性的叙述
象征	作为意识载体的物体、行动、事件、性质或关系，通常是靠另一个事件表达
语言	集团成员用声音或书写字符号来相互传达意思的特殊形式或方式
比喻	为表达某种想象或强调新的或旧的价值观的简语
价值观	作为行为准则的生活取向与态度
信念	对某种特定现象的理解
英雄	被组织树立为众人榜样的模范人物

资料来源：H. M. Trice, J. M. Beyer. Studying Organizational Cultures Through Rites and Ceremonials ［J］. The Academy of Mangement Reviem, 1984, 9（4）：653 - 669.

企业文化渗透于企业各个职能部门和业务领域中，它对企业的经营决策具有明显的影响，同时，企业战略的制定与实施也总是发生于企业的特定文化之中，挖掘出深埋在企业内丰富的故事、语言、英雄人物和礼仪之中的基本价值观和信仰是一种艺术。洛尔施（Lorsch，1986）发现，成功企业的管理者均热衷于本企业的文化，但他又认为文化可以从两个方面阻碍战略管理：一方面，根深蒂固的信念会遮住管理者的视线，使他们经常不能察觉外部条件的变化；另一方面，当特定的文化在过去曾经行之有效时，很自然的做法是在未来仍固守这一文化，尽管在发生了很大的战略变化时也仍会如此。

企业文化与企业战略具有密切的关系。正是由于企业文化对战略有着重要的影响，企业的成功往往取决于企业战略与文化之间的关系。因此，对于战略家来说将企业看成一个社会文化系统十分重要。拥有了良好的企业文化将为企业战略提供动力，是战略成功实施的保障。因此，应加强企业文化与战略的关系管理，培育创新企业文化，构建出一种学习型文化、知识共享型文化和顾客满意型文化尤其重要。

专栏 4 - 1   **华为的"狼性文化"**

华为公司是中国企业狼性文化的"始作俑者"。公司总裁任正非说："企业发展就是要培养一批'狼'。'狼'有三大特征：敏锐嗅觉、善抓机会；不屈不挠、奋不顾身的进攻精神；群体奋斗的意识。"华为从创办至今，一直都是像"狼"一样思考、像"狼"一样行动，"狼性"已渗透到公司的管理理念中。"狼性文化"是华为快速成长、打败国内外竞争对手之谜的答案。

华为的"狼性文化"主要体现在：第一，面对外部竞争，一般是利用凶狠的价格战，这正是华为"狼性"的特性表现。比如，面对国内中兴通讯公司的竞争，华为往往利用优势产品的利润补贴其他劣势产品，与竞争对手大打价格战，不惜一切手段排挤对手、抢占市场；而面对国际巨头如爱立信，华为往往利用国内廉价的劳动力成本，首先取得价格优势，在保障产品同等质量的前提下，赢得消费者的青睐，从而抢占国际市场。第二，面对内部管理，"床垫文化""加班文化"是华为"狼性文化"的生动体现。在华为，表现"狼性"最为鲜活的一面就是销售策略和研发策略。华为的销售策略是，以狼群一样的整体力量向外主动出击，为实现目标不惜一切代价，采用各种手段抢占市场。华为的研发策略是，研发人员面对困难、面对技术创新，不屈不挠、奋勇拼搏，使产品和技术总能在市场上保持领先地位，这是科技产品抢占市场的利器，所有这些都充分体现了研发人员的"狼性"精神。

"狼性文化"是华为最具特色的企业文化，公司和任正非居安思危的思考方式，堪称中国企业和企业家的典范。华为的"危机文化"让华为人能够防患于未然，时刻保持清醒的头脑，在危机中寻找生存的机会，在可能出现的恶劣环境中寻求发展。可以说，正是华为施行的"狼性文化"才带领着华为走向今天的辉煌。

（资料来源：笔者根据多方资料整理而成。）

2. 内部管理

所谓管理，就是在特定的环境下，对组织所拥有的资源进行有效的计划、组织、领导和控制，以便达成既定的组织目标的过程。可见管理工作是由一系列相互关联、连续进行的活动所构成的，这些活动包括计划、组织、领导和控制等，它们成为管理的基本职能，如表4-4所示。

表4-4 管理的基本职能

基本职能	简介	战略管理的阶段
计划	计划是对未来的预想及使其变为现实的有效方法的设计。具体包括确定目标、制定全局战略任务以及完成任务和目标的行动方案	战略制定
组织	组织包括确立任务与权力关系结构的所有管理活动。具体包括组织设计与运作、工作专业化、工作规范、工作说明、人力资源管理、权限划分、协调及岗位设计与分析等	战略实施
领导	领导的实质是一种影响别人的过程，通过该过程来影响、激励和引导人们执行某项任务，以达到特定目标的一种行为。具体内容包括领导、沟通、授权、提高工作满意度、丰富工作内容、提高员工及管理人员士气等	
控制	控制就是依据计划检查衡量计划的执行情况，并根据偏差调整计划或调整行动，以保证实际工作结果与计划预期相一致的管理活动，具体包括库存控制、财务控制、销售控制、成本控制、质量控制等	战略评价

第一，计划。计划是一座桥梁，连接起现在和将来要达到的目标，它能给管理者和非管理者指明方向。当所有有关人员都了解组织的目标和为达到目标他们必须做出什么贡献时，他们就能开始协调他们的活动，互相合作，结成团队。而缺乏计划则会走很多弯路，从而使实现目标的过程失去效率。成功的企业总是通过有效的战略制定与实施来把握自己的未来，而那些不能适应外部条件变化的生物体与企业均将消亡。

第二，组织。计划要能够实现，还必须落实到组织的每个环节和岗位，这是组织工作的任务。为了保证战略计划和目标的实现，管理的组织职能要完成一系列的工作：包括设计组织机构和结构、人员配备、开动与监视组织的运行。简言之，组织意味着要明确谁做什么和谁应该向谁负责。

第三，领导。为了实现企业的战略计划和目标，不仅要有合理的组织，把组织的成员安排在适当的岗位上，还要努力使每个成员以高昂的士气、饱满的热情投身到企业的各项活动中去，才能更有利于企业战略的实施，这便是领导工作的任务。所谓领导，是指利用组织赋予的权力和自身的能力去指挥和影响下属为实现组织目标而努力工作的管理活动过程。有效的领导能使企业的管理者和员工努力提高生产效率，使企业的计划、战略目标和政策更易实现。

第四，控制。控制是为了保证企业按预定的计划运作而进行的一系列工作，具体包括根据计划制定绩效标准；检查和监督各部门、各环节的工作，度量个人与企业的绩效；判断实际工作结果与计划要求间是否存在偏差；如存在偏差，采取纠正措施，以确保计划活动的顺利进行和计划目标的有效实现。

企业在战略管理过程中，一方面，企业的内外部环境因素会不断变化，当这种变化累积到一定程度时，原有战略便会过时。尽管起初战略的制定是依赖于对未来的预测，但事实上内外部环境因素的变化是不可能完全准确预知的。另一方面，即使战略基础没有发生足够的变化，战略的制定也很成功，但由于种种原因，战略在具体的执行过程中也会发生偏离。因此，如何对战略管理的过程实施监督与控制，并及时反馈以采取纠偏措施，对战略实施与战略评价将是关键的一环。

3. 人力资源管理

就像一辆车离开了有能力的人驾驶就不能很有效地行驶一样，一个组织除非由有能力的人来驾驭，否则便不能有效地运作。一个组织的人力资源管理就是注重于对人的管理。它包括在雇用周期的各个阶段——挑选前、挑选中和挑选后，能够帮助组织有效处理员工事务的实践。

第一，人力资源管理实践活动。挑选前人力资源管理实践包括人力资源规划和工作分析，它为其他的人力资源管理实践奠定基础。人力资源规划帮助管理者预测和满足不断变化的需求，这些需求与获取、开发和使用其员工有关。工作分析是收集、分析以及整理特定工作信息的一个系统性程序。这种分析明确了每个员工做什么，工作环境如何，以及员工需要什么必需的资格才能胜任该工作。人力资源管理挑选中的选择实践，指的是组织配备职位时运用的政策和程序，包括招聘和挑选。组织使用招聘为具体职位定位和吸引求职者，然后通过挑选评估来选择求职者。

挑选后的人力资源管理实践主要包括培训与开发、绩效评估、报酬等，培训与开发是指有计划的学习过程，它指导员工如何有效地履行当前或未来的工作。培训与开发实践通过提高员工的知识和技能水平来提高组织的业绩。通过绩效评估过程，组织衡量其员工的工作绩效并把这些评价反馈给他们，评估系统的目的在于激励员工继续进行合适的行为，以及纠正那些不合适的行为。

第二，人力资源管理实践与竞争优势。一个组织的人力资源管理实践能够成为竞争优势的重要来源。有越来越多以研究结果为基础的证据指出，一个公司的人力资源管理实践对竞争优势有一种相当大的影响。正如沙利·考德隆（Shari Caudron，2001）所说："不仅管理层开始明白人力资源是他们最宝贵的资源，而且有证据表明在人力资源上的投资能够带来回报。"

第三，人力资源管理实践和持续的竞争优势。创造一种竞争优势是一回事，长时间地保持住一种竞争优势又是一回事。用来获取竞争优势的许多战略往往难以保持，因为它们容易被模仿。由于人力资源管理不太可能被模仿，因此，通过人力资源实践所获得的竞争优势就有可能比通过其他手段所获得的竞争优势更为持久。

专栏 4-2　　　　　　　　　　**华为的人力资源管理**

华为公司在 2017 年首次进入《财富》世界 500 强前 100 名，以年营业收入 785 亿美元名列第 83 位。华为的崛起固然与国家经济社会发展的大好形势有关，但也与华为自身的人力资源管理密不可分。

一、物质激励

华为对于员工的物质激励在全国已经非常出名了，说白了就是愿意给钱，敢于给钱。当时哪怕负债累累、资金捉襟见肘，华为却敢于提供优于行业的薪酬待遇，并且还执行每年平均超过10%的工资薪酬提升。特别值得一提的就是华为的大胆的实施股权激励，华为的任正非仅仅持有公司1.4%的股权，其余股权由8.4万名华为员工持有。员工持股是对员工长期激励的有效办法，员工与华为之间的关系由雇佣关系变成合作伙伴关系，华为公司的效益与每一位员工的薪酬都密切相关。据报道，2015年华为公司用于支付员工工资和奖金的数额高达148.5亿美元，占华为当年收入额的23.6%，而同行业的平均水平仅为12%。与此同时，华为采用同贡献、同报酬的薪酬分配体系，最大限度地激发员工潜能。该体系的核心在于按照员工对华为的贡献度大小，而不是职位等级划分薪酬。同时这一体系，还打破了工龄工资的限制，鼓励新员工多努力，多做贡献，这有利于保持华为员工工作上的积极性。

二、鼓励员工创新

技术研发工程师占据华为1/2的员工比例，而企业研发是一项高投入、高风险的业务。为了最大化激励员工研发热情和研发创造力，华为坚持将不低于年收入10%的资金用于高精尖领域的研发，在今后30年内这个比例还将继续增长到20%。同时，为了避免因为研发失败的风险打压工程师研发热情和研发创造力，华为规定，拥有基础科学研究30%研发投入中，允许50%的失败率，也就是说在研发项目论证中，只要有一半机会是可以成功的，这一项目就可以继续开展下去。这实际上是对员工自主性的保护。此外，在精神激励方面，华为公司的各种各样的奖励可谓琳琅满目，只要员工在某个方面取得了一定的进步就有机会获得相应的奖励和荣誉。华为专为此而成立了荣誉部，专门负责对员工进行考核、评奖，目的是挑选创新榜样。金牌奖是奖励为公司持续商业成功做出重大和突出贡献的团队和个人，是公司授予员工的最高荣誉。金牌奖每年年末评选一次，获奖代表可以获得与公司高层合影的机会。华为的荣誉奖，获奖面广、获奖人数多，所以员工甚至会在自己毫无察觉的情况下得知自己获得了公司的某种奖励。只要有自己的特点，工作有自己的业绩，员工就能得到荣誉奖，新员工有进步奖，参与完成了一个项目有项目奖。华为还借鉴了ATT贝尔实验室的模式，依靠知识型员工对自由工作的本能渴望发展科学研究工作，而这已成为华为事业成功的重要保障。事实证明，鼓励创新的员工激励制度，为华为吸引、培养和挽留了一大批优秀的科技、管理人才，形成了华为丰富的人力资源储备。

三、刚柔并济的文化激励

作为一家民族企业，华为公司很好地吸收了中国传统文化的精华，同时积极借鉴国外著名企业的现代管理经验，在结合华为企业家创业思维的基础上产生华为自身的管理理念、管理思想和管理文化。华为公司的核心文化有两种，一种作为华为企业文化之魂的"狼"文化，其核心是互助、团结协作、集体奋斗，这是华为文化之魂。这一文化包含多方面内容：对于专业领域敏锐的嗅觉，对于事业不屈不挠、永不疲倦的进取精神，对于企业群策群力的团队精神。实事求是地讲华为的"狼"文化适合大部分年轻人，特别是青年大学生投身于华为公司。因为华为能够提供的不仅是高薪，而且是一个可以充分展现、发挥自我的大舞台。这种文化氛围的激励是对人自我实现需要的满足，也是华为公司的目标与员工个人目标达成一致的契合点，实际上是一种双赢的结果。另一种是"家"的氛围，华为一直强调企业就是家的理念，让员工感觉在为家服务。华为公司成立了各种俱乐部，旨在丰富员工的生活，提升员工生活的品质。俱乐部为华为员工提供了互相交流的机会，有利于和谐同事关系的形成，满足了员工社会需要和归属需要。

（资料来源：笔者根据多方资料整理而成。）

4. 市场营销

市场营销可以被定义为确认、预见、创造和满足用户对产品和服务的需求的过程。基本的市场营销功能有用户分析、产品或服务销售、产品与服务计划、定价、分销、市场调查和机会分析七种基本职能，理解这些职能有助于战略制定者识别和评价营销优势与劣势。

第一，用户分析。用户分析是指考察与评价用户的需要、期望与要求。工作内容包括：进行用户调查、分析用户信息、评价市场定位战略、进行用户群体分析及确立最佳市场细分战略。

第二，产品或服务销售。成功的战略实施一般取决于企业销售某些产品或服务的能力。销售包括众多的市场营销活动，诸如做广告、促销、公共宣传、人员推销、销售人员管理、与用户及分销商改善关系等。

第三，产品与服务计划。产品与服务计划一般包括：试销，产品和品牌定位，制定产品质量保证条件，包装，确定产品类型、特性、式样及质量标准，淘汰旧产品和提供用户服务。

第四，定价。影响企业定价决策的有用户、政府、供应商、经销商及竞争者五种利益相关者。有时企业会采取前向一体化战略以便更好地控制产品向用户的最终销售价格。政府可以在定价、反对价格歧视、最低价格、单位产品定价、价格广告和价格控制等方面采取一定的限制措施。

第五，分销。分销一般涉及以下领域的活动：仓储、分销渠道、分销覆盖范围、零售网点布局、销售区域、库存水平和布局、运输工具、批发及零售。分销对于努力实行市场开发或前向一体化战略的企业尤为重要。在产品分销方面，企业要进行最复杂的和最具挑战性的决策。

第六，市场调查。市场调查是指对与商品或服务营销相关的数据的系统化收集、记录与分析活动。市场调查可以揭示企业关键的优势与劣势。

第七，机会分析。它包括对与营销决策相关的成本收益、风险的评价。进行成本收益分析有三个步骤：第一步，计算与决策相关的全部成本。第二步，估算决策可带来的全部收益。第三步，将全部成本与预期收益进行比较。

专栏 4 - 3　　　　　　　　　　唯伊网的整合营销

　　唯伊网是国内一家新兴的化妆品品牌口碑社区，社区以品牌俱乐部、试用达人为特色，汇集化妆品品牌的消费者、粉丝和意见领袖，用户人群以年轻态人群为主，年龄层在 20 ~ 30 岁居多，品牌消费习惯不稳定，有较大的热情尝试新鲜品牌、新鲜产品，因此唯伊社区还形成了特有的"小白鼠"氛围。

　　唯伊网和相宜本草的合作就是一个非常成功的营销案例。相宜本草是化妆品领域的年轻品牌，其市场价格也非常适合年轻态群体，唯伊社区的用户群体与相宜本草的定位相互吻合，这为最终的营销效果奠定了坚实基础。

　　整个营销过程大致分为：第一个环节是免费申请品牌试用装。利用消费者的利益驱动和对新鲜事物的好奇心，为品牌造势、吸引眼球、聚集人气。事实上对于女性消费者而言，申请新品试用装的诱惑力比较大，最重要的是她们会发现一个也许就存在她们周边的品牌，但她们从未在专卖店里尝试过，这有心理因素的影响。互联网却实现了很多新鲜的尝试，同时她们也会在这个过程中关注这个品牌，并了解其他消费者对该品牌的口碑评价，这个过程中无形使品牌受到了极大的关注，抓住受众的眼球，其实已经成功了一部分。

　　第二个环节是收集申请者的数据资料（包含真实姓名、性别、住址、邮箱、电话、QQ、品牌消费习惯等信息），并向品牌进行反馈，以便数据挖掘。这个过程中相宜本草充分利用了数据资源，为这些潜在消费者进行了电话营销，并且为每个潜在消费者邮寄了相宜本草的会员杂志，很多用户反馈相宜本草的服务很贴心，使消费者对相宜本草这个陌生品牌产生了好感。在《影响力》提及的"互惠原理"，授予者愿意在不有损自身利益的情况下有所回报，这也是为什么日本 DHC 能够在短短的几年间通过通信营销，成为日本销量第一的化妆品品牌。

　　第三个环节是网络整合营销传播。唯伊网联合国内知名社区站点做联合推广，活动有更丰富的传播载体、更广阔的传播范围，快速提升品牌在网络中的知名度和影响力。这个过程线上线下有着交叉互动的关系，包括高校人群的覆盖、短信平台的精准营销，都为整个事件的传播面起到了极大的推广作用。

　　第四个环节是用户分享试用体验。以奖品为诱饵，吸引试用用户分享产品体验，引导消费者的正向口碑，实现推广产品在网络传播的知名度和美誉度提升的效果。因为唯伊社区有稳定活跃的用户群，收到试用装的用户很快就开始试用体验，并且她们非常愿意与大家分享试用的过程，这个和社区的气氛有很大关系。因为有高质量的人群和特定的氛围，当然还有奖品为诱饵，试用评论的质量非常高，90% 以上的评论都超过 500 字，这在化妆品评论网站、社区是罕见的事情。正因为有高质量的评论，对于产品的口碑还有充分的传播意义。相宜本草推出的免洗眼膜产品，刚好在这一期间投放市场，通过百度和 Google 搜索相关评论，基本上回到唯伊社区，因为这里的用户是第一波试用用户，而且这一产品可以找到几十篇高质量的评论，相宜本草的其他产品可以找到上百篇。对于一个新兴品牌，唯伊社区可能会汇集大量的口碑评论，通过互联网的复制传播效应，口碑逐渐扩散开来。

第五个环节是试用达人 Blog Media 推荐。试用达人 Blog 目前拥有 1700 多个网络订阅，拥有忠实读者群，在网络试用领域有着较高的知名度和影响力。在活动结束阶段，重点推荐活动期间优秀的网友评论，为品牌网络传播画上完美句号。

（资料来源：笔者根据多方资料整理而成。）

5. 财务会计

企业的财务状况往往被看作考察企业竞争力和对投资者吸引力的最好尺度，因此，分析、评价与确立企业财务会计方面的优势与劣势是制定有效战略的前提条件。企业的资金周转率、杠杆比率、资产利用率、盈利率、流动比率、现金流量及股东权益等财务指标状况可以促进和排除对某些战略的采用，也会由于这些指标的变化导致原定战略与计划的改变。企业的财务会计分析可以分成两个方面：一是企业财务管理分析，二是企业财务状况分析。

企业的财务管理分析主要是对企业有效的资金来源、资金使用和资金控制的水平进行分析，即要根据企业的战略要求，确定企业融资决策、投资决策和分配决策。融资决策是指确定企业的最佳资本结构，并考察企业可以采用的各种融资方法，例如发行股票、增加债务、出售资产或组合采用这几种方式。

企业财务状况分析一般采用的方法是财务比率分析。财务比率分析是企业根据不同的目的和需要，对企业编制的资产负债表、损益表和现金流量表等主要财务报表分别采用不同的方法和手段来进行分析，以判断企业财务状况及其经营成果是否令人满意。主要涉及企业财务安全状况分析、企业偿债能力分析、企业营运能力分析、企业获利能力分析和企业增长能力分析等，具体包括流动比率、速动比率、资产负债率、负债比率、流动资产周转率、存货周转率、应收账款周转率、资产报酬率、所有者权益报酬率、销售收入增长率、净利润增长率和每股收益增长率等主要指标。

6. 生产运作

企业的生产运作包括将投入品转变为产品或服务的所有活动。各个行业和企业所涉及的投入品、物质转换过程以及产品或服务是不同的，但生产管理方面的内容是一样的。生产运作管理部门的首要任务就是开发和管理一个能够符合数量、质量、成本和时间要求的生产运作体系。美国管理学者罗杰·施罗德（Roger Schroeder）认为，生产管理包括生产过程、生产能力、库存、人力和质量五种功能或决策领域。具体如表 4 – 5 所示。

表 4 – 5 生产管理的五种基本功能

功能	简述
生产过程	生产过程决策涉及实际生产系统的设计。具体决策内容包括对技术、设施的选择工艺流程分析，设施布局，生产线的平衡，工艺控制及运输分析
生产能力	生产能力决策确定企业的最佳产出水平——不能太多也不能太少，具体决策内容包括预测、设施计划、综合计划、生产计划、生产能力计划及排队分析

续表

功能	简述
库存	库存决策涉及对原材料、在制品及产成品存量的管理。具体决策内容包括订货的内容、时间和数量及物料搬运
人力	人力决策涉及对熟练及非熟练工人、职员及管理人员的管理。具体决策内容包括岗位设计、工作考核、丰富工作内容、工作标准及激励方法
质量	质量管理的目的在于生产高质量的产品和服务。具体决策内容包括质量控制、抽样检查、测试、质量保证及控制

资料来源：R. Schroeder. Operations Management［M］. New York：McGraw – Hill Book Co.，1981.

企业的生产活动往往占用大量企业人力和实物资本。在绝大多数产业里，生产某种产品或服务的主要成本均发生于生产运作过程之中，因此，生产运作管理是实施企业总体战略和经营单位战略的重要影响因素，生产运作的五种功能中所具有的优势和劣势将会影响企业战略的成败，有时对一些基本战略的成败甚至起到决定性的影响，如总成本领先战略就要求积极地建立达到有效规模的生产设施，全力以赴降低成本，抓紧成本与管理费用的控制，以及最大限度地减小研究开发、库存、人力、服务等成本费用。

7. 研究开发

研究开发能力主要是指企业在产品、工艺、材料、技术等方面的研制和创新能力，它体现了企业的活力，是企业在竞争中适应环境、改变环境的主要的内部条件。企业的研究开发能力直接决定和影响了企业未来产品结构模式的选择，从而从企业内部的角度制约了企业战略任务和战略目标的制定。

研究开发在企业中一般采取两种基本方式：企业自主研究开发和委托外部独立机构研究开发。很多企业会同时采用两种方式来研究开发新产品，如目前比较流行的研究开发方式是在获得外部研究开发协助的同时，与另一家企业组建合资企业来共同进行研究开发，以降低风险。

8. 管理信息系统

管理信息系统（MIS）是一种正式的组织信息网络，该信息网络通常利用计算机系统为组织中的管理人员生成定性或量化信息。建立管理信息系统的目的在于，各个层级的管理人员可以为其职责范围内的各种活动收集信息，并提供对执行管理职能必要的信息，从而通过改进管理决策的质量来提高企业的绩效。

二、内部资源审视的检测问题

内部资源审视的检测需要收集和吸收有关企业的内部管理、人力资源、市场营销、财务/会计、生产/运作、研究与开发及管理系统等方面的信息，以确定公司最重要的优势与劣势。

内部资源审视的检测为参与者提供了机遇来理解他们的工作、部门及分部是如何融入整个企业中的。这对公司非常有益，因为当管理人员和雇员了解自己的工作如何影响公司的其他领域或活动时，他们能更好地理解企业所有职能领域的事项、问题、关注点和需要。在不使用战略管理的企业中，营销、财务和生产经理往往没有有效的相互作用途径。

因此，内部审视的检测是促进企业内部沟通过程的良好工具和平台。

一旦将企业内部有关信息收集起来，就应当及时吸收和评估。企业需要组织一次或一系列管理者会议，以便共同识别企业所面临的最重要的机会与威胁。这些关键内部因素应当被列在活页挂图或者黑板上，并可以要求所有管理者按重要程度对已识别的因素排序，用1代表最重要的优势或劣势，2代表最不重要的优势或劣势，由此得到这些因素的优先列表。

战略管理是一个高度相互作用的过程，它要求内部资源关键要素之间的有效协调。尽管战略管理过程由战略家监督，但成功的战略要求企业所有职能领域的管理人员和雇员共同提供想法和信息。例如，财务经理可能会限制供应链经理选择的可行方案数量，研发经理开发的产品可能要求营销经理设定更高的目标。企业成功的关键之一便是各职能领域管理人员之间的有效协调和理解。通过参与内部战略管理审计，增加各部门和分部的管理人员之间的有效协调和理解。

随着企业规模、多样性、地域性产品或服务数量的增加，需要管理的关系数量也会显著增加。政府及非营利组织传统上对各业务职能之间的关系重视不够，一些公司则过于强调某一职能而忽视其他职能。财务比率分析例证了企业各职能领域之间关系的复杂性。造成投资收益率或利润率下降的原因可能是无效的营销、糟糕的管理政策、研发失误或薄弱的管理信息系统等。

专栏4-4　　　　蓝盾信息安全技术股份有限公司的资源整合

一、公司介绍

蓝盾股份前身为创立于1999年的广东天海威数码技术有限公司，2009年公司整体改制为股份有限公司，并于2012年3月15日成功登陆深交所创业板。蓝盾信息安全技术股份有限公司是中国信息安全行业的领军企业。公司的安全产品涵盖了物理及工控安全、网络及应用安全、云计算大数据安全、移动安全、风险管控及安全管理、电商安全及个人安全、城市应急及生产应急安全、军工及保密安全等八大类别80个系列300多个型号安全产品。凭借完善的产品线及丰富的案例经验，公司已取得了计算机信息系统集成及服务一级、计算机信息系统安全服务一级、涉密计算机信息系统集成甲级、安防监控涉密集成甲级资质、信息安全应急处理服务一级等业务资质，并拥有涉密信息系统产品检测证书13项、军用信息安全产品认证证书10项、中国信息安全认证中心产品认证证书11项等专业产品认证，是业内业务资质及产品认证最齐全的厂商之一。

二、公司整合信息安全产业

上市当年，蓝盾股份的营业收入和净利润分别为3.45亿元及5809.08万元，年末总资产为9.43亿元，而根据公司发布的2016年度业绩快报，公司预计2016年度实现营业收入15.33亿元，实现净利润3.26亿元，年末总资产更是达到62.77亿元，各项业绩指标均显示出强劲的增长态势，并在业内名列前茅。

公司业绩的持续快速增长与"大安全"产业发展战略、整合优质资源密不可分。基于对信息安全外延不断扩大这一趋势的准确判断，从2013年起，蓝盾股份提出了"大安全"产业发展战略，并持续高效地予以执行。2014 年，公司提出收购国内电磁安防龙头企业华炜科技，在业内率先补强"物理安全"这一重要环节；2015 年，公司提出收购中经电商及汇通宝，强势切入电子商务、网络支付等互联网应用安全领域；2016 年，公司又完成收购"水行业"知名厂商满泰科技 60％股权，通过行业化方式迅速切入工控安全市场。

三、资源整合路径

1. 坚持"大安全"产业发展战略

在 2013 年蓝盾股份提出的"大安全"产业发展战略的指引下，公司的业务板块已经形成了以网络安全为核心、在物理安全上具有一定竞争优势的整体格局，同时通过后期一系列的投资并购，涉足电商安全、支付安全、海事安全、大数据安全、安全应急、安全教育、安全取证等领域。公司未来将继续依靠"内生＋外延"双轮驱动，加强各业务板块之间的联动整合，发展出以网络安全为核心，以物理军工安全为抓手，以移动互联网安全为跳板，兼顾新型技术安全（智能制造安全、云安全、大数据安全、量子通信安全等）的"大安全"产业生态体系。公司凭借安全产品、安全方案、安全服务、安全运营"四位一体"联动发展的经营模式，为各大行业客户提供一站式的信息安全整体解决方案。公司持续推进"大安全"产业发展战略，不断加快内生增长及外延扩张步伐，积极开拓市场，大举研发创新，形成和巩固了公司"智慧安全领导者"的市场地位。

2. 牵手戴尔，优势互补

2017 年 3 月 30 日，蓝盾股份与戴尔（中国）有限公司达成战略合作。双方将从政府行业的合作开拓入手，逐步建立全面的业务合作伙伴关系。

戴尔是全球领先的 IT 产品及服务提供商，其业务包括设计、开发、生产、营销、销售和支持广泛的按客户要求定制的计算机系统和服务。2015 年，戴尔推出在中国的发展新策略——戴尔中国 4.0 战略，它包括"全面融入本地生态系统""在中国，为中国""端到端解决方案"及"渠道合作伙伴和行业发展战略"四个部分。在实施 4.0 战略期间，戴尔公司进一步融入中国本地生态系统，不断实现产品、解决方案以及服务的本地化，更好地支持中国客户提高 IT 效率，助力中国 IT 产业升级。蓝盾股份深耕网络安全行业十余载，已发展成为中国信息安全行业的领军企业。如今，随着互联网的加速渗透，网络空间安全与人们的生活息息相关，网络安全的边界正在逐渐消失。在网络安全日益重要、解决网络安全问题变得愈加紧迫的背景下，蓝盾股份提出"大安全"产业发展战略。依靠"大安全"战略的指引，蓝盾股份的业务板块已经形成了以网络安全为核心，同时涉足电商安全、支付安全、海事安全、大数据安全、安全应急、安全教育、安全取证和工控安全等领域。

蓝盾股份与戴尔签订战略合作协议，是蓝盾股份"大安全"战略与"戴尔中国 4.0 战略"智慧的碰撞。对于这次合作，蓝盾股份表示，希望能与戴尔强强联手，在各行业领域中，融合各自产品优势，合作创新，形成更好的解决方案。戴尔公司也表示，蓝盾股份在网络安全行业中有着强大的研发实力和跨行业的产品线，希望日后通过合作，在戴尔的硬件终端产品上，能够加强信息安全技术支持。在企业多元化发展的趋势下，开放合作已经成为更多企业的共识。此次蓝盾股份与戴尔达成战略合作，是网络安全企业与 IT 产品、服务提供商互惠互利的一项新的探索，这有助于双方实现优势互补，共同开拓市场，在产品、技术、方案、服务上更上一个台阶，为更多行业和企业客户提供更具竞争力与应用价值的技术方案及服务，推动 IT 行业和中国经济的持续、健康发展。

（资料来源：笔者根据多方资料整理而成。）

第三节　资源基础理论：以核心竞争力的视角

在信息技术全球化的背景下，企业竞争环境的变迁较之过去更为快速和激烈，因此，企业对于外在的动态竞争环境的分析与掌握将比过去更为困难。相比之下，企业内部资源与能力容易管理与控制，更适合作为企业战略方向拟订时的参考依据。鲁梅尔特（Rumelt，1991）的研究也发现，产业内中长期利润率的分散程度比产业间利润率的分散程度要大得多。由此，研究者将探索企业竞争优势的着眼点和对战略管理"不同投入"重要性的认识。逐渐从外部转移到企业内部，"资源基础理论"（RBV）便应运而生。

所谓"资源基础理论"即是以"资源"为企业战略决策的思考逻辑中心和出发点，以"资源"联结企业的竞争优势与成长决策。其有两个假设前提：一是企业所拥有的资源具有"异质性"；二是这些资源在企业间的"非完全流动性"。因此，企业拥有稀有、独特、难以模仿的资源和能力使得不同的企业之间可能会长期存在差异，那些长期占有独特资源的企业更容易获得持久的超额利润和竞争优势。"资源基础理论"的实质就是以企业为分析单位。着眼于分析企业拥有的各项资源，以企业内部资源为分析的基础和出发点，通过探讨独特的资源与特异的能力，达到提升企业竞争优势和获取超额利润的目的（见图 4-2、表 4-6）。

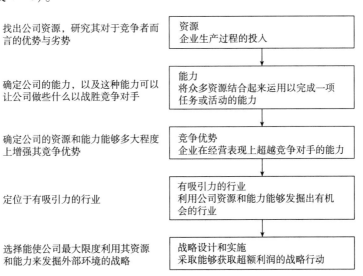

图 4-2　（超额利润的）资源基础模型

表4-6 企业能力的例子

职能领域	能力	企业
配送	有效地利用物流管理技术	沃尔玛
人力资源	激励、授权以及保留雇员	AEROJET
管理信息系统	通过收集定点采购数据，有效率和有效益地控制存货	沃尔玛
市场营销	有效地推广品牌	吉利
	有效的顾客服务	Norest
	创新性采购	Great & Barrel
管理	有效地执行管理任务	惠普
	展望未来潮流的能力	百事
	有效的组织结构	Gap
生产	产出可靠的产品所需要的设计和生产技能	Gap
	生产和设计质量	Komatsu
	生产高技术含量的汽车发动机	马自达
	产品和产品元件的微型化	索尼
研究开发	特别的技术能力	康宁
	对卤化银的精深知识	柯达

资料来源：［美］麦克尔·A.希特，比杜安·爱尔兰等.战略管理——竞争与全球化：第四版［M］.吕巍，译.北京：机械工业出版社，2002.

一、核心竞争力的含义

核心竞争力是著名学者普拉哈拉德和哈默尔于1990年在《哈佛商业评论》发表的论文中提出的。他们指出"核心竞争力"是"组织中的积累性学识，特别是关于如何协调不同的生产技能和有机结合多种技术流派的学识"，该理论一经提出，就成为研究学者和企业界引用最多的概念之一。

企业核心竞争力能反映企业的特性，是企业持续竞争优势的来源，是在企业积累和学习怎样分配资源和能力的组织过程中，通过运用自己独特的资源（有形资源、无形资源和人力资源），培育创造出比竞争对手更强的竞争能力和竞争优势，作为一种行动能力，这种竞争能力与优势是本企业超越竞争对手的最根本、最关键的经营能力。凭借这种最根本、最关键的经营能力，就使企业在一定时期内给其产品和服务增加价值，从而在激烈的环境变化中赢得生存和发展。如果把企业比作一棵树，那么企业核心竞争力就是树根，核心产品是树干，而最终产品则是树叶和花；即使遭遇到一场狂风暴雨级的外部环境剧变所带来的冲击，将树叶和花都打落了，但只要树根还在地下——企业的核心竞争力还在，这个企业就还会重新发展和壮大起来。相反，如企业的核心竞争力受到破坏，企业则很难抵抗外部环境变化带来的风险。因此，企业在某一产品或其他方面具有一定的优势，并不代表企业就具有了核心竞争力，只有当这种产品和技术使竞争对手在一个较长时期内难以超越并能保持这种优势时，这才是企业真正核心竞争力的体现。

二、核心竞争力的评价标准

普拉哈拉德和哈默尔认为，可以形成核心竞争力的四个标准为：

第一，这种资源从利用环境机会或消除环境威胁上来说必须具有价值。有价值的能力是指那些能为企业在外部环境中利用机会、减低威胁而创造价值的能力，有价值的能力促使企业形成并执行战略。

第二，在公司现在和潜在竞争者中这种资源是稀少的。稀有能力是指那些极少数现有或潜在竞争对手拥有的能力，如果竞争者或潜在竞争者有同样的资源，那这些资源就不能成为可持续能力的来源，因为所有这些企业拥有以相同方式利用资源的能力。以这种资源为基础制定的一般战略不会让任何企业获得优势。能够提供竞争优势的资源必须是稀有的，即对于其他竞争者来说是相对稀少的。

第三，竞争者很难模仿这种资源。难以模仿的能力是其他企业不能轻易建立起来的能力，是价值创造的关键，因为它限制竞争。正因为企业的资源不可模仿，所以其创造的优势更容易保持。竞争者能复制的资源只能为其带来短暂的利润却动摇不了企业的核心。

第四，这种资源没有战略等价值替代物，不可替代。企业很难找到这种能力的替代，企业的能力越是隐性，越难被替代。

只有在企业的能力无法被竞争对手复制、模仿的情况下，企业的核心竞争力才真正形成。企业通过有价值的、稀有的、难以模仿的、不可替代的能力形成竞争优势，并持续保持这种优势，那么这个企业是拥有核心竞争力的企业。

核心竞争力的评价标准如表4-7所示。

表4-7　核心竞争力的四个识别标准

能力	含义
有价值的能力	能使企业在外部环境中利用机会或削减威胁
稀缺的能力	其他企业没有或很少拥有的能力
难以模仿的能力	现在不具备这种能力的企业很难模仿或模仿成本很高
不可替代的能力	没有等价战略资源和能力

三、核心竞争力的维系与保持

核心竞争力是由企业不同要素有机联系而形成的整体竞争实力，核心竞争力要素的整合包括向内整合和外部整合。向内整合是指把企业内部个人所拥有的能力从企业"雇用"转化为企业"所有"，即企业能力，这将涉及企业的研究开发、生产、技术、财务、文化等各个方面按制定的核心竞争力战略的要求予以整合。外部整合是指通过建立外部网络，如建立战略联盟或企业并购等，是核心竞争力建立与形成的一条捷径。

企业进行资源能力整合，培育和发展核心竞争力的渠道有两种：一是在企业内部自我发展，包括技术开发和提升组织能力等。二是从外部获得，包括从企业网络中获取和从市场中获取两条基本途径。普拉哈拉德和哈默尔指出："培育核心能力并不意味着企业一定要在研究与开发上超过竞争对手，或使产业变得更加垂直一体化，企业也可以通过并购、联合等方式低成本地获取其所需要的能力。"

对已经拥有某一方面核心竞争力的企业来说，如何保持并发展核心竞争力，确保企业持续的竞争优势，亦是必须考虑的问题。可从以下几方面入手：

第一，企业要将获取、培育、激励人才脱颖而出作为企业工作的重中之重，因为核心能力对企业的人才资源具有高度的依存性，尤其是那些隐含经验类的核心能力更是以企业的员工为载体。因此，获取并拥有一支关键的人才队伍是企业核心能力保持与发展的重要途径。

第二，企业要定期评估其核心竞争力，检验其是否还具有价值、是否被其他企业模仿、是否仍能保持在行业中的领导地位、未来发展趋势等。

第三，企业要加强组织学习，建立学习型组织。只有在学习型组织中，企业核心能力才可以不断扩充和提升。因为绝大多数组织的竞争力发端于个人层次，个人运用他所掌握的技能和知识在实践和与他人交往的过程中发现、汲取、总结新的经验、知识和能力，这样竞争力在一定层次上是作为个人的学习成果而得到的。这些经验、知识和能力并不能成为企业的核心能力，只有将这些经验、知识和能力放在组织的环境中，通过组织团队互动的学习过程，经过思维的交流、碰撞、整合，形成结构完整、内容丰富的属于组织自身的知识体系，才能形成企业的核心能力。因此，企业必须建立起终生学习的机制，只有这样，才能使企业更好地适应外部环境的不断变化，企业才能对环境的不断变化做出创造性的、正确的反应，才能保持创新的活力，从而保持持续的竞争优势。

四、对 RBV 理论的评价

资源基础理论以资源作为该理论体系的逻辑分析起点，把理论探寻作为企业成长和持续竞争优势的根源。资源基础理论将企业视为资源的有机体，企业的有形资源和无形资源是企业形成和运作的基础，是企业生存和发展的保证。优秀的企业之所以具有不俗的业绩表现，是因为拥有独特性资源，企业利用这些独特性的资源建立或实施自己的战略，从而为企业带来良好绩效。资源理论帮助企业将战略思考的角度由"产品"观念转变为"资源"，将战略制定的基础由外部的"产业结构分析"，逐步转移到内在资源与能力分析的"资源基础观念"上，使管理者把目光集中识别那些能够产生持续竞争优势的独特资源，并建议他们从资源的角度制定企业战略和进行决策。但资源基础理论过于强调企业内部资源的重要性，忽视了外部环境的动态，并且，企业的异质性资源的评估和数据的收集都难以获得，这些都限制了这一理论的应用和发展。

第四节　价值链理论：以价值增值的视角

一、价值链分析模型

价值链分析最早是由美国哈佛商学院迈克尔·波特教授提出，是一种确定企业竞争优势的基本工具。价值链（Value Chain）是企业产品设计、生产、销售、交货以及对产品起辅助作用的各种活动的集合。企业的竞争优势有很多，如技术优势、人才优势、管理优势、创新优势等，但归根结底只有两种：一是成本领先，二是标新立异。同时，竞争优势最终是由其产品或服务的价值来体现的。如果把企业作为一个整体来考察就无法识别这些竞争优势，需要把企业活动进行分解，通过逐项考察上述活动及其相互之间的关系来确定企业的竞争优势，这就是价值链分析方法的内涵。价值链分析展现了企业全部活动的价值，包括主体活动和辅助活动组成，企业的价值链有如下特点：

第一，价值链分析的基础是价值，而不是成本。价值是买方愿意为企业提供的产品而支付的价格，一般用总收入来衡量。这实际上就把问题的着眼点放在了企业的外部而不是内部，具有一定的现实指导性。

第二，价值链主要由各种价值活动构成。价值活动是企业从事的物质和技术上界限分明的各项活动。价值活动有基本活动和辅助活动两大类。基本活动是涉及产品的物质创造及其销售、转移给买方和售后服务的各项活动。辅助活动是辅助基本活动完成其职能的活动。

第三，价值链列示了总价值。价值链除包括价值活动之外，还包括利润，而利润是获取的价值和从事各种活动的总成本之差。

第四，企业的价值链不是孤立存在的，而是体现在更广泛的价值系统中。如图 4 - 3 所示。供应商拥有创造和交付企业价值链所使用的外购输入价值链（上游价值），许多产品通过渠道价值链（渠道价值）到达买方手中，企业产品最终成为买方价值链的一部分。这些价值链都在影响企业自身的价值链，因此，要获取并保持竞争优势不仅需要理解企业自身的价值链，而且需要理解企业价值链所处的价值系统。

图 4 - 3　价值系统

第五，在同一产业中，不同企业具有不同的价值链。这反映了各企业在历史、战略以及实施战略的途径等方面的不同，同时也是企业竞争优势的一种潜在来源。

第六，对同一个企业而言，在不同的发展时期会有不同的价值链。这一方面表明企业的价值链具有动态发展性，另一方面也说明，企业的竞争优势也是会不断发展和变化的。

二、价值链分析模型的应用

第一，识别价值活动。识别价值活动要求在技术上和战略上有显著差别的多种活动相互独立。需识别的价值活动包括主体活动和辅助活动两类。

第一类是主体活动：①内部后勤：指与接收、存储和分配相关联的各种活动，如原材料的搬运、仓储和库存控制等；②生产经营：指与将各种投入转化为最终产品相关联的各种活动，如机械加工、组装、设备维修等；③外部后勤：指集中、仓储和将产品发送给买方的各种活动，如产成品库存管理、送货车辆调度、订单处理等；④市场营销：提供一种买方购买产品的方式和引导他们进行购买的各种活动，如广告、人员推销等方式进行的促销、定价、渠道选择等；⑤服务：因购买产品而向顾客提供的，能使产品保值增值的各种服务，如安装、维修、培训、零部件供应和产品调整等。

第二类是辅助活动：①采购：包括原材料、储备物资及其设备等方面的购买；②技术开发：工程管理、研究与开发、信息技术等；③人力资源管理：人员招聘、培训、绩效考核、薪酬管理等；④企业基础设施：包括总体管理、计划、财务、会计、法律、政治事务和质量管理等。

第二，确定活动类型。在每类基本和辅助活动中，都有三种不同类型：一是直接活动，涉及直接为买方创造价值的各种活动，如零部件加工、安装、产品设计、销售、人员招聘等；二是间接活动，指那些使直接活动持续进行成为可能的各种活动，如设备维修与管理、工具制造、原材料采购等；三是质量保证，指确保其他活动质量的各种活动，如监督、视察、检测、核对、调整和返工等。这些活动有着完全不同的经济效果，对竞争优势的确立起着不同的作用，应注意加以区分，权衡取舍，以确定核心和非核心活动。

第三，视企业具体情况，将有关的价值活动做进一步的细分与归类。每一类价值活动都可以分为一些相互分离的活动，如生产经营活动可进一步分解为零部件加工、成品组装等；市场销售活动可分为人员促销、广告、关系营销等。这样就会获得数量巨大的潜在活动的总和。对活动进行分解应按照三个标准：活动应具有不同的经济性；活动对标新立异产生很大的潜在影响；活动在成本中所占比例很大或有上升趋势。将活动进行细分之后，还要依其对竞争优势贡献的大小不同将它们组合起来。至于如何组合，应视企业具体情况而定。总之，价值活动应分别归入能最好地反映它们对竞争优势贡献的类别中。

第四，确定企业价值链。以某制药企业为例，如表4-8所示。

表4-8　某制药公司的价值链

企业基础设施：浓厚的企业文化，简单的组织结构，较强的财务管理和管理控制能力				
人力资源管理：友好和合作的工作关系；优秀的培训和开发；优秀的薪资和健康保养计划				
技术开发：技术领先，开发具有突破性的药物；集中的研发支出；通过战略联盟加强技术和市场营销能力				
采购：在化学药品中，实现纵向一体化				
内部后勤	生产 增加生产弹性和降低成本；强化提高质量和生产率，全球便利网络	外部后勤 通过收购，获得特殊的分销能力和信息技术支持	市场营销 大量负责直销的员工覆盖全球市场，通过营销团队、销售力量发挥杠杆作用	服务 优秀的服务吸引了许多企业和保健组织

利润

资料来源：阿诺尔多·C.哈克斯等.战略实践：如何系统制定企业战略［M］.王德忠，译.北京：机械工业出版社，2003.

第五，分析企业竞争优势。企业竞争优势有三个主要来源：一是价值活动本身。它是构筑竞争优势的基石，一般会受到企业管理者的高度重视。价值活动已列在企业的价值链中，只要同其他企业比较，就不难发现自身优势之所在。二是价值链内部联系。虽然价值活动是构筑竞争优势的基石，但价值链并不是一些独立活动的综合，而是由相互依存的活动构成的一个系统。这就要求企业管理者认真分析企业价值内部各价值活动之间的联系，以发现企业的竞争优势。三是价值链的纵向联系。所谓纵向联系，是存在于企业价值链与供应商、渠道和买方价值链之间的关系。价值链系统的各项活动都会为增强企业的竞争优势提供机会，应予以重视。

第六，分析企业的竞争优势是否有效。如果企业具有的竞争优势是市场上所需的、有效的竞争优势，那么，企业就可以充分利用这些优势同竞争对手展开竞争，定会取得令人满意的结果；如果是无效的优势，企业要想在原有的目标市场上竞争、生存，必须寻求其他的竞争优势。

三、对价值链分析模型的评价

价值链分析法弥补了以前管理工具的不足之处，将管理的视角从企业内部向企业内外部结合转变，具有独到之处。从企业观点来看，价值链分析是一个非常有用的工具，可以更好地了解企业的优势和劣势；从行业的观点看，价值链分析使企业对相对于关键的客户和供应商的竞争位置有一个更好的理解。价值链分析能让企业更好理解自身的资源和能力，以及潜在的或实际产生的优势特征，更好地理解如何维持其竞争优势，以及在未来的竞争中需要什么样的新资源和能力。

虽然价值链分析方法有许多优点，但也存在一定的局限。随着信息技术的广泛应用，价值链分析方法的功效逐渐面临挑战。在信息的深度和广度之间进行权衡的结果是删除了一些必要的因素，这使许多已确定的价值系统面临着直接威胁。基于这个原因，虚拟价值链这一概念作为更合理的手段被后来者提出。

专栏4-5　　　　　　　　**齐心文具模式**

深圳市齐心文具股份有限公司是成立于2000年的一家家族企业，同时也是中国文教体育用品协会企业，并于2009年10月12日在深圳中小板上市。公司致力于文具及办公用品、办公设备的研发、生产和销售，是办公文具专业制造商和供应商。公司拥有包括文件管理用品、办公设备、办公文具、书写工具、电子文具、收纳用品、商务本册、商务用纸、办公耗材、电脑周边、个人用品、学生用品、会议室用品、LED台灯和手电筒等15大类的1400多个单品，为客户提供优质办公用品集成解决方案。是我国最大的办公文具制造商，在业内居于领先地位，其文件夹产品在行业内拥有绝对优势的市场占有率。

一、控制成本

文具行业需要的主要原材料包括PVC塑料粒子、油墨、碳粉、印油、荧光材料、染料、颜料等。这些材料其实都是源自不同的化工类原材料，这些化工材料的价格易受国际原油价格变动的影响。塑料文具企业所需要的主要原材料为PVC塑料粒子，是从原油中提炼而成。由于我国原油价格形成机制、国家宏观调控、供求关系等诸多原因，PVC塑料粒子的价格其实并不完全随国际原油价格波动。齐心生产的活页夹面料一直是PVC材质，因为它的密度比较高，所以不易变形。但齐心一直希望找到能作为PVC替代品的原料，PP是一个好选择，但由于PP的密度比PVC小，所以比较容易变形。直到2007年，齐心的研发队伍终于研究出利用PP来生产活页夹的技术，这种技术叫"三折式活页夹"，即把活页夹分为三个较细小的部分分别用PP来造，由于每件部件的面积细了，所以不容易变形。这种活页夹在国内注册了专利（国内专利号为

200720121123.6)，不论用PP或是PVC来做都可以。所以齐心在不同时间可以用不同物料生产这种活页夹。

2007年，齐心将采购的流程从工厂中剥离出来，把各个工厂的采购部分整合给旗下的深圳总部观澜文具厂。从此，采购与生产部分做出了分工：由观澜文具厂设计研发和接受客户订单，在总部规定的营销政策和价格体系之下，根据订单情况安排采购计划和生产计划，对汕头齐心和齐心商用设备下达委托加工订单。汕头齐心和齐心商用设备变成了齐心整个产业链中内部的OEM，只负责生产。接订单和采购原料都由观澜总部一手包办，总部不但整合了订单处理的环节，还可以中央处理采购的过程，一次购买两家工厂所需要的物料，数量大自然就有更大的议价能力。集体采购是齐心控制采购成本的第一个方法。当然这样做是有代价的，因为采购和生产分开了，采购总部必须要密切留意工厂是否有足够的原料，所以工厂与总部之间的信息互通就变得很重要。就此，齐心在2010年1月21日正式宣布斥资500万元成立"上海齐心信息科技有限公司"，务求巩固内部信息科技的互通。为了进一步控制与原料采购商的议价能力，齐心还尝试过更多不同的原料供货商取货，不让一两家供货商垄断齐心的原料供应。措施实施后，公司最大五名（以采购金额排行）供货商占全公司采购额的比重由2008年的38.67%大幅降至2009年的25.39%。

二、集成供应的结合

齐心采取集成供货商模式向OEM、ODM下达订单采购其他自己没有生产的、利润不高、比较低端的文具，然后再做品牌整合。目的就是扩大企业产品的"广度"，使产品涵盖文具的生命周期，完善齐心的"全产品线"及贯彻"大办公"理念。从2006年的14.14%、2007年的19.68%到2008年的25.03%，集成供应所得之收入占总体收入不断上升，可见齐心这种模式所占的份额正在逐年提高。这种集成供应的模式，节省了生产较低端文具的资源，可以把更多资源分配到研发核心产品。另外，品牌规模及销售渠道使齐心增加了谈判筹码，提高了议价能力，节约了采购成本。集成供应的毛利率从2006年的16.61%增至2008年的19.51%，盈利水平不断上升。齐心在文具制造中不断整合，由文具制造企业，通过研发、制造较高端的产品，又向OEM/ODM采购自己没有生产的低端文具，变成一家品牌制造商和集成供货商的结合文具企业，不但利润增加、成本减少，而且使大办公的理念更趋完备，为企业客户提供一站式的文具产品供应。

（资料来源：笔者根据多方资料整理而成。）

第五节　标杆理论：以横向比较的视角

一、标杆管理的内涵、类型与步骤

标杆，是指进行测量的基准点或可供参照的标准。树立标杆的基本思想是通过规范且连续的比较分析，帮助企业寻找、确认、跟踪、学习并超越自己的竞争目标。标杆管理，又称为基准管理，是企业将自己的资源、能力与行业内或其他行业的优秀企业进行比较和衡量，以便认清自身的优势和劣势，并通过学习和不断创新，提高企业的经营管理水平和竞争力，从而获取竞争优势的方法和过程（见图4-4）。标杆管理分为三种类型：战略标杆管理、流程标杆管理、职能标杆管理。

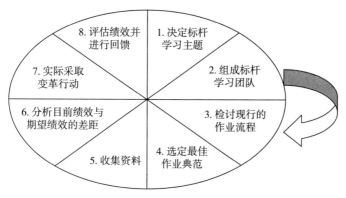

图4-4　标杆管理的过程

战略标杆管理是在与业内或业外最好企业进行比较的基础上，从总体上关注企业如何竞争发展、明确和改进企业战略、提高企业战略运作水平的标杆管理。战略标杆管理跨越行业界限寻求绩优企业成功的战略和优胜竞争模式，目的是寻找最佳战略，进行战略转变；主要方法是收集各竞争者的财务、市场状况、流程和学习成长方法，进行相关分析并比较，研究领先企业的成功战略和得以制胜的竞争模式。

流程标杆管理指的是以最佳工作流程为基准进行的标杆管理，要求企业对整个工作流程和操作系统有详细了解和比较，从中发现在关键流程上存在的差异，优化企业的流程，从而提升企业的关键业绩指标。

职能标杆管理指的是以优异的职能操作为基准进行的标杆管理，主要通过合作的方式提供和分享技术市场信息。

二、标杆理论的应用价值

企业的运作业绩永远是动态变化的，只有持续追求最佳才能获得源源不断的竞争优势，才能始终立于不败之地。标杆管理为企业提供了优秀的管理方法和管理工具，为企业提供了追求不断改进的思路，是发现新目标以及寻求如何实现这一目标的手段和工具，具有合理性和可操作性。其应用价值主要表现在以下几个方面：

第一，标杆管理是一种战略管理工具。通过标杆管理法，企业可以明确自身所处的地位，从而确立适合本企业的有效的中长期发展战略，并通过与竞争对手对比分析来制定战略实施计划以及选择相应的策略与措施。

第二，标杆管理是一种绩效管理工具。标杆管理可以作为企业业绩提升与业绩评估的工具，通过设定可达目标来改进和提高企业的经营业绩。

第三，标杆管理有助于建立学习型组织。企业可以通过标杆管理方法克服不足、增进学习，使企业成为学习型组织。

第四，标杆管理有助于企业的长远发展。标杆管理法是企业增长潜力的工具，经过一段时间的运作，任何企业都有可能将注意力集中于寻求增长内在潜力上，形成固定的企业文化。

专栏 4-6   万向集团的内部资源

1969 年，万向集团成立，主要生产犁刀、铁耙、万向节、铸钢等多种产品。1979 年实施标杆管理后，集中生产进口汽车万向节。20 世纪 80 年代日创利润 10 万元；90 年代初企业集团化，经营国际化，坚持"大集团战略，小核算体系，资本式经营，国际化运作"的战略方针，日创利润 100 万元。从 2001 年开始突出万向制造核心理念，向拥有核心价值能力的现代化大公司发展，日创利润 200 万元。万向企业的成长目标是通过实施标杆管理"三接轨"，即接轨跨国公司运作、接轨先进技术、接轨国际主流市场的模式成为一家现代化公司。如今的万向集团是国务院 120 家试点企业集团及国家 520 家重点企业之一。

万向集团以"为顾客创造价值，为股东创造利益，为员工创造前途，为社会创造繁荣"的"四为"战略为理念，通过标杆管理实现其发展目标。从"构造团队、确立标杆管理的目标和原则、分析流程、对标、系统学习、评价与提高"六项工作入手，步步为营，贯彻始终，实现"四为"战略。万向集团的标杆管理，关键是从以下几个方面进行突破：

第一，了解自己。自问：我们重视什么（尤其是重视什么样的员工）？我们如何看待资讯分享？比较愿意分享哪些资讯？比较不愿意说出哪些信息？这样说来，我们是什么样的公司？我们有没有诱因开放更多的资讯？我们愿意开放更多的资讯吗？

第二，了解问题。自问：我们该做好哪几个方面才能成功？这几方面目前的成绩如何？沟通管理不良（譬如混淆的信息、迟缓的资讯、遗失的资讯和参与感低落）是否影响某些攸关成功的部分？沟通系统中哪里出了差错？是沟通的来源还是内部？

第三，寻求解答。自问：我们可以采取哪些行动来消除错误？哪种或哪些措施对消除错误、提升企业绩效的影响最大？

第四，向他人学习。自问：组织的其他部门是否遭遇过类似的沟通问题，可以从他们身上学到什么？其他组织如何解决类似的问题，可以从他们身上学到什么？其他公司的做法中，能套用在组织上的最佳做法是什么？

第五，研究其他公司曾采取的行动。打电话询问他们、阅读相关的资料、亲自拜访他们，尽量以最快速的方式向他们学习。

第六，修正错误。将从其他公司所学到的东西切实实行，透过其他人的经验，使自己的解决方式更加充实。

万向集团的成功实践表明，实施标杆管理是企业改善自身经营管理能力的有效手段。尤其是面临跨国企业在中国的迅速发展，国内企业必须把组织学习、不断变革提到战略高度。把西方先进企业作为交流、学习的"标杆"，学习先进的管理经验，可以使我们少交很多"学费"。但要注意的是，拿来的不一定是合适的，如何吸收、如何创新适合自己的管理模式还需要企业在实践中去探索。

（资料来源：笔者根据多方资料整理而成。）

第六节　整合理论：以外部资源内部化的视角

一、外部人力资源的整合

企业外部人力资源是指来自企业外部、能够为企业发展提供支持与帮助的各种社会人力资源的集合。根据工作任务，企业的外部人力资源可分为与企业生产相关的外部人力资源、与研发相关的外部人力资源、与经营相关的外部人力资源。

第一，与企业生产、经营相关的外部人力资源。由于扩大生产规模、不定期用工，或为了完成战略重要性较低的生产任务，或生产能力非自己强项的生产任务，企业往往会用到外部的人力资源和外部的生产能力，比如索尼公司意识到自己的制造能力不是最好，因此将其核心竞争优势定位为产品设计和全球市场销售能力，而将其制造业务进行虚拟，同外部制造商建立了长期的业务关系，并要求其保证产品满足索尼的标准。

第二，与企业研发、技术改造等相关的外部人力资源。与企业研发、技术改造等相关的外部人力资源的专业性和知识性特征更为明显，他们的形成本身就是知识分工的结果。他们主要是在企业研发新产品、新技术的过程中所需要的外部科技专家，主要来自科研机构、其他企业或独立的个体科技专家。

第三，企业整合外部人力资源的形式与技巧。企业整合外部人力资源，是指企业根据自身发展的需要，把企业以外分散的、庞杂的人力资源有机组合在一起，利用他们的智力实现企业的发展。对于不同的企业说来，开发利用外部人力资源的方法不同。企业应从实际出发，实事求是地制定和采用富有特色的有效策略和方式。例如，可以举办专家讲座，邀请"外脑"为企业出谋划策；向咨询机构咨询；与高校、研究机构或其他企业建立知识联盟；与供应商合作，实行业务外包、资源共享、吸收引进等都是可资借鉴的策略和方式。

二、外部运营资源的整合

制造型公司采取的战略可以观察到两个不同且相反的倾向：一是与供应商亲密的关系。如丰田公司所运用的方式，这种供应商关系会涉及相互分享技术和发展的信息，而降低最终产品的成本。这暗示着在许多年中都保持亲密的合作，并且有数量很小的关键供应商，不可避免地，一部分附加值会从制造商转移给供应商，但是这种供应商关系能降低总成本并提升质量。二是与供应商更疏远的关系。这种关系涉及为了获得某一种规格尽可能低的价格与供应商进行敌意的谈判，举例来说，萨伯汽车公司（通用汽车公司部分所有）实际上在决策以前，有两个星期的时间，每天都给它的各个汽车后视镜供应商打两个电话要求更低价格。在这样的情况下，公司与供应商关系非常疏远并获得最低的价格。但是，这种供应商关系不怎么涉及发展过程，并且它不是一个共享理念的过程，对质量提高的贡献被严格限定了。通用汽车公司和德国大众公司采用了这种供应商制度，而后者 1994 年挖走了通用汽车公司的采购主管。

三、外部财务资源的整合

公司除了要对组织内部的财务资源进行分析外，利用好外部财务资源也会对企业的战略实施起到积极的作用，本节就几种简单的融资渠道进行叙述。

第一，未分配利润。未分配利润是利润中被保留下来用于新投资的那部分，它们没有作为股利发放给股东。虽然没有充足的证据，但未分配利润可能是实施组织战略时最为常见的融资渠道。然而，一些大胆进取的新战略（如一次重大的收购行动）可能需要全新的融资渠道。

第二，股票发行。股票发行常常被称为权益资本融资，因为这种方式常常涉及公司的权益或股权。这种融资方式常常通过"行权发行"向公司现有的股东筹集资金，也就是说，将购买新股票的权力按照公司投票权比例分配给现有股东。但这种融资方式的成功无疑取决于公司现有股东对公司前景的态度。另一种方式可能是向一个专业买方（如银行或其他公司）发行大宗股份进行筹资。然而，这类发行常常需要得到现有股东的同意，因为这类发行会稀释后者的股权比例。

第三，贷款。在一些大量、广泛持股的运作方式并不常见的国家，从银行和金融机构贷款是一种主要的融资渠道。在一些国家（如德国和日本）银行持有公司的大量股份，这种现象就更加普遍。顾名思义，这种方式常常被称为贷款融资或债务资本融资。

第四，租赁。在一些国家，当租赁存在着税收优惠并且公司不需要拥有某些资产时，从专业公司租赁是一种重要的融资方式。当新的公司战略要求必须购买某项实物资产时（如一个新的计算机系统），租赁就体现出其局限性和专业性了。本质上讲，租赁就是一个独立公司先购买一项资产，然后再将其出租（或者说租赁）给别的公司。租用该资产的公司则定期支付租赁费用。显然，租赁公司保留了该项资产的所有权。当租用方不按约定支付租赁费用时，租赁公司有权收回该项资产。

第五，减少短期债务。组织可以通过以下途径减少其短期债务：延迟对贷方债权人的支付，支付越迟意味着公司能够占用资金更长的时间用于投资，减少存货。组织的存货周转率（将公司营业额除以存货价值）是度量了公司存货周转效率，在存货上积压更少的资金能够提高公司在其他方面的筹资能力，加快借方的债权回收。

第六，出售资产。出售公司一部分现有资产为其他方面提供更有力的资金支持是 20世纪 90 年代一些公司的主要战略。

第七节　内部因素评价矩阵

对企业内部资源分析进行总结的方法是建立内部因素评价（Internal Factor Evaluation, IFE）。这一战略制定工具总结和评价了企业资源和能力领域的优势与劣势，并为确定和评价这些领域间的关系提供基础。内部因素评价矩阵分析过程，可以按如下五个步骤来建立。

第一，通过企业内部资源分析，确定关键内部因素。一般采用 10～20 个内部因素，包括优势和劣势两方面。首先列出优势，然后列出劣势。要尽可能采用百分数、比率和对比数字。

第二，给每个因素赋予权重。权重的取值范围由 0.0（不重要）～1.0（非常重要），所有因素的权重之和等于 1.0。权重标志着在竞争过程中各因素对于企业成败影响的相对大小。无论关键因素反映的是优势还是劣势，对企业绩效的影响越大，赋予的权重值就应当较大。

第三，为各因素进行评分。1 分代表重要劣势，2 分代表次要劣势，3 分代表次要优势，4 分代表重要优势。优势的评分必须为 3 或 4，劣势的评分必须为 1 或 2。评分以公司为基准，而权重则以行业为基准。

第四，用每个因素的权重乘以它的评分，即得到每个因素的加权分数。

第五，将所有因素的加权分数相加，得到企业的总加权分数。

得到企业的总加权分数之后，就可以对企业内部的总体情况做出判断。根据 IFE 矩阵的取值规定可知，不管矩阵中的关键因素有几个，总加权分数的结果都是 1.0～4.0，平均值为 2.5。如果总加权分数低于 2.5，意味着企业的内部条件状况处于弱势状态，数值越小，状况越弱。反之，如果高于 2.5，说明企业内部状况处于强势状态，数值越大，状况越强。伊利乳业的 IFE 矩阵如表 4-9 所示。

表 4-9　伊利乳业的 IFE 矩阵

	关键内部因素	权重	评分	加权分数
优势	伊利地处中国最大的牛奶输出地：内蒙古，天然地有优质而丰富的奶源	0.15	3	0.45
	以技术为依托的精确管理理念	0.10	2	0.20
	伊利拥有的技术和研发实力均处于一流水平	0.10	3	0.30
	伊利的品牌认知度高，"青青大草原，伊利好牛奶"的品牌理念深入人心	0.10	3	0.30
	全球引进各种高端生产设备	0.05	1	0.05
	获得地方政府的大力扶持	0.10	2	0.20
劣势	人才流失严重，高层管理人员的力量相对较弱	0.15	3	0.45
	营销成本过高，获得超额利润的能力有待提高	0.10	2	0.20
	产品单一，同质化现象严重，易陷入价格战	0.10	2	0.20
	高附加值高端产品所占比重小，与国外先进公司相比，竞争力较弱	0.05	2	0.10
总计		1		2.45

总加权分低于 2.5，表明伊利的内部资源处于劣势状态，还需要加强提升。

当某种因素既构成优势又构成劣势时，该因素将在 IFE 矩阵中出现两次，而且被分别赋予权重和评分。例如，花花公子公司（Playboy EnterPries）的标识语既帮助了该公司，使《花花公子》杂志吸引了读者，又损害了该公司，导致"花花公子"有线电视频道被排除在很多地区的市场之外。

第八节 可持续竞争优势——VRIO 模型

VRIO 分析框架是资源学派学者 Barney 于 1997 年提出的，他认为，组织所拥有的每一项要素可以用以下四个维度来度量：价值（Value）问题、稀缺性（Rarity）问题、可模仿性（Inimitability）问题和组织（Organization）问题，如表 4 – 10 所示。

表 4 – 10　VRIO 分析框架

维度	问题
价值问题	一个企业的资源和能力能够使企业对其所面临的环境和威胁做出反应吗
稀缺性问题	多少个正在竞争中的企业已经拥有了特殊的有价值的资源和能力
可模仿性问题	没有某种资源和能力的企业在获得该项资源时比已经拥有该项资源的企业具有成本劣势吗
组织问题	企业是用于开发和利用其资源和能力并具备充分竞争潜力的组织吗

一、价值

如果某项资源和能力有助于企业开发外部环境中蕴含的机会，化解环境中存在的威胁，那么这项资源和能力便是有价值的，并且可以被视为企业的优势；如果该资源不能满足企业的如上要求，则该资源和能力即为企业的劣势。如何判断资源的价值？一项资源到底能否帮助企业把握外部环境中的机会，以及规避环境中的威胁？对此给出一个准确的判断并非易事。因为我们往往无法根据足够的信息做出这个判断。

如果评价一个企业消防部门对企业的贡献度，在不发生火灾的情况，这几乎是不可能的，但不能因为没有失火，就说这个部门是没有价值的。只能说这类资源是有价值的，但其价值的多少难以判断。评估企业资源和能力的价值可以采用检验使用这些资源和能力给企业的收入和成本带来的影响的方法。总的来说，与没有使用这些资源和能力相比，如果企业使用这些资源和能力来开拓机会或缓解威胁后，其成本降低、效益增加，则可以说这项资源是有价值的；反之，即是缺乏价值的。

二、稀缺性

有价值的资源尽管对企业降低成本或提高收益有显著贡献，但如果一种特定的资源为大量企业所掌握时，这个资源就不大可能成为企业竞争优势的源泉。因此，资源是否处于供应短缺状态，是影响企业竞争优势的另外一个重要条件。需要指出的是，尽管有价值的非稀缺性的普通资源对企业竞争优势的获取起不到基础性作用，但这并不意味着无须关注。只要资源具有价值，即便其非常普通，也能帮助企业解决生存问题，企业在竞争中也能获得均势。例如，考虑将电话作为企业的一种资源，由于几乎所有的企业都使用电话，导致它并不同于稀缺性资源，也不是具有竞争优势的资源；但是，没有电话却可能使企业陷入竞争劣势，从这个意义上讲，电话作为资源对企业竞争均势的获取是有帮助的。

资源稀缺程度达到什么标准才能给企业带来竞争优势呢？这是因不同产业、不同情景而异的。如果一个企业有价值的资源和能力明显不同于目前或潜在的竞争对手时，它们自然能给企业带来竞争优势。但是，行业中如果有一小批未拥有特殊的有价值资源和能力的企业，则它们仍然能获得竞争优势。总体来说，在一个行业中，只要拥有某种有价值资源或能力的企业数量少于该行业所需要企业的数量，那么这种资源或能力就可以看作稀缺的和具有竞争优势的潜在资源。

三、难以模仿性

拥有有价值且稀缺资源的企业通常是战略创新者，这是由于借助这些资源，它们能够设计实施那些不具备此类资源的企业所无法实现的战略，并获得先动优势，其他企业由于缺乏相关资源和能力，对此只能望洋兴叹。

有价值且稀缺的组织资源能否给企业带来持续的竞争优势，关键在于那些不具有此类资源的企业在尝试获得或开发此类资源时是否面临成本劣势。如果其他企业需要付出极大的成本才能取得这些资源，即在资源获取上处于劣势，这些资源就给现有企业创造了取得持续竞争优势的可能。从这个意义上讲，此类资源就是难以模仿的。

四、组织

仅是简单地堆积满足以上三个条件的资源就能确保企业获得持续竞争优势吗？事实上，拥有资源与能否有效利用这些资源是不同的，大量现实中的个案都说明了这一点。如苹果电脑在20世纪80年代初期，曾拥有最先进的家用计算机技术，但由于缺乏有效的组织协调，该技术并没有发挥相应的功效。这说明，如果没有一个好的组织系统来利用有价值、稀缺和难以模仿的资源，那么这些资源也不会给企业带来竞争优势。

企业拥有竞争优势的潜力在于企业资源和能力的价值、稀缺性以及难以模仿性。但是，为了全面了解其潜力，企业必须被组织起来去开发这些资源和能力。这些观点导致了组织问题：企业是否被组织起来，进而全面地开发其资源和能力的竞争潜力呢？

企业的大部分构成与组织问题相关，包括企业的正式沟通渠道，正式和非正式的管理控制系统以及薪酬政策。企业的正式沟通渠道是指组织中谁向谁汇报，通常体现于企业的组织架构图之中。管理控制系统包括一系列正式和非正式的控制机制，以此来明确管理者的行为是否与企业的战略保持一致。正式的管理控制系统包括企业的预算及汇报系统，这使得处于较高组织位置的人能了解、把握处于较低位置的人的行为。非正式的管理控制系统则包括企业的文化及员工间对行为互相监督的意愿。薪酬政策是指企业向员工支付报酬的方法，这些政策有助于在某种程度上激励员工以恰当的行为行事。

【章末案例】　　　　　　光一科技股份有限公司的业务整合

一、公司介绍

光一科技股份有限公司创立于2000年4月，2012年10月9日成功登陆深圳证券交易所创业板市场（股票简称：光一科技，股票代码：300356）。光一科技专注于信息采集技术和全面解决方案的研究与运用，以软件开发和软硬件相结合的终端产品为业务特色，是国内较早从事用电信息采集系统业务的专业公司之一。公司依托东南大学等著名高校的科技、人才优势，经过不懈努力，已发展成为江苏省知名的高新技术企业、江苏省规划布局内的重点软件企业、南京市骨干软件企业和江苏省智能化用电信息采集工程技术研究中心。光一科技始终坚持以信息采集、分析、处理为发展方向，以向电力用户提供智能用电信息采集全面解决方案为业务重点，以软硬件相结合的终端产品带动系统集成及服务为业务特色。

二、公司旗下产业整合

1. 成立股权投资基金，助力快速整合产业资源

2015年1月，光一科技以现金方式出资人民币1000万元设立全资子公司江苏光一贵仁股权投资基金管理有限公司。并由光一贵仁以现金出资500万元与公司控股股东江苏光一投资管理有限责任公司共同成立深圳贵仁创新产业基金合伙企业（有限合伙），借助产业基金扩大机会，为公司搭建股权投资与并购重组的平台，助力公司快速整合产业资源，并购符合公司发展战略的优秀企业，不断提高和巩固公司行业地位，持续提升公司综合竞争力。

2. 3600万元收购两家公司，整合产业链

2015年6月19日，光一科技与江苏德能电气工程有限公司（简称"德能工程"）、江苏德能电力设计咨询有限公司（简称"德能设计"）的股东代表在江苏省南京市签订了《关于江苏德能电气工程有限公司股权转让协议》（简称"德能工程股权转让协议"）、《关于江苏德能电力设计咨询有限公司股权转让协议》（简称"德能设计股权转让协议"）。经交易各方友好协商，公司以自有资金通过受让股权的方式分别以现金700万元收购德能工程100%股权、以现金2900万元收购德能设计100%股权。此次交易完成后，德能设计承诺2015年、2016年、2017年三个会计年度经具有证券业务资格的会计师事务所审计确认的扣除非经常性损益的税后净利润分别不低于700万元、840万元、1008万元。本次成功收购，德能工程、德能设计将作为公司的全资子公司，既可承接工程与设计业务，也可以做总包，最终向直购电业务发展，为用户提供服务及全套解决方案。此次产业链的整合将为公司电力业务向信息系统建设运营拓展打下良好基础。

3. 成立南医大光一智慧健康与医疗研究院，布局智慧医疗细分领域

2015年，光一科技与南京医科大学签署战略合作协议，依托南京医科大学的科研平台、医疗资源，并结合公司的信息技术优势，双方共同组建南医大光一智慧健康与医疗研究院，拟在健康管理、临床医疗大数据、远程医疗、康复医疗、公共卫生及政策研究等智慧医疗细分领域开展全方位合作。

4. 增资中广格兰、九联科技，扩展公司在广电及智能终端行业的业务领域

2015年，光一科技先后与北京中广格兰信息科技有限公司（简称"中广格兰"）、广东九联科技股份有限公司（以下简称"九联科技"）签订增资协议，公司分别以自有资金2142.86万元向中广格兰增资，持有中广格兰30%股权；以自有资金2160万元向九联科技增资，持有九联科技4%股权。通过参股中广格兰、九联科技，借助其各自在广电及视频业务行业内的信息整合能力及影响力，在运营商体系的资源、技术、内容、人才团队等资源优势，进一步布局智慧家庭战略，为公司版权云业务和健康管理业务开拓新的发展渠道。

三、成功经验与特点

光一科技针对三大主营业务，整合行业资源，优化产业结构。

1. 智能电网互联网＋业务板块着力构建完整产业链

2015 年，是光一科技电力业务充满挑战的一年，也是公司结合自身优势在电力行业广泛求索的一年。面对严峻的市场环境，一方面以现有业务为基础，积极追踪电力改革步伐和行业发展趋势，对原有电力业务架构进行调整优化，加大对新技术及产品研发应用的投入；另一方面充分利用资本手段先后并购索瑞电气、德能设计、德能工程，对用电信息采集系统业务链的上、下游进行整合，以实现业务链的延伸和市场扩张，实现"内生式增长"与"外延式发展"的有机融合。

2. 版权云业务抢占行业高地，持续稳步推进

光一科技版权云业务主要以参股公司中云文化大数据为运营主体，由其负责国家数字音像传播服务平台的建设开发。2015 年 10 月 15 日，由国家新闻出版广电总局、贵州省人民政府签署了《关于合作推动中国文化（出版广电）大数据产业项目开发的协议》，明确提出支持中云文化大数据与天擎华媒（北京）科技有限公司共同组织开发"中国数字音像传播服务平台"（即版权云），将该项目纳入 CCDI［中国文化（出版广电）大数据产业项目］总体项目统一规划，统筹开发建设；将 CCDI 项目确定为部省"十三五"合作项目。2015 年"版权云产业园区"确定在贵阳双龙航空港经济区建设，2015 年 12 月，中云文化大数据与经济区管委会签订了项目落地合作协议，中云文化大数据在启动园区建设，与产业相关一系列商业伙伴洽谈合作工作进展顺利，为在 2016 年构建项目产业链，全面建设版权云项目打下了良好的基础。2015 年，公司投资了中广格兰和九联科技，作为国内最权威的广电传媒咨询机构和国内前三的 DVB＋OTT 业务公司，为公司版权云项目及向平台与数据公司转型实现了重要的布局。

3. 健康管理业务致力于产品升级，聚合伙伴共同发展医健产业

公司健康管理业务主要以控股子公司南京云商天下为运营主体。2015 年底，公司基于广电网络（DVB＋OTT）健康管理云平台的项目开发已完成；同时开拓了与通信运营商合作，采用穿戴设备、健康检测设备＋App 的方式覆盖客户，实现对用户生理信息数据的实时采集，构建用户个人健康档案。南京云商天下围绕覆盖于品牌药店周边的社区健康管理业务，抓住连锁药店具有增强用户体验、提高用户黏性的需求契机，定制开发可供社区大众使用的健康管理一体化设备，并于 2015 年 11 月成功中标百信连锁药店健康体检一体机项目的首次招标，打开了新的市场；在产学研合作方面，公司与南京医科大学签署战略合作协议，依托南京医科大学的科研平台、医疗资源，并结合公司的信息技术优势，双方共同组建南医大光一智慧健康与医疗研究院，拟在健康管理、临床医疗大数据、远程医疗、康复医疗、公共卫生及政策研究等智慧医疗细分领域开展全方位合作，布局智慧医疗细分领域。

【问题思考】

1. 为什么企业要进行资源分析？

2. 你如何理解资源基础理论，它有哪些局限性？

3. 简要分析价值链分析模型应用在服务型企业和制造型企业的异同。

4. IFE 矩阵的作用？

【参考文献】

［1］泰康人寿保险公司. 业务手册，2003：5－18.

［2］唐拥军等. 战略管理［M］. 武汉：武汉理工大学出版社，2005.

［3］H. M. Trice, J. M. Beyer. Studying Organizational Cultures Through Rites and Ceremonials［J］. *The Academy of Mangement Review*，1984，9（4）：653－669.

［4］R. Schroeder. Operations Management［M］. New York：McGraw－Hill Book Co.，1981.

［5］麦克尔·A. 希特，比杜安·爱尔兰等. 战略管理——竞争与全球化［M］. 吕巍，译. 北京机械工业出版社，2002.

［6］阿诺尔多·C. 哈克斯等. 战略实践：如何系统制定企业战略［M］. 王德忠，译. 北京：机械工业出版社，2003.

［7］黄旭. 战略管理——思维与要径［M］. 北京：机械工业出版社，2013.

第五章 战略类型

【学习要点】
　　☆总体战略的路径选择。
　　☆总体战略的发展方向。
　　☆总体战略的类型。
　　☆业务层竞争战略。

【章首案例】　　　　　　　　腾讯公司发展战略解析

　　一、企业简介

　　腾讯，1998 年 11 月诞生于中国深圳，是一家以互联网为基础的科技与文化公司。企业使命是"通过互联网服务提升人类生活品质"。腾讯秉承"一切以用户价值为依归"的经营理念，为亿万网民提供优质的互联网综合服务。

　　腾讯的战略目标是"连接一切"，致力于社交平台与数字内容两大核心业务：一方面通过微信与 QQ 等社交平台，实现人与人、服务及设备的智慧连接；另一方面为数以亿计的用户提供优质的新闻、视频、游戏、音乐、文学、动漫、影业等数字内容产品及相关服务。在工业、医疗、零售、教育等各个领域，腾讯为传统行业的数字化转型升级提供"数字接口"和"数字工具箱"。随着"互联网＋"战略实施和数字经济的发展，腾讯通过战略合作与开放平台，与合作伙伴共建数字生态共同体，推进云计算、大数据、人工智能等前沿科技与各行各业的融合发展及创新共赢。多年来，腾讯的开放生态带动社会创业就业人次达数千万，相关创业企业估值已达数千亿元。

　　2018 年 8 月 15 日，腾讯控股有限公司对外发布了截至 2018 年 6 月 30 日未经审核的第二季度及中期业绩，数据显示，2018 年第二季度，腾讯总收入为人民币 736.75 亿元（111.35 亿美元），比上年同期增长 30%；本公司权益持有人应占盈利为人民币 178.67 亿元（27.00 亿美元），比上年同期减少 2%。

　　二、总体战略定位

　　腾讯当前的战略定位是，中国领先的互联网服务和电信及移动增值服务供应商。腾讯实现这一战略定位的主要业务手段是：即时通信工具 QQ、门户网站 QQ.com、网络游戏、Qzone 博客和无线门户等网络平台。

　　这一战略定位无疑是基于当前自身的资源能力优势建立的，充分体现了腾讯的务实专注。另外，中国互联网是目前全球规模最大、潜力最大且最具活力的市场，仍然具备较大挖掘和上升空间，能够在这一市场占据领导地位无疑将为未来的长远发展奠定坚实的基础。腾讯明确提出"连接一切"的战略目标，标志着腾讯互联网多元化发展战略的全面启动。腾讯希望让自己的产品和服务像水和电一样进入网民日常生活，最终围绕QQ这一战略平台构建起完备的互联网生活圈。目前，基于这一战略目标腾讯已完成了业务布局，构建了QQ、腾讯网（QQ.com）、QQ游戏以及拍拍网这四大网络平台，形成中国规模最大的网络社区。其产品包括：门户网站腾讯网（QQ.com）、QQ即时通信工具、QQ邮箱、SOSO搜索、QQ空间（Qzone）、虚拟形象产品QQShow、QQ宠物、QQ休闲游戏、MMOG大型网游、QQ Music/Radio/Live（音乐/电台/电视直播）、手机无线增值业务、C2C电子商务平台——拍拍网等，几乎覆盖了互联网全业务，并成功实现了这些业务与QQ平台的无缝整合。

三、战略选择分析

腾讯的愿景是成为"最受尊敬的互联网企业"，当前主要定位于"中国领先的互联网服务和电信及移动增值服务供应商"，腾讯的目标是要"连接一切"。要想最终实现这一伟大目标并非易事，首先，互联网行业是个完全竞争市场，腾讯一方面要面对新进入者的挑战，另一方面也需要挑战一些已经在自身领域形成规模优势的企业，诸如百度、阿里巴巴等；其次，虽然外部环境和内部资源能力目前对腾讯来说都非常有利，但仍然需要有效整合这些优势才能最终形成强大竞争力。那么腾讯是如何进行战略选择的呢？以下我们将挑选几个腾讯目前最重要的产品和业务战略进行深入分析。

（一）多元化战略

2006年，腾讯正式提出了"为用户提供一站式在线生活服务"的战略目标，这一战略目标的提出，标志着腾讯正式启动其互联网业务多元化发展战略。今天，腾讯已经完成了面向在线生活产业模式的业务布局，构建了QQ、QQ.com、QQ游戏以及拍拍网这四大网络平台，分别形成了规模巨大的网络社区。在满足用户信息传递与知识获取的需求方面，腾讯有QQ.com门户、QQ即时通信工具、QQ邮箱以及SOSO（搜索）；满足用户群体交流和资源共享方面，腾讯推出的个人博客Qzone将与我们访问量极大的论坛、聊天室、QQ群相互协同；在满足用户个性展示和娱乐服务方面，腾讯拥有非常成功的虚拟形象产品QQ Show、QQ Pet（宠物）、QQ Game（游戏）和QQMusic/Radio/Live（音乐/电台/电视直播）等产品，另外对手机用户提供彩铃、彩信等无线增值业务；在满足用户的交易需求方面，专门为腾讯用户所设计开发的C2C电子商务平台拍拍网已经上线，并和整个社区平台无缝整合。现在腾讯已形成了即时通信业务、网络媒体、无线和固网增值业务、互动娱乐业务、互联网增值业务、电子商务和广告业务七大业务体系，并初步形成了"一站式"在线生活的战略布局。

（二）追随者战略

有人说腾讯的发展史就是一部模仿（抄袭）史，比如QQ模仿ICQ、TM模仿MSN、QQ游戏大厅模仿联众、腾讯拍拍模仿淘宝、SOSO模仿百度、超级旋风模仿迅雷、滔滔模仿Twitter……但奇怪的是，作为后来者的腾讯总是能够后发制人迅速超越对手，甚至已经建立强大用户影响的成功产品也能被腾讯迅速超越并最终击败。比如QQ邮箱、QQ播放器就是最好的证明，多年来始终占据中国邮箱市场第一的163邮箱在腾讯发力邮箱一年后被迅速超越，而一度形成视频播放器垄断地位的暴风影音在QQ影音推出后不到半年同样被超越。为什么在创新为主的互联网行业，腾讯要背道而驰做一个模仿者、追随者呢？为什么腾讯总能神奇地后发制人，击败竞争对手建立优势呢？通过对腾讯的深入分析，我们认为，腾讯之所以敢于选择这一战略并取得成功，仍然是基于其强大的核心竞争力。当前互联网媒体发展的关键是拥有强大的平台、用户基础（流量）和用户的黏性程度，而腾讯显然具备这些优势，且相对其竞争对手来说具有绝对优势。

（三）国际化战略

随着移动互联网的快速增长，很多内地企业希望通过"走出去"实现新一轮增长。但如何承载越来越多的业务需求，保证远程网络操控的可靠性是亟待解决的问题。

腾讯在2015年公布，未来五年将每年投入20亿元，用于腾讯云的基础设施建设和运营。腾讯云服务于2013年9月对外开放，最初的服务对象是围绕腾讯生态的游戏公司，腾讯云搭建了涵盖手游行业整个生命周期的服务。国内很多游戏公司对外迅速扩张过程中，用户和数据量会猛增，迭代速度加快，他们很需要安全可靠的云服务在全球做支撑。

2015年，腾讯云北美数据中心相继开放，将向全球输出其海量互联网服务能力，为中国企业进军海外市场提供云服务。这也是腾讯云全球化布局的重要一步。

资料来源：笔者根据多方资料整理而成。

第一节　总体战略的选择维度：收益与风险

在进行公司外部环境分析、内部资源分析、战略目标分析后，应该着手确定公司的战略路径。其中首先要做的就是选取一个合适的维度。公司总体战略的选择维度是指公司拟定战略时的考虑范围和选择对象，一般包括收益和风险两方面。要适应瞬息万变的外部市场环境，取得持续性的竞争优势，企业就必须把重点放到制定公司总体战略上来，而传统的成本管理却经常把眼光局限在单纯降低成本上。不可否认，在成本管理中，节约作为一种手段是不容置疑的；但事实上在企业采用不同的竞争战略的情况下，以保证企业产品的差异化（如售后服务）为重点的同时，适当提高成本，同样能达到取得竞争优势的目的。

选择好公司总体战略具有良好的收益性。公司在既定的战略经营领域内，依据已有资源，综合考虑公司的收益。收益不仅包括利润，还包括品牌形象、公司文化、市场占有率、消费者认可度以及发展潜力等。只有能获得足够的收益，公司才有动力实施一项战略；企业经营战略是决定企业经营活动成败的关键性因素，是企业实现自己的理性目标的前提条件，是企业长久高效发展的重要基础，是企业充满活力的有效保证，是企业及其所有企业员工的行动纲领。

但是，公司也应认清特定战略的风险。收益往往会伴随着风险，如产品风险、资金风险、研发风险、市场风险和商誉风险等。风险并不可怕，可怕的是没有提前应对风险。公司若能提前感知风险并进行预防，便可将损失降至最低。战略选择的风险主要分为以下几种，在本章各节中会详细分析介绍产品风险、资金风险、研发风险、市场风险、商誉风险。

企业当出现严重的产品或流程失误时，运营风险就转变为战略风险；如果是对实施战略有重要影响的财务价值、知识产权或者是资产的自然条件发生退化，资产损伤就变成一种战略风险；产品或服务与众不同能力受损伤的竞争环境的变化，竞争风险就会变成战略风险。商誉风险是上述三个方面的综合结果，当整个企业失去重要关系方的信心而使价值减少时，就产生了商誉风险。

战略选择的收益与风险如图5-1所示。

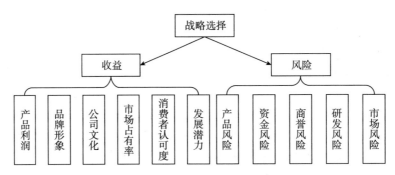

图5-1　战略选择的收益与风险

总体来说，收益和风险是共同存在的，要正确处理好两者的关系。在确保收益的同时最大限度地规避风险，公司才能立于不败之地。好的事前选择是成功的一半，当公司能够确保收益并能规避风险时，就完成了总体战略的选择维度，也就走完了成功路上的第一步，接下来要做的是选择具体的公司战略。

第二节　总体战略的路径选择

一、市场渗透

市场渗透是指企业以现有的产品在现有的市场范围内，通过一系列的营销努力，谋求产品或服务在现有市场上份额的大幅提升，进而扩大产销量及生产经营规模，实现本产品达到较高的市场占有率的目的。市场渗透包括增加销售人员、增加广告投入、进行产品升级换代、推出强有力促销活动等具体措施。市场渗透战略是一种立足于现有产品，充分开发其市场潜力的企业发展战略，又称为企业最基本的发展战略。由于市场渗透战略是由现有产品和现有市场组合而形成的，所以企业战略管理人员应当系统地考虑市场、产品及营销组合的策略，以达到促进市场渗透的目的。

市场渗透应当遵循以下五准则：第一，当企业的特定产品在当前市场中未达到饱和状态时，市场渗透战略才有潜力。第二，现有消费者对产品的使用率还可以显著提高时，企业可通过市场营销进一步提高市场占有率。第三，整个行业蓬勃发展，而主要竞争对手销售不景气时应加大市场渗透力度。第四，企业营销力度应与该产品或服务的销售额呈高度正相关，即随着企业营销力度的增加，其销售呈明显上升趋势。第五，企业通过市场渗透战略取得市场份额的增加，使企业达到销售规模的增加，这种规模能够给企业带来显著的市场优势时，渗透战略才是有效的，否则这种战略就是失败的。

市场渗透战略通过充分开发现有的产品市场，从而促进企业的发展。在产品市场组合生命周期的不同阶段，市场渗透战略的灵活运用都具有重要意义：第一，当产品在市场上处于引入期和成长期时，很多消费者对产品一无所知或者稍有了解但尚不全面，这些消费者由于对新产品的信息了解不充分，对该产品持怀疑或观望的态度。在这一阶段实行市场渗透战略，企业可以通过有效的信息传播，吸引那些尚未使用此类产品的顾客，消除其顾虑，将其转化为企业的现实顾客。第二，市场进入成熟期后，企业间的相对竞争地位基本稳定下来，市场总容量趋于饱和。但是优秀的企业仍然可以借助于市场渗透战略来扩大销售量与市场份额，进一步增强竞争地位，促使"现金牛"进一步肥壮，并延缓其衰老。

虽说市场渗透战略对企业意义重大，但仍存在一定的战略风险：顾客兴趣的改变可能会导致企业现有市场需求的枯竭；一项大的技术突破甚至可能会使企业现有产品迅速变成一堆废物；企业如果在现有业务上投入过多的资源与注意力，可能会错过更好的发展机会；除非企业在现有业务上处于绝对优势地位，否则会面对很多竞争对手。尽管有这些风险的存在，但不能因此而湮灭市场渗透战略的价值。因为顾客的兴趣毕竟不会转眼间变得面目全非；技术突破也不会在一夜间实现；在任何情况下企业投资的机会成本总会存在；竞争在现代市场上更是无处不在。更因为企业现有业务是企业成长的出发点，是企业目前唯一的资金来源，是企业进行市场开发、产品开发或多元化运营的基础，进一步开拓并维护好企业的现有业务、进行市场渗透不容置疑。

二、市场开发

市场开发是指在现有产品的基础上开发出新的隔离市场，突破进入而使该产品被接受。其中，隔离市场分为消费者隔离市场和区域隔离市场。消费者隔离市场是指某种产品只受特定消费群体青睐，对于其他消费群体则无效用或效用较小；区域隔离市场是指某种产品只在某一区域有影响力，一旦远离该区域，则此产品鲜为人知。通过市场开发，突破以上两种隔离市场，企业的产品或服务便会有大量增长，实现质的飞跃。与隔离市场相对应，实行市场开发战略主要有以下两种途径：

第一，在消费者隔离市场寻找现有产品的潜在用户。要在已有市场寻找潜在用户，激发其购买欲望，扩大市场的占有率。比如我国汽车行业，进入21世纪后，越来越多的人开始购买私家车，但是当时汽车仍为奢侈品。从2006年开始，中国汽车普及进入加速期，原因之一在于各汽车厂商实施低价策略，生产普通家庭可以承受的中低端汽车，大量发掘潜在用户。从2009年开始，中国私家车进入普及加速期。到2013年上半年，中国私家车保有量超过一亿辆，中国的汽车普及率达到7%~8%，得益于巨大的人口基数，我国具有相当大的潜在用户，目前三四线城市及中西部欠发达地区汽车市场正在持续高速增长。可以说，谁能赢得上述地区的车市，谁就能赢得中国未来的车市。

第二，在区域隔离市场增加销售渠道（见图5-2）。开发新的区域市场，将本企业现有产品打入竞争对手的产品市场，最有效的方法就是增加销售渠道。如苏宁电器目前有1700家连锁店，虽说覆盖全国，但是很多小城市及农村没有实体店。针对此情况，苏宁电器第四代电子商务平台——苏宁易购于2010年2月1日正式上线。作为零售行业的网上延伸，苏宁易购成功的核心优势依旧是产品、物流和服务。通过增加了网络销售渠道，苏宁易购当前覆盖全国90%以上的城市和地区，苏宁易购作为电子商务模式，用电子数据高速、快捷的物流配送搭建商业交易平台，让市场无疆界，便利顾客对比选择购物，直面客户，进而有效占有市场。

图 5-2　区域市场开发的总体思路

专栏 5-1　　　　　　　　　　**怡宝矿泉水的市场开发**

华润怡宝饮料（中国）有限公司（下面简称"华润怡宝"）隶属华润集团旗下华润创业有限公司，总部位于深圳市高新技术产业园区（北区）。1990 年，华润怡宝在国内率先推出纯净水，是国内最早专业化生产包装饮用水的企业之一，主营"怡寶"牌系列包装饮用水。

"品牌基石，责任为先"，一直以来，华润怡宝深入细致地发掘市场增长潜力，旗下拥有自有品牌"怡寶""加林山""魔力"及日方授权的"午后奶茶""火咖"系列等多个著名品牌；产品品类包括纯净水、矿泉水、奶茶、咖啡、功能性饮料等，现售 SKU14 个。华润怡宝致力于为消费者提供多元化的选择及高品质的产品。

一、专注做水、渠道深耕

2004 年，公司在经历了新品上市失败的挫折之后，有了"战略"：①明确定位，专注做水，做全国专业化的水公司，并尽快扩大自身规模，增强实力；②伺机收购有一定规模和渠道的地方性优质品牌，如健力宝等（当时怡宝刚刚在广东起步，而健力宝已经是全国的知名品牌了，所以才有了"蛇吞象"这一传说）。

此后的数年间，怡宝也确实扎根华南，踏踏实实地做着"水"的事业。从品质着手，独创了怡宝自己的 SPM 质量管理体系：S——供应商、P——生产、M——市场，即贯穿整个供应链的全过程质量管理体系。这也成为怡宝"值得信赖"的独门秘籍。对品质的坚守和对渠道的深耕，使怡宝成为广东第一水品牌。2007 年，怡宝销量突破百万吨，进入国内饮用水行业的第一阵营，成为"百万吨俱乐部"成员。

在有了一定的基础后，怡宝以华南市场占有率第一的市场表现，启动了"走出广东计划"，制定了"西进、东扩、北伐"的全国性发展战略。最终在全国形成了 15 个"根据地"，年销售额突破 10 亿元，达到 13 亿元。

二、全员铺市、持续巷战

2010 年，围绕百亿梦想怡宝制定了战略规划："跑赢大市""从区域走向全国""从单品到多品"三个战略目标；提出了让怡宝"爆发式增长"的强劲口号，让感召力、激情充满整个团队，让"百亿梦想"成为整个怡宝人追求的目标，成为每个怡宝人筑梦的战场。

回顾当年走出广东初期，怡宝虽然拥有华南市场龙头的名望，但是在全国渠道拓展的过程中还是受到了包括消费者认知度低、竞品打压等市场环境的影响。面对同行的嘲讽，怡宝人没有气馁，凭借一股不服输的狠劲，怡宝创造了作为瓶装水行业甚至整个快消品行业空前的"全员铺市"——持续巷战，上门帮客户盘货理货、当搬运工、当服务员，将海报从街头贴到巷尾；为争一个海报位，与竞品打个头破血流……

三、创新激战市场

怡宝人在激战市场上不断创新：怡宝通过"马拉松""戈12重返玄奘之路"赞助进行体验式服务营销、举办"怡宝球迷狂欢节""怡起回家"等活动，不断将品牌服务拟人化……怡宝人坚信，所有"关注人"的行动，最终都将引起"人的关注"，从而让品牌形象更深入人心、让消费者黏性更高、让业绩更上一层楼。

（资料来源：笔者根据多方资料整理而成。）

三、产品开发

产品开发是指企业通过改进现有产品或服务，从而扩大市场占有率和增加销售额。产品开发通常需要企业具有很强的研发能力。产品开发的方法可以分为发明、组合、减除、技术革新、商业模式创新或改革等方法。例如，计算机的发明、汽车设计的更新换代、饮食方式的创新、电子商务推动人们消费习惯的改变等。实施产品开发战略一般有两种途径：

第一，创造性研制新产品。创造性研制新产品是指企业在现有市场上开发出其他企业从未生产销售过的新产品，当某企业创造性地研制出新产品时，其便会率先占领市场，抢得先机，并且凭借先发优势积累资源，实现价值创新。企业摒弃原有的产品理念，突破了原有产品的范围。

第二，改良原有产品。改良原有产品是指企业根据消费者反馈，凭借新技术的应用，推出新一代的产品，新产品比旧产品拥有更加合理的设计，更符合消费者的使用习惯，所以更受消费者欢迎。企业基本沿用过去的思路进行产品改良，没有突破原有产品的范围。

产品开发应选择那些能够顺应并且满足客户需求的产品样式，同时又能够使设计并开发出的产品能够为企业带来收益和利润，使企业一直保持市场的竞争优势。产品开发应围绕以下五点展开：可持续发展、产品创新、产品体验、本土设计和主题凝练（见图5-3）。简单来说，产品开发要以可持续发展为出发点，把产品创新作为根本手段，目的在于提高休闲体验，并且根植于本土设计，最后要进行主题凝练，完成产品开发。为此，企业进行有效的产品开发应考虑以下几个因素：

第一，产品的市场潜力。产品市场潜力是指在给定的条件下，在一段指定的时间内，能够合理地取得的最大销售额。它意味着所有产品都得到了充分的分销、做了大量的广告和促销并且吸引了所有可能购买该产品的顾客情况下，该产品的可能销售额。

第二，产品的盈利性。盈利能力的高低决定着企业流动性的强弱和抵御风险的能力。盈利是企业承担风险的主要保证，当企业资产发生损失时，首先要用积累起来的收益来弥补。在收益不能抵偿亏损时，就会使资本发生损失。

图 5 – 3　产品开发的总体思路

第三，经销能力、销售渠道、市场的服务能力。开发出来的产品必须同时具有良好的销售渠道，并能提供优质的售后服务，只有这样才能把产品转变为销售。

第四，市场的容量、设计并开发出的产品能否具有竞争优势。当某产品具有竞争优势时，设计该产品才能算成功，而要想使该产品具有较高的市场占有率，必须使其符合大众需求，拓展市场容量。

专栏 5 – 2　　　　　　淘宝商城到天猫商城的产品开发

2012 年 1 月 11 日 11 时 11 分，阿里巴巴集团宣布，旗下 B2C 购物平台"淘宝商城"正式更名为"天猫商城"，寓意时尚、性感、潮流及品质。淘宝商城此番改名，被认为是将商城品牌进一步清晰化的重大举动。

2011 年 6 月，淘宝商城作为独立品牌去发展；11 月，宣布域名独立发展；2012 年 1 月，推出新的中文品牌"天猫"。对于商城改名，阿里巴巴官方解释说，天猫在谐音之外，也表达出阿里 B2C 业务新的关键词：性感和时尚，也寓意对购物品质、品位和环境的挑剔。

淘宝商城的 B2C 业务和淘宝网的 C2C 平台确实存在本质上的差别，B2C 是英文 Business – to – Customer（商家对顾客）的缩写，即通常所说的商业零售，直接面向消费者销售产品和服务。C2C 是 Customer – to – Customer（顾客对顾客）的缩写，是个人与个人之间的电子商务。

商城改名最终目的就在于产品升级。众所周知，淘宝网是低端电子商业零售平台，其中假货泛滥，纠纷不断。在淘宝商城中，B2C 店铺是以公司的形式注册的，也就是说，没有注册公司就不可能开店，所以其质量较有保证；在淘宝商城开店的店主，每卖一件东西都必须向淘宝支付佣金，非商城店铺就不需要，所以淘宝网是力推商城卖家的产品的。可以说淘宝网与淘宝商城原始定位便大不相同。但是，受影响于淘宝网，很多人认为淘宝商城所售商品质量也无法保障，为此淘宝商城丧失了大量客源。

为了摆脱淘宝网低价及假货泛滥的形象，"天猫商城"去淘宝化启用独立品牌摆脱淘宝网低端形象也是必要之举，通过更名，营造出"高端大气上档次"的品牌形象，更凸显商城的价值和品牌，用户也会相应地区分开。

猫是性感而有品位的，天猫网购，代表的就是时尚、性感、潮流和品质；猫天生挑剔，挑剔品质，挑剔品牌，挑剔环境，这恰好就是天猫网购要全力打造的品质之城。"天猫的目标是打造代表时尚、潮流、品质、性感的网购第一品牌，成为网购世界的第五大街、香榭丽舍大道。"阿里巴巴集团首席市场官（CMO）王帅这样宣布。我们相信通过此次产品开发，"天猫商城"一定会焕发出第二春。

（资料来源：笔者根据多方资料整理而成。）

第三节 扩张型战略

扩张型战略又称增长型战略，它是企业最常用的战略。扩张型战略是一种使企业在现有的战略水平上向更高一级目标发展的战略。它以发展作为自己的核心导向，引导企业不断开发新产品、开拓新市场，采用新的管理方式和生产方式，扩大企业的产销规模，增强其竞争实力。

扩张型战略包括专业化战略、多元化战略、一体化战略。

一、专业化战略

专业化战略是企业在产品和业务方面保持单一，集中其全部资源用于自己最具优势或者企业最看好的某些产品和业务上，力求将其做大、做强；基本不拓展新的领域，企业发展以原有产品市场为基础，目的在于以快于过去的增长速度来增加现有产品和业务的销售额、利润额或市场占有率，巩固并提高已有竞争优势，即所谓的专业化。专业化战略的优势是经营目标集中，容易实现生产专业化，有利于增强竞争实力，实现规模经济效益。但这种战略也存在一定风险，最主要的就是完全被产业兴衰左右，当本产业由于需求变化等原因出现衰退时，集中经营的企业必然受到相当大的冲击；另外，市场容量的限制也对实施专业化战略的企业造成一定束缚，任何商品的市场容量都是有限的，当市场日趋饱和时，此类企业的增长速度肯定会放慢，这会影响企业的长期稳定发展。这时，如果发现了新的商机，专业化企业就会向多元化经营的战略方向转移。

二、多元化战略

多元化战略又称多角化或多样化战略，是指企业同时经营两种以上基本经济用途不同的产品或服务的一种发展战略。多元化战略是相对企业专业化经营而言的，其内容包括：产品的多元化、市场的多元化、投资区域的多元化和资本的多元化。产品的多元化，是指企业新生产的产品跨越了并不一定相关的多种行业，且生产多为系列化的产品；市场的多元化，是指企业的产品在多个市场，包括国内市场和国际区域市场，甚至全球市场；投资区域的多元化，是指企业的投资不仅集中在一个区域，而且分散在多个区域甚至世界各国；资本的多元化，是指企业资本来源及构成的多种形式，包括有形资本和无形资本诸如证券、股票、知识产权、商标和企业声誉等。

一般意义上的多元化经营，多是指产品生产的多元化。多元化与产品差异是不同的概念。所谓产品差异是指同一市场的细分化，但在本质上是同一产品。多元化经营则是同一企业的产品进入了异质市场，是增加新产品的种类和进入新市场两者同时发生的。所以多元化经营是属于经营战略中的产品—市场战略范畴，而产品差异属于同一产品的细分化。社会经济的不断发展，引起市场需求和企业经营结构的变化。企业为了更多地占领市场和开拓新市场，或避免单一经营的风险，往往会选择进入其他相关领域，这一战略就是多元化战略。多元化战略的类型也是不同的，需要企业审时度势选择适合的多元化战略类型来应对自己的发展需求，企业多元化战略的类型种类有以下几类（见图5-4）：

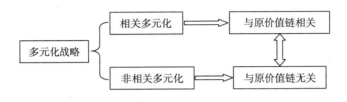

图5-4 多元化战略分类

1. 相关多元化战略

相关多元化战略是指企业新发展的产品或业务与原价值链具有战略相关关系，它们在技术、制造工艺、销售渠道、售后服务等方面具有相同或相似的特点，开发有价值的"战略匹配关系"的新业务。

专栏 5 - 3　　　　　　　　　**小米的相关多元化**

　　小米公司正式成立于2010年4月，是一家专注于高端智能手机、互联网电视以及智能家居生态链建设的创新型科技企业。"让每个人都能享受科技的乐趣"是小米公司的愿景。小米公司应用了互联网开发模式开发产品，用极客精神做产品，用互联网模式干掉中间环节，致力于让全球每个人，都能享用来自中国的优质科技产品。小米公司自创办以来，保持了令世界惊讶的增长速度，小米公司在2015年全年手机销量超过7000万台，小米已经成为一个全球性品牌。2016年3月29日，小米公司对小米生态链进行战略升级，推出全新品牌——MIJIA，中文名为"米家"。米家品牌名称取自小米智能家庭当中的"米"和"家"字，理念是"做生活中的艺术品"。小米生态链建设将秉承开放、不排他、非独家的合作策略，和业界合作伙伴一起推动智能生态链建设。

　　从2012年年末开始，诸多厂商的Android手机的性价比都有了很大的提升，手机行业早已被认为是"一片红海"，此时的小米科技的主营产品仍旧是手机。智能手机更新换代频繁，生产更加扁平化。仅凭"高配置、低价格"，在同样的价格层，小米科技的掌控地位遭受严峻挑战。此时，小米科技的相关多元化战略开始成形。2013年，小米MIUI V5版本公测小米盒子和小米手机同步销售。小米科技又陆续开卖高清互联网电视盒小米盒子，同时新品活塞耳机开放预约。关键的一步棋，小米利用自身在高配低价的产品生产设计优势，以新产品红米手机杀入千元智能手机市场。企业的主营业务

的盈利是企业扩展壮大的基石，9 月，小米科技在国家会议中心发布了世界顶级四核手机小米手机 3，同时再次推出新品互联网电视——超窄边智能电视小米电视机。毋庸置疑，小米科技的主营产品是手机及其附属的增值服务：第一代产品和第二代产品主要拼性价比和服务，在取得极大成功后，小米又顺势推出配件小米耳机。

2014 年，小米联合中国电信推出红米手机，主营产品小米 3 电信版也同时发售。3 月，小米顺势推出红米 Note 手机。4 月，小米科技启用新的域名 mi. com。从小米发布二代产品起我们就隐约可以感觉到，小米已经开始了新的多元化发展路线：那就是建立围绕小米的生态系统。依赖可以依靠手机件、MIUI 操作系统，能够与小米手机相连互联网产品的小米盒子和小米电视，再加上诸多应用软件服务所组合成新的"铁人三项"，小米科技形成全体验式的综合优势。

（资料来源：笔者根据多方资料整理而成。）

2. 非相关多元化战略

非相关多元化战略又称离心多元化战略，它是指企业新发展的业务与原有业务之间没有明显的战略适应性，所增加的产品是新产品，服务领域也是新市场。企业采用该战略的主要目的是从财务上考虑平衡现金流或者获取新的利润增长点。这种战略通常适用于规模庞大、资金雄厚、市场开拓能力强的大型企业。

企业选择多元化经营战略的原因可以归结为两点，即分散风险和提高投资收益率：第一，分散风险。由于市场需求的不确定性，企业经营单一产品或服务便会面临很大的风险。商业循环的起伏、市场行情的变化、竞争局势的演变，都直接影响企业的生存和发展。企业可以避免单一经营的风险，多元化经营通过"把鸡蛋放在不同的篮子里"去化解经营风险。例如，某企业的生产经营活动仅限于一类产品或集中于某个行业，则风险性大。所以，一些企业采用了多元化经营。如生产耐用消费品的企业兼营收益较稳定的食品加工业，以分散风险、增强适应外部环境的应变能力。第二，提高投资收益率。企业经营的根本目的在于盈利，多元化经营有利于企业进行战略转移，提高收益率。由于新技术革命的影响，陆续产生了一些高技术新兴产业。企业实行多元化经营，一是在原基础上向新兴产业扩展，可减轻原市场的竞争压力；二是可逐步从增长较慢、收益率低的行业向收益率高的行业转；三是通过多元化经营，扩展服务项目，往往可以达到促进原业务发展的作用。

专栏 5-4　　　　　　　娃哈哈的多元化选择

连续四年业绩下滑的娃哈哈，为了扭转颓势又有新动作。2018 年 6 月 1 日，娃哈哈对外宣布开始进军大健康产业，不仅要开设 1000 家功能食品馆，还要开发保健型食品。2018 年娃哈哈集团加速创新，利用中医食疗开发健康食品，以满足消费者饮食需求向保健、养生方向的转变。同时，娃哈哈进军社交零售，并提出用互联网粉丝经济，来连接实体经济和人，让消费者变成"代理＋代言"的联营者。

"娃哈哈天眼晶睛"发酵乳成了娃哈哈豪赌新概念的试水产品。娃哈哈相关负责人称，新品依托IP互动和粉丝经济做社交零售，摒弃了娃哈哈传统的线下代理渠道。

早在2017年底，宗庆后就曾经表示要回归娃哈哈起家产品，发展科技含量高、附加值高的健康型产品。娃哈哈找来了合作伙伴中南控股集团。该集团子公司表示，一年内在全国建立1000家娃哈哈功能食品馆、200家娃哈哈创客中心，并扶持50万个家庭创业。首家娃哈哈功能食品馆已经落户南京，预计今年在全国200多个城市开馆。在大健康领域，近期娃哈哈还针对中老年人推出了具有辅助降血脂功能的保健型"轻之"八宝粥，宣称具有食疗功能。

娃哈哈也意识到了依靠几个单品，难以实现企业的可持续增长，尝试多元化发展以分散风险，曾先后尝试过童装、投资150亿元发展白酒、高调进军婴幼儿奶粉"爱迪生"、投资商业地产项目娃欧商场，但这些项目发展均不理想。

以童装为例，宗庆后2002年曾扬言："娃哈哈童装三个月内组建2000家加盟连锁店，年销售额突破十亿元。"但截至2012年，娃哈哈童装公开销售额只有两亿元；娃哈哈白酒业务也曾传出"摊派冲销量"的消息；爱迪生奶粉2010年在AC尼尔森的榜单中显示，只占到0.5%的市场份额；娃欧商场目标曾是"五年内做到商业公司上市"，但至今也只维持在一家的规模。主业颓势、多元化折戟，究其原因有外部市场的变化，也有内部管理症结。娃哈哈创新不足，没能迎合当前消费主力人群的需求，更深层次的原因是源于宗庆后"独断"的管理模式，没能建立完整的人才梯队，并且市场维度过度依赖传统的销售渠道。

（资料来源：笔者根据多方资料整理而成。）

三、一体化战略

1. 横向一体化

横向一体化战略又称为水平一体化战略，是指通过与同行业企业进行联合，包括合并、收购、接管和结成战略联盟等方式来扩大生产经营规模，充分利用规模经济的一种成长战略。横向一体化的实质是资本在同一产业和部门内的集中，目的是实现扩大规模、降低产品成本、巩固市场地位。

横向一体化战略在许多行业均有应用，比如房地产行业、家电行业、汽车行业。采用横向一体化战略，企业可以有效地实现规模经济，快速获得互补性的资源和能力。此外，通过收购或合作的方式，企业可以有效地建立与客户之间的固定关系，遏制竞争对手的扩张意图，维持自身的竞争地位和竞争优势。不过，横向一体化战略也存在一定的风险，如过度扩张所产生的巨大生产能力对市场需求规模和企业销售能力都提出了较高的要求。同时，在某些横向一体化战略如合作战略中，还存在技术扩散的风险。此外，组织上的障碍也是横向一体化战略所面临的风险之一，如"大企业病"、并购中存在的文化不融合现象等。

企业在制定战略时应把握机会剔除风险，在实施横向一体化战略时，也应把握一定的适用条件：企业所在行业竞争较为激烈；企业所在行业规模经济较为显著；企业的横向一体化符合反垄断法的规定，并能在局部取得一定的垄断地位；企业所在产业增长潜力较大；企业具备横向一体化所需要的资金、人力资源等。

专栏 5 - 5　　　　优酷土豆合并，开创中国网络视频新纪元

2012 年 3 月 12 日，优酷股份有限公司和土豆股份有限公司共同宣布双方于 2012 年 3 月 11 日签订最终协议，优酷和土豆将以 100% 换股的方式合并。合并后的新公司将命名为优酷土豆股份有限公司。

优酷创始人、董事长兼 CEO 古永锵指出："我们将开创中国网络视频新纪元。优酷土豆将拥有最庞大的用户群体、最多元化的视频内容、最成熟的视频技术平台和最强大的收入转换能力，并将带给用户最高质量的视频体验。"

土豆创始人、董事长兼 CEO 王微表示："优酷和土豆对中国视频行业的发展前景，以及如何为用户提供最佳的视频体验，已经建立了共同的愿景。这次合并将进一步强化我们的行业领先地位。土豆可为新公司带来家喻户晓的品牌、诸多正版影视和用户生成内容、庞大的用户群体，以及移动视频领域的广泛伙伴关系和专业经验。我们相信，优酷土豆可以为广大用户带来最佳的视频浏览、上传和分享体验。我们将与我们的广告商、内容供应商和行业伙伴共同成长。"

"战略合并完成后，土豆将保留其品牌和平台的独立性，帮助加强和完善优酷土豆的视频业务。优酷土豆将会推动中国视频行业的良性发展，对行业结构和经济回报的提升做出积极贡献。"古永锵强调，"本次合作会产生多方面协同效应，将正版视频内容带给更广泛的用户群体，形成更有效的带宽基础设施管理等。"

在并购之前，优酷和土豆的资金压力都非常大。根据易观国际的统计数据显示，2011 年第四季度，中国视频市场份额分布中，优酷位列第一，占据 21.8%；土豆位列第二，占据 13.7%。两家网站之前在广告业务、版权购买、用户吸纳诸方面有着激烈的竞争。此次优酷、土豆合并是两家公司考虑现状的决定。合并之前，优酷的资金相对宽裕，土豆的资金相对紧缩。合并之后，土豆在解决资金燃眉之急的同时，优酷也可以扩大自己的市场规模。就日常经营而言，两家并为一家，不会再在广告招商中互相拆台、恶性竞争，而是可以站在同一战壕里与客户谈条件；也不会再在版权竞价中你死我活、哄抬物价，而是可以通过规模优势来讨价还价，并且花一分钱就解决两家的版权问题。如此一来，新的优酷土豆公司将在开源和节流两方面都有作为，财务报表自会有所改善。

（资料来源：笔者根据多方资料整理而成。）

---

2. 纵向一体化

纵向一体化战略也称为垂直一体化战略，是指企业在业务链上沿着前后两个可能的方向，延伸、扩展企业已有经营业务的一种成长战略。纵向一体化战略分为前向一体化战略和后向一体化战略（见图 5 - 5）。

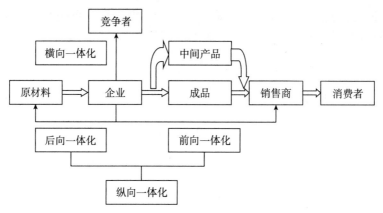

图 5 - 5 横向一体化与纵向一体化的运作

第一，前向一体化战略是企业自行对本公司产品做进一步深加工，或者资源进行综合利用，或公司建立自己的销售组织来销售本公司的产品或服务。如钢铁企业自己轧制各种型材，并将型材制成各种不同的最终产品即属于前向一体化。

第二，后向一体化则是企业自己供应生产现有产品或服务所需要的全部或部分原材料或半成品，如钢铁公司自己拥有矿山和炼焦设施；纺织厂自己纺纱、洗纱等。

纵向一体化的目的：是为加强核心企业对原材料供应、产品制造、分销和销售全过程的控制，使企业能在市场竞争中掌握主动，从而达到增加各个业务活动阶段的利润。纵向一体化是企业经常选择的战略体系，但是任何战略都不可避免存在风险和不足，纵向一体化的初衷，是希望建立强大的规模生产能力来获得更高的回报，并通过面向销售终端的方略获得来自市场各种信息的直接反馈，从而促进不断改进产品和降低成本，来取得竞争优势的一种方法。

纵向一体化是一种典型的价值链体系，在这种体系下产生出了完整的价值传递过程，作为企业的战略制定者可以不断向纵深渗透，例如伊利奶业已经向后进入了奶源基地的建设，奥康和美特斯邦威已经向前进入了专卖店建设。

专栏 5 - 6   *江西铜业的产业链延伸*

江西铜业集团有限公司成立于 1979 年，肩负国家赋予的"摆脱我国铜工业落后面貌，振兴中国铜工业"的光荣使命。40 年来，受益于国家经济持续增长，亦有赖于自身的专业与专注，已成为中国大型阴极铜生产商及品种齐全的铜加工产品供应商。旗下江西铜业股份有限公司先后于 1997 年和 2001 年分别在香港、上海完成 H 股和 A 股上市。2008 年江铜集团实现整体上市。

一、进军供应链领域，加强产贸融协同

2017 年 6 月 21 日，江铜供应链管理有限公司暨江铜有色金属分拨基地项目在上海洋山港正式开业，对江铜进一步发挥产业链上下游协同效应，强化整体风险管控和完善价值链具有非常关键的作用。

近年来，国际形势错综复杂，有色行业整体低迷，大宗商品价格持续波动，促使有色金属行业必须进行产业延伸；同时，大宗商品行业的物流成本始终居高不下。鉴于这种形势，江铜将物流确定为十大重点业务板块之一，积极拓展物流产业链。此次在上海开业的江铜供应链管理有限公司暨江铜有色金属分拨基地项目，将大大提升物流板块的运营空间。

江铜供应链公司以成为中国大宗商品世界的优秀物流金融服务方为目标，由江铜国际贸易有限公司全资设立。公司承担了为江铜和大宗商品市场提供低风险和高效率解决方案的使命，努力提高物流效率，保障贸易货物安全和有效降低物流成本。经营范围包括：供应链管理、货运代理、仓储、物流管理咨询。江铜有色金属分拨基地项目2014年开工，占地102280平方米，总投资预计4.3亿元。

江铜供应链公司是江铜积极布局上海自贸区这个战略要地的重要投资，也是江铜国贸打造全产业链大型国际化贸易集团的重要一环。这标志着江铜国贸全产业链发展取得新进步、迈上新台阶，将为江铜集团在上海的进一步腾飞插上新的翅膀，为江铜实现战略发展目标增添新的动力。

二、强强联合，发挥产业链上下游协同效应

2017年6月21日，江铜集团与天津物产集团、万科集团在上海签署战略合作协议，建立战略合作伙伴关系。这将进一步发挥产业链上下游协同效应，增强合作企业的竞争力。近年来，大宗商品行业持续低迷，与本行业甚至跨领域企业抱团取暖，成为新的发展趋势。当年在6月2日举行的以国企改革为主题的新闻吹风会上，国务院国资委新闻发言人彭华岗表示，下一步，国务院国资委将继续推进央企重组，深化央企兼并重组试点。中国企业研究院首席研究员李锦也对新华社记者表示，未来行业整合的操作模式，可能是按产业链相关性重组整合上下游企业，进而将外部交易内部化、降低企业成本的纵向整合模式。江铜与天津物产、万科的合作，恰好符合这种操作模式，更有利于企业打造优势互补、强强联合、合作共赢的新局面，也将为更多国企加速改革发展提供借鉴。天津物产集团和江铜集团都是大型国企，经营范围涵盖了国民经济命脉中的重要行业和关键领域。根据协议，双方的合作，将依托江铜集团在有色金属产业链的龙头地位及风险管控能力，天津物产在大宗商品产业链的综合服务能力及金融优势，以及在天津自贸区的港口业务优势，共同创新经营模式，提高经营效率。江铜与万科的合作，也将在既有合作的基础上，进一步盘活土地资源，实现资产增值，助推提效升级。

三、绿色低碳，打造绿色创新孵化产业链

"社会公众对绿色生活、品质服务的向往，就是企业的发展'蓝海'。"江铜认为，除了加速剥离过剩产能，铜行业的供给侧结构性改革，更应该紧扣绿色转型，推动产业升级和高端产品替代。发展绿色，就是履行责任。江铜通过强化末端治理、过程控制和发展循环经济，探索构建了覆盖矿产开发全流程的环保体系。

在江铜德兴铜矿采区旁的斜坡上，各类植物生长茂盛。这些植物直接长在废石上。采用生态复垦新技术，江铜已实现了在酸性废石、尾砂上直接种植植物，改变了传统生

态恢复方式易造成二次生态破坏的弊端。江铜在生态复垦上的理念和做法，也被吸纳进国家级绿色矿山评价体系中，并在全国推广。2016年12月，投资1.7亿元的永平铜矿20兆瓦光伏项目并网发电，为国内资源储量下降矿山的绿色转型探索了一条新路。

废水、废气、废渣、余热，这些在生产过程中产生的各种废弃物，江铜全部视为资源再利用，甚至以此参股成立循环经济合资公司。从这些所谓的"废弃物"中，江铜构建起绿色经济产业链，建成废渣选铜、废水提铜、烟气制酸、湿法堆浸等项目，获得了铜、硫酸、焦锑酸钠、电等十余种资源，实现了节能、减排、增效的"三赢"。江铜下属德兴铜矿成为国内首个国家级绿色矿山单位；银山矿业入选第四批国家级绿色矿山试点单位；城门山铜矿纳入《全国矿产资源规划（2016 – 2020 年)》。

从绿色产品的研发、绿色技术的创新到绿色产业的培育，江铜将环境作为经营的重要内容，打造出较为完整的绿色创新孵化产业链。

（资料来源：笔者根据多方资料整理而成。）

第四节　稳定型战略

稳定型战略是指在企业内外部环境的约束下，企业在资源分配和经营状况基本保持目前状态和水平的战略。企业目前的经营方向、产品、市场领域、产销规模、市场地位都保持不变，或变化幅度较小（见图 5 – 6）。

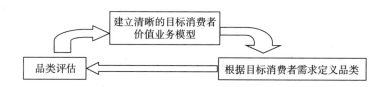

图 5 – 6　稳定型战略逻辑

随着企业经营环境的不断变化，企业可能会处于一种十分不利的状态，其中包括由于决策失误等原因造成的经营状况不佳，或是由于消费者需求造成的整体市场低迷，或是企业为了进入新业务领域需要大量的投资和资源的转移，所有上述情况都会迫使企业考虑规避当前风险，进行一系列战略实施，或是紧缩目前的经营，或是减缩经营领域，或是转向经营，甚至退出目前的业务或实施公司清算。

第五节　紧缩型战略

紧缩型战略是指企业在现有的市场领域不能维持原有的产销规模和市场局面，而必须通过调整来缩减企业的经营规模，或者通过成本和资产的减少对企业进行重组，进而扭转销售额和利润率下降局面的一种战略。紧缩的目的在于发展企业的特色能力，因为企业只有有限的资源，通过紧缩，企业可以减少费用和支出，充分利用余下的资源，集中力量获取竞争优势，改善资金流量，提高技术水平，维持企业生存，是一种"以退为进"的策略。

紧缩一般分为两个步骤（见图5-7）：首先，企业选择某些比较有利的、能发挥自己优势的产品或业务，集中力量发展，抢先占据市场，获得竞争优势；其次，企业应逐步缩小并退出其他无利可图的业务领域，对企业资源的运用采取较为严格的控制和尽量削减各项费用支出，往往只投入最低限度的经管资源，因而紧缩型战略的实施过程往往会伴随着大量的裁员。收缩可以采取的具体措施有：出售土地、建筑或设备以变现，压缩产品线，取消不盈利的业务单元，推动自动化工艺进程，裁员和推行费用控制制度等。

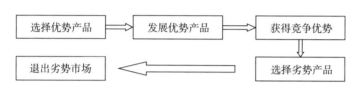

图5-7 紧缩的路径

专栏5-7 **李宁公司收缩，聚焦核心业务**

1997～2002年，李宁公司连续六年保持国内体育用品市场份额第一，2004年营业额更是超过十亿元。在销售额突破十亿元的瓶颈之后，李宁在当年赴港上市。上市后的头三年，李宁一路高歌猛进，带给了国内消费者一个又一个惊喜。2008年在北京举行的奥运会，当45岁的"老王子"手举火炬出现在鸟巢上空时，对于国人来说，"李宁"这两个字不仅代表着中国最棒的运动员和体育公司，它还象征着整个国家的荣誉。

但2010年随着李宁新使用的品牌口号"让改变发生"，其前景也透露出巨大的隐患。一场本是深思熟虑、步步为营的品牌重塑运动，却导致高层人士震荡、渠道订单下滑；一家被多数员工称为值得尊敬、心怀梦想的公司，却挡不住员工接连离去的步伐；"让改变发生"的决心犹在，但改变不尽如人意。从国内体育用品品牌"头把交椅"跌落的李宁公司，准备绝地反击。当年2月6日，李宁公司宣布，将视野聚焦核心业务，并将对组织架构和人力资源进行适当调整，以提高企业运营效率。

过去数年，李宁公司一直坚持多品牌发展策略，如今这一策略将调头。除主品牌"李宁"外，李宁公司已经形成了"红双喜""乐途""艾高""凯胜""新动"等多种子品牌结合的品牌集群。但是，不断膨胀的子品牌并未给李宁公司带来更多盈利。以李宁公司获得授权经营的"乐途"为例，财报显示，2010年，"乐途"利润为亏损9174.9万元，之前的2009年亏损额则为5693.5万元，其他子品牌如"新动"等表现也并不令人乐观，对李宁公司收入的贡献有限。

在认识到公司扩张过快后，李宁果断实施收缩的战略，大力发展主品牌，稳住公司品牌和地位。李宁公司表示，将对其旗下的子品牌进行整合，对于有发展潜力且业务规模比较大的品牌会进一步促使其健康发展，对运营不力也无市场空间的品牌会做相应的调整和收缩。为提高运营效率并改善净利润率，公司将对一些非核心的业务部门，采取优化组织结构的方式，降低人员成本，把节约的资源投入到集团的核心业务。李宁公司表示，不会对核心部门人员做出调整，主要的人员调整将聚焦在后台等职能部门，包括人力资源、信息技术及战略发展等部门，将采取优化组织结构的方式，降低人员成本，提升运营效率。

除了精减人员，整合资源以及激励优秀员工也是该公司提出的提高运营效率的重要手段。另外，公司还强调，其战略发展方向不会因此次组织结构调整而有所改变。李宁公司行政总裁张志勇解释采取裁员等手段的背景时表示："我们从有利于集团长期发展的角度来看待此次变动，组织结构优化一方面可以帮助集团提高组织运营效率，节约人力费用，另一方面也可以进一步完善人才管理体系。"

（资料来源：笔者根据多方资料整理而成。）

一、转向

转向是指企业在原有经营领域丧失发展活力而趋向衰退时，改变经营方向，重新开辟企业市场的一种规避风险战略。转向战略要实现主营方向的改变，这种改变有时会涉及企业根本宗旨的变化，导致经营方式的大改变，比如，由制造挖煤设备转向生产煤矿成套设备；有时只是向具有不同技术基础的新产品的转变，比如，从生产羽毛球拍转向生产网球拍，由生产机械手表转向为电子手表等。

从本质上分析，转向战略是企业被迫性变动资源配置的行为。

专栏 5—8　　　　　　　　　中粮集团的战略转型

中粮集团自 1952 年成立以来，经过几代人的努力，已经从单一的进出口公司发展成为国内最大的粮食贸易、农产品及食品加工、生物质能源生产企业，并在房地产开发、金融服务等领域保持了较快的发展速度，在国内外业界有了一定的影响力。但中粮人并不满足，从 2005 年至今，中粮以战略转型为特征，重塑商业模式，不断提升核心竞争力，探索出了一条"新国企"的发展道路。

中粮集团从粮油食品贸易、加工起步，逐步向实体领域发展，成为一家涉及农产品加工与贸易、金融、地产等多产业、跨领域的投资控股型集团公司，居中国食品工业百强之首，名列美国《财富》杂志全球企业 500 强。中粮集团的战略经历了以贸易为主到全产业链的艰难转型。以董事长宁高宁和总裁于旭波为代表的中粮管理团队发起以"全产业链"为主攻方向的全面战略转型，从过去的外贸业务为主逐渐向加工和品牌等产业链各个环节延伸，增强市场主导能力。

在新战略思想的指导下，中粮通过一系列的并购及分拆上市，形成了粮食贸易、粮食及农产品加工、生物质能源、品牌食品、地产、酒店、土畜产、包装、金融九个板块业务构成的产业发展新格局，基本实现了贸易向产业的转型。中粮的竞争力也得到很大提高：与2004年相比，中粮2008年的总资产、营业收入增长一倍多，经营利润增长五倍、净利润增长三倍以上。这是典型的单一业务情况下的战略转型。

第一，从行业内部进行价值链战略转型。从贸易向加工生产转型；此外，从原来的注重国际市场向国内市场转型，抓内销市场。此外，还进行产品结构转型，从粮食到番茄酱。收购新疆的一家番茄酱上市公司就是此例。

第二，行业内部的战略转型。将食品和能源行业结合，将粮食转化为生物燃料比如乙醇就是未来的发展趋势。公司控股的丰原生化（上市公司）进军生物燃料就是例证。

第三，行业外转型。进军金融期货行业，既作为战略的一部分也是其战术。因为粮食产品具有周期性长的风险，通过期货和外汇买卖也是规避风险的一种手段。

"环境决定战略。"中粮集团进入21世纪后，面临的外部环境发生了巨大的改变，无论是国际的还是国内的，这就要求中粮集团"谋定而后动"，需要在使命愿景、发展战略、业务战略等方面进行根本性的改变，实现由单纯的贸易型企业向全产业链模式的转变，以规模经济、协同效应和产业地位实现价值最大化。

（资料来源：笔者根据多方资料整理而成。）

二、剥离

剥离是指企业由于经营战略的调整，对其旗下的某些行业、部门或子公司做出退出或出售的策略。剥离并非企业经营失败的标志，它是企业发展战略的合理选择。企业通过剥离不适于企业长期战略、没有成长潜力或影响企业整体业务发展的部门、产品生产线或单项资产，可使资源集中于经营重点，从而更具有竞争力。同时，剥离还可以使企业资产获得更有效的配置、提高企业资产的质量和资本的市场价值。剥离的动因有以下几个（见图5-8）：

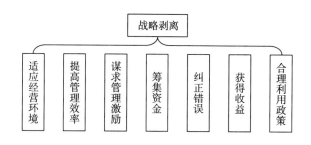

图5-8 战略剥离动因分析

第一，努力适应经营环境的变化。公司所处的经营环境不断变化，如技术在不断进步、产业结构不断发生变化、国家的有关法规和税收条例不断变化等。公司的经营方向和战略目标必须根据这些环境变化进行相应的调整和改变。剥离便是实现这些改变的手段。

第二，提高管理效率。由于管理者的有限理性，即使再优秀的管理者所控制的资产规模和差异性达到一定程度时，收益便达到递减临界点。超过这一临界点时，可以采用剥离的方式去掉与战略目标不相适应的部分，使母子公司集中于各自的优势业务，提高整体管理效率。此外，剥离创造出了简洁、有效率、分权化的公司组织，使公司能更快适应环境，也提高了效率。

第三，谋求管理激励。通过剥离，子公司独立出来，市场对管理行为的反应就会直接反映在其独立的股票价格上，报酬计划与公司经营管理业绩更紧密地联系起来，可以形成对管理者的有效激励。

第四，筹集资金的需要。公司需要大量现金来满足主营业务或减少债务负担需要时，通过借贷和发行股票筹集资金会面临一系列障碍。这促使公司将部分非核心或非相关的业务剥离出去，以筹集这部分资金。

第五，纠正以往投资决策失误。由于并购前考虑不周全，并购后发现进入自己不够熟悉的领域后，经营效率难以保持在较高水平，或者发现并购后难以实现真正的整合等，此时可通过资产的剥离纠正错误。

第六，实现并购获得的收益。由于市场并不总是能够正确认识和评价一个公司的市场价值，有些公司的市场价值被低估了。收购方对这些价值低估的公司以及管理层业绩不佳的公司进行收购，通过改善其管理，树立其良好的公司形象，提高其价值，然后通过资产剥离可以实现得到的收益。

第七，获取税收方面收益或摆脱管制。每个国家为了调节经济，制定了不同的税收政策，将不同业务剥离，可以享受税收减免或优惠。同时，如果子公司从事受限制行业的经营，母公司从事不受限制行业的经营，那么母公司常受到管制性检查的"连累"，另外，如果管制当局在评级时以母公司的利润为依据，受管制的子公司可能因与母公司的利润联系处于不利地位。如果让子公司独立出去，可以摆脱母公司管制，子公司可以得到提高评级水平的机会。

专栏5-9　　　　　　　　恒大剥离快消品业务

2010年，投资足球进军体育产业至2016年6月16日公告正式更名为"中国恒大集团"，恒大尤为在意自己的多元化公司身份。经过几年的发展，许家印的商业版图也囊括了文化、健康、矿泉水、乳业、粮油、互联网、金融等多个领域。

然而，这次一向强调多元化的恒大首次在多元化战略上做了减法。

从公司发展战略考虑，2016年9月28日，恒大公告称，出售集团在粮油、乳制品及矿泉水业务中的全部权益，总代价约为27亿元，随后公司将更加专注于房地产及其他相关业务。

2015 年 9 月 24 日，恒大地产曾公告称，由于申请分拆挂牌的上市发行主体恒大矿泉的资产发生较大变化，与恒大矿泉（备注：恒大冰泉的公司名）原来申请已有差异，为此公司已向股转系统提出终止恒大矿泉挂牌审核的申请。对于"资产发生较大变化"的具体原因，恒大地产是这样解释的："为优化资源配置及降低成本、实现产业规模效益，计划对恒大矿泉及集团的粮油、乳业资产进行内部重组合并。"这也意味着，许家印当时对冰泉还是抱有期待的。一年后，我们并未等来恒大的矿泉水、粮油、乳业资产打包挂牌新三板的新闻，而是一纸出售公告。

对于财大气粗的恒大在矿泉水、粮油、乳业上花了多少钱，我们不得而知。但从 20 天砸下 13 亿元给冰泉做广告的金额来看，许老板应该没少投钱。根据公告，通过出售快消品业务，恒大预期将获得除税前未经审核收益约人民币 57 亿元。

其实，从 2013 年底高调宣布进军快消领域至今，恒大在快消板块的发展一直不是很顺利，并且亏损严重。2013 年 11 月 10 日，恒大集团宣布推出高端矿泉水"恒大冰泉"。彼时许家印对矿泉水业务充满信心，提出年销售额过百亿元，三年 300 亿的宏伟目标。但资料显示，从 2013 年进入市场不到两年的时间里，恒大冰泉共营收 12.87 亿元，亏损近 40 亿元。

但在矿泉水＋乳业＋粮油的三场业务出售里，矿泉水业务的卖价也最高，达 18 亿元。从快消品行业的整体发展趋势而言，近两年表现并不佳。2015 年，快消品销售额首次负增长，50% 的企业更是遭遇了销售额、利润率"双降"；加上行业内并购重组频率的增多，行业寡头现象加速，竞争已进入"肉搏"阶段。

按照恒大的多元化计划，恒大旗下将拥有恒大地产、恒大健康、恒大淘宝、恒大文化以及恒大冰泉五家上市公司。如今，恒大淘宝及恒大文化也按部就班地上了新三板。恒大冰泉在申请挂牌时，曾经遭遇"拦路虎"，被股转系统就公司是否符合"合法规范经营"的挂牌条件进行了问询。恒大剥离快消行业，无疑是为了全力发展地产及其他业务。

（资料来源：笔者根据多方资料整理而成。）

三、清算

公司的清算是指在公司解散时，为终结公司作为当事人的各种法律关系，使公司的法人资格归于消灭，而对公司未了结的业务、财产及债权债务关系等进行清理、处分的行为和程序。

公司清算的范围为公司的出资、资产、债权、债务的审查。公司清算的目的在于使得公司与其他社会主体之间产生的权利和义务归于消灭，从而为公司的终止提供合理依据。公司的终止涉及众多利益主体的切身利益，必须对相关权利义务予以处置和解决。因此，只有在对公司清算后，才能使得相关权利义务得以消灭和转移，公司才能最终终止。

公司清算可按清算程序不同分为破产清算与非破产清算。破产清算是指在法院的主持与监督之下，对丧失清偿能力的债务人，强制清算其全部财产，公平、有序地清偿全体债权人的法律程序，破产是对债务人现存全部经济与法律关系的彻底清算，在公司破产的情况下，还直接导致债务人民事主体资格消灭的法律后果；非破产清算则是指在公司解散时，在财产足以偿还债务的情况下，依照公司法的规定所进行的清算，非破产清算时，公司财产再分别支付清算费用、职工的工资、社会保险费用和法定补偿金。

第六节　共享资源战略

每个企业都有自己的特色，在产品链上有各自的优势。但是，要想谋求更好的发展，企业必须进行资源共享。共享资源战略分为合资经营和战略联盟，虽然两者都为合作关系，但有一定的差异性，合资经营与战略联盟的差异性如表 5 - 1 所示。

表 5 - 1　合资经营与战略联盟的差异性

	合资经营	战略联盟
合作对象	两个人或两个以上不同国家的投资者	两个或两个以上的企业或跨国公司
法人地位	属于一个法人	属于两个或以上法人
合作范围	具体固定产业	可为同一产业，也可为上下游产业

一、合资经营

合资经营是指由两个人或两个以上不同国家的投资者共同投资、共同管理、共负盈亏，按照投资比例共同分取利润股权式投资经营方式。采用合资战略的原因有：

第一，在生产经营上具有紧密联系的企业为了达到经济规模和保持正常的生产秩序，而实行合资经营以便进入彼此的经营领域。

第二，出于政治上的原因，许多第三世界国家规定外国投资者必须采取与国内企业合资的方式。

第三，在资源和能力方面存在着互补关系的企业为促进双方的发展和分担风险，也往往容易采取合资的方式。

合资经营的方式一般有以下几种：一是签订许可证合同。它的好处是可以超越生产经营的障碍直接进入新的领域。二是签订生产合同。它的好处是企业可以以极小的风险进入新的经营领域。三是共同投资。企业与其他经营领域的企业共同创办企业，从而实现风险共担，能力互补。

二、战略联盟

战略联盟就是两个或两个以上的企业或跨国公司为了达到共同的战略目标而采取的相互合作、共担风险、共享利益的联合行动。有的观点认为战略联盟为巨型跨国公司采用，但这决不仅限于跨国公司，作为一种企业经营战略，它同样适用于小规模经营的企业。战略联盟的战略优势有（见图 5 - 9）：

第一，创造规模经济。小企业因为远未达到规模经济，与大企业比较，其生产成本就会高些。这些未达到规模经济的小企业通过构建联盟，扩大规模，就能产生协同效应，即"1 + 1 > 2"效应，提高企业的效率，降低成本，增加盈利，以追求企业的长远发展。

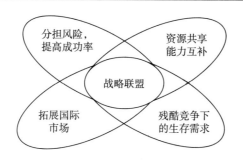

图5－9　战略联盟的战略优势

第二，实现企业优势互补，形成综合优势。企业各有所长，这些企业如果构建联盟，可以把分散的优势组合起来，形成综合优势，也就可以在各方面、各部分之间取长补短，实现互补效应。

第三，可以有效地占领新市场。企业进入新的产业要克服产业壁垒，企业进入新市场也同样要越过壁垒。通过企业间的联盟合作进入新市场，就可以有效地克服这种壁垒。

第四，有利于处理专业化和多样化的生产关系。企业通过纵向联合的合作竞争，有利于组织专业化的协作和稳定供给。如丰田公司只负责主要部件的生产和整车的组装，减少了许多交易的中间环节，节约了交易费用，提高了经济效益。通过兼并实行联盟战略，从事多样化经营，则有利于企业寻求成长机会，避免经营风险。在选择联盟对象时，企业首先要清楚候选企业的战略意图。其次，企业应该调查候选企业的合作经验。最后，企业还应考察潜在候选企业是否具有独特的核心竞争力和发展的潜力。

专栏5－10　　　　　　　　　　美团和摩拜的战略联盟

2018年4月3日，一则美团即将收购摩拜的消息在网上流传。

据蓝鲸财经消息，美团和摩拜已达成收购协议。根据协议，摩拜将以37亿美元的总价出售给美团，包括27亿美元的实际作价（12亿美元现金及15亿美元股权）和10亿美元的债务。27亿美元的价格低于其上一轮融资34.5亿美元的估值。

2018年4月4日上午，美团点评CEO王兴发布内部信息证实了这一消息，宣布美团和摩拜签署全资收购协议。此次收购完成后，摩拜单车将保持品牌独立和运营独立，摩拜的管理团队将保持不变，继续担任现有职务，美团CEO王兴将出任摩拜董事长。随着谈判细节被披露，此前收购作价的情况也被确认属实。

美团收购摩拜可谓"闪电战"，尤其是美团出行于2018年3月21日登陆上海，与滴滴正大打烧钱补贴战。很多人没有想到，美团在出行领域的扩张脚步会如此急切。但一个明显的事实是，摩拜加入美团后，将成为美团到店、到家、旅行场景的最佳连接，既为用户提供了更加完整的闭环消费体验，也极大地丰富了用户的消费场景。美团出行已经高调进入了打车市场，正面迎战滴滴；摩拜的加入，直接完善了其出行生态三公里内的布局。

严格说来，美团和摩拜此前就有"瓜葛"，美团CEO王兴曾以个人名义参与了摩拜C轮与C+轮共计超一亿美元的融资，如此看来，美团收购摩拜也并非完全无迹可寻。但美团对摩拜的青睐，为何从此前的个人投资变成了现在的公司收购？如果美团从投资的角度去做增资，原本在摩拜内部利益不统一的股东会被继续锁死在这个位置上；如果股东们甚至团队内部各有各的想法，摩拜整个公司内部形不成合力，这种不和谐和不同步会阻碍摩拜的长期发展。因此，通过并购统一思想和解除牵绊——该退出的退出，该继续前进的继续前进，这是最合适的方式。

美团收购摩拜的最主要目的是提高其估值，为其上市做准备。据彭博社援引知情人士消息称，美团近期正在讨论最早于2018年年内在香港IPO，估值高达600亿美元。不管是推打车业务还是收购摩拜，美团当下最重要的目的是扩大其业务范围，提高IPO的估值。美团已建立多个生活场景，发展打车和共享单车业务有很大可能会成功，但需要时间和大量资金，美团的资金又非常紧张，但恰恰在这个时间点美团做出了这些动作，可以说目的明显。

在此之前，滴滴通过投资成为ofo最大的股东，后两者矛盾激化。经过这轮融资，ofo最终投向了阿里的怀抱。巨头阿里对ofo的加持，让共享单车局面产生了微妙的变化。一个月后，美团将摩拜收入囊中。据多家媒体报道称，撮合这笔收购的正是腾讯董事会主席兼CEO马化腾。业界猜测，摩拜不论是选择滴滴还是美团，实则都是腾讯的意向。至此，共享单车行业迎来"腾讯美团摩拜"和"阿里ofo"两大阵营。值得一提的是，阿里旗下还有哈罗单车和永安行。巨头从幕后走向台前，对共享单车而言，两大巨头的烧钱大战已经一去不复返，下一步是阿里系与腾讯系的生态之争，共享单车的战争或许更加多元复杂。

（资料来源：笔者根据多方资料整理而成。）

第七节　竞争战略

迈克尔·波特认为，公司的竞争战略就是采取进攻性或防守型行动，在产业内建立稳固地位，应对来自行业的五种作用力，即进入壁垒、替代品威胁、买方议价能力、卖方议价能力以及现存竞争者之间的竞争。他认为行业中这五种力量决定竞争规模和程度，这五种力量综合起来影响着产业的吸引力。这就是波特的"五力模型"，那么如何在"五力"中胜出？这就涉及公司的竞争战略。

根据目标市场和竞争优势的不同，公司竞争战略可以分为三个类型：成本领先战略、差异化战略和目标集聚战略。三种战略的形式要贯穿在企业所处行业中，应用其中一种或者几种的组合。

一、成本领先战略

成本领先战略也称为低成本战略，是指企业通过降低自己生产及经营成本，在保证产品和服务质量的前提下，以低于竞争对手的市场价格，获得较高的市场占有率，进而获得高于行业平均水平的利润（见图 5 - 10）。成本领先战略在三种公司竞争战略中最为简单直接，从根源着手，获得成本优势，减少企业支出。成本领先的本质最终体现在成本优势上。最终体现在市场中的、被消费者感知到的是价格而不是企业的成本；顾客也并不关心企业的成本，他们比较的是不同企业的价格，成本领先战略实际是低价格战略的内部条件，企业可以因成本领先优势而实施低价格竞争策略。成本领先是最为基本的竞争能力，任何战略都是建立在成本优势的基础之上。换言之，不管企业采取何种竞争战略，成本优势都是不得不重视的核心问题。

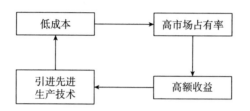

图 5 - 10 成本领先战略良性循环

采用成本领先战略的收益在于：抵挡住现有竞争对手的对抗；抵御购买商讨价还价的能力；更灵活地处理供应商的提价行为；形成进入障碍；树立与替代品的竞争优势。同时，采用成本领先战略也有一定风险：降价过度引起利润率降低；新加入者可能后来居上；丧失对市场变化的预见能力；技术变化降低企业资源的效用；容易受外部环境的影响。

专栏 5 - 11   *拼多多的战略定位*

电商界 2018 年热点事件莫过于拼多多上市。

拼多多成立于 2015 年 9 月，在成立三年多的时间迅速崛起，打破了电商界传奇的淘宝、京东传统的模式，凭借"社交 + 电商"的模式，在传统电商的缝隙中冲出重围，于 2018 年赴海外成功上市。拼多多如此高速发展的秘诀在哪里？

拼多多凭借腾讯资源和自身优异的商业模式快速发展，抢夺中低端用户，已成为继淘宝、京东之后第三大电商巨头。拼多多的发展历程如图 5 - 11 所示。

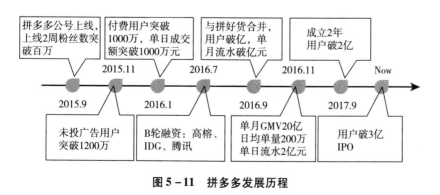

图 5 - 11 拼多多发展历程

拼多多创立的时代背景。随着淘宝、京东等电商平台的发展，物流运营已经相对成熟，可以非常方便地达到各个乡镇。同时智能手机的普及，使得人们上网获取信息的方式越来越方便，微信支付和支付宝支付也让网上购物越来越便捷。但据国家统计局 2017 年统计数据反映，中国全年人均 GDP 达到 8836 美元，步入中等收入国家行业，可 80% 的中国家庭，人均月收入不超过 3000 元。说明大部分国民只能通过低价消费得到需要的商品。对于人口基数更大和市场地域范围更广的低线市场消费者来说，从线下走入线上进入电商购物就是消费方式的升级。拼多多创立于一个消费升级的时代。

社交裂变，快速成长。拼多多成立不到三年时间，依托低价拼团模式快速成长。用户向朋友、家人、邻居等发起邀请，拼团成功后即可以更低的价格买到优质商品，最初从生鲜品切入，后迅速扩展到其他品类。2018 年第一季度成交总额达到 662 亿元，约为京东的 1/5。月活用户数量 1.66 亿，约为京东的一半。腾讯为拼多多第二股东，目前持股比例 18.5%。腾讯和拼多多战略合作，给予流量、技术、支付等资源。拼多多借助社交互动，将商品主动展示给消费者，增加商品的曝光度，同时获取新的用户。拼单的模式激活中低端用户的消费需求，三、四线城市对电商购物的热度提升，商品通过"分享＋拼单"的方式降低了引流费用率。在目前电商流量红利逐步见顶的背景下，2017 年拼多多获客成本仅 11 元/人，远低于京东和阿里。

纯平台化经营，拼多多主打低价爆品。拼多多为纯平台运作，收入来源全部为在线商家服务收入，没有任何的广告费用。拼多多与商家签约价格必须全网最低，甚至要求在电商巨头的平台找到同样的产品链接，同样产品拼多多的价格只是对方平台的七折甚至五折。运营端由平台推荐商品，依靠巨大流量，打造爆款产品，倒逼商家薄利多销，降低单价。通过低价拼团快速获客，其核心竞争力在于低价：拼团意味着用户和订单大量且迅速涌入，而丰厚的订单使之可以直接与供货厂商（或国外厂商的国内总代理）合作对话，反向刺激上游供应链开展大规模生产，以规模化带动生产侧成本降低，价格优势由此实现。这种 C2B 的模式将追求低价的网购群体与找不到产能消化渠道的商家联结，减少 SKU 做爆款的策略降低了中小商家的风险，同时低成本助其快速完成品牌化。

拼多多的"低价"京东、淘宝学不会。拼多多的关键不在于产品卖得比它更低，核心是性价比更高。拼多多能够做到比淘宝、京东低价源于两个错位优势：第一，拼多多没有流量成本（或者说极低），同等质量的商品，淘宝价格永远比不过拼多多。相比于淘宝、京东，拼多多的流量来源更纯粹，依靠拼团模式刺激用户通过社交链传播。没有流量成本同样的商品价格就可以卖得更低。京东由于 3C 起家强调品质的平台特性，注定了其难以走低价路线。淘宝由于阿里战略上对天猫的倾斜，以及获客成本的不断提升，性价比方面也逐渐落后拼多多。京东、淘宝就无法做到流量的免费，每年在营销上的投入必然会分摊到平台商家身上。论低价，拼多多显然远胜京东和淘宝。

拼多多轻模式极大压缩电商渠道的中间环节，作为重模式的京东，在同等质量的商品下，也无法做到价格能比拼多多更低。阿里是服务平台，拥有强大 B2C 的天猫，C2C 的淘宝及庞大的菜鸟物流；京东以自营平台为主，属 B2B2C 与 B2C 的混合，也拥有强大的自营物流及供应链管理。拼多多并没有这方面的优势，但轻资产没有包袱。

拼多多作为创业公司可以不考虑利润，更关注用户数量增长，而不会过度聚焦业务盈利。通过反向定制，客户端对接工厂，打造C2F（客对厂）模式。

拼多多低成本的品控优势。拼多多商品价格虽然低，但是服务体验并不差，至少在同等价位的产品上做得较淘宝、京东更好。拼多多在提升服务体验方面另辟蹊径，既没有像京东重资产模式投入巨大成本保证品控，也没有学习淘宝设立存在诸多弊端的信用评价体系（容易滋生刷单）。拼多多在保障平台服务体验方面的做法简单粗暴，通过重罚商户手段，用商户的赔偿安抚用户情绪，实现低成本品控，来维护平台的服务体验。

拼多多作为电商新秀，在京东、淘宝无法理解的角度从电商市场中杀出一条血路，无不围绕压缩成本这一核心。主要是把握了互联网下沉、主流平台品质化升级的绝佳时机，以规模效应带动生产侧成本降低，以低价作为平台特点，借助腾讯体系为其提供的强有力支持，在重视价格因素的消费群体里，实现了从农村包围城市的低成本领先战略。

（资料来源：笔者根据多方资料整理而成。）

二、差异化战略

差异化战略是指为使企业产品、服务、企业形象等与竞争对手有明显的区别，以获得竞争优势而采取的战略。这种战略的重点在于向价格需求弹性较低的消费者提供差异化产品，即向对价格相对不敏感的消费者提供产业范围内的独特产品与服务。差异化战略的方法多种多样，如产品的差异化、服务差异化和形象差异化等。实施差异化战略，可以培养用户对品牌的忠诚。因此，差异化战略是使企业获得高于同行业平均水平利润的一种有效的竞争战略。差异化战略的类型分为四种：

第一，产品差异化战略。产品差异化的主要因素有：特征、工作性能、一致性、耐用性、可靠性、易修理性、式样和设计。

第二，服务差异化战略。服务的差异化主要包括送货、安装、顾客培训、咨询服务等因素。

第三，人事差异化战略。训练有素的员工应能体现出下面的六个特征：胜任、礼貌、可信、可靠、反应敏捷、善于交流。

第四，形象差异化战略。广告是提升企业形象的重要手段，如脑白金广告语"今年过年不收礼，收礼只收脑白金"，哈根达斯"爱她就请她吃哈根达斯"等。

实施差异化战略的意义在于：建立顾客对企业的忠诚；形成强有力的产业进入障碍；增强企业对供应商讨价还价的能力；削弱购买商讨价还价的能力；由于差异化战略使企业建立顾客的忠诚，所以这使得替代品无法在性能上与之竞争。

专栏5-12　　　　贝因美凭借产品差异抢占市场

贝因美奶粉上市伊始，就在产品成分、包装、营销上注重实现差异化。

第一，产品成分及包装的差异化。贝因美率先在国产婴儿奶粉中添加"DHA＋AA"营养成分，与普通配方奶粉相比，构成明显的品质差异化。"DHA＋AA"的合理配比，能更加促进宝宝智力和视力的发育，此营养配比是目标顾客购买奶粉的重要动机。同时，贝因美在奶粉包装形态上寻求新的突破，将有封口拉链的立袋作为袋装奶粉的包装，因为封口拉链包装，卫生、安全，还能更防潮；并且立袋正面面积大，有利于终端陈列面的抢占，陈列醒目，有利于吸引顾客眼球；更重要的是市场上竞品奶粉尚无一采用立袋包装，能凸显产品包装的与众不同。

第二，重点销售区域的差异化。贝因美将重点销售区域锁定在二、三线城市和乡镇，一方面这些区域地方偏远，为外资品牌所忽视；另一方面这正是贝因美大量两低一高目标顾客的所在地。

第三，市场推广的差异化。在终端促销方面，贝因美公司系统运用了在保健品业已经盛行的导购策略。在品牌形象塑造方面，开展育婴讲座和爱婴工程，大量赞助全国多胞胎家庭和儿童福利院，争取新闻媒体的大量报道，潜移默化树立品牌形象。

总之，在差异化竞争战略的引领下，基于目标顾客差异化，国产高档奶粉定位差异化，婴儿专用奶粉定位专业化，产品成分和包装差异化，销售区域选择差异化、终端导购和品牌推广的差异化，贝因美婴儿奶粉上市后，销量一路攀升。如今，贝因美已经是浙江省国产婴儿奶粉的第一品牌，在许多地区销量已经和多美滋、惠氏等外资品牌并驾齐驱。目前，公司的总营业额已达近三亿元，正朝大中型企业迈进。

（资料来源：笔者根据多方资料整理而成。）

三、目标集聚战略

目标集聚战略也称专一经营战略、集聚战略，它是指主攻某一特殊的客户群，或某一产品线的细分区段、某一地区市场。与成本领先战略和差异化战略不同的是，它具有为某一特殊目标客户服务的特点，组织的方针、政策、职能的制定，都首先要考虑到这样一个特点。这种战略的核心是取得某种对特定顾客有价值的专一性服务，侧重于从企业内部建立竞争优势。目标集聚战略的实施首先表现在提供咨询服务上，要做到人无我有、人有我精、人精我专，掌握主动权。

目标集聚战略的适用条件：具有完全不同的用户群；在相同的目标市场群中，其他竞争对手不打算实行重点集中的战略；企业的资源不允许其追求广泛的细分市场；行业中各细分部分在规模、成长率、获得能力方面存在很大的差异。

目标集聚战略的收益：便于使用整个企业的力量和资源更好地服务于某一特定的目标；将目标集中于特定的部分市场，企业可以更好地调查研究与产品有关的技术、市场、顾客以及竞争对手等各方面的情况，做到知彼；战略目标集中明确，经济效果易于评价。

目标集聚战略的风险：技术创新或替代品的出现会导致企业受到很大冲击；竞争者采用了优于企业的更集中的战略；产品销售量可能变小，产品要求更新使集中化的优势被削弱。

专栏 5–13　　　　　　　　　解读 YSL 星辰 "圣诞限量版" 事件

圣罗兰（Saint Laurent），开始叫做 Yves Saint Laurent 或 YSL，是法国人伊夫·圣·罗兰（Yves Saint Laurent）同合伙人 Pierre Bergé 在 1962 年创立的一个高级品牌。风格以精致、高雅为主。圣罗兰先生 1936 年 8 月 1 日出生于法属北非阿尔及利亚，家境优越，在成长过程中不乏接触高级时装珠宝的机会，久而久之累积酝酿起对于时装的热诚，从而创立了圣罗兰这一品牌。

2016 年 10 月中旬，中国微博微信各大社交媒体，甚至 QQ 空间都被 YSL 唇膏霸屏了，几条例如 "叫男朋友送 YSL 星辰，他是什么反应" 及 "YSL 所有色号买齐就答应和你在一起" 等各种口吻一致的营销宣传，瞬间掀起讨论高潮。随之而来网友们各种 "秀恩爱、找男友、抵制前两者" 的帖子铺天盖地。在很多人一头雾水开始搜索什么是星辰的时候，"断货" "难买" 的声音进一步让许多消费者产生迫切的购买欲望。

解密 YSL 星辰限量事件：

1. 情感营销

情感营销是从消费者的情感需要出发，唤起和激起消费者的情感需求，诱导消费者心灵上的共鸣，寓情感于营销之中，让有情的营销赢得无情的竞争。在情感消费时代，消费者购买商品所看重的已不是商品数量的多少、质量好坏以及价钱的高低，而是为了一种感情上的满足，一种心理上的认同。这种营销方案就是利用女生缺乏安全感，想证明自己男朋友爱自己的心理。后期更是可以运用来秀恩爱。因此 YSL 这款产品恰恰用到了这个方法，将自己品牌推向巅峰。

2. "她经济"

"她经济" 是教育部 2007 年 8 月公布的 171 个汉语新词之一。随着女性经济和社会地位提高，围绕着女性理财、消费而形成了特有的经济圈和经济现象。由于女性对消费的推崇，推动经济的效果很明显，所以称之为 "她经济"。现代女性拥有了更多的收入和更多的机会，她们崇尚 "工作是为了更好地享受生活"，喜爱购物，以信用卡还贷，成为消费的重要群体。YSL 对象主要是女性，正好利用女性的心理生活状态，让自己的品牌达到高峰。

3. 饥饿营销

"饥饿营销"，运用于商品或服务的商业推广，是指商品提供者有意调低产量，以期达到调控供求关系、制造供不应求 "假象"，以维护产品形象并维持商品较高售价和利润率的营销策略。YSL 星辰在人们还没弄懂是什么的情况下，居然出现 "货断" "难买" 的声音，进一步让很多消费者产生迫切的购买欲望。正所谓 "物以稀为贵"，在抓住大部分人的眼球情况下采取饥饿营销是成功的。

4. 口红效应

"口红效应" 是指经济萧条而导致口红热卖的一种有趣的经济现象，也叫 "低价产品偏爱趋势"。在美国，每当经济不景气时，口红的销量反而会直线上升。这是因为，在美国，人们认为口红是一种比较廉价的奢侈品，在经济不景气的情况下，人们仍然会有强烈的消费欲望，所以会转而购买比较廉价的奢侈品。口红作为一种"廉价的非必要之物"，可以对消费者起到一种"安慰"的作用，尤其是当柔软润泽的口红接触嘴唇的那一刻。再有，经济的衰退会让一些人的消费降低，这样手中反而会出现一些"小闲钱"，正好去买一些"廉价的非必要之物"。这是引发热销的一大原因。

（资料来源：笔者根据多方资料整理而成。）

在此对公司竞争战略中的三种具体战略进行对比分析，如表5-2所示。

表5-2　公司竞争战略的对比分析

项目	成本领先战略	差异化战略	目标集聚战略
战略目标	广大市场	广大市场	细分市场
竞争优势	总成本比竞争对手更低	区别于竞争对手的具有吸引力的特色产品	聚焦低成本、聚焦差别化
产品线	保证质量前提下，简化产品	许多产品变化，多种选择	按照目标市场特定需求提供产品或服务
市场营销重点	努力使低成本特征成为产品优点	推销产品差异，通过溢价来弥补额外成本	传播公司满足专业需求的信息
战略关键	全领域持续降低成本	不断改革以领先于竞争对手的模仿	定制化服务
基本组织要求	结构分明的组织以满足目标为基础的激励，严格的成本控制	研发、市场营销等职能部门之间密切合作，注重主观评价和激励，吸引创造性人才	完全致力于提供比竞争者更好的聚焦市场产品或服务

【章末案例】　　　　　**加多宝凉茶的竞争战略**

加多宝公司是由香港鸿道集团在中国内地注册成立的全资子公司，1995年从王老吉凉茶创始人后裔暨王老吉商标海外持有人那里获得凉茶配方的独家使用授权，设计红罐包装，并在国内生产和销售"王老吉凉茶"，凭借经典广告语"怕上火就喝王老吉"畅销海内外。王老吉凉茶年销售额由2002年的1.8亿元增加到2011年的180亿元（其中加多宝出品的红罐王老吉销售额为160亿元，广州药业出品的绿盒王老吉销售额为20亿元），王老吉商标的无形资产价值也因此达到1080亿元。

然而，"王老吉"商标却在广药和加多宝之间存在争议，2012年5月9日，中国国际经济贸易仲裁委员会做出裁决，加多宝集团停止使用王老吉商标。失去王老吉商标使用权的加多宝集团面临巨大的生存压力。加多宝集团为了能够继续卖凉茶，只能推出自有品牌——加多宝。广州药业集团即将推出自己生产的红罐王老吉，和其正、邓老等后起的凉茶品牌也对加多宝失去王老吉商标后的凉茶市场虎视眈眈。加多宝集团必须在最短的时间内让消费者接受改名后的加多宝凉茶。对于加多宝集团来说，必须打赢这场保卫市场阵地、捍卫生存权的营销战。此时公司果断推行一系列竞争战略，挽救加多宝于危难之中。

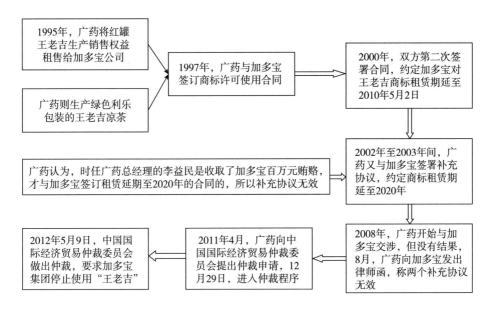

图 5 – 12　加多宝公司与广药"王老吉"之争

一、加多宝进行了精确的产品定位

加多宝沿袭了在营销策划王老吉品牌时一贯的定位思想，对加多宝凉茶进行了精准、明确的定位：正宗凉茶领导者——加多宝。加多宝凉茶仍然使用传统配方，采用上等草本材料配制，秉承传统的蒸煮工艺，经由现代科技提取草本精华、悉心调配而成。加多宝凉茶内含菊花、甘草、仙草、金银花等具有预防上火作用的草本植物。加多宝凉茶因其预防上火的作用和天然健康的特点越来越得到消费者青睐。同时，加多宝进行精确的市场定位，大力宣传在尽情享受川湘菜、火锅、烧烤、薯条、汉堡等美食，或者尽情熬夜K歌、上网、看球，以及加班熬夜时，加多宝凉茶是您不可或缺的健康饮品。通过成功的产品定位，加多宝集团完成推广加多宝品牌、留住老顾客、阻击红罐王老吉三项战略目标。

二、从心理守卫战到产品推广战的营销传播

广州药业集团收回了王老吉商标，加多宝集团失去了凉茶市场上最宝贵的一项消费者心智资源。但是，原来属于王老吉品牌无形资产的重要组成部分的许多优势资源是广州药业集团无法拿走的，它们是：产品配方、制造工艺生产基地和设备渠道网络、销售团队、媒体资源、品牌运营能力等。还有作为凉茶品牌的王老吉与加多宝集团之间的历史联系是客观存在的，谁也无法否认。这就决定了，一方面，加多宝能够在今后的凉茶生产中保证产品的配方品质口味和生产能力；另一方面，可以借助王老吉及其多年的销售业绩为加多宝凉茶进行品牌背书，以便完成消费者品牌认知的转换。加多宝集团本着未雨绸缪、扬长避短、避实击虚、集中优势兵力等原则，策划和实施了以推广加多宝品牌凉茶为核心的营销战。

加多宝新品牌凉茶的营销传播有三个特点：一是利用一切机会让消费者知道王老吉与

加多宝之间的历史联系；二是在电视台和商场广告液晶屏等主要传媒上密集播放广告片；三是大手笔赞助有全国影响力的电视节目。从2012年5月10日开始，加多宝集团的凉茶广告正式改为"怕上火，喝加多宝""还是原来的配方，还是原来的味道""全国销量领先的红罐凉茶改名加多宝"，在全国各大电视台、超市多媒体视频等主要传播媒体上，加多宝凉茶广告密集轰炸，如雷贯耳。2012年由加多宝冠名浙江卫视制作和播出的大型系列音乐节目《中国好声音》红遍全中国，获得了最高收视率，为加多宝凉茶品牌的推广再添一把旺火。全国数亿电视观众在正宗好凉茶，中国好声音的主持人开场白引导下和电视画面上的红罐加多宝凉茶图片的提示下，享受了一场震撼人心的高水平的通俗音乐盛宴。此外，在与广州药业集团围绕王老吉商标之法律纠纷的口水战中，加多宝始终做到有理有利有节，吸引了广大媒体对加多宝的大量正面报道，并获得了消费者的同情与支持，这相当于为加多宝凉茶的品牌推广做了大量的免费广告。凉茶始祖王泽邦第五代玄孙王健仪女士多次在公众场合对媒体记者表示：王氏家族独有的王老吉正宗凉茶祖传配方已经独家授权给加多宝集团，这无疑为加多宝凉茶的正宗地位提供了最权威的证明。借助各种形式的营销传播，加多宝凉茶既赚吆喝，又赚买卖，在2012年饮料销售旺季实现销售同比增长超过50%的佳绩。据第三方市场调查机构的调查，截至2012年8月，加多宝凉茶的品牌知名度已达到74%，而在凉茶消费者中的知名度更是达到90%以上。

三、从销售渠道扩大品牌知晓度

如果说营销传播的竞争是空间战斗，那么营销渠道的竞争则是地面战斗，加多宝凉茶的地面战体现了着眼大局、注重细节、贵在执行的特点。在王老吉商标案裁决书公布后，与加多宝有着多年良好关系的饮料行业大经销商都明确地支持加多宝，表示将不遗余力地销售加多宝凉茶。加多宝集团为加多宝凉茶在各类渠道各个区域的销售管理制定了详细的规划和方案，并大幅度提高销售人员尤其是一线业务人员的物质待遇，有效稳定了销售队伍。从2012年5月开始，无论是在上海、北京、南京的饭店用餐，还是在深圳、成都、重庆的夜市大排档享用美味，每当客人点名来一罐王老吉时，服务生端上桌的却是红罐加多宝凉茶，客人一般会爽快笑纳，在许多超市便利店，货架上的双面红罐凉茶早已卖光，新上架的不仅有红罐加多宝凉茶，还有瓶装的加多宝凉茶。商店经理对外宣称只卖加多宝凉茶；小卖部老板对顾客说，加多宝比较好喝，消费者退回一个空纸箱可以得三元现金。加多宝凉茶的地面营销部队掌控和深耕渠道，坚守销售阵地，出色地完成了2012年的销售任务。

四、通过供应链管理实现销量的高增长

加多宝集团从2011年就开始为加多宝凉茶品牌的推广进行备战，为了迎接失去王老吉商标之后的营销竞争和市场挑战，加多宝集团在供应链管理等多个环节提前做好准备：备足原料和商品库存、控制生产环节和分销渠道、加强销售管理和销售队伍建设，加多宝集团还提前调整了包装广告等营销策略，先是为红罐王老吉凉茶进行包装改良，推出双面红罐凉茶，红罐包装的一面是王老吉三个竖排金色大字，另一面是加多宝三个竖排金色大字，让购买和饮用红罐王老吉凉茶的消费者注意和记住：一直以来，红罐王老吉凉茶的真正制造者是加多宝集团。从2011年年底开始到2012年5月，人们在全国各大超市、餐馆、酒店和娱乐场所见到的红罐凉茶都是这种双面王老吉。接着调整广告策略，人们发现，"怕上火，喝正宗凉茶""正宗凉茶，加多宝出品"的广告开始遍布各种场合。

五、启示

总之，加多宝首先有一个明确的市场定位，然后是通过品牌传播与渠道覆盖，从供应链上将加多宝凉茶品牌传播出去。去王老吉化背景下的加多宝凉茶在激烈的竞争中取得骄人的营销业绩，在营销战争史上留下了一笔宝贵的精神财富，对其他企业在未来的市场竞争中制定营销战略具有重要启示。

第一，当市场营销环境发生动荡给企业带来生存困境时，企业必须善于利用一切条件实现有效突破，而实现有效突破的保障主要包括四个方面：正确预见未来，拥有优势资源，科学的策划，有效的组织执行。加多宝集团在痛失王老吉商标使用权的前后，对凉茶市场环境及其未来发展进行了认真的研判和预测，利用自己在凉茶领域拥有的优势提前谋划与布局，以行业一流的营销执行力，全方位实施加多宝凉茶品牌推广战略，顺利实现了对消费者的品牌认知转换，不仅再次创造了凉茶营销的年度奇迹，有效地保卫和拓展了加多宝凉茶的市场份额，而且为加多宝品牌的崛起奠定了扎实的基础。

第二，灵活而有效的品牌背书在新品牌的启用中具有特别重要的意义。面对失去王老吉商标使用权后的困境，加多宝集团实施的品牌背书战略无论在形式还是在时机选择上都是灵活多样、有的放矢的，由于在消费者大脑中，王老吉这个品牌已经与正宗凉茶之间建立起根深蒂固的联系，要让消费者接受加多宝是正宗凉茶，难度是非常大的。解决这个问题最有效的办法是在消费者大脑中建立和强化加多宝与王老吉之间的联系，让王老吉为加多宝背书，无论是在王老吉商标纠纷案裁决之前还是裁决之后，加多宝都在努力实施这种背书战略。从双面红罐凉茶到保留红罐包装装潢的加多宝凉茶，从"正宗凉茶，加多宝出品"到"全国销量领先的红罐凉茶改名加多宝"，从《加多宝获得王氏家族凉茶配方的独家授权》的新闻报道到"还是原来的配方，还是原来的味道"的广告宣传，从媒体广告密集轰炸到赞助高收视率的电视节目，加多宝实施的品牌背书战略，其形式灵活多样，而主题则连贯明确，把加多宝凉茶与王老吉的渊源、加多宝凉茶的正宗性和可靠性明确清晰地告诉消费者，通过反复传播并配合渠道销售，将消费者以前对王老吉凉茶独有的情感逐步转移到加多宝凉茶身上，并获得首战胜利。

第三，在综合运用多种优势的基础上将多点竞争与重点突破结合起来，是确保企业在营销战中获胜的关键。环境动荡，市场险象环生，唯有组合应用多种持续竞争优势并实施多点竞争，方能增加竞争制胜的机会，赢得生存发展空间。多年来，加多宝获得的持续竞争优势包括：生产优势、渠道优势、销售管理优势、媒体传播优势、公共关系优势、营销执行力优势、创新求变的决策优势等。为了加多宝凉茶的生存和发展，加多宝集团利用多种优势积极主动地开展了全方位多层面的竞争：在全国各个区域市场开展竞争，在各种渠道和终端开展竞争，在各种传播媒体和传播场合开展竞争，在道义和法律上开展竞争，在公共关系方面开展竞争……围绕凉茶市场的争夺，在所有层面的竞争中，加多宝把营销传播的竞争和渠道竞争作为重点，而渠道竞争又是重中之重，加多宝以多种优势的组合运用，扬长避短，实现2012年凉茶销量同比剧增，让加多宝这个凉茶新品牌在市场上逐渐站稳了脚跟。

资料来源：笔者根据多方资料整理而成。

【问题思考】

    1. 公司总体战略的选择范围是什么？

    2. 公司战略的路径选择的类型，如何实现？

    3. 公司总体战略的类型有哪些？

    4. 公司竞争战略有几种？各自有什么优点和缺点？

【参考文献】

    [1] 腾讯 2018 年第二季度财报［BLog］. https：//www. tencent. com/zh - cn/articles/8003521534381984. pdf. 2018.

    [2] 霍春晖. 战略管理［M］. 北京：清华大学出版社，2016.

    [3] 康荣平，柯银斌. 格兰仕集团的成长、战略与核心能力［J］. 管理世界，2001（1）：189 - 195.

    [4] 姜汝祥. 从竞争战略看格兰仕与沃尔玛的差距［J］. 企业管理，2004（9）：48 - 54.

    [5] 黄旭. 战略管理——思维与要径［M］. 北京：机械工业出版社，2013.

    [6] 张若夫. 加多宝：别了王老吉的战斗［J］. 商界（评论），2012（7）：122 - 124.

第六章 国际化战略

【学习要点】

☆ 国际化战略的背景。

☆ 国际化战略的动因。

☆ 国际化战略的进入方式。

☆ 国际化战略的风险管控。

【章首案例】　　　　　　　吉利汽车的国际化之路

一、企业简介

2018，浙江吉利控股集团（以下简称"吉利控股"）以412亿美元营收位列世界500强第267名，较上年上升76位。

这是吉利控股集团连续七年入选《财富》世界500强，并以强劲的发展势头，创榜单排名新高，七年劲升208位，增速位居行业之首。《财富》世界500强排行榜一直是衡量全球型大企业最著名、最权威的榜单。吉利控股2012年首次入围跻身第475位，七年来迅速发展，稳居500强行列，并强势攀升208位。2017年，吉利控股全年总营收2782亿元，同期增长33%；净利润188亿元人民币，同比增长61%。2017年度累计上缴税款344亿元，同比增长28%。

图6-1为吉利控股2012～2018年世界500强位次趋势图。

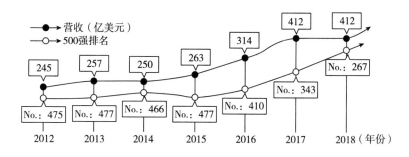

图6-1 2012～2018年吉利控股世界500强位次趋势

二、跨境并购实现全球化布局

2007～2017年10年间，中国汽车市场乘用车总量从630万辆增长到2400万辆，增幅近 4 倍；中国品牌乘用车销量从 250 万辆增长到 1000 多万辆，增幅超四倍。可吉利汽车十年间销量却由 18 万辆增长到 2017 年的 124.7 万辆，增长了近六倍。

2007 年，吉利与壳牌开始合作，于 2009 年 4 月双方结成战略合作伙伴关系，彼时双方合作就涉及生产、服务、赛车运动和海外服务等方面。吉利此后多年间开启"买买买"模式，先是 2006 年收购英国锰铜股份，2010 年全面收购沃尔沃轿车，2017 年又再次收购沃尔沃集团股份，2017 年收购马来西亚宝腾汽车公司和英国路特斯跑车公司。2018 年 2 月，通过旗下海外企业主体收购戴姆勒股份公司 9.69% 具有表决权的股份，成为戴姆勒集团第一大股东。经历多轮收购和并购，目前吉利控股已形成吉利汽车、领克、沃尔沃、伦敦出租车（英国锰铜）、宝腾和路特斯（莲花）六大汽车品牌矩阵，覆盖中低端品牌、豪华品牌的完整产品谱系。

一系列高难度的海外并购令人眼花缭乱，然而仔细梳理，每一次并购行为，都有其明确的战略意图；每一次并购行为，都服务于吉利集团的长远发展战略；每一次并购行为，都符合吉利汽车的全球发展布局；每一次并购行为，都符合吉利汽车的"总体跟随，局部超越，重点突破，合纵连横，后来居上"的总体战略思想。正如李书福董事长所言："21 世纪的全球汽车行业面临巨大创新机遇，也面临来自于非汽车行业公司的挑战，各个汽车企业单打独斗很难赢得这场战争。为了主动抓住机遇，我们必须刷新思维方式，与朋友和伙伴联合，通过协同与分享来占据技术制高点。"

只不过，经过了多年历练之后，吉利集团的战略视野和资源整合已经完全扩展到了整个世界。

三、全球化战略的保障——"三大升级"

1. 技术升级

收购 VOLVO 汽车，让吉利的技术能力发生了革命性的突破。在此基础上，吉利已经在杭州、宁波、哥德堡和考文垂建立了四大研发中心；在上海、哥德堡、巴塞罗那和加利福尼亚设立了四大设计中心，研发人员超过一万人。

位于瑞典哥德堡市的欧洲研发中心（CEVT）由吉利汽车集团负责经营，其研发出的全新产品架构，为吉利集团内吉利和沃尔沃两家公司提供中级产品的平台基础，这一架构构筑了零部件采购、技术标准的统一载体。目前 CEVT 拥有近 2000 名员工，包括 500 余名中国工程师和 1500 名外籍工程师。

2017 年，吉利发布 iNTEC 技术品牌，全力发展智能化技术，重点发力智能驱动、智能安全、智能驾驶、智能互联、智能健康五大领域。2018 年 3 月，吉利联合数十家企业打造吉客职能生态系统（GKUI），以开放、共享的姿态构建"全球价值协同共享体系"。而近期的一系列海外收购活动，无疑是对汽车产业前瞻性技术领域的新一轮深度布局。

在重中之重的新能源汽车领域，通过吉利汽车内部研发、沃尔沃投放 Polestar 电动汽车、借助戴姆勒集团在电动车的领先优势、投资新能源汽车共享平台曹操专车等多种路径，开展了全方位的落子布局。也许在不远的未来，当前布下的若干新能源棋子将殊途同归，助力吉利建立起全面的优势。

2. 产品升级

吉利的全球化之路也是产品的升级之路。在收购 VOLVO 以前，吉利汽车一度被视为无法登上大雅之堂的低端产品。收购 VOLVO 汽车使其一举获得十个可持续发展的产品、产品平台和已进入量产准备的全新 SPA 产品平台。

2014 年，"一个吉利"战略发布，帝豪、全球鹰、英伦三个子品牌纳入统一的吉利品牌。

2017 年底，借助 CMA 基础模块架构和 VOLVO 全球统一的制造体系和质量标准，高端品牌领克汽车成功推出，继中国市场之后还将在欧洲上市。

至此，吉利集团的产品家族终于实现了明显的体系化布局。"帝豪""远景""博系"产品构成的吉利系列产品，定位于国内自主品牌；领克汽车定位于高端品牌，VOLVO 汽车定位于豪华品牌。

在产品结构上，吉利汽车的轿车与 SUV 齐头并进，结构非常健康；从单品的销售表现上看，博越、帝豪、远景等多款产品月销量超过万辆，成为名副其实的"爆款产品"，极大提高了吉利集团的盈利能力。

3. 人才升级

汽车产业是典型的资金、技术、人才密集型产业，离开了全球顶级人才，打造全球领先企业就是一句空话。20 世纪 50 年代，正是大胆引入二战后从美军退役的"蓝血十杰"，美国福特汽车才真正走上了科学化管理的发展道路。

创立伊始，吉利汽车就把"招贤纳士"视为公司的根本战略之一，目前在财务、研发、制造、营销、人力资源各领域都会聚了一批全球顶级人才，这些人才正是吉利全球化战略顺利落地的关键保障。

四、价值链的全球布局

吉利一直致力于构建从研发设计、制造组装到营销服务的全球价值链。以吉利在 2015 年新推出的博瑞为例。首先，博瑞在设计、安全和车内空气质量管理方面借鉴了沃尔沃的理念。其次，博瑞是由原沃尔沃副总裁、现吉利集团造型设计高级副总裁彼得·霍布里带领的国际设计师团队操刀设计的造型。再次，博瑞的众多零配件都是由全球最顶尖的零配件供应商提供的，其中合资品牌供应商达到 69 家，占总供应商数的 61%。最后，为了确保博瑞的一流品质，吉利将博瑞部署在具有全球工艺水准、位于浙江宁波的春晓基地生产。

可见，为了获得竞争优势，吉利创新发展战略，通过在全球范围吸纳整合资源和配置资源，汇集了国际研发设计制造精华，打造了与国际顶级水平接轨的全球价值链，并由此向全球公司转型和向价值链高端升级。这是吉利始终践行的全球化发展道路，也是中国企业转型升级的必经之路。

1. 全球研发布局

吉利和沃尔沃在研发领域的协同布局，让吉利的触角真正伸入了国际化研发体系。2013 年 2 月，吉利汽车和沃尔沃汽车联手在瑞典哥德堡成立了吉利控股集团欧洲研发中心（China Euro Vehicle Technology, CEVT），并于当年 9 月 13 日开始试运营。通过 CEVT，吉利汽车和沃尔沃汽车将联合开发新一代中级车模块化架构（CMA 平台）和相关部件，以满足吉利汽车和沃尔沃汽车未来的市场需求。借助平台化的优势，吉利汽车可以借助新开发的模块化架构大幅度提升未来产品的品质和性能；沃尔沃汽车则可以借助集团的资本投入推进前沿技术的落地；同时还可以从吉利汽车在亚洲地区的配套体系中选择优秀供应商，从而对零部件采购进行系统性优化，实现更健康的成本结构。

经过几年的运作，吉利与沃尔沃跨品牌的共享技术战略已经初步形成，世界前沿技术的模块化、平台化架构的设计正在全面推进，吉利全球化研发体系已逐步搭建完成。

2. 全球采购布局

吉利汽车在发展初期，其供应链体系的选择范围较窄，与国际顶级供应商合作也不是很多。并购沃尔沃以后，吉利汽车的全球采购范围更加宽广，且获得了与全球顶级供应商合作的机会。通过与全球顶级供应商的合作，吉利汽车接触到了更加前沿、高端的技术。

跟吉利合作以后，沃尔沃获得了了解中国供应商的机会，有了更多的选择，有效地降低了成本，反过来又促进了欧洲的供应商改进质量、降低价格。吉利汽车与沃尔沃汽车在采购方面的合作过程是逐渐融合的，吉利集团最终的目标是实现"沃尔沃汽车的技术、吉利汽车的成本"式的全球采购体系，通过全球采购、全球竞争，既保证成本的最优，又促进两大品牌品质的提升。

3. 全球制造布局

在制造方面，除了国内现有的生产基地以外，吉利汽车布局了全新的、具备全球顶级制造工艺的生产基地。比如，春晓基地以及完全按照沃尔沃工厂标准建设的路桥新基地等。在海外，吉利更是积极推进制造基地的建设。未来，吉利在东欧、中美、南美、中东、北非及亚太（东盟）等区域都确定了产能及投资规划，在海外投资建厂，以 KD 模式出口将成为吉利海外业务拓展的主要方式。

近年来，沃尔沃分别在成都、大庆建立整车制造基地并在张家口建立发动机制造基地。2015 年，沃尔沃宣布将在美国南卡罗来纳州伯克利县兴建全新的工厂，并生产下一代小型 S60 轿车，以布局美国市场。

4. 全球销售布局

目前，吉利汽车主要出口东欧、中东、非洲、东南亚、大洋洲、中南美洲近 60 个国家和地区，并且在海外建立了 400 多家销售和服务网点。随着吉利汽车新车型的推出和产品竞争力的提高，以及对于外汇汇率走势的应对，它已经开始逐渐调整地区销售布局，在未来 3～5 年，吉利汽车将从新兴市场全面走向发达国家市场。

沃尔沃的销售网络在欧美发达国家市场已经有了比较好的布局，分布于 100 多个国家的 2000 多个网点的销售服务体系将为吉利打开全球市场贡献重要力量。借助沃尔沃在全球的市场销售和服务网络的策应，吉利汽车得以进入欧美发达国家市场，扩大全球销售的范围。

五、未来可期

今天的吉利还面临诸多难题：过于分散的国内制造基地布局所带来的产能协同和管理难度，吉利品牌中最高端的博瑞如何向上发展突破市场份额瓶颈，同时投资 VOLVO 和戴姆勒集团可能带来的公司治理难题，都在考验着吉利集团的智慧。但有一点可以确定：与国内众多的大型国有车企相比，吉利的战略决定权牢牢掌握在自己手里，其全球资源整合的能力无出其右，未来的全球化发展更加值得期待。

资料来源：笔者根据多方资料整理。

企业的国际化战略是公司在国际化经营过程中的发展规划，企业为不断增强其竞争实力和环境适应性，在其母国之外的市场通过销售产品或服务获利而制定的一系列决策的总称。

企业的国际化战略将在很大程度上影响企业国际化进程，决定企业国际化的未来发展态势。

企业实施国际化战略的根本原因是在本土之外的市场蕴含潜在的发展机遇。国际化战略取得成功时，企业可以获得一系列利益，包括扩大市场规模、提高投资回报率、产生规模经济和范围经济、构筑区位优势等。

第一节 国际化战略的动因

一、扩大市场规模

企业通过进入国际市场来扩大潜在市场的规模。特别是当国内市场趋于饱和时国际化战略是一个很有吸引力的选择。随着经济全球化的发展，不同国家的消费者在需求偏好和消费习惯上有趋同的倾向，使企业有可能将产品和服务推向更广阔的海外市场。

二、提高投资回报率

实施国际化战略可以提高投资回报率，主要原因有两个：一是企业可在海外市场寻找更优质更低廉的原材料、劳动力和技术等资源，从而降低生产成本，提高投资回报率；二是随着市场规模的扩大，企业研发投入的积极性增加，进而形成更多的新产品和新工艺技术，有助于企业获得产品与服务的溢价，降低成本，进而提高投资回报率。当前，新产品过时的速度加快，因此企业需要更为快速地开发新技术，但由于不同的国家有不同的专利法律，竞争对手也可能模仿这些新技术。特别是通过逆向工程，竞争对手能够拆开一件产品来学习新技术，很快就能以相对较低的成本生产类似的产品。因此，在国际化发展的背景下，企业的压力越来越大，要求更迅速补偿新产品的开发成本，而国际市场的进入扩大了企业的市场规模，可以更好地补偿重大研发投资，有助于提高企业研发投入的意愿。

三、产生规模经济和范围经济

通过在国际市场上进行制造运作的扩张，企业可以实现规模经济。通过跨国的标准化产品制造和使用相同或相似的生产设备以及关键资源的协调功能，企业能真正实现最优经济规模。例如，企业可能通过与另外一个国家的网络合作伙伴的资源和知识共享，在国际市场上建立核心竞争力。这种共享产生协同作用，有助于企业生产更优质的产品或以更低的成本实现服务。此外，企业通过不同的国际市场上的实践机会进行运作，可以获得新的学习机会，实现不同市场经验的共享，产生范围经济。

四、构筑区位优势

国际化战略通过在其他国家建立分支机构获得区位优势。所谓区位优势，就是指一个特定区位给所在地企业带来的天然优势。例如，特定的区位可以供给低成本劳动力、能源和其他天然资源。或者，特定的区位由于产业集聚，使得企业可以非常便利地获取关键供应商和客户，同时分享知识溢出的好处，得到最新的技术信息。

不同企业在实施国际化战略过程中设定的目标是不同的。有的为了获取自然资源，有的为了获得市场，有的为了提高生产效率、降低成本，还有的为了获得最新的技术和产品创新信息。也正因为如此，企业要基于战略目标来选择特定的区位从而使两者匹配起来。

第二节　国际市场进入方式

国际市场进入方式是企业对其产品、技术工艺、管理以及其他资源进入国外市场的一种整体长远规划和途径安排。企业从有国际化想法开始，就应该不断考虑如何进入国外市场，企业需要明确思考如何将自身的资源和技能从一国转移到另一国，企业如何对这些转移资源进行管理，进入深度、风险性、控制程度如何等，这就是国际化的进入方式选择问题。选择正确的国际市场进入方式是公司国际化进程中最重要的决策之一。一般企业进入国际市场的方式主要有贸易型、契约型和投资型。不同的进入方式所需要的资源投入不同，进入的深度、控制的程度以及盈利性、灵活性和风险性都不同。

一、贸易型进入方式

贸易型进入方式就是向目标国家或地区出口商品从而进入该市场。这是跨国经营的公司国际化进程中进入国际市场深度最小、风险最低的一种方式。尤其是在进入那些高度不确定性市场的时候，因此也被认为是企业最理想的初级国际化进入方式。这种方式可以进一步分为间接出口和直接出口两种形式。该进入方式的主要优势在于初始投入少，经营风险较小，产品集中在国内生产可以实现规模经济效益；主要劣势在于有形产品出口到目标国会受到贸易和非贸易壁垒的限制，对客户需求的反应不够灵敏，并且对产品在国外市场的营销和分销渠道控制较少。

1. 间接出口

间接出口是指企业通过国内出口商或委托出口代理商来从事产品的出口。在此种方式下，企业可以利用中间商现有的出口销售渠道，不必自己处理出口的单证，保险和运输等业务。初次出口的中小企业比较适合运用间接出口的方式。

2. 直接出口

直接出口是指企业不通过中间机构，直接将产品销往国外。与间接出口相比，直接出口投资较大，风险较高，但潜在的报酬也较多。

二、契约型进入方式

契约型进入方式是国际化企业与目标国家的法人单位之间通过订立长期的、非线性的无形资产转让合作合同，对在海外生产和销售的产品收取一定许可费、目标国家的法人单位（被许可方）需承担经营风险并投资设备生产、销售的一种国际化方式。通常许可转让的内容包括各种工业产权（如专利、商标、技术管理诀窍、工艺技能、营销技能等）和版权。主要的契约进入方式有以下五种：

1. 许可证贸易

许可证贸易是指企业在规定的期间内，将其商标、品牌、专利权、技术诀窍等授予东道国的某些企业，双方签订协议，而许可证接受者须向许可证提供者支付一定的报酬。

2. 特许经营

特许经营是由特许授予人准许被授予人使用它的公司名称、注册商标、经营管理制度和推销方法等从事经营活动的方式。特许授予人对被授予人提供有效协助并进行监督与控制，被授予人向特许授予人支付一定的费用。特许经营与许可贸易有类似之处，但在动机、提供的服务和有效期限等方面是不同的，在特许经营中，除了转让公司商号、注册商标和技术外，特许授予人还要在组织、市场和管理等方面帮助被授予人。

特许加盟，即由拥有技术和管理经验的总部，传授加盟店各项经营活动的技术，收取一定比例的权利金及指导费，此种契约关系即为特许加盟。特许加盟是特许人与受许人之间的一种契约关系。根据契约，特许人向受许人提供一种独特的商业经营特许权，特许人将其商标及其他标识授予受许人使用，特许加盟总部必须拥有一套完整有效的运作技术优势，通过指导传授，让加盟店能很快地运作，同时从中获取利益，如此促进加盟网络日益壮大。

特许加盟也经常以特许连锁的形式出现，特许连锁是指授予特许权者（可能是经销商、批发商或服务公司）与接受特许权者之间所订立的特许契约，约定后者在支付一定代价（权利金等）后，才能使用前者所发展出来的特定商品或服务，甚至是其运营方式、商标、专利权或商誉等。此种特许连锁不仅有指挥控制的统一性，同时又可结合人力和财力而实现快速的扩张。

这类进入方式的优点是特许方不需投入太多的资源就能快速地进入国外市场，而且对被特许方的经营拥有一定的控制权。缺点是很难保证被特许方按照特许合同的规定来提供产品和服务，不利于特许方在不同市场上保持一致的品牌形象。

专栏 6-1　　　　　肯德基在中国市场的特许加盟模式

1987 年 11 月 12 日，肯德基在北京前门繁华地带设立了在中国的第一家餐厅，而北京肯德基有限公司也是当时北京第一家经营快餐的中外合资企业。以北京作为一个发展的起点，肯德基在中国的发展就如同燎原之火。1992 年餐厅总数为 11 家，在当时的中国数量位居前列。到 1995 年，已发展到 50 家。2000 年 11 月 28 日，肯德基在中国突破 400 家，突破国际快餐连锁业在中国的开店数。2002 年 9 月 12 日，中国第 700 家肯德基餐厅在深圳开业。2003 年 1 月 8 日，中国第 800 家肯德基餐厅在上海浦东机场磁悬浮列车终点站正式对外营业。2004 年 1 月，中国第 1000 家连锁店在北京朝阳区樱花园东街开业；同年 12 月，第 1200 家餐厅在海南三亚开业。到 2005 年 10 月，中国第 1500 家餐厅暨第二家汽车穿梭餐厅在上海开业。这样的发展速度和规模，使肯德基成为一家在中国发展迅速的快餐连锁企业，同时它也是率先开发乡镇一级市场的国际餐饮品牌。2007 年 11 月，肯德基第 2000 家餐厅在成都开业。2009 年 6 月，中国肯德基第 2600 家餐厅落户中原郑州。2010 年 6 月，中国肯德基第 3000 家餐厅在上海开业，同时发布全新品牌口号"生活如此多娇"。2012 年 9 月，第 4000 家餐厅在大连开业。2015 年，中国肯德基更是突破 5000 家餐厅，随着时光的推移这一数字每天都在更新中。应该说中国肯德基的不断发展、突破和创新，始终与中国的快速发展紧密相连，同时与肯德基所采取的特许加盟模式息息相关。

与世界上其他著名品牌的连锁业一样，肯德基以"特许经营"作为一种有效的方式在全世界拓展业务。2000年8月，中国地区第一家"不从零开始"的肯德基特许经营加盟店正式在常州溧阳市授权转交。加盟商在加盟肯德基的同时，也开始了与肯德基平等互利、同舟共济的合作。

肯德基的"不从零开始"是指肯德基将一家成熟的、正在盈利的餐厅转手给加盟者。加盟者不需进行自己选址、开店、招募与培训员工等大量繁重的前期准备工作，这些都是现成的。其中，选址往往是成功的关键，而肯德基已经帮你做好了。这是现阶段肯德基在中国市场开展特许经营的一个方式，将一家正在盈利的肯德基餐厅交给加盟者，加盟者的经营风险就大大降低，仅靠维持就能成功。

肯德基在中国的发展潜力是巨大和难以估量的，中国将会成为一个庞大的快餐业市场。没有哪一个企业能够完全占有中国市场，依靠热爱肯德基品牌的加盟者来共同发展中国的肯德基，从而达到更有效的发展潜能。因此，肯德基特许经营在中国前景十分可观。

（资料来源：笔者根据多方资料整理而成。）

3. 管理合同

管理合同是指具有管理优势的国际企业经由合同安排委派其他管理人员到另一国的某个企业承担经营管理任务并收取一定的管理费。管理合同实际上是一种国际性的管理技术贸易。比如，企业为国外的旅馆、飞机场、医院或其他组织提供管理服务，并收取管理费。这种合同上的管理权，可以用于管理某个企业的全部经营活动，也可以只是管理该企业的某一部分活动或某项职能，如生产或营销。无论管理范围是大是小，承担责任的管理国际企业都不能享有所有权，它得到的只是合同所规定的管理费，这种管理费可以是固定数额，可以根据销售分摊，也可以在固定数额之外再加上分红，此种进入方式的优点是经营风险小。有利于扩大企业在当地市场的影响力，同时有利于企业了解当地市场需求情况。此种进入方式的缺点是与接受管理服务方是同类企业，有可能将对方培养成自己的竞争对手。

4. "交钥匙"工程

"交钥匙"工程是指企业承包建设工程。工程全部完工后由企业进行一段时间的运营，待运营稳定后，即移交给东道国。它可以和管理合同相结合，即在工程移交给东道国后，继续派人员管理和培训有关人员。交钥匙工程优点在于它所签订的合同往往是大型的长期项目，利润丰厚。但正是由于其长期性，也就使得这类项目的不确定性因素增加，如遭遇政治风险等。

专栏6-2   **中国铁建打响中国高铁"走出去"**
真正意义"第一炮"

前身是铁道兵部队的中国铁建股份有限公司（中文简称中国铁建，英文简称CRCC），由中国铁道建筑有限公司独家发起设立，于2007年11月5日在北京成立，为国务院国有资产监督管理委员会管理的特大型建筑企业。中国铁建是中国乃至全球最具实力、最具规模的特大型综合建设集团之一，2018年《财富》"世界500强企业"排名第58位，2017年"中国企业500强"排名第14位，"全球250家最大承包商"排名第3位。

2014年11月4日凌晨，墨西哥通信和交通部宣布，由中国铁建牵头的国际联合体中标墨西哥城至克雷塔罗高速铁路项目。这是中国在海外承建并完全采用中国标准的首条时速300公里高铁，是中国高铁"走出去"真正意义上的"第一单"。

十多年前，墨西哥的铁路客运几乎完全消失，只剩下少数的旅游线路。墨西哥交通部部长在新闻发布会上说，作为一个有1.2亿人口的国家，墨西哥应该有一个巨大的铁路客运网。该高铁项目计划建成后每天能运载23000名乘客，最高时速达到300公里。这将使首都墨西哥城同克雷塔罗州中心城市的旅行时间从目前的两个半小时缩减到58分钟。这是中国企业在海外承建的首条时速300公里高铁，也是墨西哥迄今最大的基础设施项目。修建墨西哥城至克雷塔罗高铁，是墨西哥百姓翘首期盼的民生项目。修建高铁以解决两个城市之间的交通运输问题，成为墨西哥现任总统在2012年参加总统大选时的郑重承诺。这条计划修建的高速铁路全长210公里，将连接首都墨西哥城和克雷塔罗州的中心城市。修建这条铁路是墨西哥总统恩里克·培尼亚·涅托决定重新发展国家铁路客运计划的一部分。

这是该国首条高铁，为了建设好这条高铁，2013年墨西哥开始了国际范围的公开招标。作为墨西哥迄今为止最大的基础设施项目，设计时速300公里、全长210公里的墨西哥城至克雷塔罗高铁项目，立即引来全球高铁巨头的竞逐。日本三菱、法国阿尔斯通、加拿大庞巴迪以及德国西门子等跨国企业均表现出浓厚兴趣。然而由于竞标和建造时间都很紧张，据悉很多国外公司在写信要求延迟投标时间被拒后，16家公司最终放弃了竞标计划。中国铁建领衔的财团在10月15日最后截止日期前递交了一份建造客车及铁路的计划，这也是墨西哥交通部收到的唯一一份计划。中国铁建牵头的这个国际联合体是这条210公里长高速铁路线的唯一竞标方。中国铁建与中国南车以及墨西哥本土四家公司组成了约400人的国际联合团队。由于墨西哥项目从发标到截标的时间只有两个月，国外企业没能在规定的时限内拿出标书。最终，中国铁建牵头的国际联合体成为夺得这笔大单的"黑马"。

为了达到墨西哥业主的要求，中国铁建迅速调配了集团内的设计院、工程局等所有资源，并与中国南车等联合体伙伴密切沟通。最终，有着多年高铁建设经验的中国铁建联合体，成为快速读懂目标市场、唯一按时投标的企业。

整合资源、多方合作、互利共赢的中墨合作模式，是此次中标的重要原因之一。中国铁建国际集团党委书记赵佃龙介绍，在投标过程中，也有人担心，中国企业中标后会不会蚕食当地的基建市场；而此次中国铁建就承诺，高铁项目的土建施工劳动力中，当地员工数量绝不少于中国雇员，钢材、水泥等主要材料通过全球采购招标，而且中国铁建联合体中也引入了四家墨西哥当地施工企业。"我们既为当地带去先进的技术，也致力于培训本土员工，将极大地提高当地的技术实力。"赵佃龙说，墨西哥高铁运营的前五年，中国铁建将提供运营服务，同时也将培训当地员工使用和维护高铁，"我们还为当地培养一批'高铁技师'和管理骨干人员。不仅授人以鱼，也真正授人以渔"。

种种迹象表明，中国高铁"走出去"的步伐越来越快，作为本条铁路的牵头方中国铁建，其国际业务遍及全球，2014年前三季度海外新签合同额1146.664亿元人民币，占新签合同额的20.30%，同比增长243.99%。此前，中国铁道建筑总公司、中国交通运输部、俄罗斯铁路公司以及俄罗斯交通部还共同签署了一份合作备忘录，推进构建北京至莫斯科的欧亚高速运输走廊，优先实施莫斯科至喀山高铁项目。随着我国高铁"走出去"的步伐不断加快，相关高铁产业链也将受益。在这其中，中国铁建等高铁线路建设方可能获得的收益更大，因为在整个高铁项目中，基建部分预计占总投资的80%，而车辆占15%左右。

作为中国企业在海外承建的第一条时速达300公里的高铁，墨西哥高铁项目对周边国家接受中国企业及中国技术将会产生极大的示范效应。

（资料来源：笔者根据多方资料整理而成。）

5. 合同生产

又称贴牌生产，即企业与东道国或地区的企业订立供应合同，要求后者按合同规定的技术要求、质量、时间生产本企业所需要的产品，交由本企业并用本企业的品牌销售。此做法等于租赁了当地企业的生产能力，可以迅速进入目标市场，但企业赚到的只是销售利润。无法掌握核心技术，只是充当了一个生产车间而已。

专栏 6-3　　　　　　　　　　富士康代工厂模式

一、企业简介

富士康科技集团是专业从事计算机、通信、消费性电子等3C产品研发制造，广泛涉足数位内容、汽车零组件、通路、云运算服务及新能源、新材料开发应用的高新科技企业。凭借前瞻决策、扎根科技和专业制造，自1974年在台湾肇基、1988年投资中国大陆以来，富士康迅速发展壮大，拥有百余万员工及全球顶尖客户群，是全球最大的电子产业科技制造服务商。从2002年起位居中国大陆企业出口200强榜首（2017年进出口总额占大陆进出口总额的3.7%），2005年起跻身《财富》全球企业500强（2018年跃居第24位）。

富士康集团自1996年起投资兴建深圳龙华科技工业园，已发展成为全球最大的电脑准系统制造和系统组装生产基地，也是国内最大的电脑游戏机、服务器、主机板、网络配件、光通信组件、液晶显示器、精密模具的综合生产基地。除了深圳以外，富士康在大陆其他地方开设了多处工业园区或工厂。

二、代工厂模式

作为一种代工的商业模式，富士康无疑是开辟了又一种形式，一种大规模、高效率的生产模式。在客户价值方面，富士康和一些国际知名公司签订了长期合作协议，这就使其拥有稳定的订单收入，可以最大限度地降低成本，从而赢得更大的收益空间和竞争机会。另外，盈利模型，富士康利用了中国大陆廉价的劳动力，原材料成本相对较低，大规模的生产也有助于富士康进一步压低成本费用，从而赢得更大的竞争机会，在市场中处于有利竞争地位。富士康开始时的定位就是全球最大的代工生产企业，在这一点上，富士康这些年也不断地努力，向着目标前进，可以说富士康充分利用了中国现阶段的国情，走了一条适合自己发展的道路，至少现阶段看是这个样子。在战略控制方面，富士康也做了很大的努力，首先是稳定的客户群，富士康近些年同苹果、惠普等公司签订了长期合作协议，这保证了富士康稳定的订单收入。仅仅是苹果，无论 iPhone、iPad，这些近年来畅销的产品，都是从富士康走出来的，这也给富士康带来了不少利润。富士康实力日益增强，知名度升高的同时，也赢得了更多的订单，比如小米手机，在自己生产能力不能满足市场需求的时候，选择了与富士康合作，将小米的生产交给富士康来做，很大程度上改善了小米的生产状况。

富士康为全球客户提供手机代工服务，工厂主要集中在中国，在印度、巴西、越南也有工厂，但规模较小，主要是做周边配合。富士康是目前全球最大手机代工厂之一，在早期的发展过程中，充分利用中国劳动成本优势和规模经济，迅速扩大生产经营规模，在早期全球化产业转移的过程中获得了可观的经济利润。但随着中国人口红利的逐渐消失，中国企业的创新能力和技术更新能力不足，产品附加值低，外贸的依存度过高，近些年大环境的恶化也波及富士康的发展。在中国地区，富士康为了进一步降低运营成本，主要生产基地已从深圳转移到了河南郑州，并在河北、山东、贵州、四川等多地建厂。目前的手机研发中心，设在台北、南京、北京，相关的研发人员有1000 人左右，但研发队伍较年轻，技术积累较弱。

近些年富士康的运营状况一直不是很好，尽管全球手机出货量在逐年增加，但富士康从 2006 年起，营业额就逐渐下滑，主要的原因是富士康的客户主要以欧美企业为主，由于这些年欧美手机品牌的市场份额一直在下滑，导致富士康的出货量在减少，直接影响了企业的营业额。同时，由于手机代工行业的竞争日益激烈，导致代工利润进一步下降，同时客户对产品价格越来越敏感，因此不断压低富士康的价格，最近几年富士康的净利润维持在个位数，2014 年富士康的净利润为 2.48%，已经处在微笑曲线的最底端。此时已经到了必须要寻求改变的时候了，如何能够在竞争白热化的手机代工行业，占据市场领先地位，是富士康需要思索的。

（资料来源：笔者根据多方资料整理而成。）

三、股权投资型进入方式

该方式是指企业将资本连同本企业的管理、销售、财务转移到东道国或地区，建立受本企业控制的分公司或子公司，有独资经营、合资经营和国际战略联盟三种形式。

1. 独资经营

独资经营是指企业独自到目标国家去投资建厂，进行产销活动。企业有完全的管理权与控制权，独立经营、独享利益、独担风险。独资经营的优点是：企业可完全控制整个管理与销售，经营利益完全归其支配；企业可以根据当地市场特点选择相应的战略和策略；可以同当地中间商发生直接联系，争取它们的支持与合作；可以降低在东道国的产品成本，降低产品价格，增加利润。其主要缺点是：投入资金多，可能遇到较大的政治与经济风险，如货币贬值、外汇管制、政府没收等。

2. 合资经营

合资经营是指企业和目标国家的投资商共同投资，在当地兴办公司，双方都对公司拥有所有权和经营权，即共同投资、共同管理、共担风险和共享利益。这个合资公司的创立可以是国际化经营公司购买当地公司的股份，或当地公司购买国际化经营公司在这个目标国家的分公司的股份，也可能是双方合资创办新的公司。此种模式的优点是通过合资可以进入更多经营领域和市场，以符合当地市场准入政策，因为有些国家规定外国公司只有同本国公司合资才能进入其市场。此种模式的缺点是如果国际化经营公司将自己的独有技术和管理技能投入合资公司，很容易被合资伙伴掌握，其将可能发展为自己未来强有力的竞争对手。

专栏 6-4　　　　中国汽车业与通用汽车携手开启的合资造车史

2011 年 7 月 21 日，《变形金刚 3》在中国首映，影片中出现了数十个不同类型的汽车，让中国的汽车爱好者大饱眼福。不过，在 20 世纪 80 年代变形金刚系列诞生的时候，中国的汽车行业刚刚起步，轿车产量很少，车型也只有红旗牌轿车和上海牌轿车两种，家庭用的私人轿车几乎为零。到了 90 年代变形金刚动画片风靡中国后不久，汽车厂商纷纷开始来华兴建合资企业。从 1997 年起，到 2010 年中国汽车销量达 1806 万辆，稳居全球汽车市场第一位。15 年间中国汽车行业经历了飞跃式的发展，在这个过程中，汽车合资企业功不可没。美德日三系合资企业出现的故事，也因为当时的特殊环境而带有了一抹传奇的色彩。

1978 年 8 月，主管汽车行业的第一机械部向美国的通用汽车、福特，日本的丰田、日产，法国的雷诺、雪铁龙，德国的奔驰、大众等著名企业发出邀请电，希望它们能够来考察中国市场。沟通的结果是：丰田公司以正在和中国台湾洽商汽车项目婉拒，奔驰公司则表示不可能转让技术，除此之外其他公司都表示了兴趣。为了选择最有利于中国汽车工业发展的合作伙伴，从 1978 年 10 月开始，中国正式与美国通用、福特，日本日产，法国雪铁龙、雷诺，德国大众等汽车厂商进行了多轮谈判。

1978 年 10 月 21 日，美国通用汽车公司第一时间派出由托马斯·墨菲带队的大型访问团来洽谈轿车和重型汽车项目，后来出任副总理的李岚清接待了他们。在这次洽谈中，墨菲第一次提出了"合资"的概念。他说："你们为什么只同我们谈技术引进，而不谈合资经营（Joint Venture）？"尽管中方人员懂得一些英语，但对它的确切含义并不清楚。于是墨菲就让他手下的一位经理向中方人员详细介绍了"joint venture"的含义：就是双方共同投资，"合资经营"企业。这位经理还介绍了合资经营企业的好处，怎样搞合资经营，以及他们与南斯拉夫建立合资经营企业的经验等等。

听了这番介绍后，李岚清感到新鲜有趣，当即在会后将谈判做成简报，上报给国务院和中央政治局，邓小平批示：合资也可以谈。这便成了中国"合资企业"的由来。这个批示意味着邓小平先生对通用汽车提议的认可，冲开了当时禁锢着中国人的思想禁区。中国汽车业30多年改革开放由此翻开了第一页。

在邓小平一锤定音之后，中方和外商的谈判就开始以利用外资、引进技术、合资经营的方式展开。在中国改革开放的初期，是通用汽车帮助中国的合资企业设定了游戏规则，这为中国汽车行业的发展奠定了良好的基础，同时也对通用汽车公司的发展创造了有利的条件。1997年6月，通用汽车公司与上海汽车工业（集团）总公司签约成立上海通用汽车有限公司及泛亚汽车技术中心有限公司。通用汽车也由此成为第一家在中国同时成立汽车整车合资公司和汽车技术研发公司的跨国汽车企业。

毫无疑问，以通用汽车、大众汽车、日产汽车为代表的众多汽车厂商以及他们的合资企业为中国汽车工业的发展立下了汗马功劳。而今，随着市场的发展，中国汽车行业与国际厂商正在寻求新的合作方式。2009年，通用汽车与上汽集团合作在印度建厂，共同开拓这个潜力无限的市场。这也成为合资企业帮助中国汽车行业拓展海外市场的全新合作模式。在合资企业的推动下，中国汽车工业的发展进入了一个崭新的篇章。

（资料来源：笔者根据多方资料整理而成。）

3. 国际战略联盟

国际战略联盟是指两个或两个以上国际竞争企业之间，为了某一共同的特定目标在保持自己法人地位的前提下将各自的一部分资源、能力和核心专长进行某种形式的合作协议。国际战略联盟是弥补劣势，提升彼此竞争优势的重要方法，可以迅速开拓新市场，获得新技术，提高生产率，降低营销成本，谋求战略性竞争策略，寻求额外的资金来源。

当今国际战略联盟已从制造业拓展到服务业，从传统产业发展到高新技术产业。总之，未来国际市场的竞争不再是企业与企业的竞争，而是战略联盟之间的竞争。国际战略联盟与合资企业的不同之处在于它偏重"战略"，即它不以追求短期利润最大化为首要目的，也不是一种为摆脱企业目前困境的权宜之计。而是与企业长期计划相一致的战略活动。

随着企业实力的不断壮大以及国内市场的逐渐饱和，有远见的企业家开始把目光投向中国本土以外的全球海外市场。中国企业的国际化战略大致可以分为四种类型：第一种是海外设厂，生产本地化，以本土化生产、本土化销售为方向，不但能绕过贸易壁垒，而且使海外销售迅速发展起来，如海尔。第二种是自有产品直接出口，此类企业具有自主知识产权，如华为和中兴。第三种是并购国外企业，不仅能获得市场，还能获得国外核心技术，如联想。第四种是产品贴牌出口，这类企业以浙江温州企业为多。当然，上述分类是按照企业的主导战略类型，企业国际化战略有时会采取多种战略，即组合战略来进军海外。

专栏6-5　　东风收购标致雪铁龙14%股份，加速推进国际化进程

作为东风汽车公司总经理的朱福寿，胸中的版图早已不局限于国内市场，资本合作之外的全价值链打造、合作伙伴结构的调整、东风大自主的转型升级都成为这位央企老总的考虑重点。

早在2012年，东风汽车公司副总经理刘卫东就曾经表示："PSA作为早先的家族企业，标致家族具有很强的戒备心，在我看来，其实他们抓住两点核心即可：家族的发言权，选择好企业的CEO。PSA的优势包括柴油机、底盘、设计、小型车，而在经济危机之下，PSA对所有的汽车企业抱开放合作的态度，只为他们具有各自的独特优势。"这段话或可以为上述问题作一个注解。

"我们这一次跟PSA的入股合作，它是一个全价值链的合作，它不是过去一种单一资本的合作，像吉利收购沃尔沃等，这些完全是资本上的合作。这次东风跟PSA表面看起来是资本入股了，但是实际上的理念从研发到制造、到采购，是一个全方位的合作关系。"朱福寿表示。

东风汽车在最近提出了"三个东风"的愿景规划，即要建立"一个永续发展的百年东风，面向世界的国际化东风，在开放中自主发展的东风"。此次收购对于后两者的目标达成将有实际意义。朱福寿坦言："东风要从走出去、走进去，从过去引进国外的品牌、引进国外的技术，到我们跟国外联合开发，到我们到国外购买一些资源，到我们走出去，甚至是走进去，这是一个演变的过程。如果东风没有一个战略性的举措，我们要想实现国际化的东风是一句空话，我们付出的成本可能会更高，我们走的路可能会更加曲折。"

东风汽车不是甘于被动的企业，此次收购，可以说是东风主动抛出绣球，在2013年7月2日这个合适的节点开始正式接触谈判，在2014年2月这个节点达成框架协议，这都是早有打算的。选择PSA这个品牌，一方面是22年合作以来的经验和信任的基础已然形成，另外一方面也是规避风险的考虑。

2012年钓鱼岛事件后，东风汽车受到了很大影响，旗下合资板块中日产和本田系的权重较大，也直接造成了市场占有率和利润指标等的波动。在日系车前景不明朗的情况下，充实欧系的板块不仅有助于规避风险，也为集团的经营调整预留了空间和资源储备。从这方面来看，东风的收购行为不啻未雨绸缪。

在东风汽车副总经理刘卫东看来，合作双方可以优势互补："PSA非常强调差异化竞争，它是技术引导性公司；而东风的长处表现为团队有激情，了解市场需求，反应速度特别快。"

实际上，东风收购PSA股权之后，东风大自主并不会因为搭上顺风车而一劳永逸。朱福寿说："我们还是要强调以我为主，我们并不会放弃自我，包括我们打造东风品牌，这是毫无疑问的。不能由于PSA的合作，对我们的原始创新、技术创新就放弃，我觉得恰恰相反，我们知道的技术越多，知道的信息量越大，我们就会越成熟，否则就会走很多的弯路。"

刘卫东对收购后如何让东风受益考虑得更为深入和长远，"核心的技术我认为不仅仅是关键技术的突破，实际上最重要的是集成能力。现在技术恐怕最大的问题是成本的问题，不仅要做到最好，同时要保持低成本，特别是面向大众的车"。

对于双方的合作，东风乘用车公司党委书记、副总经理李春荣认为，从短期和长期来看，东风风神和东风自主品牌将是东风收购 PSA 最直接、最深远和最有价值的受益者。"合作的影响面不仅仅只是共同研发，而是东风自主品牌直接拥有 120 多年经验的跨国公司全体系组织记忆的学习和借鉴。"

（资料来源：笔者根据多方资料整理而成。）

第三节　影响国际化战略的因素

随着企业实力的不断壮大以及国内市场的逐渐饱和，有远见的企业家开始把目光投向本国以外的全球海外市场。但是，企业采取国际化战略必须相机行事，在合适的时机进入国际市场。同时，高收益意味着高风险，企业国际化进程中必然面临更多的风险，因此，企业风险管控能力不可或缺。

一、进入国际市场的时机选择

企业在找出具有吸引力的海外市场后，重要的是考虑时机问题：早进入（比其他海外公司）还是晚进入（在其他国际性企业立足之后）。早进入市场具有几个先行优势：第一项优势是能够先于对手捕捉需求，建立强大的品牌。第二项优势是激发需求，提高销售额和市场份额，并且领先于未来的竞争对手实现经验曲线效应。这些都会赋予先进入者成本优势，这样在后来者进入时它就可以发动降价攻势，将其逐出市场。第三项优势是早期进入者可以将顾客同其产品或服务联系起来，提高转移成本。转移成本是阻碍后来者取胜的因素。

在其他全球企业之前进入海外市场也可能会发生先行者的劣势。这些劣势来自先驱者成本，这是先行者必须承担而后来者能够避免的成本。当外国的商业体系同本国市场差异很大时，企业必须投入大量的精力、时间和费用才能学会当地市场经营的诀窍。先驱成本还包括企业由于对海外环境不了解、作出了错误的战略决策而导致的失败。第一个进入当地市场的全球化企业可能面临不利的条件。研究证据表明，如果国际化企业等其他海外企业已经进入一个市场之后再进入，则存活的几率高得多。后来者通过观察和学习先行者所犯的错误而获益。

先行者成本还包括促销和产品认知的成本，例如教育顾客的成本。如果本地顾客对该产品不熟悉，则这项成本将会非常高。相反，后来者可以通过观察先行者的成长过程，搭便车享受先驱者在市场学习和顾客教育方面的投资成果，避免成本高昂的先行者的错误，扩大先行者通过顾客教育所开发的市场。

二、国际化战略的风险

企业在实施国际化战略过程中，由于各种事先所无法预料的因素的影响，使企业的实际收益与预期收益目标相背离，甚至导致企业生产经营活动失败的可能性。它包括了自然灾害、意外事故及国内、国际一切政治、经济、市场、社会、文化因素、人员的变动给企业经营成果带来的不确定性。本章将企业国际化战略进程中的风险分为文化风险、政治风险、财务风险、人力资源风险、外汇风险和技术风险这六大类。

1. 文化风险

不同的文化背景影响着人们的消费方式，满足需求与欲望的顺序以及工作的价值观和努力程度，决定了供应者、竞争者、客户与跨国企业发生业务往来的方式和偏好，以及与跨国企业进行竞争的战略、策略和技巧，还对跨国企业的其他环境因素如政治、法律、经济等发生作用。因此，在企业国际化经营过程中，文化差异与多元文化是企业必须要面对的。研究表明，当今许多跨国企业尽管不乏雄厚的资本、先进的技术以及高素质的员工，却往往未必能稳操胜券。分析企业国际化经营成败的众多实例，文化因素一直是企业能否顺利实现国际化战略、达成预期目标的最重要影响因素之一。

企业在国际化经营实践中，也日益感觉到文化风险对企业的重大影响。例如，中国青岛啤酒集团已经在南非投资建立企业从事跨国经营，在谈到风险时，总经理金志国认为国际间的文化风险是最大的风险。由于中非文化的巨大差异，如果不能对文化风险问题进行系统的分析、有效的管理，企业将处于非常被动的地位，导致其国际化战略的实施陷入困境。

2. 政治风险

有关政治风险的定义，比较有代表性的有以下几种：斯特芬·H. 罗伯克（Stenfan H. Robock）在一篇有影响的论文《政治风险：识别与评估》中，对政治风险提出这样的看法——国际经营中的政治风险存在于：其一，经营环境中出现一些不连续性；其二，这些不连续性难以预料；其三，它们由政治变化所带来。经营环境中的这些变化必须具有对某些企业的利润或其他目标有重大影响的潜在可能性时才构成"风险"。杰夫利·D. 西蒙（Jeffrey D. Simon）则在其 1982 年发表的《政治风险评估：过去的倾向和未来的展望》一文中认为，政治风险可视为政府的抑或社会的行动与决策，或源于东道国或源于其外，对有选择的或者大多数国外经营与投资产生不利影响。1988 年，丁文利在其论著《多国风险评估与管理》中，则将政治风险定义为"环绕某一国际项目或企业的设定经营结果（收入、成本、利润、市场份额、经营的连续性等）而可能源自于东道国政治、政策、抑或外汇制度的不确定性的非市场不确定或变化"。

中国海洋石油有限公司（中海油）与美国雪佛龙石油公司（Chevron Corp.）争购美国第九大石油公司——联合石油公司（Unocal Corp. 优尼科）的交易当中，政治风险可谓成为最终导致中方落败的重要因素。因为美国不仅传统上相当重视对外资的政治安全审查，而且某些政治势力将中国视为唯一的潜在战略对手。对于中国企业而言，这个外资政策最自由的国家，由于泛政治化倾向突出，可能是发达国家中政治风险最高的国家，这些因素都应该在决策之初认真考虑。另外，"9·11"事件以后，因为美国政治态度的转变导致了很多跨国企业经营状况直接受到严重波及，从而导致之后美国经济相当长一段时间内处于萧条状态。

3. 财务风险

对于跨国企业而言，全球化过程中财务的整合管理也存在相当多的风险，值得企业重视。从外部因素分析，主要存在以下风险因素：资金市场不发达，自己筹措困难，成本高；东道国银根紧缩，资金缺乏；税收政策改变。

从企业内部因素分析，主要存在以下风险因素：资本过小；信用降低；投资过大；周转资金不足。

除了以上显性的财务风险之外，另外还存在一种隐性财务风险，它是针对跨国公司财务风险的特点提出来的，是识别和评价风险不可缺少的部分，主要指企业的非财务指标。因此，隐性财务风险也可以被称作非财务指标财务风险。隐性财务风险不容易被识别，通常不被重视，其危害程度暂时不大，但是通过风险的扩大和传递危害程度递增。显性财务风险是由无数个隐性风险能量的传递发展而来的。量变过程中的隐性风险的危害程度根据远离质变的距离不同而不同，一般来说，距离质变近的隐性风险往往比距离质变远的隐性风险危害大。目前，对于跨国经营的隐性财务风险难以准确计量，对这方面的风险进行有效控制可采用集成的思想与方法。

4. 人力资源风险

所谓人力资源方面的风险，这里主要考虑的是跨国公司在全球化的进程中针对海外子公司人力资源的安排，其中的风险主要涉及选择国外分、子公司的高管层不当会导致子公司无法有效按照母公司的战略意图进行运作；在日常监管、绩效考核制度的健全与否也是风险来源之一；另外就是如何保证所培养的外派经理人队伍的归属感。人才作为企业发展的核心动力和财富，有效防范人力资源风险是跨国企业能够得以长远发展的有效保障。

5. 外汇风险

1973 年布雷顿森林体系崩溃，国际货币基金组织通过《牙买加协定》承认浮动汇率制的合法性。于是各国的货币汇率频繁变动，并且经常大幅进行变动，正是如此，各国在国际经济交易中就会产生外汇风险。跨国公司作为国际经济交易的主体就无法回避外汇风险这一问题。

专栏 6－6 **百富勤投资集团的破产**

百富勤投资集团有限公司（Peregrine Investments Holdings Limited）成立于 1988 年底，由集团主席杜辉廉和董事兼总经理梁伯韬在香港创办。集团主席杜辉廉先生在财经服务业积累了 30 余年经验，梁伯韬先生在企业融资顾问方面已纵横 15 个春秋。并取得了以李嘉诚为首的 18 家同界巨子的 65% 参股，其中有李嘉诚的和黄实业、胡应湘的合和实业、罗氏家族的鹰君和中资的中信太富等支持。百富勤的领袖凭借他们在财经界的关系、经验及财产，迅速成长起来，百富勤由最初三亿港元的资本发展成为拥有 240 亿港元总资产的跨国投资银行，在东南亚及欧美共设有 28 家分行，业务遍及证券、期货经纪、基金管理、投资融资、包销上市等。在国企改革之中，百富勤洞烛先机、及早部署，成为多个国企及红筹公司上市的主要财务顾问。凭借它精到的企业融资顾问服务和非凡的业务拓展能力，百富勤日益受到亚欧及北美投资者的青睐。

1997 年 7 月 1 日香港回归，在经济上，中央政府给予了香港更大的自由度；在金融政策上，按香港应有的模式去运作和发展。百富勤置身于一个宽松、井然、潜力巨大的金融环境，在内地有多次成功的投资融资经验，其信誉已得到公认。自 20 世纪 90 年代始，全球利率周期性下降，使私人资本恢复向发展中国家流动。由于工业国和发展中国家逐渐取消金融管制、信息技术和金融工具的进步创新，使得私人资本对跨国机会的反应灵敏。预期发展中国家的金融会在 21 世纪初向纵深发展，私人资本总流量会增大。这种私人投资的不断增长，主观上要求寻找资信良好的投资中介，借以向高效益、低风险的产业和项目投资，客观上也为投资银行的发展带来了契机。百富勤的业务强项恰是资本代理，业绩增优不无可能。

然而，就在百富勤拓展国际资本市场之时，1997 年下半年一场货币危机在泰国全面爆发，并迅速波及东南亚及整个亚洲地区。东南亚金融危机进一步向全球其他新兴市场和发达国家扩散，而且还从外汇市场波及其他市场如股票市场，由一国货币危机发展成为影响更为广泛的全球性金融动荡。

由于百富勤是区内最大的亚洲货币债券商，货币突然贬值，使一些由百富勤安排发行债券的东南亚公司可能无法履行如期还款责任，百富勤因此在 8 月及 10 月共拨出 6000 万美元作呆账准备。另外，欠百富勤庞大款项的印尼计程车公司 SS 本计划以配股筹集资金，偿还百富勤的巨额债务，但由于印尼盾连创新低，汇率从 1 美元兑换 2400 印尼盾跌至 3900 印尼盾。于是 SS 决定再度延迟配股计划，但最终发债计划落空无法偿付，使百富勤资金周转陷入困境。百富勤在东南亚其他国家的业务也在这场危机中遭受不同程度的损失，特别是在泰国的业务受损最为严重。

同时外汇市场上港币抛售压力剧增，香港金融管理局所采取的紧缩银根措施使香港银行间拆借市场利率急剧上升，招致香港股市的暴跌。香港股票持续暴跌亦使百富勤内伤加剧，百富勤持有 20 多支上市的认股权证，需作对冲的认股数目估计在 30 亿港元以上，恒生指数暴跌令持股量较多的百富勤损失惨重。

另外，随着香港华资财团业务日益国际化，百富勤也追随在欧美和亚洲多个国家开设分行。因其国际业务扩张过于迅速，在许多新兴市场，百富勤不断遇到麻烦，在推行业务国际化时处处碰壁。由于业务和财务上发生严重困难，百富勤开始准备引入新股东以自救。相关机构也与百富勤洽谈对其收购一事，但由于市场形势不断恶化，终未有进展。当时百富勤集团的两大主要往来银行（即债权人）汇丰银行和中银集团明确表示，不会收购百富勤；另外，香港长江实业主席李嘉诚和中信奉富主席荣智健作为百富勤的股东，也表示不会对其伸出援手。就是在这般重重压力下，原协议认购股份的瑞士苏黎世集团也打退堂鼓，随着又一笔 6000 万美元贷款到期，这时百富勤内部流动资金早已枯竭，至此，百富勤再无任何回旋余地，1998 年 1 月 12 日下午 5 时，终于传来令人震惊的消息：百富勤投资集团公司发出公告："百富勤已委托罗兵逊会计师事务所作为清盘人，进入法律程序进行清盘。"这意味着亚洲（除日本外）最大的独立上市投资银行——百富勤已宣告破产。

（资料来源：笔者根据多方资料整理而成。）

6. 技术风险

跨国经营的过程中，跨国企业的技术转移对于子公司的竞争力有着重要的影响，如果不能有效估计或者预测技术风险，一方面可能导致高技术低收益的状况；另一方面可能会有技术外溢效应所产生的对跨国企业自身发展不利的影响。在企业进行跨国经营的过程中，尤其是以技术为核心竞争力的高科技跨国公司，需要将技术风险放在企业对外扩张的一个重要因素进行考虑。

索尼以技术至上主义和功能创新能力著称于世，在消费电子方面，是全球最优秀的企业之一。但是，新技术和新功能的领导者，必须承担起培育市场的责任。索尼在随身听之后，创新产品的市场拓展就再也没有打过漂亮仗了。其比较重要的原因在于索尼对创新市场与成熟市场中技术风险的考虑不足，使得其地产地销，高价格、高成本、低利润的战略无法抵御技术风险给企业带来的打击。

三、国际化战略的风险管控

风险管控即风险管理、控制，是跨国公司管理的一项重要内容，直接关系到跨国公司的财产安全和经营效益。所谓风险管控，是指通过对企业面临的各种风险的认识、衡量、预测和分析，准确把握企业经营中的各种不确定性，采取恰当的管理方法，以最低的成本获得最多的安全保障，或使损失降至最低水平。风险管控一方面要控制、减少风险产生的影响和损失，另一方面也要控制那些被认为是产生风险的原因的行为与事件。企业国际化进程中风险管控的一般方法有：

1. 风险回避

风险回避是企业对付风险最彻底的方法。有效的风险回避可以完全避免某一特定风险可能造成的损失，而其他方法仅仅是通过减少损失概率与损失程度或减少风险的财务后果，来减少企业所面临的各种风险的潜在影响。例如，当跨国公司了解到 A 东道国存在着政治风险时，可将原定以直接投资方式进入该国市场的计划改为对 B 东道国的投资进入，从而回避 A 国的政治风险。但是，风险回避方法的实际应用要受到一定的限制，因为它常常涉及放弃某项经营计划或经营活动，从而失去与这一计划或活动相伴随的利益，或者回避了某一风险，又导致了另一风险的产生。因此，风险回避方法的运用有其适用条件：一是某特定风险所致的损失频率和损失幅度都相当高；二是应用其他风险管理方法的成本超过了其产生的效益。

2. 风险控制

风险控制是指企业对不愿放弃也不愿转嫁的风险，设法降低损失概率或设法缩小损失幅度的控制技术。它包括两个方面的内容：一是控制风险因素，减少风险的发生；二是控制风险发生时的损失程度。控制风险因素主要是指企业在损失发生前为消除或减少可能引起损失的各种因素而采取的各种具体措施，也就是设法消除或减少各种风险因素，以降低损失发生的频率。如当跨国公司子公司的产品在东道国的市场占有率已达到一定水平，再增加即会对东道国的民族工业构成挤压时，放缓在东道国的广告促销或其他风险因素的产生。在控制风险因素未能奏效的情况下，可通过控制损失程度，使损失降到最低点。如跨国公司遭遇东道国国有化，在局势无法挽回的情况下，可通过公共关系、外交途径等措施，使企业财产得到尽可能多的补偿。

3. 风险集合

风险集合是指将同类风险单位加以集合，以便于对未来损失进行预测并降低风险。例如大型百货商店通过经营商品的多样化来减少或避免经营上的风险，一种商品滞销，但其他的商品则可能很畅销；跨国公司的多角化经营、跨国兼并、合作或战略联盟也都具有同样的功能。

4. 风险保留与承担

当某种风险不能避免，或因风险收入超过风险损失，能获得较大收益时，企业可采取风险保留与承担方法进行风险管理。这一方法通常在下列情况下采用：一是处理风险的成本大于承担风险所付出的代价；二是预计某一风险发生可能造成的最大损失，企业本身可以安全承担；三是不可能转移的风险，或者不可能防止的损失；四是缺乏风险管理的技术知识，以至于自身愿意承担风险损失等。

5. 风险保险

风险保险是跨国公司进行风险管理的另一个重要方法。一些发达国家为了保护其跨国公司的利益，针对海外投资的政治风险等为企业进行保险，包括外汇险（不能自由汇兑风险）、征用险（由于东道国政府实行征用、没收或国有化，致使海外投资的全部或部分遭受损失）、战争险（因战争、动乱等导致海外经营的损失）等，跨国公司可向政府有关部门投保，以分散其国际经营中的风险。另外，一些保险公司也开设了海外经营风险的保险业务，跨国公司可有选择地加以投保。

【章末案例】　　　　　　　　　　　**碧桂园国际化步伐**

一、企业简介

碧桂园集团的总部位于广东省佛山市顺德区，属于目前国内规模最大的新型城镇化房地产开发商。碧桂园集团作为中国房地产的十强企业，成立于1992年，并于2007年于香港联交所上市。2017年，碧桂园的合同销售金额达到5508亿元，较2016年增长2420亿元，同比增长78.3%，合同销售面积较上年增长61.89%，达到6066万平方米，实现销售收入2269亿元，同比增长48.2%。[①]

碧桂园作为广东顺德的一个地方房地产企业从1992年成立到在香港上市，再到成为世界500强并在海外多个国家拥有直接投资项目，成为世界级的跨国企业，其在国际化过程中所取得的成就具备许多值得其他房地产企业借鉴的地方。

二、碧桂园国际化步伐

碧桂园从2011年开始计划实现国际化，经历两年时间才首次出现在马来西亚，然后冲出亚洲，后来甚至在海外开发占地面积近2000万平方米的超大型项目，即使如此碧桂园也没有停止国际化的步伐甚至加快脚步计划在更多的国家开发更多的项目，其整体海外拓展情况如表6-1所示。

1. 国际化首战马来西亚

2011年碧桂园正式开始进军海外市场，碧桂园从此走出国门，首选在马来西亚开发

---

① 数据来源：前瞻产业研究院。

楼盘项目。马来西亚是中国在东盟中最大的贸易伙伴,其与中国的双边贸易额超过1000亿美元,在亚洲范围内紧随日本和韩国之后。在地理位置上,马来西亚毗邻新加坡,而与新加坡不同的是马来西亚的发展程度更低一些,房价水平也更低一些,投资和留学门槛也更加能让国人接受,所以更加具有市场前景。

表6-1 碧桂园国际化步伐重要举措

时间(年)	项目名称	项目地点	项目取得成果
2013	金海湾	马来西亚	荣获"2015年国际钻石质量优秀奖"
2013	莱德花园	澳大利亚	2014年全年合同销售达约26亿元
2014	森林城市	新马经济特区	销售已经超过100亿元
2017	SKY HOUSE BSD	印度尼西亚	与国际财团的首次合作

资料来源:碧桂园官网(http://www.bgy.com.cn/index.aspx)。

2013年8月11日,碧桂园名为金海湾的海外项目在马来西亚开盘,金海湾也是碧桂园在海外的首个项目。碧桂园金海湾作为碧桂园海外首部巨作占地达57英亩,是涵盖超过30栋高层建筑的大型商住综合项目,也是马来西亚和新加坡市场较少见的大型独资开发项目。金海湾项目选址于与新加坡仅有新柔长堤之隔的伊斯干达经济特区,金海湾位于海边,拥有新山市最美丽的海岸线,碧桂园集团打算将金海湾项目规划为滨海商住的综合性大盘。该项目开盘以来已经认购近100亿元人民币,并获得欧洲质量研究会权威认可,荣获"2015年国际钻石质量优秀奖"。

2. 冲出亚洲进军澳大利亚

2013年,碧桂园集团在澳大利亚悉尼的项目莱德花园也破土动工。澳大利亚作为高度发达的资本主义国家,其经济增长快、就业机会多,是理想的移民国家。莱德花园(Ryde Garden)作为碧桂园首个冲出亚洲的项目,精心选址于成为投资热点的莱德区,打造悉尼北国际高端生活社区,该项目在2014年全年合同销售约26亿元,销售面积约19万平方米。虽然莱德花园在碧桂园的所有项目中不算最大的,投资总金额也并不巨大,但是碧桂园成功走出亚洲的第一步。碧桂园重视海外项目的拓展,将海外项目作为集团的重要组成部分,努力使集团成为具有国际竞争力的企业。

3. 开拓世界级巨型项目

碧桂园的森林城市项目是世界上罕有的巨无霸级大型项目,该项目位处新马经济特区(又称依斯干达特区)。该项目距离新加坡的直线距离为两公里,项目总占地面积达约20平方千米。在该项目中,碧桂园投资额高达1000亿美元,与Sasaki等国际知名团队合作,意图打造一个可以容纳几十万人口并且兼具智慧与生态的大型城市。在2016年8月香港举行的碧桂园中期业绩发布会上,集团总裁莫斌披露了森林城市项目开盘以来的销售情况,据介绍,从开盘至今不到半年的时间,森林城市推出了价值127亿元的货量,而且销售额已经超过了100亿元。

4. 进一步巩固国际地位

2017年11月13日,碧桂园集团与印度尼西亚最大的财团金光集团合作开发名为SKY HOUSE BSD(天空之城)的房地产项目,该项目是碧桂园在印度尼西亚开发的首个项目，项目位于印尼的首都雅加达。该项目借鉴了"森林城市"的垂直绿化的概念，在确保建筑美观的同时降低房子的温度，同时将新加坡生活方式及安全的花园社区作为该项目的主打概念。

碧桂园在 2017 年还与印尼的 Credo 集团签署合作协议，双方将在巴厘岛合作开发一个占地约 35 万平方米的项目。碧桂园不断巩固海外合作，集团计划在海外开发项目的国家除了印尼之外，还包括马来西亚、美国、英国、印度、澳大利亚、泰国和越南等。

碧桂园从走出国门至今，在海外开展了大大小小超过七个项目，上面只列举了一些比较具有代表性的例子。总体上来说，碧桂园在海外的拓展是成功的，虽然有一些不足的地方，但正是因为取得了成功并且为集团带来了较大的盈利，碧桂园才会选择坚定不移地向海外不断深入拓展，当一个企业能够从国外输入利润的时候，这个企业才能在真正意义上造福国民。

三、国际化战略

企业的国际化战略是公司在国际化经营过程中的发展规划，是跨国公司为了把公司的成长纳入有序轨道，不断增强企业的竞争实力和环境适应性而制定的一系列决策的总称。

碧桂园集团的国际化战略可以总结为两个方面：一是顺势而为，选择"一带一路"倡议的节点区域；二是发展产城融合、绿色智慧的品牌内涵。碧桂园国际化战略的基点是"建造未来城市发展的典范"，这是企业根本的价值追求，也是企业呼应和引领顾客对居住综合环境的需求。碧桂园集团从 2011 年开始就十分重视企业国际化战略的建设，通过整整两年时间的规划才开始实施第一个海外开发计划。在海外拓展的过程中，从马来西亚的金海湾项目到印度尼西亚的 SKY HOUSE BSD 项目，碧桂园集团都在不断完善企业的国际化战略，调整海外市场的进入以及合作模式，在降低投资风险的同时使企业自身利益得到最大化。

四、国际化战略模式

中国企业的国际化战略大致可以分为四个类型：海外设厂，生产本地化；自有产品直接出口；并购国外企业；产品贴牌出口。

碧桂园在国际化的发展过程中，主要选择了以合资为主、国外独资子公司为辅的方式使自身的生产本地化。在森林城市项目中，碧桂园持股 60%，柔佛市官方投资公司持股 40%，联手麦肯锡、SASAKI 完成项目战略定位与整体概念规划，同时选择了华为、思科、埃森哲这些做智慧城市的世界顶级企业进行合作，埃森哲做统筹规划设计，华为、思科做通道与品牌，共同打造先进的智慧安全岛。碧桂园于印度尼西亚开发的房地产项目 SKY HOUSE BSD，是碧桂园通过与印度尼西亚第一大财团金光集团合作开发。金光集团旗下公司金光置业在新加坡交易所上市，总部位于新加坡，致力于房地产开发建设，项目分布在印尼、中国、马来西亚和新加坡。2016 年 10 月，碧桂园已经与印尼的 Credo 集团正式签署合作协议，双方将在巴厘岛库塔南部的努沙杜瓦发展一个约 35 万平方米的项目，项目含五星级度假酒店、别墅及公寓等。

此外，碧桂园集团在马来西亚的金海湾项目和悉尼莱德花园项目则是属于集团独资开发。集团通过设立独资经营分公司在当地购买土地，携手世界著名的设计企业进行设计，然后通过与世界著名的建筑商进行合作，完成项目的建设。

资料来源：笔者根据多方资料整理。

【问题思考】

1. 国际化战略的动因是什么？

2. 国际化战略遇到的问题是什么？如何解决？

3. 进入国际市场的方式有哪些？

4. 中国企业的国际化之路怎么走？

【参考文献】

［1］李博等．浅析吉利汽车海外并购［J］．中国证券期货，2013（2x）：154．

［2］田云清．我国汽车企业国际化案例分析——以吉利收购沃尔沃为例［J］．中国商界，2010（11）：183．

［3］金占明，段宏．企业国际化战略［M］．北京：高等教育出版社，2011．

［4］王志民．"走出去"战略与制度创新［M］．北京：中国经济出版社，2003．

［5］王宏新，毛中根．企业国际化阶段的理论发展评述［J］．上海经济研究，2007（2）：88－92．

［6］李云鹤．华为国际化战略的实施［J］．科学导报，2015（19）：37－42．

［7］肖智润．企业战略管理——方法、案例与实践［M］．北京：机械工业出版社，2018．

第七章　战略的选择评估

【学习要点】

☆ 学习掌握六种战略选择的工具。

☆ 学会在战略选择各阶段使用相应的选择工具。

☆ 理解战略评估的基本原则。

☆ 理解战略选择评估技术的原理。

☆ 学习掌握战略选择的评估技术。

☆ 了解战略选择的影响因素。

【章首案例】　　　　　**中国电信的竞争战略选择**

　　中国电信集团公司是我国特大型国有通信企业，连续多年入选"世界500强企业"，主要经营固定电话、移动通信、卫星通信、互联网接入及应用等综合信息服务。占有中国大部分固定电话市场及一定比例的移动电话市场。

　　随着2008年5月中国联通的分拆和重组，中国移动、中国电信、中国联通三大电信运营商形成了我国电信行业三足鼎立、各具竞争优势的新格局。工业和信息化部在2009年1月7日为重组后的中国电信、中国移动、中国联通发放三张第三代移动通信技术（3rd - generation，3G）经营许可，标志着中国正式迈入3G时代。2013年12月4日，工信部向中国移动、中国电信、中国联通发放4G牌照，意味着三大运营商新一轮竞争又将开始。并且随着消费者需求的多样化，电信技术的迅猛发展以及国家信息化战略的延伸，我国电信产业正在发生战略性的转变——从传统的电信业务向通信信息服务转变，第三方通信技术服务提供商开始崛起。中国电信必须充分认识竞争现状，尽早进行战略布局，寻找到既切合外部环境需求又符合自身特点的竞争战略。

　　一、中国电信的 SWOT 分析

　　SWOT 分析是竞争分析的基础工具，只有在分析自身优势、劣势的基础上，才能在外部的机遇和威胁之中寻找到适应中国电信的竞争战略。

　　第一，中国电信的竞争优势（S）。就总体而言，中国电信面对竞争对手，其优势主要体现在以下几方面：一是固网领域的巨大优势。中国电信拥有国内最大的固话网络和中文信息网，覆盖城乡、通达世界各地，网络资源优势明显。并且，中国电信在宽带网络基础设施上的建设较早，拥有丰富的运营经验和维护能力。此外，中国电信拥有较为丰富的内容资源，例如新浪、搜狐、腾讯都在电信的网络上，这些内容资源对于进一步开展个人信息业务具有较好的竞争优势。二是品牌优势。中国电信打造了自身独特的全业务品牌体系，"商务领航""我的 e 家"客户品牌及"号码百事通"等业务品牌深入人心，并且很多在本领域内已领先于同业。在 CDMA 基础上，中国电信结合"我的 e 家"，推出了"天翼"品牌，更进一步丰富了中国电信的产品线。三是广大的固网客户群优势。中国电信拥有 2.1 亿的固话用户群及近 4000 万的宽带用户，特别是其利用"我的 e 家"品牌聚拢了大量的家庭用户，利用"百千万"等项目与政企客户建立了密切的关系，这些将成为中国电信取得竞争优势的关键。四是全业务运营经验方面的优势。中国电信运营固话和宽带多年，而从中国联通转职过来的员工对移动业务运营经验十分丰富，3G 以来，中国电信全业务运营更加得心应手，因为 CDMA 业务在中国运营比较成熟，业务线融合比较容易，三网合一后，由于宽带和固网优势，运营移动增值业务内容，推广期发展更是好机会。此外，现金流充裕、人才储备充足、企业文化深入人心均是中国电信的竞争优势。

第二，中国电信的竞争劣势（W）。中国电信的竞争劣势表现为下面几点：一是在个人业务市场上的不足。CDMA 网络规模较小，用户数量少，致使网络规模的扩大成为瓶颈，进而导致用户选择上的弱势，如网点覆盖不够，客户问题难以得到迅速响应，网络升级资金投入不足问题等。在市场定位上，中国电信积极发展中高端客户、加强对低端客户管控的营销策略与调查显示的无线互联网用户主要是学生群体和中低收入的群体相冲突，导致移动用户持续出现负增长。在品牌建设上，中国电信"天翼"品牌的广告投入大，但业务未能跟上，即用户的品牌体验环节出现了脱节与移动、联通相比仍存在相当大的差距。二是服务能力提升缓慢。包括服务感知改善不明显；缺乏全网一体的服务管理体系；主动服务意识、责任意识、服务技能不够，贯穿全流程服务质量管控较弱；面向移动互联网的服务能力不足、效率不高；数据准确性、一致性有待加强；多渠道协同服务能力有待提升；客户维系工作仍有较大改进空间；政企维系体系需要进一步完善等。三是生态链竞争意识不强，机制创新需进一步强化。一方面，缺乏生态链竞争意识，合作领域需要扩展。固网思维较为严重，利用外部资源意识不足；与外部合作中，业务协作流程和结算机制等不畅，导致合作伙伴积极性不高。另一方面，农村营业部增量提成分配机制有待优化、固化；政企、重点小区、校园市场和社会渠道等重点市场经营承包分配机制需进一步强化落实；移动互联网等新业务管理机制创新成果不显著。四是干部和员工队伍的团队建设亟待加强。一方面管理者团队建设能力弱，领导力需提升，部分管理者不能以身作则，在员工队伍中威信不高，团队战斗力亟待加强；员工队伍能力素质与企业发展需要还不相适应。另一方面职业发展通道不畅，未建立以价值为导向的岗薪体系。职业通道形同虚设，甚至部分技术通道被用于解决管理人员待遇问题。

第三，中国电信的机遇（O）。党的十八大把"信息化水平大幅提升"纳入全面建成小康社会的目标体系，提出推动信息化和工业化深度融合，促进工业化、信息化、城镇化、农业现代化同步发展，并把"建设下一代信息基础设施，发展现代信息技术产业体系，健全信息安全保障体系，推进信息网络技术广泛运用"作为推进经济结构战略调整的重大举措；3G 智能终端的普及和云计算的应用，推动移动互联网高速发展，不断催生新的产业形态，创造了旺盛的市场需求，信息通信业将继续保持快速发展的态势。另外，三网合一后，移动业务的发展同时带动了互联网的发展，移动业务从 3G 发展到 4G，协议界限越来越模糊，通信宽带速率大体一致。中国电信大量的宽带用户、网络资源、平台优势开始显现。

第四，中国电信面临的威胁（T）。中国电信受到的威胁，主要表现为以下几个方面：一是运营商间的竞争威胁。包括中国移动大量的用户和雄厚的资金支撑；中国联通的成熟技术和运营经验；广电的强势地位和内容优势。这给中国电信的主营移动业务和增值业务都带来很大的威胁。在三网合一以后，广电系统的内容不仅给中国电信带来威胁；计算机系统应用和互联网产品的进入也是很大的麻烦。尤其是到 2013 年，受 4G 牌照发放的影响，中国电信和对手之间的竞争将会更加激烈。二是互联网技术打破行业围墙，产业边界日趋模糊，融合竞争进一步加剧，产业价值加速由运营、制造环节向应用、服务环节转移。互联网企业通过掌控和开放平台，聚合了大量客户和流量，增强了产业链话语权。特别是 OTT 业务的快速发展，不仅替代了传统电信业务，而且对电信运营企业基础能力的影响日益加剧，全球电信运营商均面临被管道化、管道低值化压力。

二、中国电信的竞争战略选择

中国电信的竞争战略选择包括两部分：一是根据前面的 SWOT 的分析和战略管理中的成本领先战略、差异化战略、专一化战略，中国电信的竞争战略除了应该具有的一般性战略外，在目前的竞争格局下和三网合一的背景下中国电信应该实行以"客户为中心"差异化战略。二是根据 SWOT 矩阵模型的组合选择的具体战略，如表 7-1 所示。

表 7-1　中国电信的 SWOT 矩阵

	S 优势	W 劣势
O 机会	SO 战略 发挥本土优势，把握中国经济和互联网业务发展的良好势头，继续打造全业务模式航母； 利用本身实力和广泛的人脉争取政策支持优势发展移动增值业务	WO 战略 努力拓展个人业务市场，提升内部员工素质，提高服务能力
T 威胁	ST 战略 在优势领域继续扩大，强化宽带业务，在个人业务上推陈出新； 利用电信全业务运用能力和广电合作手机媒体业务； 吸引 WCDMA 技术经验发展 CDMA	WT 战略 强化内部管理，优化整合，将各业务整合，提升自身能力； 借鉴 WCDMA 经验和渠道，和中国联通合作解决终端匮乏问题

三、小结与启示

从对中国电信的 SWOT 分析中可以看出，中国电信在固网、品牌、运营经验等很多方面拥有一定的优势，但在个人业务、团队建设等方面需要克服的缺点也很多，在未来的竞争中，不仅传统电信企业之间的竞争变得更加激烈，第三方信息技术服务商对电信服务市场的蚕食也会加快，因此，中国电信只有巩固原有优势，克服存在的缺点，通过创新服务，才能在全业务竞争中立于不败之地。

对于现今电信行业全业务竞争的态势，差异化竞争战略是传统电信企业都必须重点考虑的战略。差异化战略要着重考虑产品、服务、人才、形象四个方面。产品是吸引用户的使用根本，只有提供低价优质、多元化的产品，才能够给用户良好的使用感受、增加用户的黏度和产品的竞争力。服务是企业和客户之间良好、快速沟通的保障，服务的差异化战略就是要确保本企业提供的优质服务能够给客户带来前所未有的体验，得到客户的青睐。人才是提升企业整体素质和完成其他战略的重要保证，差异化战略要能推行，就必须有完整的人才团队。好的形象能够直接提升客户的感受，还能在客户中起到推广作用。

资料来源：笔者根据多方资料整理而成。

第一节　战略的选择工具

一、SWOT 矩阵

SWOT 矩阵（Strengths – Weakness – Opportunities – Threats Matrix，即优劣势机会威胁矩阵）是帮助企业管理者进行战略选择的重要工具。管理者通过将企业内部的优劣势和企业外部的机会威胁进行组合，如图 7 – 1 所示，能够匹配出四种战略：SO 战略、WO 战略、ST 战略、WT 战略。

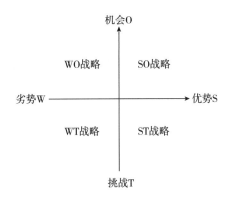

图 7 – 1　SWOT 模型

优势—机会（SO）战略强调发挥企业内部优势来把握外部机会。所有管理者都希望自己经营的企业处于可以利用内部优势把握外部趋势与事件所提供机会的有利位置。通常说，企业往往先选择采用 WO、ST 或 WT 战略，以便逐步达到可以采用 SO 战略的位置。当企业存在很大的劣势时，努力克服劣势并促使其转变为优势。当企业面临很大的威胁时，努力规避威胁以便致力于利用机会。

劣势—机会（WO）战略的目的在于借助利用外部机会来弥补内部劣势。有时，存在着重要的外部机会，但企业固有的内部劣势阻碍企业利用这些机会。例如，控制汽车发动机注油数量和时间的电子装置的需求很大（机会），但某一给定的汽车零部件生产商有可能缺乏生产这一装置的技术（劣势）。一种可能的 WO 战略是，通过与该领域拥有该项技术的一家企业组建合资企业，从而获得这项技术。另一种可能的 WO 战略是，通过人员聘请或者培训，使员工具备该项技术能力。

优势—威胁（ST）战略是利用企业的优势回避或者减少外部威胁的冲击，这并不意味着强势企业总是不断地遇到外部威胁。

劣势—威胁（WT）战略是一种努力弥补内部劣势并规避外部威胁的防御性举措。对于一个面对大量外部威胁和内部劣势的企业来说，必然处于动荡不安中。实际上，这样的公司很可能不得不为生存、兼并、收缩、破产和清算而斗争。

SWOT矩阵由九个单元格组成，包括四个因素格，四个战略格。四个战略单元格，分别标记为SO、WO、ST和WT，在S、W、O、T这四个要素格填写完毕之后可以产生，如图7-2所示。

	S 优势 列出优势 1. 2. ……	W 劣势 列出劣势 1. 2. ……
O 机会 列出机会 1. 2. ……	SO 战略 利用优势把握机会 1. 2. ……	WO 战略 利用机会克服劣势 1. 2. ……
T 威胁 列出威胁 1. 2. ……	ST 战略 利用优势回避威胁 1. 2. ……	WT 战略 将劣势降到最小并避免威胁 1. 2. ……

图 7 - 2　SWOT 分析矩阵

运用SWOT分析的步骤：列出企业的关键外部机会；列出企业的关键外部威胁；列出企业的关键内部优势；列出企业的关键内部劣势；内部优势与外部机会匹配，将结果填入SO战略单元格；内部劣势与外部机会匹配，将结果填入WO战略单元格；内部优势与外部威胁匹配，将结果填入ST战略单元格；内部劣势与外部威胁匹配，将结果填入WT战略单元格。每一种第二阶段中匹配使用的方法，都是为了拟定可行的备选战略方案，而不是为了选择或者决定哪个战略是最佳选择。因此，并非在SWOT矩阵中得到的所有战略方案，都要被企业选择和实施。SWOT矩阵分析的最核心以及最困难的工作是将关键外部因素和内部因素进行匹配。

二、SPACE 矩阵

战略地位与行动评估矩阵（Strategic Position and Action Evaluation Matrix，SPACE 矩阵）主要是分析企业外部环境及企业应该采用的战略组合。

SPACE矩阵的四个象限框架图（见图7-3）分别表示企业采取的进取、保守、防御和竞争四种战略模式。这个矩阵的两个数轴分别代表了企业的两个内部因素——财务优势

（FS）和竞争优势（CA）；两个外部因素——环境稳定性（ES）和产业优势（IS）。这四个因素对于企业的总体战略地位是最为重要的。

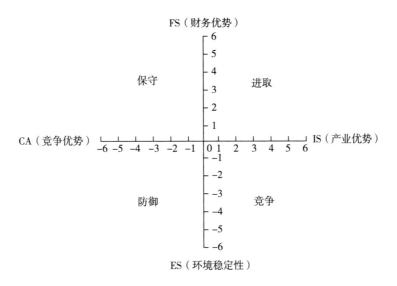

图7－3 SPACE 矩阵四象限

企业的类型不同，SPACE 矩阵的轴线代表的变量也有所不同。表7－2给出了一些常用的变量，如投资收益、财务杠杆比率、偿债能力、流动现金、流动资金等。在实际操作中，应当按照给定研究的企业具体情况以及尽可能多的实践信息建立 SPACE 矩阵。

表7－2 SPACE 矩阵常用变量

内部战略处理	外部战略处理
财务优势（FS） 投资收益 杠杆比率 偿债能力 流动资金 退出市场的方便性 业务风险	环境稳定性（ES） 技术变化 通货膨胀 需求变化性 竞争产品的价格范围 市场进入壁垒 竞争压力 价格需求弹性
竞争优势（CA） 市场份额 产品质量 产品生命周期 客户忠诚度 竞争能力利用率 专有技术知识 对供应商和经销商的控制	产业优势（IS） 增长潜力 盈利能力 财务稳定性 专有技术知识 资源利用 资本密集性 进入市场的便利性 生产效率和生产能力利用率

运用 SPACE 矩阵的步骤：选择构成财务优势（FS）、竞争优势（CA）、环境稳定性（ES）和产业优势（IS）的一组变量；对构成 FS 和 IS 的各变量给予从 +1（最差）到 +6（最好）的评分值。对构成 ES 和 CA 的各变量从 -1（最好）到 -6（最差）的评分值；将各数轴所有变量的评分值相加，再分别除以各数轴变量总数，从而得出 FS、CA、IS 和 ES 各自的平均分数；将 FS、CA、IS 和 ES 各自的平均分数标在各自的数轴上；将 X 轴的两个分数相加，将结果标在 X 轴上；将 Y 轴的两个分数相加，将结果标在 Y 轴上；根据 X 轴和 Y 轴的数值，标出这两个数值共同确定的坐标点（X，Y）；自 SPACE 矩阵原点到 X、Y 数值的交叉点画一条向量，这一条向量就表示企业可以采取的战略类型：进取、竞争、防御或保守。

当向量出现在 SPACE 矩阵的进取象限时，说明该企业正处于绝佳的地位，即可以利用自己的内部优势和外部机会选择自己的战略模式，如市场渗透、市场开发、产品开发、后向一体化、前向一体化、横向一体化、混合式多元化经营等。

当向量出现在保守象限意味着企业应该固守基本竞争优势而不要过分冒险，保守型战略包括市场渗透、市场开发、产品开发和集中多元化经营等。

当向量出现在防御象限时，意味着企业应该集中精力克服内部弱点并回避外部威胁，防御型战略包括紧缩、剥离、结业清算和集中多元化经营等。

当向量出现在竞争象限时，表明企业应该采取竞争性战略，包括后向一体化、前向一体化、市场渗透、市场开发、产品开发及组建合资企业等。

专栏 7-1　　　　　　　　万科的 SPACE 矩阵分析

万科企业股份有限公司成立于 1984 年 5 月，是目前中国最大的专业住宅开发企业，也是股市里的代表性地产蓝筹股。总部设在广东深圳。至 2009 年，万科已在 20 多个城市设立分公司。2010 年公司完成新开工面积 1248 万平方米，实现销售面积 897.7 万平方米，销售金额 1081.6 亿元。营业收入 507.1 亿元，净利润 72.8 亿元。2013 年万科实现营业收入 1354.2 亿元，净利润 151.2 亿元，同比分别增长 31.3% 和 20.5%。自 1994 年以来，万科放弃了多元化战略，开始走上专业化房地产公司的发展道路，因此，我们可以用 SPACE 矩阵对其进行分析。

一、财务优势（FS）

第一，2013 年万科的销售金额和主营收入分别为 1709.4 亿元和 1354.2 亿元，均排在所有房地产上市公司的第一位，这项评分 5 分。第二，2013 年底，万科的财务、资金状况均表现良好。截至 2013 年底，万科净负债率为 30.7%，在行业中处于低位，较 2013 年中期时的 41.5% 下降约 10.8 个百分点。负债结构也得到进一步优化，有息负债中，短期负债合计占比 42.5%，较 2012 年的 49.7% 下降 7.2 个百分点。持有货币资金 443.6 亿元，较 2013 年中期时增加 67.6 亿元，这项得分 5 分。第三，公司已经连续五年保持经营性和投资性现金之和为净流入状态，这项评分 3 分。

二、产业优势（IS）

第一，中国的城市化率仍不高，新型城镇化和土地改革成为热点，城市化进程仍在如火如荼地进行中，这必然加大对城市的住房需求，这项得分5分。第二，万科提前采取了降价销售回笼资金，因此对于手握大量现金的万科来说，此时是兼并中小房地产公司扩大市场占有率的大好时机，这项得分3分。第三，前两年大量的房地产公司因无力还款而倒闭，万科进一步扩大市场占有率，2013年楼市全面回暖，一、二线城市房价快速上涨，万科获得了不小的回报，这项得分3分。第四，万科是早于市场介入开发房地产的公司之一，可以享受二、三线房地产炒作带来的好处，这项得分4分。第五，随着市场的日益成熟，消费者对房地产开发商的品牌意识必将逐步提高，这项得分4分。第六，万科以软性服务方面著称，也迎合了中高档房地产消费者的需求，这项得分3分。第七，万科品牌形象十分丰富，为进一步塑造和强化品牌创造了条件，这项得分4分。

三、环境稳定性（ES）

第一，国家正在进行经济结构调整，大力发展新兴产业，这项得分−5分。第二，城市房屋的空置率过高，不利于房地产业的健康发展，这项得分−1分。第三，对房屋的刚性需求将逐渐减弱，房地产的暴利时代将结束，这项得分−3分。第四，合生创展、富力地产、雅居乐地产等一些竞争对手发展也比较迅速，保持持久竞争力必须拥有自己的特色，这项得分−3分。

四、竞争优势（CA）

第一，万科品牌在世界品牌价值实验室（World Brand Value Lab）编制的2010年度《中国品牌500强》排行榜中排名第19位，这项得分−2分。第二，订单式商业地产快速复制能力：联合行业龙头企业，签订联合发展协议，根据租方要求进行定制化开发。这项得分−2分。第三，"现金流滚资产"运作能力：通过住宅和部分商业的销售，"冲抵"项目投资支出，同时留存下优质商业物业，使得企业资产规模不断增大，融资能力不断增强。这项得分−3分。第四，跨区域商业物业管理能力：在各个城市，将商业管理和物业管理融为一体，通过自我摸索，打造出独立的商业管理有限公司，发展成为国内目前最具实力的跨区域管理商业物业的企业。这项得分−3分。

五、结论

万科的SPACE矩阵分析各项得分如表7−3所示。

表7−3　万科SPACE矩阵得分（平均值）

ES	IS	CA	FS
−3	3.71	−2.5	4.33

因此，向量坐标数值为：X轴：−2.5+3.71=1.21，Y轴：−3+4.33=1.33，最终坐标（1.21，1.33），用向量表示如图7−4所示。因此根据SPACE矩阵，万科应该采取进攻的战略。

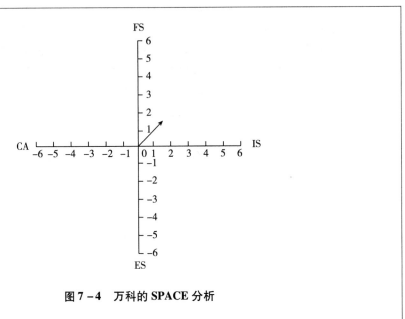

图 7 - 4 万科的 SPACE 分析

（资料来源：笔者根据多方资料整理而成。）

三、GSM 矩阵

大战略矩阵（Grand Strategy Matrix，GSM 矩阵）是一种常用的制定备选战略方案的工具。它由小汤普森（A. A. Thompson. Jr.）与斯特里克兰（A. J. Strickland）根据波士顿矩阵修改而成，主要适用于企业在战略制定时，或者是当企业面临着重大业务调整，考虑收缩还是扩张时，根据市场增长率和企业竞争地位的不同组合情况，指导企业进行战略选择的一种指导性模型。

大战略矩阵基于两个评价变量：竞争地位和市场增长，分别将这两个变量置于坐标轴横轴和纵轴，就构成大战略矩阵。任何企业的战略都可以置于大战略矩阵的四个战略象限中加以分析和选择，并且企业的各业务部门也可按照这一思路在大战略矩阵中找到自己的位置。此外，位于同一象限的企业也有很多战略可供选择，图 7 - 5 为大战略矩阵，并在四个象限中列举了多种不同的战略选择，其中各战略是按其相对吸引力的大小而分列于各象限中的。

位于大战略矩阵第一象限的企业处于极佳的战略地位。对这类企业，继续集中经营于当前的市场（市场渗透和市场开发）和产品（产品开发）是适当的战略。第一象限企业大幅度偏离已建立的竞争优势是不明智的。当第一象限企业拥有过剩资源时，后向一体化、前向一体化和横向一体化可能是有效的战略。当第一象限企业过分偏重于某单一产品时，集中化多元经营战略可能会降低过于狭窄的产品线所带来的风险。第一象限企业有能力利用众多领域中的外部机会，必要时它们可以冒险进取。

位于第二象限的企业需要认真地评价其当前参与市场竞争的方法。尽管其所在产业正在增长，但它们不能有效地进行竞争。这类企业需要分析企业当前的竞争方法为何无效，企业又应如何变革而提高其竞争能力。由于第二象限企业处于高速增长产业，强化型战略

（与一体化或多元化经营战略相反）通常是它们的首选战略。然而，如果企业缺乏独特的生产能力或竞争优势，横向一体化往往是理想的战略选择。为此，可考虑将战略次要地位的业务剥离或结业清算，剥离可为公司收购其他企业或买回股票提供所需要的资金。

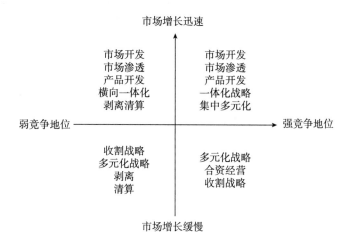

图 7-5　大战略矩阵

位于第三象限的企业处于产业增长缓慢和相对竞争能力不足的双重劣势下。在确定产业正处于永久性衰退前沿的前提下，这类企业必须着手实施收割战略。首先应大幅度地减少成本或投入，其次可将资源从现有业务领域逐渐转向其他业务领域，最后便是以剥离或结业清算战略迅速撤离该产业。

位于第四象限的企业其产业增长缓慢，但处于相对有利的竞争地位。这类企业有能力在有发展前景的领域中进行多元经营。这是因为第四象限的企业具有较大的现金流量，并对资金的需求有限，有足够的能力和资源实施集中多元化或混合式多元化战略。同时，这类企业应在原产业中求得与竞争对手合作与妥协，横向合并或进行合资经营都是较好的选择。

四、BCG 矩阵

波士顿矩阵（BCG Matrix）又称市场增长率—相对市场份额矩阵、波士顿咨询集团法、四象限分析法、产品系列结构管理法等。波士顿矩阵是由美国大型商业咨询公司——波士顿咨询集团（Boston Consulting Group）首创的一种分析和规划企业产品组合或业务组合的方法。这种方法关键是要解决如何使企业的产品或业务品种及其结构适合市场需求的变化，以及如何将企业有限的资源有效地分配到合理的产品或业务结构中去，以保证企业收益和企业在激烈竞争中的优势。

波士顿矩阵法将企业所有产品从市场增长率和市场占有率角度进行再组合。在坐标图上，以纵轴表示企业销售增长率，横轴表示相对市场占有率，各以 10% 和 20% 作为区分高、低的中点，将坐标图划分为四个象限，依次为"问题（?）""明星（★）""现金牛（¥）""瘦狗（×）"。如图 7-6 所示。

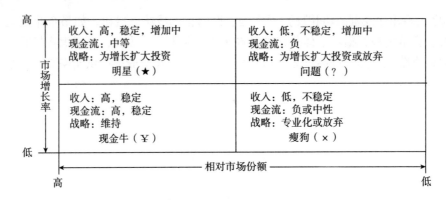

图 7 - 6　BCG 矩阵

企业可将产品或业务单元按各自的销售增长率和市场占有率归入不同象限，使企业现有产品组合一目了然，同时便于对处于不同象限的产品或业务单元做出不同的发展决策。其目的在于通过产品或业务所处不同象限的划分，使企业采取不同决策，以保证其不断地淘汰无发展前景的产品和业务，保持"问题""明星""现金牛"产品的合理组合，实现产品及资源分配结构的良性循环。基本步骤为：

第一，核算企业各种产品的销售增长率和市场占有率。销售增长率可以用本企业的产品销售额或销售量增长率。时间可以是一年或是三年以至更长时间。市场占有率，可以用相对市场占有率或绝对市场占有率，用最新资料。基本计算公式为：

本企业某产品绝对市场占有率 = 该产品本企业销售量/该产品市场销售总量；

本企业某种产品相对市场占有率 = 该产品本企业市场占有率/该产品市场占有份额最大者（或特定的竞争对手）的市场占有率。

第二，绘制四象限图。以 10% 的销售增长率和 20% 的市场占有率为高低标准分界线，将坐标图划分为四个象限。然后把企业全部产品按其销售增长率和市场占有率的大小，在坐标图上标出其相应位置（圆心）。定位后，按每种产品当年销售额的多少，绘成面积不等的圆圈，顺序标上不同的数字代号以示区别。定位的结果即将产品划分为四种类型。

第三，确定产品业务所在象限及战略对策。波士顿矩阵对于企业产品所处的四个象限具有不同的定义和相应的战略对策。

一是明星产品（Stars）。它是指处于高增长率、高市场占有率象限内的产品群，这类产品可能成为企业的现金牛产品，需要加大投资以支持其迅速发展。采用的发展战略是：积极扩大经济规模和市场机会，以长远利益为目标，提高市场占有率，加强竞争地位。明星产品的管理与组织最好采用事业部形式，由对生产技术和销售两方面都很内行的经营者负责。这类业务部门可采用前向、后向和水平一体化，市场渗透、市场开发、产品开发及合资经营等战略。

二是现金牛产品（Cash Cow），又称厚利产品。它是指处于低增长率、高市场占有率象限内的产品群，已进入成熟期。其财务特点是销售量大，产品利润率高、负债比率低，可以为企业提供资金，而且由于增长率低，也无须增大投资。因而成为企业回收资金、支持其他产品，尤其明星产品投资的后盾。对这一象限内的大多数产品，市场占有率的下跌已成不可阻挡之势，因此可采用收获战略：即所投入资源以达到短期收益最大化为限。一方面，把设备投资和其他投资尽量压缩；另一方面，采用榨油式方法，争取在短时间内获取更多利润，为其他产品提供资金。对于这一象限内的销售增长率仍有所增长的产品，应进一步进行市场细分，维持现存市场增长率或延缓其下降速度。对于现金牛产品，适合于用事业部制进行管理，其经营者最好是市场营销型人才。

三是问题产品（Question Marks）。它是处于高增长率、低市场占有率象限内的产品群。前者说明市场机会大、前景好，而后者则说明在市场营销上存在问题。其财务特点是利润率较低，所需资金不足，负债比率高。例如在产品生命周期中处于引进期、因种种原因未能开拓市场局面的新产品即属此类问题的产品。对问题产品应采取选择性投资战略：首先确定对该象限中那些经过改进可能会成为明星的产品进行重点投资，提高市场占有率，使之转变成"明星产品"；其次对其他将来有希望成为明星的产品则在一段时期内采取扶持的对策。因此，对问题产品的改进与扶持方案一般均列入企业长期计划中。对问题产品的管理组织，最好是采取智囊团或项目组织等形式，选拔有规划能力、敢于冒风险、有才干的人负责。

四是瘦狗产品（Dogs），也称衰退类产品。它是处在低增长率、低市场占有率象限内的产品群。其财务特点是利润率低、处于保本或亏损状态，负债比率高，无法为企业带来收益。对这类产品应采用撤退战略：首先应减少批量，逐渐撤退，对那些销售增长率和市场占有率均极低的产品应立即淘汰；其次是将剩余资源向其他产品转移；最后是整顿产品系列，将瘦狗产品与其他事业部合并，统一管理。

专栏7-2　　　　　　　　　小米手机竞争战略

北京小米科技有限责任公司正式成立于2010年4月，是一家专注于智能手机自主研发的移动互联网公司，定位于高性能发烧手机。小米的产品理念是"为发烧而生"，并定位于中低端市场。公司主营产品包括手机系列：小米手机1系列、小米手机青春版、小米手机1S系列、小米手机2系列、小米手机2S系列、小米手机2A、红米手机、小米手机3；其他电子系列：小米电视、小米活塞耳机、小米盒子、小米移动电源、路由器；另外还有MIUI系统及其增值服务和扑克、衣帽、背包、布偶、挂件等周边产品。

一、小米智能手机销售分析

根据易观智库的《中国手机市场季度监测报告2013年第四季度》显示，小米手机占中国智能手机市场份额为6.35%，位列第五位，如表7-4所示。

表7-4　中国手机市场份额　　　　　　　　　　　　　　　单位:%

品牌	三星	联想	华为	酷派	小米	苹果	其他
份额	15.07	11.86	9.57	9.39	6.35	4.81	42.95

从图7-7可以看出，2012年和2013年小米手机销售增长率分别为619%和160.08%。

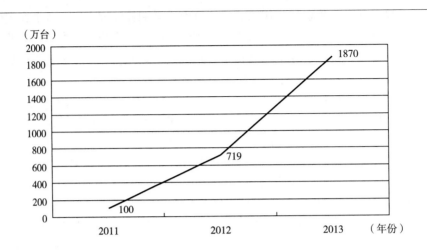

图7－7　小米手机2011～2013年年度销量走势

二、小米内部产品所属产品BCG分析（见图7-8）

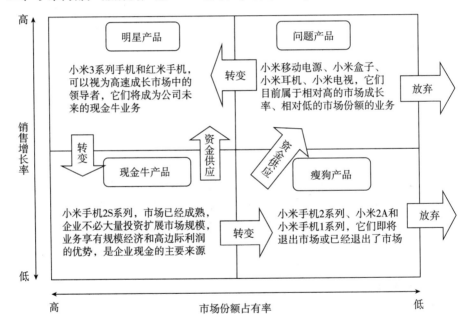

图7-8　小米手机的BCG分析

三、小米公司竞争战略选择及措施

第一，从整体来看，小米公司应采取选择性投资战略。首先对问题产品的改进与扶持方案列入企业长期发展计划中，确定对问题象限中那些经过改进可能会成为明星的产品进行重点投资，比如小米移动电源、小米盒子和耳机等，提高市场占有率，使之转变成"明星产品"。对问题产品的管理组织，最好是采取智囊团或项目组织等形式，选拔有规划能力，敢于冒风险、有才干的人负责。

第二，应更加注重创新，小米公司在保持现有的消费者群体的基础上，提高手机质量，创造新技术，加快新机型的研发，缩短新产品的研发周期，比如说尽早推出小米3S或者小米4系列手机产品，在创新优势上占得先机。另外开发出更先进的系统，可以考虑加大对软件市场的投资，开发出自主产权的操作系统等。

第三，开拓年轻人市场，在如今年轻化社会，娱乐至上的消费时代，想要在激烈的市场竞争中突围，时尚和娱乐是本土品牌不可避免的。小米手机致力于全面拓展产品线，完善产品矩阵。小米手机当初设计生产的时候也主要是针对发烧友及年轻人设计的。所以，可以从年轻人身上开始去逐步拓展市场。

第四，开发低收入人群市场，随着手机的逐渐普及，越来越多的人喜欢在休闲娱乐的时候随手拿出手机上上网，玩玩游戏，但是，有一部分人并不会甚至不懂怎么去操作手机，所以，小米可以在低端入门机上面搞研究开发，高配低价，像红米手机，设计并生产出十分低廉但很有用的低端高性价比手机，打开低收入人群的市场。

第五，开拓高收入人群市场，大力发展自己品牌的特色，在满足低收入人群的同时，生产出自己品牌的旗舰机。进入高收入人群市场，学习苹果公司的成功经验，创造出如同苹果那样让人无法拒绝的产品，比如像之前模仿苹果公司的"饥饿营销"模式，高配高价，使产品、服务或形象等方面具有独特性，从而使顾客产生兴趣，努力扩大自己的创收空间。

总的来说，还是建议小米采取产品差异化战略，丰富自己的产品矩阵，以获取品牌优势和保持持久的竞争力。

（资料来源：笔者根据多方资料整理而成。）

五、IE 矩阵

内部—外部矩阵是在原来由美国通用电气公司提出的多因素业务经营组合矩阵基础上发展起来的。多因素业务经营组合矩阵又称市场吸引力—经营实力矩阵（GE矩阵），经营实力表明企业的竞争能力（内部因素），而市场吸引力表明企业所处行业的发展状况与发展趋势（外部因素）。因此，在GE矩阵基础上，用涵盖范围更广的内部因素替代竞争能力，用外部因素替代该行业吸引力，即构成了IE矩阵。

IE矩阵采用内部因素评价（IFE）和外部因素评价（EFE）作为分析变量：以IFE的加权评分为横坐标并分为三段，其中IFE加权评分为1.0~1.99代表企业内部的劣势地位，2.0~2.99代表企业内部的中等地位，而3.0~4.0代表企业内部的优势地位；以EFE的加权评分为纵坐标也分为三段，EFE加权分为1.0~1.99代表企业面临着较严重的外部威胁，2.0~2.99代表企业面临中等的外部威胁，3.0~3.99代表企业能较好地把外部威胁的不利影响减少到最小程度。以此将企业业务的战略地位划分为九个象限，如图7-9所示。

此外，在IE矩阵中，可以根据横纵坐标，将九个象限划分成具有不同战略意义的三大板块间。第一，IE矩阵对角线第Ⅲ、Ⅴ、Ⅶ格；第二，IE矩阵对角线左上方的第Ⅰ、Ⅱ、Ⅳ格；第三，IE矩阵对角线右下方的第Ⅵ、Ⅷ、Ⅸ格。运用IE矩阵的基本步骤：

第一，根据企业的实际情况，对企业的业务进行划分，形成战略业务单位，并对每个战略业务单位进行内外部环境分析。

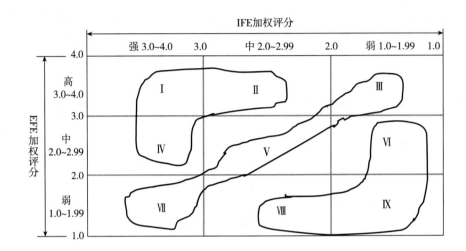

图 7 – 9　IE 矩阵

第二，根据企业所处的行业特点和企业发展阶段、行业竞争状况，确定内外部评价因素及每个因素权重。其中内部因素要反映企业内部的综合实力和竞争能力，常用的有：企业财务资源、人力资源、技术能力和经验、无形资源等；外部因素要反映企业面临的外部环境，常用的有企业所处行业特点、所处行业的市场吸引力、行业竞争状况等。

第三，根据分析结果，对各战略业务单位进行评估和打分，并加权求和，得到每一项战略业务单元的最终得分，也可以直接使用 EFE 矩阵、IFE 矩阵分析的结果。

第四，根据每个战略业务单位的最终得分，将每个战略单位用饼图标注在 IE 矩阵上。标注时，还可以用饼图的大小，以及比例反映不同业务部门在某些指标上的差异。

第五，对落在 IE 矩阵不同区间的不同业务单位，采取不同的战略：一是落入 Ⅰ、Ⅱ、Ⅳ象限的业务应被视为增长型和建立型（Grow and Build）业务，所以应采取加强型战略（市场渗透、市场开发和产品开发）或一体化战略（前向一体化、后向一体化和横向一体化）或投资/扩展战略。二是落入 Ⅲ、Ⅴ、Ⅶ象限的业务适合采用坚持和保持型（Hold and Maintain）战略，或选择/盈利战略，如市场渗透和产品开发战略等。三是落入 Ⅵ、Ⅷ、Ⅸ象限的业务应采取收获型和剥离型（Harvest and Divest）战略或收获/放弃战略。

六、QSPM 矩阵

定量战略计划矩阵（Quantitative Strategic Planning Matrix，QSPM）是战略决策阶段的重要分析工具，它能够客观地指出哪一种战略是最佳的。QSPM 利用第一阶段（输入阶段）和第二阶段（匹配阶段）的分析结果来进行战略评价，是战略制定分析框架的第三阶段。

QSPM 的分析原理是：将战略匹配阶段制定的各种战略分别评分，评分是根据各战略是否能使企业更充分利用外部机会和内部优势，尽量避免外部威胁和减少内部弱点四个方面，通过专家小组讨论的形式得出。得分的高低反映战略的最优程度。也就是说，QSPM

的输入信息正是信息输入第一阶段的因素评价结果（由 EFE 矩阵、IFE 矩阵、竞争态势矩阵分析得出）和第二阶段的备选战略（由 SWOT 矩阵、SPACE 矩阵、BCG 矩阵、IE 矩阵和 GSM 矩阵分析得出），因此，QSPM 的结果反映了哪一种备选战略是企业的最佳选择。

虽然 QSPM 是基于事先确认的外部及内部因素来客观评价备选战略的工具，但和其他战略制定分析方法一样，需要良好的直觉判断。

QSPM 矩阵的基本格式如表 7－5 所示。矩阵左边一列为关键的外部和内部因素（来自第一阶段），包括从 EFE 矩阵和 IFE 矩阵直接得到的信息。在紧靠关键因素的一列中，将标出各因素在 EFE 矩阵和 IFE 矩阵中所得到的权数。顶部一行为可行的备选战略（来自第二阶段），包括从 SWOT 矩阵、SPACE 矩阵、BCG 矩阵、IE 矩阵和大战略矩阵中得出的备选战略。这些匹配工具通常会产生类似的可行性战略。需注意的是，并不是匹配方法所给出的每种战略都要在 QSPM 中予以评价，战略分析者必须根据丰富的行业经验以及运用出色的直觉判断来决定哪些战略应该纳入 QSPM 矩阵中，哪些战略应该被剔除。在 QSPM 矩阵中一个重要的概念是战略的最优程度。它是根据各战略对外部和内部因素的利用和改进程度而确定的。QSPM 中包括的备选战略的数量和战略组合的数量均不限，分析的结果并不是非此即彼的战略取舍，而是一张按重要性和最优程度排序的战略清单。

表 7－5　定量战略计划矩阵

项目		备选战略				
	权数	战略 1		战略 2		……
关键因素		吸引力评分（AS）	吸引力总评分（TAS）	吸引力评分（AS）	吸引力总评分（TAS）	……
关键外部因素 机会 挑战						
关键内部因素 优势 劣势						
吸引力总评分						

运用定量战略计划矩阵的基本步骤：

第一，在 QSPM 的左栏列出企业关键外部机会与威胁和内部优势与劣势，这些信息可以从 EFE 矩阵和 IFE 矩阵中直接获得。在 QSPM 中，至少应包含十个关键外部因素和十个关键内部因素。

第二，给出每个关键外部及内部因素的权数。应注意这些权数应与 EFE 矩阵和 IFE 矩阵给出的权数保持一致。

第三，根据第二阶段战略匹配阶段的结果确定企业应该考虑的备选战略方案。根据需要也可以将各战略方案划分为相互排斥的若干组战略。

第四，给出吸引力评分（AS），以数值的方式表示各个战略在所在的战略方案中的相对吸引力。通过逐个检查内外关键因素并对如下问题进行回答的方法给出吸引力评分："该因素是否影响到战略方案的选择？"如果回答为"是"，那么就应当将这一因素对各个方案的影响力进行比较。具体来说，吸引力评分是就某一特定影响因素而言，给出的一个战略方案相对于其他战略方案具有的吸引力分数。吸引力的评分范围是：1＝没有吸引力；2＝有一些吸引力；3＝有较强的吸引力；4＝有很强的吸引力。如果上述初始问题的回答是"否"，说明该关键因素对给定具体战略方案的选择没有影响。需要注意的是，如果就某个因素为一个战略给出了吸引力评分，同时也必须给出其他战略基于这一因素的吸引力评分。相反，如果就某一因素在一个战略对应的一栏中画了横线，那么，这一行各战略对应的位置都应当画横线。

第五，计算吸引力总评分（TAS）。即将各横行的权数与对应的吸引力相乘。吸引力总评分越高，则表明战略方案在对应的关键因素这一项上的吸引力越大。

第六，计算吸引力总评分合计数，即将QSPM中各战略纵栏中的吸引力总分相加。这一分值是在考虑了所有影响战略决策的相关内外部因素的情况下，每个备选战略方案的吸引力最终评分，分数越高，对应战略的吸引力越大。战略选择者则可以依据不同给定备选战略的吸引力总评分合计数的差异进行择优选择。

以下以"三只松鼠"企业为例，具体说明QSPM矩阵的应用，如表7－6所示。QSPM矩阵利用前面两个阶段的分析结果来进行战略评价，是战略制定分析框架的第三阶段。表中数据权重来自对该企业EFE矩阵和IFE矩阵中的数据，吸引力分数根据企业实施的战略方案进行评价。

表7－6 "三只松鼠"定量战略计划矩阵

项目		权重	备选战略			
			产品开发		市场渗透	
关键因素			吸引力评分（AS）	吸引力总评分（TAS）	吸引力评分（AS）	吸引力总评分（TAS）
机会	1. 中国人均收入提高，消费能力上升	0.15	3	0.45	2	0.30
	2. 网络文化成为主流，互联网用户增多	0.08	4	0.32	3	0.24
	3. 政策支持，电商行业迅速发展	0.07	4	0.28	3	0.21
	4. 消费者的偏好多元化	0.12	4	0.48	4	0.48
	5. 休闲食品市场规模不断扩大	0.10	3	0.30	4	0.40
威胁	1. 休闲食品市场产品同质化严重	0.12	3	0.36	2	0.24
	2. 行业进入门槛低，有潜在竞争者进入	0.09	3	0.27	3	0.27
	3. 营销方式被现有竞争对手模仿	0.09	2	0.18	4	0.36
	4. 无序竞争状态中竞争者采用价格战	0.10	3	0.30	3	0.30
	5. 人们对食品安全问题的忧虑	0.08	3	0.24	4	0.32
优势	1. 公司知名度较高	0.10	2	0.20	4	0.40
	2. 有创新的企业文化凝聚员工	0.08	3	0.24	3	0.24
	3. 网络售货渠道效率高成本低	0.05	2	0.10	2	0.10

项目		权重	备选战略			
			产品开发		市场渗透	
关键因素			吸引力评分（AS）	吸引力总评分（TAS）	吸引力评分（AS）	吸引力总评分（TAS）
优势	4. 服务个性化	0.09	3	0.27	4	0.36
	5. 产品包装很有特点	0.06	3	0.18	4	0.24
	6. 品牌效应明显	0.09	3	0.27	4	0.36
	7. 仓储物流智能化管理先进	0.12	4	0.48	4	0.48
	8. 食品信息可追溯	0.07	2	0.14	4	0.28
	9. 依据大数据客户信息资源丰富	0.05	4	0.20	4	0.20
劣势	1. 线下市场占有度不够	0.06	2	0.12	3	0.18
	2. 销售渠道狭窄	0.10	2	0.20	2	0.20
	3. 后期营销能力减弱	0.05	2	0.10	4	0.20
	4. 物流供应链跟不上企业发展的速度	0.08	3	0.24	3	0.24
合计				5.92		6.60

如表 7-6 所示 QSPM 矩阵中，三只松鼠股份有限公司有两种备选战略，分别是产品开发战略和市场渗透战略。矩阵中综合分析了关键外部因素中的机会和威胁以及关键内部因素中的优势和劣势。在产品开发战略中，关键外部因素的吸引力总评分为 3.18，关键内部因素的吸引力总评分为 2.74；在市场渗透战略中，关键外部因素的吸引力总评分为 3.12，关键内部因素的吸引力总评分为 3.48。在关键外部因素上两者相差无几，而关键内部因素上市场渗透战略分数偏高，最终总评分也是略高于产品开发战略。综上，市场渗透战略可优先考虑。

七、对战略选择工具的综合评价

SWOT 矩阵法、SPACE 矩阵法、BCG 矩阵法、IE 矩阵法、GSM 矩阵法着重通过排列关键内部及外部因素产生出可行的备选战略方案，且 BCG 矩阵法、IE 矩阵法、GSM 矩阵法适用于多元化经营或者多部门的企业，这些方法能够将企业划分为不同的业务单元，进行组合分析。QSPM 法则是对其他方法匹配出的可行备选方案做出客观评价，揭示出各备选方案的相对吸引力，从而为选择特定的战略提供客观的基础。

SWOT 矩阵是战略管理学的第一个模型工具，直观有效，可以应用于分析不同单元，如管理者和决策者个人、团队、项目，也可以用于公司层面。SWOT 矩阵不需要使用任何定量的数据，就可以对公司的运营环境和内部因素提供比较全面的分析框架，并得到多种可供选择的战略。然而，其缺陷在于 SWOT 矩阵只是一个描述性的模型，并不能为战略分析者提供准确和规范的建议和结论，匹配过程也受分析者个人价值观的影响，因而，SWOT 矩阵适合比较粗略的战略分析和选择。

SPACE 矩阵在 SWOT 矩阵的基础上，做了很大的改进。SPACE 矩阵提出了从环境未定因素、产业实力要素、财务实力要素和竞争优势要素等四个维度进一步评估企业战略实施能力，它在因素选择上更为具体，同时将定性分析转为定量评价，在战略匹配和战略选择上增加了一定的准确性，不过这种定量方法仍离不开人为的标准，因而对于不同的分析者会有不同的结果，因而在运用这种方法时可以综合多人的意见，从而使分析更加可靠。此外，SPACE 矩阵只是给出了战略的基本方向，具体采用何种战略，还需要更深入地分析和决策。

BCG 矩阵的优点是简单明了又能反映出十分丰富的信息，使人们很容易注意到企业的各分部门现金流动、投资特性及需求和业务组合的合理性，可以使企业在资源有限的情况下，合理安排产品系列组合，收获或放弃萎缩产品，加大在更有发展前景的产品上投资。当然 BCG 矩阵也存在局限性：第一，仅仅假设企业的业务发展依靠的是内部融资，而没有考虑外部融资。举债等方式筹措资金并不在 BCG 矩阵的考虑之中。第二，BCG 矩阵还假设这些业务是独立的，但是许多公司的业务是紧密联系在一起的。比如，如果金牛类业务和瘦狗类业务是互补的业务组合，如果放弃瘦狗类业务，那么金牛类业务也会受到影响。第三，BCG 矩阵根据相对市场占有率和市场需求增长率这两个变量就把企业的所有业务分为四类的做法过于简单，实际上，企业很多位于 BCG 矩阵中的业务不易被明确归类，并且仅用市场需求增长率反映产业的增长和行业的吸引力以及仅用相对市场占有率反映企业的竞争优势和竞争能力也过于简单和缺乏说服力。第四，BCG 矩阵不能反映各部分或其所在产业在一定时期是否增长，即 BCG 矩阵没有时间特性。

IE 矩阵从 GE 矩阵发展而来，但相较于 GE 矩阵操作更为流程化，便于战略分析者使用，在分析内外部因素时容纳的变量更多，从而更为准确。但由于过于关注定量分析和计算也会导致分析静态化，使战略分析思维受局限，无法创新。

QSPM 矩阵的优点：第一，QSPM 矩阵可以依次或者同时考察一组战略，即在使用 QSPM 进行评分时，被评分的战略数或考察的战略组数不受限制。第二，QSPM 要求战略家在决策过程中要综合考虑内外因素。建立 QSPM 矩阵时，关键因素不会被不适当地忽视或倚重，QSPM 把人们的注意力引到影响战略决策的各种关系上。经过调整后，QSPM 可应用于大型与小型、营利与非营利等各种组织。QSPM 矩阵同样也存在缺陷：这一方法总是要求进行直觉性判断和给出理性假设。尽管有关的决策应当以客观信息为基础，但毕竟矩阵中的权数和吸引力评分的给出都是主观决断的结果。此外 QSPM 法的结果很大程度上取决于先前的信息输入和匹配分析结果，即受到战略选择第一、二阶段的影响很大。

总之，这六种方法都有其各自的适用范围，也存在着优缺点，在战略选择中，企业家应根据具体情况，选择合适的方法，进行分析决策。

专栏 7-3　　　　　　　　**华谊兄弟的发展战略**

华谊兄弟传媒股份有限公司是中国大陆一家知名综合性民营娱乐集团，由王中军、王中磊兄弟在 1994 年创立。因投资著名导演冯小刚、姜文的影片正式进入电影行业。随后全面进入传媒产业，投资及运营电影、电视剧、艺人经纪、唱片、娱乐营销等领域，在这些领域都取得了不错的成绩，并且在 2005 年成立华谊兄弟传媒集团。2013 年，公司实现营业收入 201396.38 万元，比上年同期增长 45.27%；净利润为 67314.90 万元，比上年同期增长 179.65%。

2011 年初，华谊"蝴蝶式"的商业版图正式敲定。在这一业务版图中，三大主要板块是非常清晰的。

第一板块是以电影、电视剧、艺人经纪、音乐为主的内容业务。影视娱乐内容一直以来是华谊兄弟的优势。2010 年，公司电影及其衍生业务收入占主营业务收入近六成；2013 年，也仍占到 54.4%。在这一业务方面，华谊兄弟采取的战略是专业的运作和投资。不过，从上市之初到现在，华谊的经营模式遭受过不少质疑，比如过于依赖"一哥""一姐""一导"，人才管理有高风险，电影业务盈利模式单一及单个影片贡献度偏高等。面对质疑，华谊兄弟也采取了一系列举措和可行的解决办法。比如积极地和新导演展开合作，2011 年初发布的"H"计划，集结了 11 位导演。2011 年 10 月，华谊兄弟在釜山与韩国六大经纪公司联盟 UAM 签署了战略合作意向。

第二板块是以新媒体、影院投资为主的渠道业务。如果缺乏自有渠道，电影常常需要面对档期和院线资源的尴尬。因此，上市后，华谊兄弟加快自建影院的步伐。截至 2013 年末，华谊兄弟投入运营的影院共 15 家，分别位于重庆、北京、武汉、合肥、安徽、上海、深圳等城市。自建终端影院，带给观众更独特的观影体验，反过来也有利于拉动华谊的票房。目前，华谊的影院大多是以公司全资为主，但也开始尝试参股的方式。另外，新媒体作为"网上电影院"的延伸，也逐渐进入华谊的考虑。

第三板块是以文化旅游、娱乐营销、游戏为主的衍生业务。这三大板块以"华谊母品牌"做整体驱动，以内容生产为左翼，以渠道和衍生品为右翼，打造成内容、渠道和衍生品为一体的全产业链协同模式。华谊兄弟的衍生业务包括：手机游戏、网游、文化城和电影主题公园等。华谊副总裁胡明也表示，最终是为了让电影与音乐、娱乐营销、游戏和主题公园等衍生环节联动。《狄仁杰之通天帝国》热映之时，由华谊兄弟授权、掌趣科技研发的同名手机游戏也随之上市。华谊兄弟还与腾讯游戏《寻仙》的品牌授权合作，玩家可在《寻仙》游戏中饰演大唐密探，协助狄仁杰侦破扑朔迷离的案件。华谊兄弟还顺势推出衍生品，角色人偶、电影典藏版三国杀游戏牌大受欢迎。2013 年末，华谊兄弟与腾讯宣布进一步合作推出 O2O 娱乐社交平台，这个平台的特点是"社交影视娱乐"，该社交平台可能会有类似 QQ、微信这样的社交功能，并与影视娱乐内容结合。

华谊兄弟除了在国内市场推行全产业链的战略外，也十分看重海外市场，并希望把海外市场发展成为公司利润新的增长点。因此，华谊兄弟推行的国际化战略是在巩固本土市场的前提下，逐利海外市场。

2011 年 6 月前，华谊兄弟就宣布对子公司华谊国际增资 6000 万美元，用于其进军海外，与好莱坞电影企业合作拍摄制作英文电影、投资成立合资公司等项目。2011 年 6 月 10 日，华谊兄弟宣布与传奇娱乐合资建立传奇东方，标志着华谊兄弟的国际化战略迈出了第一步。

2014 年 3 月 6 日，华谊兄弟发布公告称拟斥资 1.2 亿~1.5 亿美元参股由华纳兄弟前总裁 Jeff Robinov 组建的美国 Studio 8 公司，并且将负责 Studio 8 公司出品的所有电影的发行事宜。这次入股也被视为华谊兄弟开拓好莱坞市场、开展国际化战略的重要一步。

（资料来源：笔者根据多方资料整理而成。）

第二节 战略评估的基本原则

第一，与使命、目标的一致性。企业的使命、目标和战略是存在内在联系的。企业使命是企业目标和企业战略的指导思想，它统领企业目标和企业战略，决定了企业目标和企业战略的性质和内涵。企业使命的重点聚焦在企业的性质、责任及存在的理由上，其内容高度概括和抽象；企业目标描述的是企业在一段时间内发展要达到的结果，是企业使命的细化，但相比企业战略又要粗略；企业战略是企业发展的方向及策略，是实现企业使命和完成企业目标的一系列决策和行动，是企业使命与目标的具体化和直观化，也是对企业使命和目标的准确贯彻和解读。理论上，企业使命决定了企业目标，而企业目标又决定了企业战略，先有使命，再有目标，最后有战略，三者是一脉相承的。因此，在评估企业战略时，是否与企业使命和目标保持一致就成为一项基本原则。

专栏 7-4　　　　　　　　　　**TCL 的战略转型**

TCL 集团股份有限公司创办于 1981 年，是一家从事家电、信息、通信、电工产品研发、生产及销售，集技、工、贸为一体的特大型国有控股企业。经过 30 多年的发展，TCL 集团现已形成了以王牌彩电为代表的家电、通信、信息、电工四大产品系列。2012 年 TCL 被评为全球第四大电视制造商（其他三家是三星、LG、SONY）。

2014 年 2 月 25 日，TCL 集团发布了互联网转型时代下全新的经营转型战略——"智能 + 互联网"与"产品 + 服务"的"双 +"战略。这一转型战略的发布标志着 TCL 集团从过去经营产品到经营用户的重大策略改变，也意味着 TCL 集团未来五至十年的互联网化先锋之路正式启程。

TCL 集团"双 +"战略的核心内涵包括：施行"抢夺入口与经营用户""建立产品加服务的新商业模式""以 O2O 公司重构线上线下业务作为互联网化的先锋"的转型举措，以及要在五年内实现"全球智能终端主流厂商，智能电视、智能手机全球前三；获取一亿家庭用户 + 一亿移动用户；来自产品与服务的利润贡献各占 50%；公司价值增长超越销售收入增长，五年实现市值超千亿"的战略目标。TCL 此次互联网转型是由于传统家电企业的商业模式遇到了瓶颈：首先，在市场方面，需求饱和与产能增长，使得企业间价格战愈演愈烈；其次，在产业方面，硬件基础功能成熟，使得产品性能同质化成为消费电子产业发展瓶颈；最后，面对互联网企业的跨界竞争，新商业模式的进入使传统家电企业盈利能力遭遇挑战。因此，TCL将彻底摒弃传统，通过引入互联网思维，实施"双＋"新模式，实现在互联网时代战略转型突破。

更值得一提的是，为了配合此次战略转型，TCL也对企业核心文化和理念做出了相应的调整。TCL集团把"以用户为中心"的精神融入企业的血液中，提出了全新的企业愿景、企业使命、价值观和经营策略。TCL集团的新愿景是"为用户提供极致体验的产品与服务，让生活更精彩"（此前TCL的企业愿景是"成为受人尊敬和最具创新能力的全球领先企业"）；新的企业使命是"为用户创造价值、为员工创造机会、为股东创造效益、为社会承担责任"；企业新的价值观是"用户至上、开放创新、合作分享、诚信尽职"。

TCL的新企业愿景、企业使命和企业价值观，体现了其在互联网经济时代，经营理念从经营产品向经营用户的转变。这一转变能够很好地契合其"双＋"战略转型，能够重新塑造TCL在用户中的企业形象，并通过协调企业内部各利益相关方来增强企业的凝聚力，确保TCL的新战略能够有效地推行。并且从这一改变能够发现，TCL的"双＋"战略转型核心正是切合了互联网的根本：以用户为中心，通过智能技术、宽频互联网、大数据及云计算，以市场的需求和用户体验来驱动产品和应用的创新，通过各种智能产品和服务平台，为用户提供极致的体验。

总之，"双＋"转型战略将打开TCL价值增长的新局面，形成智能互联网时代TCL新的核心竞争力，TCL集团也将在互联网思维的带动下，配合多年积累的产品与服务群，遵循为用户提供个性化的极致体验的企业愿景，实现互联网转型。

（资料来源：笔者根据多方资料整理而成。）

第二，合适性。合适性原则主要是指可选方案与环境、资源在多大程度上匹配，并且它将在多大程度上发挥竞争优势。它包括三个方面的内容：一是企业内部的文化、技术和资源；二是企业外部的竞争性反应和其他事项；三是管理者和员工的忠诚度。

第三，有效性。大多数的战略选择会对未来做一些假设，需要对这些假设进行检验，以确保它们都是正确的、合理的和有效的。并且，战略的选择方案会用到一些商业信息，这些信息既有可能是有材料依据的，也可能是从根本上值得怀疑的。因此，我们需要对每个战略备选方案的假设条件和使用信息有效性进行检验评估。此外，有效性原则还要求企业家在做出战略选择时要对本企业所处的竞争环境有充分的认识，要保证企业战略决策的动态有效性。因为企业所处的竞争环境具有复杂性和动态性，它会对企业产生许多不确定的影响。企业的管理者必须很好地了解行业的发展现状和未来趋势；知道要在行业取得竞争优势，什么是关键；知道对企业而言，有价值的资源是哪些，这样才能确保选择的战略在环境的动态变化中仍是有效的。

第四，可选方案的合理性。可选方案的合理性，即要考虑备选战略是否合理，是否会受到其他因素的限制，在实践中，主要可能在这几方面会受到限制：组织内部的文化、技术和资源，即与企业内的限制；消费者的赞同、竞争者的反应、供应商的认同和政府或其他监管组织的批准，即企业外部的限制；缺乏管理者和员工的参与，即是否缺乏执行力。

专栏7-5　　　　　　　　　　　**当当网的战略选择**

当当网成立于1999年11月，以图书零售起家，一度是国内B2C领军电商：2004年拒绝亚马逊收购并开拓百货业务；2006年国内首推货到付款；2007年建ERP并大力进行仓储建设；2008年扩大招商扩充品类；2009年开拓第三方平台；成立以来三轮累计超过4000万美元的融资成就其快速发展，也一度被人们誉为"中国亚马逊"。2010年12月，当当网在纽交所成功上市，但当当网没有充分利用上市的先发优势，在之后的发展中出现了战略失误，造成了较严重的亏损，市场份额逐渐萎缩，同时期天猫、京东、卓越亚马逊、苏宁易购等B2C的强势崛起，给当当的发展带来了巨大压力。在一轮又一轮的价格战过后，当当网无论在规模还是市场地位上，都被后起之秀赶超，失去了"中国亚马逊"的标签，沦为二流电商。

一、百货商场战略

早在2004年，当当网便开始试水百货品类，产品线从家居用品起步，一年后进一步扩张到消费电子类和化妆品市场。不过，因为当当网很难适应百货类商品相较于图书更快的存货周转速度，这次扩张的尝试最终停止。但到了2009年，当当网又一次启动品类扩张战略，并且加大力度，从物美、华润、沃尔玛等传统零售"挖人"。不过，从当当网收入结构的变化来看，它的品类扩张却相对迟缓。根据当当网财务资料显示，2007~2010年百货收入依次为0.37、0.67、1.53、3.92亿元人民币，分别占总收入的8.26%、8.72%、10.49%、17.18%。

二、收缩战略

2010年当当网上市当天，京东商城在图书领域对当当网发动价格战。此次价格战后，当当网毛利率一直下滑，但运营费用率并无降低，导致净利润率下降，如图7-10所示。2011年一季度开始亏损并持续扩大，到2012年四季度亏损率达7.6%。对于这种业绩下滑的趋势，当当网高层进行了深刻反思，分析结论是：盲目进行品类扩张，扩张早期渠道不成熟，和供应商之间也没有强大的议价能力，导致毛利率降低。其反思的结果是在2011年底，当当网屏蔽阿里巴巴旗下一淘网蜘蛛抓取，表现为对价格战的畏惧，拒绝价格战。2012年初当当网CEO李国庆表示，"当当今年将战略收缩，由争地盘转为巩固优势区域，丰富品类，提高服务，聚焦中心区域和老顾客"，即当当网将专注于图书、母婴、化妆品、服装四个品类，并发力拓展第三方平台业务。当当网希望通过这一战略控制公司的成本，打造一份漂亮的财务报告。也正是这一战略，使得当当网错过了重要的电商发展时期，市场占有率降低，用户流失。

三、"引进来，走出去"战略

到了2012年下半年，当京东商城、苏宁易购、天猫等电子商务纷纷加入价格战时，当当网则开启了"引进来，走出去"的战略转型：一方面，当当网在天猫、QQ网购等平台开店，希望通过入驻天猫、腾讯增加当当网自身的用户群，降低获取新用户的成本；另一方面，也吸引国美电器、酒仙网、淘鞋网、乐淘、乐蜂等电子商务入驻当当网，当当网希望借助国美、酒仙网、淘鞋网等外来企业的供应链优势，激活平台用户的购买力，提高整体平台交易额，最终提高企业的利润。但这一战略也存在问题，一方面依赖天猫和QQ网购会导致当当网在消费者心中形象的弱化，并且，需要向天猫和腾讯平台支付交易费，营销成本不低；另一方面向弱势品类开放平台机会并不多，开放平台已经是各方竞争的"红海"，当当网要想突围，难度相当大。

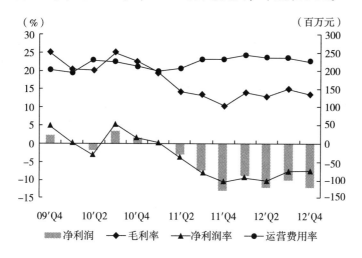

图7-10　当当网毛利率、运营费用率及净利润率变化趋势
资料来源：当当各季度财报。

四、垂直电商战略

2013年初，当当网CEO李国庆在内部会议上宣布未来战略布局：未来三年内，将定位集中于中高端，品类将聚焦在图书、婴童、服装、日用百货等四大品类上。这一战略直接否定了2009年以来当当网综合类电商的定位，走向另一个极端——垂直型的电商。然而纵观当前国内电商发展趋势，垂直电商相较于平台电商，发展机会已不多。

五、进攻战略

2014年3月5日，当当网与1号店宣布达成战略合作，双方互相入驻、互相帮助，当当网帮助1号店卖食品饮料，1号店帮助当当网卖图书。这一战略合作意味着当当网欲联合其他二线电商，与一线电商开始竞争。2014年3月25日，在当当网内部年度战略大会上，当当网CEO李国庆正式将2014年整体战略概括为"进攻"，核心是低价。这一战略的第一步就是打低价折扣牌，此前一天，当当网首页悄然跳转至"尾品汇"页面，用全站资源给尾品汇频道倒流，希望用低价策略获得市场份额。这一战略意味着当当网由被动迎战改为主动出击，是软硬实力积累到一定程度的自然爆发。

（资料来源：笔者根据多方资料整理而成。）

第五，商业风险。风险性是企业由于战略选择等其他经营行为或决策行为引起的未来收益不确定性。值得选择的战略方案往往伴随着一定程度的商业风险，这需要仔细评估，即对组织所制定和准备实施的备选战略的不确定性做出判断：组织是否能够克服出现的困难，这样的风险是否能被接受？这也是战略评估必须考虑的基本原则。

第六，对利益相关者的吸引力。企业本质上是一种受多种市场和社会因素影响的组织，包括企业的股东、雇员、供应商、债权人、客户、政府、社会团体等。不同的利益相关者对企业战略的关注点不同，也会通过不同的途径影响企业。例如，股东对企业战略的关注点在于企业战略能多大程度上有助于实现股东价值的增加，并且大股东能够通过股东会和董事会影响企业战略决策；客户对企业战略能否增加其享受到的产品服务或福利十分关注，也能够通过购不购买产品影响到企业的市场占有率；债权人对企业战略在现金资源和债务水平等方面十分关注；竞争者对企业战略的市场竞争影响较为关注，也能够通过和企业进行合作创造更多的价值，并与企业共同分享这些价值；政府和社会团体对企业战略的社会价值影响较为关注，也能够对企业提供政策支持或社会支持。可以说，利益相关者对于企业的经营影响是无处不在的。

专栏 7-6　　　　　　　　**奇瑞汽车的战略选择**

奇瑞汽车股份有限公司于 1997 年 1 月 8 日注册成立，公司于 1997 年 3 月 18 日动工建设，1999 年 12 月 18 日，第一辆奇瑞轿车下线。以 2010 年 3 月 26 日第 200 万辆整车下线为标志，奇瑞进入打造国际品牌的新时期。目前，奇瑞公司已具备年产量 90 万辆整车、发动机和 80 万套变速箱的生产能力。建立了 A00、A0、A、B、SUV 五大乘用车产品平台，上市产品覆盖 11 大系列共 21 款车型。奇瑞以"安全、节能、环保"为产品发展目标，先后通过 ISO9001、德国莱茵公司 ISO/TS16949 等国际质量体系认证。2013 年，奇瑞累计销量突破 400 万辆，连续 12 年蝉联中国自主品牌乘用车年度销量第一位；产品远销 80 余个国家和地区，累计出口已超过 80 万辆，并连续十年成为中国最大的乘用车出口企业。奇瑞成功的商业模式得益于其正确的战略选择。

一、奇瑞的低成本战略

第一，研发成本战略。纵观奇瑞公司的发展史，可以清晰地看到其研发战略的主线，也就是从一开始的外包，到兼并，再到联合设计。最初的"风云一代"是出资请国外设计公司设计的，在模仿的基础上研制出来的，由于奇瑞的骨干多来自"一汽"，对"一汽"系列车型的底盘、车身掌握了充分的资料，第一款车的研制成本非常低，从而可以采取比同类车低 1/3 的价格销售。风云推出后，奇瑞主要通过接纳二汽技术中心的技术人员，在短期内就研制出了 QQ、东方之子、旗云等新的车型。奇瑞之所以采取这种研发战略是因为当前中国汽车市场在急速扩大，若按以往的按部就班的研发方式，不仅需要耗费大量的金钱，还要耗费大量的时间，成本很高，对奇瑞来说是不利的。这种低研发成本战略帮助奇瑞迅速完成了原始资本积累，为日后建立研发中心，确保长期自主研发的能力做好了准备。

第二，劳动力成本战略。奇瑞位于安徽芜湖，劳动力成本相对较低，这样的劳动力成本也为奇瑞发展初期的低价位创造了优势。

二、奇瑞的差异化战略

第一，奇瑞的市场定位。国内汽车企业想要在激烈的市场竞争中脱颖而出，关键的一点就是需要在营销管理上完成一个重要的转变，即由传统营销转为战略营销。战略营销的第一步就是要找准定位，奇瑞公司准确地将奇瑞 QQ 定位为"年轻人的第一辆车"。很快，这种定位就吸引了大批追求时尚、有一定事业基础又囊中羞涩的年轻人，奇瑞 QQ 在命名上又贴合了年轻人常用的聊天软件 QQ，增加了亲切感，进一步拉近了与目标细分市场客户之间的距离。

第二，奇瑞 QQ 的差异之路。除了准确的市场定位之外，奇瑞 QQ 的成功并不偶然。奇瑞 QQ 主打的是微型车市场，由于该市场相对技术要求比较低，利润也不丰厚，国外的巨头不屑于这个市场，在微型车市场上进行竞争的主要是大量的国产车，奇瑞 QQ 想要夺取这个市场的第一名，就需要在差异化上下功夫。

奇瑞 QQ 拥有时尚的外观。奇瑞 QQ 不仅拥有卡通般的造型，还有各种鲜艳的颜色可供选择。在微型车市场能够与奇瑞 QQ 一争高下的只有吉利、夏利、Spark、哈飞路宝等，这几款车除了 Spark 同样拥有时尚的外观设计外，其他的都略逊一筹。并且奇瑞 QQ 抢先一步进入市场，占得了先机。

第三，奇瑞 QQ 低价格和高性价比策略。奇瑞 QQ 推出时的价格为 3.8 万~5.5 万元，同一时期 Spark 为 4.9 万~7.1 万元，哈飞路宝为 6.5 万~9.0 万元。此外，奇瑞 QQ 虽然是微型车，但是它采用的是轿车配置，并且打出了"同等价格配置最高的"口号。

第四，奇瑞 QQ 的节能优势。耗油量一直是买车者十分关注的一个问题，1.1L 排量系列的 QQ06 款全面换装奇瑞公司自己全新的 CAC72 高效发动机，是一款低油耗高动力的微型车，发动机的升功率提升了 8.4%，加速性也提升了 20%，满足了国家对小排量经济型轿车的要求，同时使油耗降低了 11%。与同类产品相比，奇瑞 QQ 的发动机性能具有强大的节能优势。

（资料来源：根据奇瑞官网以及网络资料整理得到。）

第三节　战略选择的评估技术

在选择和评估战略时，除了做定性的研究，还可以采取定量的数据分析。通常需要使用一定的财务技术。其中，一种方法是对企业战略预期收益率的评估，即对备选战略可能产生的投资回报率进行评估；另一种方法是对企业价值进行评估，看这一战略选择是否最有利于企业价值增加。企业制定战略的目的在于企业增值，并且企业的价值评估和战略选择都是站在长期的角度，考虑企业的发展和盈利，因此，企业价值评估能作为企业战略制定的依据。企业的价值评估方法主要有两种：一是以会计利润为基础的（EVA），二是以现金流量为基础的（DCF）。

一、已动用资本回报率评价

已动用资本回报率（Return on Capital Employed，ROCE），又可称作投资回报率（Return on Investment，ROI）或净资产回报率（Return on Net Assets，RONA）。这种测评方法由杜邦企业在 20 世纪初提出，该理论认为投资的回报应超过企业的投资成本，从而为投资者提供适度的回报。这种方法可以用于对新战略实施后给定时间内的资本回报率进行预测。基本原理为：已动用资本回报率是用于衡量资本投资效益，即公司运用资本产生回报情况的一个指标，是显示公司资本投资效益及盈利能力的比率。

其计算公式是：ROCE = EBIT（当期息税前利润）÷当期平均已动用资本或 ROCE = EBIT（息税前利润）÷（总资产 − 流动负债）

在战略选择评估中，通常可以用预期的营业利润代替实际的息税前利润，预期营业利润可以是战略实施一段时间后或者预期的息税前营业利润。分母可以是预计的企业战略实施后一段时间内已投入的资本或者预期需要投入的资本。

一般而言，任何企业都有一个资本回报率的门槛，如果达不到这种投资回报率，就可能需要认真讨论是否放弃这项战略。这个门槛的设定通常和企业的资本成本有关。如果资本是廉价的，就会设定一个较低的门槛。

二、折现现金流评价

折现现金流（Discounted Cash Flow Model，DCF）也叫现金流量折现法，是对企业未来的现金流及其风险进行预期，然后选择合理的折现率，将未来的现金流量折合成现值，这是企业价值评估最基础的方法之一。该方法的核心思想是：认为公司的价值是由产生现金流量的长期驱动因素所决定的，它囊括了所有影响公司价值的因素。

在传统的企业管理中，运用折现现金流法可以评估实物资产的价值、公司整体、债权和股权的价值。如今，DCF 方法已广泛应用于战略选择的评估中，折现现金流能够在评估现金流量的每个单独因素之后，根据未来战略中的预计现金流量和组织的资本成本计算出其资本的净现值，这些净现值等于未来所有折现现金流在今天的价值总和。因此，在战略选择评估中，可以通过比较不同战略实施带来的预期净现值的大小来进行决策。

运用折现现金流法对企业战略评估关键在于三个基本参数，即实施企业战略后的预期现金流、贴现率（要反映风险报酬率、市场平均利率和企业的资本成本）和企业战略如果推行预计的持续获利的时间。

折现现金流的基本公式：

$$企业价值或战略的投资回报 = \sum_{t=1}^{n} \frac{CF_t}{(1 + r)^t}$$

式中：n 表示年限，CF_t 表示 t 时期的现金流量，r 表示折现率。

折现现金流法的基本思路：

第一，估算出企业战略实施后的未来现金流量。一般预测企业自战略实施时到未来足够长时期（一般 5～10 年）的现金流量。预测现金流量涉及对企业所处宏观经济、行业结构与竞争、企业产品与客户、企业管理水平等基本面情况和企业历史财务数据进行深入了解，熟悉把握企业的经营环境、经营业务、产品顾客、商业模式、竞争优势、经营状况和业绩等方面的现状和未来发展远景预测。实际运用中，也可以根据企业历史自由现金流情况进行简单的预测。

第二，确定折现率。现金流回报率一般由正常投资回报率和风险投资回报率两部分组成。一般而言，现金流风险越大，要求的回报越高，折现率越高。折现率的确定一般采用以下两种方法：一是风险累加法。即折现率＝行业风险报酬率＋经营风险报酬率＋财务风险报酬率＋其他风险报酬率。二是加权平均资本成本法（WACC）。加权平均资本成本模型是测算企业价值评估中折现率的一种常用方法。该模型用企业的所有者权益和长期负债所构成的投资成本，以及投资资本所需的回报率，经加权平均计算来获得企业价值评估所需折现率的一种数学模型。由于受多种因素的制约，企业不可能只使用某种单一的筹资方式，往往会通过多种方式筹集资本，如果评估人员能够准确地掌握企业各种资本来源在资本总额中的构成比例，就可以按照加权平均资本成本模型来计算折现率。该模型的数学公式为：$WACC = \sum R_j K_j$；式中 WACC 即加权平均资本成本；R_j 为第 j 种个别资本成本；K_j 为第 j 种个别资本占全部资本的比重。

第三，根据公式，计算战略实施后企业未来现金流折现值，并可对不同战略的评价结果进行比较。

专栏 7-7　　　　　　　贵州茅台的战略评估

贵州茅台酒股份有限公司成立于 1999 年 11 月 20 日，由中国贵州茅台酒厂有限责任公司作为主发起人，联合贵州茅台酒厂技术开发公司、贵州省轻纺集体工业联社、深圳清华大学研究院、中国食品发酵工业研究院、北京市糖业烟酒公司、江苏省糖烟酒总公司、上海捷强烟草糖酒（集团）有限公司共同发起设立。公司的经营范围：茅台酒系列产品的生产与销售；饮料、食品、包装材料生产、销售；防伪技术开发，信息产业相关产品的研制、开发。

一、公司战略

一直以来，贵州茅台采取的都是保守型的战略：在竞争差异化战略上，茅台运用其独特的历史文化，以及地域优势将其品牌定位为国酒、绿色食品、世界上最好的蒸馏酒。多年来，茅台酒的"高端品牌策略"抓住了高端市场的高毛利率。在生产战略上，茅台通过实施茅台科技试点工作、进行茅台酒易地生产实验、茅台酒香气香味研究等，凭借科技创新构架了企业的核心竞争力，形成了业内无可复制的核心技术。融资战略上，茅台一直以来负债率很低，很少主动进行债务筹资活动，采取的是保守的、稳健的财务战略。

二、基于 DCF 的公司价值评估

2013 年贵州茅台的年报表示，公司在未来的发展中将坚持稳中求进的总战略方针。在贵州茅台这种战略选择下，我们可以采用 DCF 的方法通过对茅台企业价值的简要评估来粗略评估其战略。

综合分析：从公司长期偿债能力和短期偿债能力来看，公司的债务水平很低，偿债能力很强，特别是短期偿债能力。存在的问题主要在于流动资产过剩未能有效利用，影响了资金的使用效率，使机会成本和筹集成本增加。

由表7-7、表7-8、表7-9的数据分析表明，贵州茅台的偿债能力、盈利能力都非常强，企业的财务风险和经营风险均较低，同时得益于品牌力以及渠道利润的丰厚为公司业绩增长提供可靠的基础，其未来几年业绩增长仍能得到较好保证，是能够确保长期经营的。

表7-7　主要会计数据和财务指标

指标（年份）	2013	2012	2011	2010
营业总收入	30921801316.60	26455335152.99	18402355207.30	11633283740.18
营业利润	21791544952.00	18830739817.65	12336164425.08	7160906229.50
经营活动产生的现金流量净额	12655024861.92	11921310609.25	10148564689.53	6201476519.57
资产总额	55454150677.05	44998208953.46	34900868975.41	25587579940.69
负债总额	11325058403.79	9544172556.21	9497489364.12	7038190246.07
归属上市公司股东的所有者权益	42622216487.81	34149654123.68	24991179971.03	18398774060.80
总股本（股）	1038180000.00	1038180000.00	1038180000.00	943800000.00

表7-8　偿债能力汇总

指标（年份）	2013	2012	2011	2010
流动比率	3.71	2.74	2.94	2.88
速动比率	2.26	1.15	2.18	2.09
资产负债率（%）	20.40	23.80	27.20	27.50
产权比率（%）	25.70	31.20	37.40	37.90

表7-9　盈利能力

指标（年份）	2013	2012	2011	2010
毛利率（%）	83.88	82.55	78.11	77.39
净利率（%）	48.95	50.30	47.62	43.42
每股收益	14.58	12.82	8.44	5.35
净资产收益率（%）	35.51	38.97	35.07	27.45

三、茅台公司 DCF 法估值

简单假定公司未来每年产生的现金流即为净利润。将2013年公司的净利润151亿元作为预估起始点。由于茅台在中国的特殊地位以及近年来良好稳定的业绩表现，并且茅台公司选择的是保守的战略，所以假定公司往后每年利润增长率为2013年的净利润增长率，即13.5%。由此，可以估算出茅台公司未来五年的现金流如表7-10所示。

目前我国一年期国债利率为3.6%，假定未来几年的保持平均通胀率为3.4%，则折现率可简单认为是7%。由 DCF 估值模型计算可得，贵州茅台的现值为957.42亿元。

表 7 – 10　茅台未来五年现金流预测

年份	2014	2015	2016	2017	2018
现金流（亿元）	171.38	194.52	220.78	284.41	322.81

（资料来源：笔者根据多方资料整理而成。）

三、经济增加值评价

经济增加值（Economic Value Added，EVA）评价方法是 20 世纪 80 年代初，美国的斯特恩·斯图尔特（Stern Stewart）咨询公司提出的一种企业经营业绩评价的方法。EVA 方法被广泛运用于企业经营管理状况、管理水平、企业价值的评估上。

EVA 是指企业资本收益与资本成本之间的差额，更具体地说，EVA 是指企业税后营业净利润与全部投入资本（债务资本和权益资本之和）成本之间的差额。如果这一差额是正数，说明企业创造了价值，创造了财富；反之则表示企业发生价值损失；如果差额为零，说明企业的利润仅能满足债权人和投资者预期获得的收益。EVA 与股东价值呈同向变化，追求 EVA 最大化就是追求股东价值最大化。股东价值是企业价值的重要组成部分，股东价值的增减必然会引起企业价值的增减，所以，EVA 能够用来评估企业价值。

EVA 的计算公式：

EVA = NOPLAT – IC × WACC 或

EVA = 投入资本 ×（实际或预期投入资本回报率 – 加权平均资本成本）

式中，NOPLAT 表示扣除调整税后的净营业利润；IC 表示计算 EVA 的资本总额；WACC 表示加权的资本成本。

公式变量说明：

第一，扣除调整税后净营业利润（NOPLAT）。NOPALT = 营业利润 + 财务费用 + 当年计提的坏账准备 + 当年计提的存货跌价准备 + 当年计提的长短期投资/委托贷款减值准备 + 投资收益 – EVA 税收调整；其中 EVA 税收调整 = 利润表上的所得税 + 税率 *（财务费用 + 营业外支出 – 当年计提的固定资产/无形资产/在建工程准备金 – 营业外收入 – 补贴收入）；也可以简单地处理为：NOPALT = 税后利润 + 利息费率 ×（1 – 所得税率）。

第二，资本总额（IC）。资本总额包括债务资本、股本资本以及衍生的约当股权资本。约当股权资本是由于会计准则与 EVA 在计算股权资本上有差别，进行调整的科目。

计算 EVA 的资本（IC）= 债务资本 + 股权资本 + 约当股权资本 – 在建工程净值

其中：债务资本 = 短期借款 + 一年内到期长期借款 + 长期借款 + 应付债券

股本资本 = 股东权益合计 + 少数股东权益

约当股权资本 = 坏账准备 + 存货跌价准备 + 长短期投资减值准备 + 固定资产/无形资产减值准备

在计算 EVA 的资本成本中扣除了在建工程净值，对此，斯图尔特咨询公司的解释是，因为在建工程在转为固定资产之前不产生收益，如将其计入资本成本会导致此项资本成本无相关的收益相匹配，因此 EVA 资本总额不包括在建工程。

第三，加权平均资本成本（WACC）。加权平均资本成本的计算与折现现金流法相同。用 EVA 模型估算企业投资价值的基本原理与企业自由现金流贴现模型相似，只是在 EVA

估价法中是对 EVA 值进行贴现，自由现金流贴现模型中是对自由现金流进行贴现，企业价值应等于投资资本加上未来年份 EVA 的现值，即：

$$企业价值 = 投资资本 + 预期 EVA 的现值 = 投资资本 + \sum_{i=1}^{n} \frac{EVA_i}{(1+r)_i}$$

式中，EVA_i 表示预期的第 i 年的经济增加值，r 表示折现率。

第四节　战略选择的影响因素

第一，现行战略的作用。企业现行战略一直是企业进行战略选择的重要影响因素。由于在实施现行战略中已经投入了相当的时间、精力和资源，人们对之都承担了相应的责任，而制定战略的决策者又多半是现行战略的缔造者，因而企业做出的战略选择接近于现行战略或只是对现行战略做局部改变，因为这种沿袭现行战略的倾向已渗透到企业组织之中。这种对现行战略的继承性和惯性作用能便于战略的实施，但如果现行战略有重大缺陷濒于失败，则应做出相应的调整，否则对企业生存构成很大的威胁。

第二，对外部环境的依赖程度。企业总是生存在一个受到供应商、竞争者、客户、政府、行业协会和其他利益相关方影响的环境之中。如果企业高度依赖于其中一个或者多个因素，其战略方案的选择就不得不迁就这些因素。因此，对环境依赖程度的高低通常会影响企业在其战略选择过程中的灵活性，企业对外部环境的依赖性越大，其战略选择余地及灵活性就越小。此外，当企业对外部环境的依赖性特别大时，企业还会不得不邀请外部环境中的代表参加战略的选择。

第三，对风险的态度。企业管理者对风险的态度能够直接影响企业战略态势的选择。对风险持乐观态度的管理者通常偏好于风险较高、收益较大的战略方案，他们一般会采取进攻性的战略，以便在被迫对环境的变化做出反应之前做出主动的反应。对风险持规避态度的管理者偏好于风险较低、收益较稳的战略方案，他们受过去战略的影响较大，一般会采取防御性战略，只有环境迫使他们做出反应时，他们才不得不这样做。因此，企业管理者的价值观不同，对风险的态度不同，战略选择的余地不同，其结果也不同。

第四，管理优先权。通常情况下，现代企业中都存在着较为复杂的权力关系，企业的战略选择更多的时候是由权力决定的，而不是由理性分析决定的。在大多数组织中，权力主要掌握在最高负责人的手里，在战略选择中常常是他们说了算，即他们掌握着优先权，因此主要领导人倾向于哪种战略，是战略选择过程中不得不考虑的因素。

第五，内在的政治考虑。所有的企业都是政治性的，如果不能恰当管理，政治因素会消耗有价值的时间，破坏组织的目标，消耗人员的精力，并导致一些优秀员工的流失。有时政治偏见和个人偏好会在战略选择中产生不当的影响。企业中的指挥等级，加上不同员工职业发展的要求、有限资源的分配，必然促成企业内部出现个人之间的联盟。这些个人联盟首先考虑的是他们自身的利益，企业的利益则被放在之后。这些个人联盟往往围绕企业所面临的关键战略问题形成。企业管理者的一项主要职责就是要引导这些个人联盟的发育，培养联盟的集体团队理念，并努力获得企业中的关键个人和关键联盟团体的支持。总之，政治行为在组织决策中是不可避免的，企业管理者应将其纳入战略管理之中，并建立必要的协调机制，强化战略选择过程中的向心力，选择出更切合实际的战略。

第六，竞争者的反应。企业管理者在做出战略选择时要全面考虑竞争对手将会对不同的战略做出哪些不同的反应，如果选择的是一种进攻型战略，对竞争对手形成挑战的态度，则很可能会引起竞争对手的强烈反击。企业管理者必须根据自身所处的市场结构和市场环境，充分考虑这种反应的可能性，并估计竞争对手反应的强烈程度以及反应对企业的战略执行可能产生的影响。例如，在寡头垄断的市场结构中，市场上通常存在着一个或多个强大的竞争者，它们对企业的战略选择通常较为敏感，反应迅速，对企业战略方案选择的影响就相当重要。

【章末案例】　　　　　　　　　　　**东航集团的战略选择**

中国东方航空集团公司（简称东航）是我国三大航空公司之一，它是以原东航集团公司为主体，在兼并原中国西北航空公司、联合原云南航空公司的基础上组建而成的。从1988 年至今，东航的发展有起有落，以下将介绍其各个阶段的战略选择。

一、厉兵秣马，面向世界阶段

1988 年，东航诞生之初，正面临着我国改革开放第十一个年头，国民经济突飞猛进，国际交往日益频繁，国内航空市场得到较好的发展，国际航空需求也日益增加，并且上海作为华东地区的经济建设龙头和中国金融、经济、贸易中心，也为东航提供了良好的外部环境，加之东航本身已经具有一定的规模和实力。1988 年，公司获中国民航局资格认证，东航成为中国第二家具有国际承运资格的航空公司。并且国内改革开放的飞速发展形势需要公司飞向世界，而欧美地区是全球经济和航空运输最发达的地区，因此拥有欧美国际航线，是进一步提升公司的经营实力和品牌形象的重要标志。所以此阶段东航的战略选择是面向世界，布局美国、欧洲航线。1991 年 8 月 6 日，东航第一条国际航线，上海至洛杉矶航线正式开航。1992 年 6 月，开辟了上海—北京—巴林—布鲁塞尔—马德里航线。

二、组建集团，多元化经营阶段

1992 年，随着邓小平《在武昌、珠海、深圳、上海等地的谈话要点》的发表，全国改革开放进入一个新的历史阶段。在这种良好的外部环境下，东航迈出了战略选择的第二步——组建集团，进行多元化经营。组建的东方航空集团由四个层次组成：核心企业是以航空运输为主的中国东方航空公司及其所属非独立法人的二级单位及驻外机构；集团的紧密层企业是集团的投资公司；半紧密层企业由核心企业或紧密层企业投资参股的企业组成；松散层企业主要包括与集团或下属核心、紧密层企业有长期稳定合作关系的公司。东航集团成为中国民航业内首家成立的大型航空运输集团，其在外事、国际贸易、投资和金融等各方面享受的优惠政策，为其核心企业中国东方航空公司进一步发展创造了有利条件。

三、改制上市，拓宽融资渠道阶段

1992 年，为公司拓展融资渠道，获得更多的低成本资金，东航提出"股份制改造"战略，计划利用三到五年的时间进行公司整体改制，并在市场条件成熟时，利用境内外资本市场公开上市。

1994 年 12 月 31 日以原东航上海总部和子、分公司整体改制为股份公司，其他没有关联的全资子公司及在合资企业中的全部股权从东航分离成为东方航空集团公司。集团公司作为唯一发起人设立中国东方航空股份有限公司。1995 年，东航改制后分立的两个公司——"东方航空集团公司"和"中国东方航空股份有限公司"正式登记。1997 年，东航先后在纽约、香港和上海上市，拓宽了融资渠道。

四、联合兼并，持续扩大规模阶段

从 1999 年起，东航战略选择实行联合兼并、扩大规模的战略。2002 年东航与中国西北航空公司、云南航空公司联合重组，建立中国东方航空集团公司，并控股中国东方航空股份有限公司，拥有其 61.64% 股权。至 2003 年东航先后兼并五家航空公司，成为中国三大航空公司之一。

五、战略调整阶段

前几个阶段的快速成长和乐观形势，掩盖了东航在发展中存在的问题，自 2008 年起，受金融危机的影响，国际国内经济形势的逆转，东航集团发展中存在的问题也逐渐暴露出来。截至 2008 年底，东航亏损达到近 140 亿元，资不抵债 115.9 亿元。可以说东航面临严重的生存危机、信心危机和信任危机。为了解决公司各方面存在的问题，东航集团进入了战略调整期，这一阶段东航的战略选择也尤为重要。

第一，东航基本战略选择。首先，东航核心战略选择从建立传统的点到点的线型航空公司转变为建立枢纽网络型航空公司。并在此基础上提出航线网络优化战略，即从单一建立"上海航空枢纽港"为核心转变为以东西方向为主、立足国内、连接海外，构建以干线支线相互连接的中枢辐射航线为主、城市对航线为辅，推进上海浦东机场国际、国内复合枢纽建设以及西安、昆明的区域枢纽机场建设的航线网络的战略。其次，东航发展战略选择是集团相关多元化、经营专业化战略，即专注于内部业务整合，通过主辅业的剥离，使各公司的资产和经营更为专业化。最后，东航的战略目标选择转变为近期以航空运输主业一体化为契机，初步形成上海航空客货枢纽；中期以上海为轴心的中枢网络运营模式，构建航班波，完善航线网络结构；远期以航空运输业为投资方向，以资本运营为经营方式，逐步成为具有先进管理水平和国际竞争力的航空运输集团。

第二，竞合战略选择。在航空业，加入动态联盟，或者通过合作、结盟等方式来达到双赢局面是一个重要的发展趋势。对于公司在该阶段所面临的严峻形势，申请加入航空联盟成为东航集团调整重组期的重要竞合战略。并且，借力国际航空联盟能够弥补东航的竞争短板，加速其发展，更能实现东航全面参与国际航线竞争的长期发展战略。国际航空界主要有三大航空联盟，分别是：星空联盟、天合联盟和寰宇一家。目前，国航是星空联盟成员，南航是天合联盟成员。东航集团于 2011 年 6 月 21 日正式加入天合联盟，作为天合联盟成员，东航股份通过与联盟的衔接，构建了以上海为核心枢纽，通达世界 187 个国家、1000 个目的地的航空运输网络。另外，东航引入新加坡航空与淡马锡共同入股的战略投资者战略虽然失败了，但东航仍坚持引进战略投资者。通过引入战略投资者，不仅能为东航募集一定的资本，改善资本结构，降低资本负债率；同时，通过与战略投资者的深层次全面的战略合作，将帮助东航改善公司治理、提高管理水平、提升品牌认可度及服务标准、积累国际化运营经验，以"借力发展"的方式，东航有机会在较短时间内建立核心竞争能力，成为具有国际竞争力的航空公司。

第三，并购战略选择。企业实施并购是为了形成其竞争优势，应当在并购过程中充分考虑如何匹配和融合并购双方的核心能力。企业竞争优势来源于其核心能力，它是企业通

过利用自身独特的组织、管理、技术等资源培育出的其他企业不具备和难以模仿的能力。核心能力与并购的关系是通过核心能力提升的战略资产能通过并购向外拓展，通过并购获得其他企业的战略资产也能发展企业新的核心能力。此外，管理层在做出兼并和收购决策时还应考虑文化相容性这一关键要素。上海航空与东航基地相同，航线结构相似，势力范围相交最多，相互形成替代关系，而且双方都是根植于上海本土的航空企业，在并购后的文化的相容性方面具有优势。并且上海航空2008年时因燃油套期保值发生了巨额亏损，客观上存在被兼并的可能。加之自2008年起全球航空业形势变得严峻，全球航空需求和航空收入都有所减少，兼并也有利益于企业渡过难关。政策上，国家为了加强上海作为国际航空枢纽的地位，也提供不少资金支持，力推东航和上航的合并。因此，东航选择了战略性并购上航。2009年6月，东方航空以换股方式开始对上海航空进行吸收合并，到2010年1月28日，东航换股吸收合并上航正式完成。这次吸并完成后，上海航空的全部转让资产，均将转至东方航空。换股对象为换股日登记在册的上海航空全体股东。原上海航空的资产、负债、业务和人员将全部进入东方航空的全资子公司——上海航空有限责任公司。上海航空的品牌将被保留，以保业务的延续经营。

此外，东航还成立专门的低成本运营分公司或选择并购、合资成立支线航空公司，在具有战略位置的航线开展运营。2009年，东航北京分公司正式运营。2010年，东航四川分公司成立。2010年7月28日，由东航集团所属东航股份有限公司与云南省国资委共同投资以东航云南分公司为主体组建的合资公司——东方航空云南有限公司进入实质性筹建阶段。2011年8月2日东方航空云南有限公司正式颁证运行。

六、战略转型阶段

近几年，全球经济复苏乏力，国际政治经济形势依然错综复杂，充满变数，世界经济低速增长的态势仍将延续；从国内形势来看，改革是最大的红利，城镇化未来的发展潜力巨大；从国内民航来看，航空运输业增速明显回落，再加上高铁的冲击，航空公司面临的压力陡增，但中国民航仍处于一个"做大蛋糕"的发展过程，到2020年，中国将有望成为世界第一大航空客运市场，整个行业的增长潜力仍很大。值得一提的是，我国西部市场潜力巨大，也是消化新增产能的目标市场，需要深耕细作。因此，从2012年起，东航正式启动战略转型，转型主要包括客运转型和货运转型两方面。其中，客运要从传统的航空承运人向现代服务运营商转变，即将产业链向航空业上下游延伸，并对原东航和上航旗下的旅游、金融等辅业板块进行了重组，通过信息技术创新，开拓客票以外的旅游、空中商城等产品服务。这些业务本身具有广阔的发展空间，也能为客运专线提供良好的内部环境。东航要通过转型，实现从提供"价格产品"向提供"价值产品"转变，实现从"时刻产品"向"时空产品"拓展，实现从满足"单一需求"向满足"综合需求"延伸，建立电子商务平台和全产业链的经营模式。

货运要从传统的货运承运人向现代物流集成商转变，从全球看，单纯的航空货运企业经营越来越难，处于盈利曲线的下端。目前，越来越多的客户要求提供综合性解决方案，因此东航提出从航空货物承运人向现代物流集成商的战略转型。根据这一发展战略，东航对公司旗下的航空货运公司（中国货运航空有限公司、上海东方远航物流有限公司）进行了整合，向价值链的两端延伸，走"天地合一"的道路。2012年12月，东航物流公司正式组建，东航集团将多个资产划拨归其所用，比如资产额数十亿元的中货航、东航的地面运输公司以及东航快递等公司。东航物流在发展思路上有别于以往的航空货运，向价值链的两端延伸，做大空地联运，意图打造一个新型的跨行业、跨部门、跨区域的复合型产业，将运输、仓储、装卸、整理、配送等方面有机结合起来，形成完整的服务供应链。

东航这一战略转型，从供应链的角度去打造服务链条，并力求对自身资源进行全面整合，总体来说方向是对的。因为延伸产业链可降低成本，发展成为物流集成商也是大势所趋。但是，东航在转型过程中的困难将不少，如转型后的磨合、再培训、资源整合等成本不低、国有企业的体制机制约束无法提供灵活的运营机制和激励机制等。实际上，国航、海航、南航也在产业链链条上进行过转型尝试，但结果都不尽如人意。然而，东航的"天地合一"战略在一系列的并购整合之后，并没有见到成效。航空货运业"十年九亏"的状况从未得到根本性改观，东航货运连续两年亏损，截至2012年11月底中货航亏损6.37亿元，东航物流2013年上半年的经营也依旧亏损。因此继"天地合一"战略之后，东航再次开启了货运转型"希望之门"——电商战略。

2013年初，东航物流正式明确了"快递+电商+贸易"的转型战略。2013年9月，东航正式启动了"东航产地直达网"的电商平台，希望通过电子商务平台，实现"带动直客销售，为自营快递部门提供基础货源，为航空主业增加直客货源"三大目标。东航的电商平台"东航产地直达"主营生鲜类的进口水果、牛奶、肉制品及其他高档进口食品，和部分地域特色鲜明的出口级国产优质食品，主打"产地集采、航空快运、自营配送和实时信息跟踪"的全产业链运作。力争通过全新模式将"安全、新鲜、优质"的商品在第一时间送到消费者手中，并借此提高其差异化的核心竞争力。并且为配合全产业链运作，东航积极获得地区和国际快递牌照，并也申请全国快递牌照，打算在全国全网铺开，从天空走到地面。东航拥有的庞大的全球航线网络和全球化集约采购优势，加上东航快递配送网络，必将成为东航实施电商战略的优势。

资料来源：笔者根据多方资料整理而成。

【问题思考】

1. 企业为何要进行战略选择评估？
2. 战略选择的工具可以分为几类，之间存在何种联系？
3. 如何在实际运用中选择正确的战略选择工具，如何克服不同方法缺陷？
4. 企业战略评估的基本原则有哪些，如何在实际操作中运用？
5. 不同的企业战略选择评估定量技术适用于什么情况？
6. 如何排除企业在战略选择过程中受到的不利因素影响？
7. 对于具体的企业战略选择，怎样构建整套科学的评估方法？

【参考文献】

［1］杨锡怀等. 企业战略管理：理论与案例［M］. 北京：高等教育出版社，2004.

［2］冯辛西. 企业战略管理［M］. 北京：经济科学出版社，2005.

［3］黄丹. 战略管理：研究注记·案例［M］. 北京：清华大学出版社，2009.

［4］王德中. 企业战略管理［M］. 成都：西南财经大学出版社，2002.

［5］［美］弗雷德·R. 戴维. 战略管理（第六版）［M］. 李克宁，译. 北京：经济科学出版社，1998.

第八章　战略实施的资源配置与组织机制

【学习要点】

　　☆ 理解资源配置与战略的关系。

　　☆ 理解组织结构与战略的关系。

　　☆ 理解组织文化与战略的关系。

【章首案例】

TCL 集团的战略实施

　　TCL 集团股份有限公司创立于 1981 年，是全球化的智能产品制造及互联网应用服务企业集团。集团现有 7 万名员工，26 个研发中心，十余家联合实验室，22 个制造加工基地，在 80 多个国家和地区设有销售机构，业务遍及全球 160 多个国家和地区。2017 年全集团实现营业收入 1115.8 亿元，净利润同比增长 65.8%，在 2017 年中国 500 强排行榜（公司名单）中排名第 64 位。

　　改革开放 40 年来，TCL 在一穷二白的情况下在仓库里起步创业，在前十年（1981～1991 年）中实现最初始状态的规模积累；摸着石头过河，TCL 用自己勇于实践的历程诠释了什么是改革。在 1992～1998 年，TCL 靠自己按照市场规律摸索向前，高速发展伴随着曲折的改革，完成中国制造具有代表性的改制，率先成为现代企业制度规范下的具有竞争力的中国制造企业，实现企业的高速成长，创全球领先企业。TCL 在 1999 年之后的时期里，抓住基于"走出去"，大胆突破，通过国际并购、遭遇挫折、绝地重生，为 TCL 布局全球架构和竞争力开了先河，为中国企业"走出去"积累了宝贵经验。随着全球经济格局的调整和产业的全球化竞争，企业既要立足当下，也要规划未来，才能在竞争中不断发展。TCL 接下来将继续把握好产业、技术、市场发展的趋势，持续推进变革创新，扎实做好每项工作，不断提高企业核心竞争力，超越对手，成为中国企业全球化的成功者。

一、深入推进变革转型工作，持续提高经营效益

　　进一步提高 TCL 电子的竞争力，巩固和提升全球市场地位，提高效益；积极开拓新的业务，建立持续增长能力。重点改善 TCL 通信的竞争力，2018 年实现销售止跌回升，大幅减少亏损，提高竞争力；在严峻的竞争环境中，实现生存、健康经营到发展的经营战略目标。努力提高家电业务的规模和竞争力，增强盈利能力。大力推动面向用户的产品、营销、研发和供应链等核心业务流程的重构；加快将创新的人工智能技术导入各类终端产品，建立以多种智能家电产品为平台的应用服务能力，增加服务性收益。华星要实现从效率领先到产品技术领先的转型，加强产品技术创新能力；在产业市场景气低谷时期保持相对竞争优势，通过优化产品结构，继续保持较高的盈利能力。

二、聚焦三大核心技术，以技术创新引领产业发展

3063 战略期间，集团将聚焦人工智能及大数据、新型半导体显示技术和材料、智能制造和工业互联网三大技术，同步推进基础性技术研究和应用技术发展。人工智能技术是集团"双＋"转型战略落地的重要驱动力，我们不仅要开发嵌入各类产品应用上的人工智能技术，还要通过互联网和大数据平台提升人工智能产品技术体验；同时要加强人工智能基础技术的研究，通过更有效的产业技术合作提升人工智能技术能力。半导体显示产业是我们在基础技术领域赶超全球领先水平的机会；我们将以华星产业平台为基础，不断迭代新的显示技术和工艺；利用广东聚华"印刷及柔性显示技术平台"开发下一代新型显示技术和材料；支持华星实现产品技术领先，保持效率、效益领先优势，建立全球产业竞争优势。集团将组建智能制造和工业互联网技术服务公司，大力推进主要产业的智能制造和工业互联网能力；根据"中国制造2025"的规划，开发自有核心 IP 和自有知识产权的智能制造和工业互联网系统，建设数字化工厂；将对华星工厂和智能电视工厂进行智能化改造升级，强化工业制造竞争力。进一步优化产业资本架构，聚焦主导产业。按照既定的资本架构调整规划，集团逐步将通信和家电业务分拆至香港"TCL电子"上市公司平台，增加其业务规模和盈利能力；并借助 TCL 电子平台发展新的品牌产品业务，打造国际化的 TCL 品牌电子产业集团。将 TCL 集团作为华星半导体显示产业发展的主要融资平台，以及经营管理其他业务。2018 年，将基本完成资本和产业结构调整的第一阶段工作，将集团直接管理的二级企业及实体减少到 30 家以内，简化公司结构，聚焦主导产业；进一步提升效率和效益，更好地体现企业的市场价值。

三、以 3063 战略引领，积累核心能力，积极开拓新业务

3063 战略规划，是集团和各产业面向未来制定的长远的业务发展计划，是保持企业可持续发展能力的重要举措。集团将根据 3063 战略对技术和市场发展的洞察，延展企业的产品技术优势和能力，通过投资、兼并、重组的方式，开拓新的业务领域。2018 年，集团将力争在以智能和互联网、大数据技术为支撑的商用系统业务和智能家居业务领域打开新局面，构建增长新动能。

四、继续实施集团全球化发展战略，强化全球化业务发展能力

TCL 是中国企业国际化的先行者，海外业务已成为集团发展最重要的驱动力。目前全球贸易保护主义猖獗，各种关税和非关税壁垒扰乱国际贸易秩序，TCL 要进一步完善全球化业务战略布局。首先大力提升自身核心能力，特别是产品创新、技术专利能力，合法合规经营，增强国际市场竞争力；其次逐步建立和完善全球化的经营体系，包括建立全球供应链、渠道和品牌力，有决心参与发达国家市场竞争并取得突破，并将业务覆盖发展中国家市场；同时在销售产品的基础上，将产品制造、设计、销售和服务能力扎根当地，为当地的社会经济发展做贡献，建立和平健康稳定发展的贸易关系。通过提升产品力来提升品牌力，积极扩大 TCL 品牌的全球影响力，推动 TCL 从中国品牌向有竞争力的全球品牌转型。

战略资源是战略实施的基础，离开战略资源谈战略实施是没有意义的。企业的战略实施，必须充分了解这些战略资源的内在特质，培植企业对自身拥有的战略资源独特的运用能力，即核心能力。针对企业的竞争动态性特点对企业的战略资源进行有效的配置，保证企业战略的平稳运行。

资料来源：笔者根据多方资料整理而成。

第一节　资源配置与战略的关系

一、战略促使资源有效配置

要谈战略就必须谈到资源。因为企业资源，包括现在所拥有的资源和未来可能获取的资源，是企业经营的前提，而战略所要解决的就是如何通过对资源进行最优化的配置以适应外部竞争的要求，从而使企业得到比其他企业更快或质量更高的发展。

资源配置是战略管理中的一项中心活动。在不进行战略管理的企业中，资源的配置往往取决于政治的或个人的因素。战略管理使资源能够按照年度目标所确定的优先顺序进行资源配置。对于资源管理和成功经营来说，再也没有比不按年度目标确定的轻重缓急顺序来配置资源更为有害的了。所有企业都至少拥有四种可以用于实现预期目标的资源：财力资源、物力资源、人力资源及技术资源。将资源分配到特定分部或部门并不意味着战略可以被成功地实施。一些普遍妨碍资源有效配置的因素包括：过度保护资源、过于强调短期财务指标、企业内政治、战略目标不明确、不需承担风险和缺乏足够的知识。

企业资源配置是指企业根据战略期所从事的经营领域，以及确立竞争优势的要求，对其所掌握的各种经济资源，在质和量上的分配。其目的是形成战略所需要的经营结构或战略体系。企业资源的配置很大程度上体现了公司的战略选择，同时也会对一个公司的未来发展，核心竞争力的培养产生很大的影响。实际上，每个组织都是独特的资源和能力的结合体，这结合体形成了战略实施的基础。

二、资源配置与战略的相互作用

资源配置与战略两者之间有着密切的内在联系：一方面，战略决定了资源配置的方向和重点，对资源使用效率起放大和缩小作用；另一方面，资源配置对战略的实施起保障作用，为战略的实施提供物质基础。

第一，战略决定资源的流向和使用效率。企业战略主要解决企业经营领域、经营重点、成长路径的选择以及如何对资源进行整合的问题。因此，不同的战略不仅决定了不同的资源配置方向和重点，决定了资源的组合方式和流向，还对资源使用效率起着放大或缩小的作用。优秀的战略可以使企业资源发挥最大能量，甚至突破资源的局限，弥合资源与战略目标之间的鸿沟，使企业在资源有限，甚至在缺乏某些关键性的战略资源的情况下，赶上和超过实力强大的竞争对手，实现超常规发展。

第二，战略可加速资源的积蓄。优秀的战略可促使企业无形资源不断增值并得到充分利用，可使企业员工的智力资源得到充分挖掘，可使资源得到重复利用，可保护资源不被竞争对手侵占，避免资源的浪费和流失。此外，优秀的战略还可使企业通过资本运营、联合、租赁、并购等方式从外部获得某些重要资源，以弥补自身资源的不足，或借用别人的资源来发展自己的事业。

第三，资源配置对战略起促进和保证作用。企业战略的核心问题是如何对企业的各种资源进行整合，使资源转换成企业的核心能力和持久的竞争优势。资源配置的方式和流向以及资源的使用效率直接影响战略的实施，影响到企业核心能力的形成，进而影响到企业持久竞争优势的形成。

三、资源配置与战略的动态组合

战略制定的基点之一是企业资源，战略的目标也包括不断积累和扩大企业资源，当企业获得新的资源后，就增加了基于资源的战略能力。这个过程实际上就是企业战略与资源的动态组合过程，在战略实施过程中，企业资源会逐渐向战略重点集中，新的资源被不断地引入以支持战略发展。同时，旧资源与新资源之间也逐步融合，从而形成进一步推进企业战略发展的基础。此时，高层管理者必须考虑资源的再调整和组合，使资源和战略之间动态相辅并发挥乘数效应。

1. 战略和资源的动态相辅状况分析

业务的资源配置和战略的动态相辅效果可以划分为四个方面：资源优势整合型、资源选择协调型、资源退出型、资源保持型，可以通过以下矩阵进行分析，如图 8-1 所示。

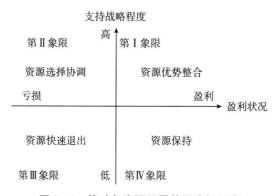

图 8-1 战略与资源配置效果分析矩阵

第 I 象限：支持战略并有盈利。在这一象限中，资源配置符合战略发展的方向，而且能够产生盈利，表明资源使用效率较高。如果企业继续投入资源，可能会放大这种效果，从而进一步优化资源配置，推动战略的执行，提高竞争能力。在此区域的资源应发展成为企业的核心资源。

第 II 象限：支持战略但尚未取得盈利。在这一象限中，资源的整体组合尚存在问题，需要调整资源组合，以尽快实现盈利。一般有两种可能：一是如果业务规模发展符合战略预期，那么最可能的是某些资源投入过多，没有发挥应有的效率，应当调出；二是如果业务规模没有达到战略预期，那么可能是关键资源投入不足，应当增加这些资源，推动业务向第 I 象限转变。

第 III 象限：不支持战略也没有盈利。这一象限中的资源配置既不符合企业的长期发展战略，又不能为其他业务提供资源，应当果断退出。

第 IV 象限：不支持战略但是有一定盈利。这一象限中的业务虽不符合企业长期发展战略，但是能够产生利润，表明现有资源的运用能够为其他业务发展提供新的资源，应暂时保持该业务的资源配置。

以上分析矩阵可以针对企业中的不同业务，进行全面的资源分析。其横坐标轴用盈利状况只要是为了反映现有资源使用状况，也可以调整为其他指标，如用净现金流量来替代。

2. 战略与资源的动态乘数效应

战略与资源的动态乘数效应是指企业在执行发展战略中产生的资源集聚效应，其中既有有形资源集聚产生的规模效应，也有无形资源与有形资源叠加而产生的乘数效应。图8-2描述了这种动态相乘的效果。

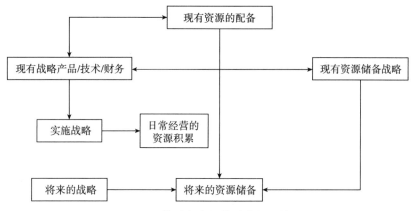

图8-2　战略与资源的动态相乘效果

在企业战略发展中，在新业务和旧业务融合的过程中，常需要新的文化、管理体制、机制转变、品牌价值提升等，从而使企业原有的有形资源基础发挥出更大的效益。动态乘数效果的产生有两方面的原因：一方面是企业进入新环境、新市场中，动态重组内部资源提高了企业资源组合的效率；另一方面是新业务与旧业务之间产生的规模效应，如单位产品管理成本下降，单位市场推广成本降低等规模效应。

第二节　组织结构与战略的关系

一、组织结构的概念及发展模式

组织结构是组织的全体成员为实现组织目标，在管理工作中进行分工协作，在职务范围、责任、权利方面所形成的结构体系。组织结构是组织在职、责、权方面的动态结构体系，其本质是为实现组织战略目标而采取的一种分工协作体系，组织结构必须随着组织的重大战略调整而调整。一个成功的企业不仅要有一个好的战略，而且要能有效地实施它，而战略的成功实施不仅需要好的领导，更需要组织上的保证。组织结构影响着战略的形成和选择过程，同时也是战略实施的主要工具，因此，组织结构与战略的关系一直是战略管理研究中的重要环节，战略和组织结构的匹配程度将会影响公司获得超额利润的能力。

适当的组织结构有助于改善企业内信息传递的质量，同时可以将高层管理人员的决策有效地反馈给组织的各个层次，这种组织结构将确定哪些活动由谁负责、人员和任务如何分配以及由谁来领导谁等。换句话说组织结构设计的任务是要确定在组织内如何划分部门、需要多少个控制层次以及如何处理集权与分权的关系等。

如今的企业处在动态变化的环境之中，企业面临的内外部环境也越来越复杂，经营战略调整或变革的步伐也更加紧凑，在这样的环境下，企业更应该根据新的战略来调整旧的组织结构，以期获得更大的利益。所以企业处于不同发展时期时，必将采用不同的组织结构，当公司的规模变大，复杂性增加时，会对结构进行调整。公司实施战略时可以选择以下三种主要的组织结构：简单结构、职能型结构、多部门型组织结构。战略和组织结构的发展模式如图 8-3 所示。

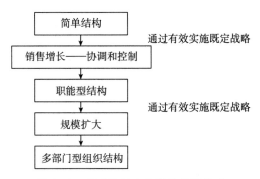

图 8-3　战略和组织结构的发展模式

1. 简单结构

简单结构（Simple Structure）又称直线制结构（见图 8-4），其所有者兼经营者直接做出所有主要决定，并监控企业的所有活动。这种结构涉及的任务不多，分工也很少，规则也很少，整个结构很简单。一般来说，简单结构适合提供单一产品、占据某一特定地理市场的企业，这类企业机械化程度比较高、规模较小。这种模式的优点在于机构简单、权力集中、命令统一、迅速决策。其最大的弊端在于组织系统刚性大，对外界变化的刺激的反应灵敏度差。

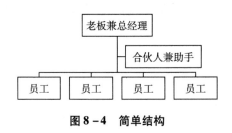

图 8-4　简单结构

2. 职能型结构

职能型结构（Functional Structure）是一种由一名总经理及有限的公司员工所组成的结构，在重点的职能领域（如生产、财务、营销、研发、工程和人力资源等）配备职能层次的经理。这是一种强调专业分工的大跨度组织结构模式，其特点是，强调管理职能的专业化，由总负责人将相应的管理职权和权力交给各个职能部门负责人，后者在其职权圈子范围内，直接指挥下级单位，它有利于发挥各职能机构的专业管理，权责清晰、能有效提高工作效率。

职能型结构的优点是：①各级直线管理者都有相应的职能机构和人员作为参谋和助手，因而能够对本部进行有效管理，以适应现代管理工作比较复杂而细致的特点；②每个部门都是由直线人员统一指挥，这就满足了现代组织活动需要统一指挥和实行严格的责任制度的要求。职能型结构的缺点有：①由于实行多头领导，妨碍了组织的统一指挥，不利于明确划分职责与职权；②各职能机构往往从本单位的业务出发考虑工作，在制定战略时更强调本部门的利益，而不具有公司的整体眼光；③对于环境发展变化的适应性差，不够灵活。当组织从一个小公司成长起来以后，一般可以采用职能型结构，同时，在更加复杂的组织内，各子部门可能也要按这种结构来管理，典型的职能制结构如图 8-5 所示。

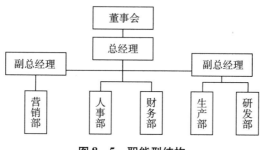

图 8-5　职能型结构

3. 多部门型组织结构

多部门型组织结构（Multi-divisional Structure）通常是指以地区、产品或服务项目、用户和生产工序或业务过程的不同来划分的组织形式，如图 8-6 所示。这种组织结构在美国仅次于职能型结构而被普遍采用。在多部门组织结构中，职能业务活动在总公司和各自独立的分部两个层次进行。当组织增长时，需要细分他们的行为来处理可能在生产、地域或业务方面出现的大量的多元化问题。它包括事业部制的组织结构和矩阵式组织结构两种。

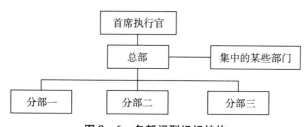

图 8-6　多部门型组织结构

多部门型组织结构的优点：①集中关注业务领域，可以衡量各部门的业绩；②解决了职能合作问题；③能够培育未来的高级经理。多部门型组织结构的缺点：①职能重复，并提高了管理费用；②形成了各部门之间的利益冲突；③与总部关系出现问题。

总的来说，没有哪一种组织结构能适应所有的企业。德鲁克认为，必须为特定的战略选择一个特定的组织结构。战略与组织结构的有效结合是企业生存和发展的关键因素，一个成功的企业就在于制定适当的战略以达到其目标，同时建立适当的组织结构以贯彻其战略。

二、战略的前导性和组织结构的滞后性

战略与结构的关系基本上是受产业经济发展制约的。在不同的发展阶段中，企业应有不同的战略，企业的组织结构也相应做出了反应。企业最先对经济发展做出反应的是战略，而后组织结构才在战略的推动下对环境变化做出反应，即在反应的过程中存在着战略的前导性和结构的滞后性现象。

企业战略的变化要快于组织结构的变化。这是因为，企业一旦意识到外部环境和内部环境的变化提供了新的机会与需求时，首先是在战略上做出反应，以此谋求经济效益的增长。例如，经济的繁荣与萧条、技术革新的发展都会刺激企业发展或减少企业现有的产品或服务。当企业自身积累了大量的资源时，企业也会据此提出新的发展战略。新的战略的实施要求有一个新的组织结构，至少要在一定程度上调整原有的组织结构。如果组织结构不做出相应的变化，新战略就不会使企业获得更大的效益。因此，战略具有前导性。

组织结构的变化常常要慢于战略的改变。造成这种状况的原因有两个：一是新旧结构的交替有一定的时间过程。当新的环境出现后，企业首先考虑的是战略。新的战略制定出来后，企业才能根据新战略的要求来改组企业的组织结构。二是旧的组织结构已经熟悉、习惯，且运用自如。当新的战略制定出来后，他们仍常常沿用旧有的职权和沟通渠道去管理新的经营活动，总认为原来有效的组织结构不需要改变；另外，当管理人员感到组织结构的变化会威胁到他们个人的地位、权力和心理的安全感时，往往会以各种方式抵制必要的改革。

从战略的前导性和组织结构的滞后性可以看出：在环境变化、战略转变的过程中，总是有一个利用旧结构推行新战略的阶段，即交替时期。因此，在为战略实施进行组织匹配的过程中，战略管理者既要认识到组织结构反应滞后的特征，又要让组织结构尽快变革以保证战略实施活动的效率。

三、组织结构与战略的匹配

战略要有健全的组织结构来保证实施。组织结构是企业的组织意义和组织机制赖以生存的基础，是企业组织的构成形式，它是将企业的目标分解到职位，并把职位综合到部门，由众多的部门组成垂直的权力系统和水平分工协作系统的一个有机的整体。组织结构是战略实施的基本支撑和保证，在某种程度上来讲，组织结构是企业宗旨和战略相互关系的载体与表现。

1. 战略先于结构（见图 8-7）：常规观点

关于组织结构与战略匹配关系问题的提出，哈佛商学院的钱德勒教授在研究了杜邦、西尔斯、通用汽车和标准石油后提出"战略决定结构，结构追随战略"的著名论断，多年来，这一理论在战略领域占领主宰地位。通过对这四个美国公司的发展历史进行研究，钱德勒发现，随着公司的发展、地理区域的扩大与多样化程度的增加，为了适应公司战略的改变，公司的组织结构实际上都会发生相应的变化。钱德勒的研究同样表明，在没有受到强大压力的胁迫下，管理者很少会放弃从前的传统和习惯去寻求新的组织形式。只有当他们意识到企业面临着某种困境或需要时，才会根据情况做出决策。这个决策就是战略，而组织结构会相应做出改变。

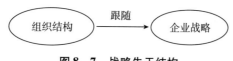

图 8 - 7　战略先于结构

2. 战略与结构互动（见图 8 - 8）：现代观点

在钱德勒提出结构跟随战略后，组织理论界一大批学者又不断地丰富和发展了钱德勒的理论，他们提出组织结构与战略是相互作用的。组织结构必须适应企业的战略，同时组织结构能反作用于战略。

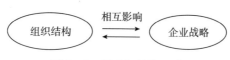

图 8 - 8　战略与结构互动

战略与组织结构互动的观点认为，结构通过组织中的信息流动和决策制定的倾向产生作用，从而影响战略，另外，结构和战略都是一些复杂的行为方式或常规的集合，而这些行为方式是企业对外部环境不断做出反应的过程中逐步演化而来的。总的来说，组织结构可以扭曲传递到高层经理处的信息与决策，因而可以影响战略。

企业战略与组织结构是一个动态变化相互影响的过程。企业战略的变化将导致组织结构的变化，组织结构的重新设计又能够促进企业战略的实施。孤立地制定战略或进行组织结构设计都是无效的，也是不可能成功的。只有将两者视为一个有机整体，放在激烈的变化着的环境中去考察，才可能有效地促进企业持续健康的发展。但是，在目前实际的经营管理中，战略与组织结构的不协调仍然是限制许多企业发展的重要因素。企业虽然也很重视战略的制定和组织结构的设计，但往往忽略战略与组织结构之间的协调配合，使经营陷入困境。

企业组织结构调整是企业战略实施的重要环节，同时也决定着企业资源的配置。钱德勒发现企业趋向于通过一些可预知的模式成长：先是通过数量，然后是地区，再是整合（纵向的），最后是通过产品或业务的多元化，即企业的成长历程决定其组织结构。

1. 市场渗透战略（数量扩大战略阶段）

在产业发展的初期，企业的外部环境比较稳定。企业着重发展单一产品，只要扩大生产数量，提高生产效率，通过更强的营销手段而获得更大的市场占有率，便可获得高额利润。此时，企业只需采用简单的结构或形式。

2. 市场开发战略（地区扩散战略阶段）

随着产业进一步发展，在一个地区的生产或销售已不能满足企业的发展速度和需要时，则要求企业将产品或服务扩展到其他地区中去。为了协调这些产品和服务形成标准化和专业化，企业组织要求有职能部门结构。

3. 纵向一体化战略（整合阶段）

在产业增长阶段的后期，企业所承受的竞争压力增大。为了减少竞争的压力，企业希望自己拥有一部分原材料的生产能力，或者拥有自己的分销渠道，这就产生了纵向一体化战略。在这种情况下，企业应运用事业部制结构。

4. 多元化经营战略

在产业进入成熟期，企业为了避免投资或经营风险，持续保持高额利润，开发与企业原有产品不相关的新产品系列。这时企业应根据规模和市场的具体情况，分别采用矩阵结构或战略业务单位结构。

有效的组织结构为企业成功实施战略提供稳定性，并能保持企业当前的竞争优势，而这些正是未来竞争所必须的。结构的稳定性使企业具备了持续、稳定管理日常常规工作的能力，而灵活的结构则给公司提供了探究竞争可能性的机会，并将资源分配给那些能形成竞争优势的领域，使公司在未来获得成功。有效的组织结构能使企业在开拓当前竞争优势的同时，发展新的竞争优势以备他日之用。

企业要想实现长远的发展，就要建立有效的组织结构。组织结构建设不仅是由企业的内部环境所决定的，更重要的首先是符合战略方向（在战略方向正确的前提下）。大多数情况下，企业的组织结构是根据企业的战略发展方向来决定的，随后，组织结构的变革又反过来影响企业的战略方向。企业的战略方向随着企业的发展不断地变化，企业也应该随着战略的变化而适当地调整其组织结构。

专栏 8 – 1   **联想的组织结构变革**

联想成立于 1984 年，是由中科院计算所投入 20 万元人民币、11 名科技人员创办的 IT 公司。随着公司经营业务结构、公司规模、经营环境、资源条件和经营发展战略等因素的变化，公司的组织结构也发生不断的调整、变革。经过多年的发展，联想已经登上了中国 IT 业的顶峰，成为家喻户晓的计算机品牌。适应这样的业务发展过程，联想集团的组织结构也经历了以下几个阶段的演变。

一、创业时期（1984 ~ 1987 年）的简单结构——平底快船结构

创立之初，北京新技术发展公司（后来的联想集团）是以卖彩电、蔬菜、旱冰鞋以及电子表等产品度过了创业的第一年。1985 年，公司转变了它的主营业务方向，开始为中科院购买的计算机的验收、组装、培训和维修提供服务，并挣得了它的第一桶金 70 万元，从此公司开始作为计算机企业存活下来。

联想创业时期的业务以贸易、技术服务为主，除联想汉卡有一定的规模，多数项目业务量都不大。同时，由于资金紧张，需要集中使用的内部环境决定了该公司的经营策略：人员和部门一专多能，只要是市场需要的，什么事都要干；科研经费来源于服务赚取的资金，资金分批投放，快速收回。这种策略要求总经理直接指挥、权力高度集中、没有层次，来维持组织的灵活性和快速决策并保证彼此之间的沟通，同时领导人也有能力对为数不多的下级实行直接的监督和控制。联想在此阶段的平底快船组织结构正好符合了公司当时的经营策略，其特点为：①组织结构合理高效、统一；②没有权力等级的简单结构；③对外面向市场、内部相对集中。具体组织结构图如图 8 – 9 所示。

图 8-9 联想创业时期的组织结构

二、成长时期（1988~1993 年）的职能型结构

经过柳传志的全力筹划，香港联想公司在 1988 年成立，并很快由贸易转入主板制造业。在这些前期能力积累的基础上，联想以"国际化带动产业化、以国内电脑市场的培养带动企业成长"为目标，策划了进入整机生产领域的战略性行动。1990 年，联想迈出了具有"里程碑"意义的崭新一步——开发自有品牌电脑。其首次推出的自有品牌"联想 286"电脑，推向市场就获得很大成功。与此同时，联想在和惠普、施乐的合作中发现，国外打印机在打印中文时速度特别慢，于是研发了中文激光打印机。到 1993 年底，联想集团不仅在中国大陆建立了十多家分公司，在美国、新加坡和德国等国家也设有分公司，并相继在硅谷、香港、深圳和北京等地设立了四个研究开发中心，建立了香港、深圳和北京三个生产基地，从而把自身的生产经营和技术开发伸向了发达国家的一些主要城市，奠定了向产业化发展的基础。

1988~1993 年，联想组织结构开始由初创期的"平底快船"式的简单结构逐步转为直线职能制。联想公司内部后来将这种组织称为"大船结构"模式。他们在原有集中指挥、统一作战的两个要素之外又加入了专业化分工的内容，重新组建了以开发、生产、销售三大系统为主体的体现贸工技结合的新组织结构。尤其值得一提的是，联想在销售系统中设立了三个业务部门，其中：业务一部负责联想汉卡、微机、CAD、网络产品、小型机等产品的销售；业务二部以创办和管理分公司为主要任务，分公司不作为利润中心，而只作为公司的销售渠道；业务三部负责市场的开拓工作及 AST 微机的销售。这种组织结构强调明确岗位责任、权力等级和职能分工，强调交流和沟通正式化，强调"统一指挥，专业化分工"。这个时期联想公司的组织结构图基本如图 8-10 所示。

三、规范化时期（1994~1999 年）的事业部型结构

随着公司业务规模和业务范围的扩大以及经营环境的变迁，直线职能制的"大船结构"已难以适应新形势的要求。1993 年，联想的微机计划第一次没有完成计划指标。虽然，导致这一变化的也有外部影响因素，但联想领导人更多注意到了公司内部的原因。一直以来，业务一部负责微机销售，生产基地负责微机生产计划和管理，供应部负责配套元器件的采购。这三个部分的负责人能力虽然都很强，但是由于分段管理，各段衔接的"接口"容易出现脱节，结果不是产品积压就是脱销。由于高技术产品升级速度快，直线职能制的体制导致了公司对微机市场的需求和竞争的变化反应迟缓。另外权力高度集中在总部，决策层不能贴近市场，也适应不了激烈的竞争环境。

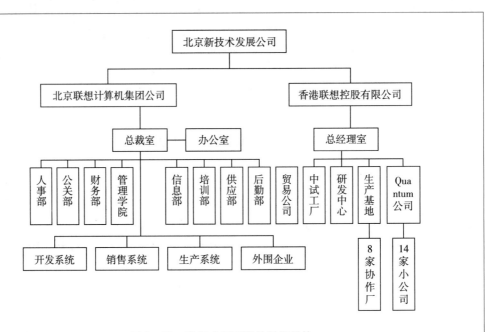

图 8 - 10　联想成长时期的组织结构

在这种背景下，联想公司内引发了一场管理思想和体制的大讨论。1994 年，联想公司年终工作会议总结事业部试点经验，决定全面实行从"大船结构"向以事业部为基本组织形式的体制，即向所谓"舰队结构"体制转变。公司原有经营部门按产品划分为 14 个事业部。在公司总体战略部署和统一经营计划指导下，事业部对产供销各环节实行统一管理，享有经营决策权、财务支配权和人事管理权，从"大船里的船舱"变成了"小舰艇"。至于公司总部，则通过设立销售总监、财务总监，成立审计部，健全人事、财务和审计等方面的制度，对事业部进行"目标管理、过程监控"。具体如图 8 - 11 所示。

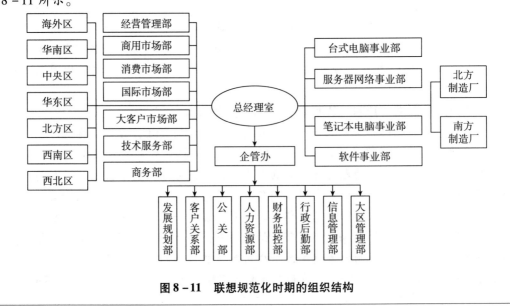

图 8 - 11　联想规范化时期的组织结构

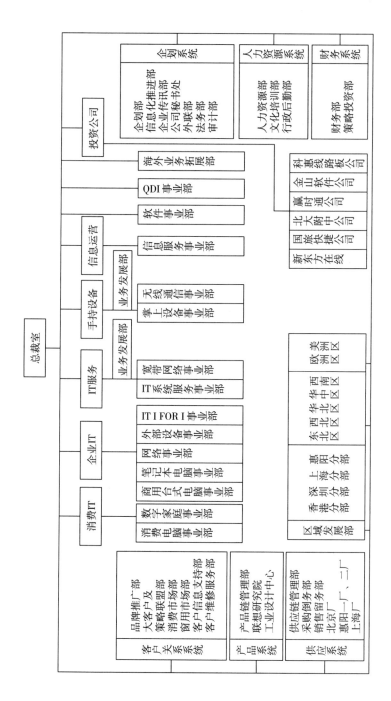

图8－12 事业部型结构

四、协作时期的矩阵型结构（2000～2008 年）

2000 年以来，联想的业务层次越来越丰富，业务层次的丰富在一定程度上降低了企业的核心竞争力。联想一方面为了满足多业务发展的管理需要和提高支持多业务的核心竞争力，另一方面为了实现资源共享来节约管理成本，提出建立矩阵型组织结构的要求。

联想的矩阵型组织结构纵向按照产品链（产品、研发、品质控制）、供应链的部分（资产管理）和市场部分（产品推广）组成的事业部构成，横向按照直接增值职能在产品链方面建立技术发展、质量管理部门；在供应链方面建立供应链支持部门；在市场方面建立品牌市场推广、区域市场管理、海外市场等，横向按间接增值职能从企划职能、IT 支持职能、人力资源职能和财务职能来划分，联想的矩阵型组织结构有以下优势：①可以统一战略和统筹布局，兼顾三类业务的平衡发展来提高综合抗风险能力；②优化资源配置，共享资源专业管理；③部分决策权下放到适当层级，避免高层管理者不被操作层面的决策困扰；④避免靠行政决策弊端，减低经营风险。

五、分拆时期（2009 年至今）的控股结构

2008 年的金融危机给联想这个跨国公司带来了重创，2009 年 2 月，联想公布了 11 个季度以来的首个亏损季报。此次困境，联想意识到公司目前的组织结构已经不能适应市场环境的重大改变，进而对这种改变做出快速、准确的反应，鉴于目前的经济形势，联想集团希望通过新战略来创新更多技术和业务领域，建立更符合行业特征的快速、有效率、有纪律性的跨国公司文化，来渡过当前的危机。

联想集团将成立成熟市场和新兴市场两个新的业务集团来取代之前以地理区域划分的组织架构，同时联想产品部门也调整为新的 Think 产品集团及 Idea 产品集团。Think 专注关系型业务、高端交易型中小企业，而 Idea 定位于新兴市场和成熟市场的主流消费圈，以及交易型中小企业商用客户。

（资料来源：笔者根据多方资料整理而成。）

第三节　组织文化与战略的关系

一、组织文化的定义

组织文化是指组织成员的共同价值观体系，是一个组织在长期发展过程中所形成的价值观、群体意识、道德规范、行为准则、特色、管理风格以及传统习惯的总和，它使组织独具特色，并区别于其他组织。这种价值观体系是组织所重视的一系列关键特征，也即是本质所在。组织文化既是组织发展的动力，更是管理的工具。文化管理是管理的最高层次。

组织文化一般从导向性、控制程度、管理者与员工的关系、对员工的基本看法、沟通模式、协作意识、整体意识、奖励指向、风险容忍度等方面进行描述的说明。组织文化的基本特点是：文化性、综合性、整合性、自觉性、实践性。因为组织文化影响着企业如何

开展业务，并有助于管理和控制其员工的行为，所以它是竞争优势的一种来源，也是创新过程中的重要因素。现代理论认为，组织文化的结构层次有三个：表层文化、中介文化、深层文化。表现形态有：物质文化、行为文化、制度文化、精神文化。它的构成要素有组织哲学、组织价值观、组织精神、组织道德、组织形象、组织制度。综合要素构成如图 8 – 13 所示。

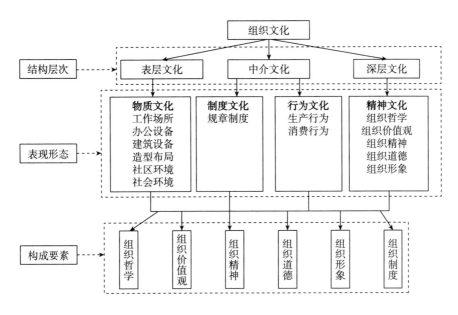

图 8 – 13　综合要素构成

1. 组织哲学

组织哲学是组织理论化和系统化的世界观和方法论。组织哲学处于中心地位，是其他方面的统帅。组织哲学存在三大命题：那就是"为什么存在""成为什么""如何存在"，即组织哲学的三个层次——使命、愿景、核心价值观。

2. 组织价值观

组织价值观就是组织内部管理层和全体员工对该组织的生产、经营、服务等活动以及指导这些活动的一般基本信念、看法或基本观点。组织价值观是组织文化的核心。

3. 组织精神

组织精神指在组织哲学和组织价值观的指导下经过精心培养而逐步形成的并为全体组织成员认同的思想境界、价值取向和主导意识。组织精神是组织文化的灵魂。

4. 组织道德

组织道德是指调整本组织与其他组织之间、组织与顾客之间、组织内部员工之间关系的行为规范的总和。组织道德是组织文化的基石。

5. 组织形象

组织形象是指社会公众和组织成员对组织、组织行为与组织各种活动成果的总体印象和总体评价。包括产品和服务形象、组织领导形象、员工形象、环境形象、社会形象等。组织形象则是组织文化的外在标志。

6. 组织制度

组织制度是在生产经营实践活动中所形成的，对人的行为带有强制性，并能保障一定权利的各种规定。组织制度是精神文化的表现形式，是物质文化实现的保证。组织制度作为职工行为规范的模式，使个人的活动得以合理进行，内外人际关系得以协调，员工的共同利益受到保护，从而使企业有序地组织起来为实现企业目标而努力。

二、组织文化的作用

组织文化在一个组织中发挥着重要作用，企业战略的实施离不开其文化环境，组织文化是成功实施企业战略的重要支持。具体而言，组织文化具有以下五个方面的作用：

1. 导向作用

所谓导向功能就是通过它对企业的领导者和职工起引导作用。企业文化的导向功能主要体现在以下两个方面：

（1）经营哲学和价值观念的指导。经营哲学决定了企业经营的思维方式和处理问题的法则，这些方式和法则指导经营者进行正确的决策，指导员工采用科学的方法从事生产经营活动。企业共同的价值观念规定了企业的价值取向，使员工对事物的评判形成共识，有着共同的价值目标，企业的领导和员工为着他们所认定的价值目标去行动。美国学者托马斯·彼得斯和小罗伯特·沃特曼在《追求卓越》一书中指出："我们研究的所有优秀公司都很清楚他们的主张是什么，并认真建立和形成了公司的价值准则。事实上，一个公司缺乏明确的价值准则或价值观念不正确，我们则怀疑它是否有可能获得经营上的成功。"

（2）企业目标的指引。企业目标代表着企业发展的方向，没有正确的目标就等于迷失了方向。完美的企业文化会从实际出发，以科学的态度去制定企业的发展目标，这种目标一定具有可行性和科学性。企业员工就是在这一目标的指导下从事生产经营活动。

2. 约束作用

企业文化的约束功能主要是通过完善管理制度和道德规范来实现。

（1）有效规章制度的约束。企业制度是企业文化的内容之一。企业制度是企业内部的法规，企业的领导者和企业职工必须遵守和执行，从而形成约束力。

（2）道德规范的约束。道德规范是从伦理关系的角度来约束企业领导者和职工的行为。如果人们违背了道德规范的要求，就会受到舆论的谴责，心理上会感到内疚。同仁堂药店"济世养生、精益求精、童叟无欺、一视同仁"的道德规范约束着全体员工必须严格按工艺规程操作，严格质量管理，严格执行纪律。

3. 激励作用

共同的价值观念使每个职工都感到自己存在和行为的价值，自我价值的实现是人的最高精神需求的一种满足，这种满足必将形成强大的激励。在以人为本的企业文化氛围中，领导与职工、职工与职工之间互相关心，互相支持。特别是领导对职工的关心，职工会感到受人尊重，自然会振奋精神，努力工作，从而形成幸福企业。另外，企业精神和企业形象对企业职工有着极大的鼓舞作用，特别是企业文化建设取得成功，在社会上产生影响时，企业职工会产生强烈的荣誉感和自豪感，他们会加倍努力，用自己的实际行动去维护企业的荣誉和形象。

4. 调适作用

调适就是调整和适应。企业各部门之间、职工之间，由于各种原因难免会产生一些矛盾，解决这些矛盾需要各自进行自我调节；企业与环境、与顾客、与企业、与国家、与社会之间都会存在不协调、不适应之处，这也需要进行调整和适应。企业哲学和企业道德规范使经营者和普通员工能科学地处理这些矛盾，自觉地约束自己。完美的企业形象就是进行这些调节的结果。调适功能实际也是企业能动作用的一种表现。

5. 辐射作用

企业文化关系到企业的公众形象、公众态度、公众舆论和品牌美誉度。企业文化不仅在企业内部发挥作用，对企业员工产生影响，它也能通过传播媒体，公共关系活动等各种渠道对社会产生影响，向社会辐射。企业文化的传播对企业树立在公众中的形象有很大帮助，优秀的企业文化对社会文化的发展有很大的影响。

三、组织文化与战略管理

如图 8 - 14 所示，企业可以分四种情形对战略和组织文化的关系进行管理。

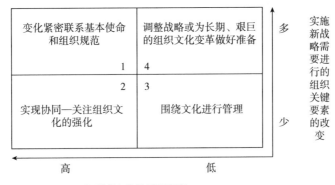

图 8 - 14　战略文化关系的管理框架

第一，与使命相联系。在第一种情况下，公司为了实施新的战略如开发新产品要进行大量的变革，这种变革并不是像人员调动这种小方面的变动，而是企业的基本结构、体制、管理关系、操作程序和其他基本要素的根本改变，但公司的这些变革基本上与公司现存的文化相匹配。这种情况下，公司目前的经营状况始终很好，实施新的战略是因为有了更好的机会或者是为了利用新的核心价值开拓新的产品市场。在这种情况下，公司有四方面的问题需要考虑：一是所做出的改变应该和公司的使命紧密联系，公司使命是公司文化的基础，公司的高层管理人员应该通过各种努力来反复强调改革是与使命密切相连的。二是还要强调利用现有员工去完成新的战略部署。在实施变革时，员工还会按照企业现有文化的价值观去行事，这样就能保证战略与文化的匹配程度。三是特别注意奖励制度的调整，并使其与现行的奖励制度一致。四是特别注意那些与现有组织文化不太匹配的调整，以免现行的规范受到冲击。

第二，强调协同。第二种情况是企业实施战略需要进行的组织关键要素的改变少但与企业的现存文化匹配性高，这种情况下，企业需要强调协同，做好以下两个方面的工作：

一是利用这个机会去巩固企业目前的现有文化。二是利用这段较稳定的时间尽量消除组织关键要素变动时可能产生的阻碍。

第三，围绕文化进行管理。第三种情况是企业实施战略需要进行的组织关键要素的改变少且与企业的现存文化匹配性不高。在这种情况下，企业需要做出一些调整，而这些变革与企业现存的文化却不一致。围绕文化进行管理的方法有很多：新建一个独立的公司或者事业部，成立项目组、工作团队或项目负责人，外包出去或者卖出。这些都是可行的方案，但关键问题是选择一种方案，使其避免与企业现存的文化发生正面冲突。当企业文化阻力减小时，这种变革方案就会为人接受。

第四，重新调整战略与文化。第四种情况是企业实施战略需要进行的组织关键要素的改变多且与企业的现存文化匹配不高。在这种情况下，企业需要做重大的调整，并且这些调整与企业现存文化存在重大冲突，这时候企业就需要考虑重新调整战略或调整企业现存文化来避免造成重大的损失。

良好的组织文化具有黏合剂的作用，同时意味着良好的组织气氛，它能够激发组织成员的士气，并且产生本职工作的自豪感、使命感、归属感，从而使组织产生强大的向心力和凝聚力。建设优秀的组织文化必须满足四个标准：基于个性、基于战略、基于最根本的商业准则和基于人性。在这四个标准中，尊重人性是所有优秀组织文化的核心和基础。企业的领导者都会尝试着用不同的方法来培养组织独特的文化。下面是一些培养组织文化的常用方法：

第一，强调核心价值。企业总是围绕着它所具有或所追求的竞争优势来制定企业的战略，产品质量、产品成本、产品的差异化、服务质量都是企业创造竞争优势的来源，明智的领导人会在组织内培育企业关键主题和核心价值来强化企业所拥有的竞争优势。企业通常在其广告词中强调其关键主题和核心价值，这样企业员工在对顾客介绍公司产品时也会深刻理解企业的组织文化，如格力公司所强调的关键主题是"好空调，格力造"；四川海底捞餐饮股份有限公司，以经营川味火锅为主，是融会各地火锅特色于一体的大型直营连锁企业。企业始终秉承"服务至上、顾客至上"的理念，以创新为核心，改变传统的标准化、单一化服务，提倡个性化的特色服务，致力于为顾客提供愉悦的用餐服务。

第二，强调商业伦理准则。商业伦理是一门关于经济活动与道德学的交叉学科，是经济活动与社会形态关系的基础。商业伦理研究的是商业活动中人与人的伦理关系及其规律，研究使商业和商业主体既充满生机又有利于人类全面和谐发展的合理的商业伦理秩序，进而研究商业主体应该遵守的商业行为原则和规范、应当树立的优良商业精神等商业道德问题。强调商业伦理准则的目的在于在经济活动领域中树立经济与正义、人道完全一样的理想秩序，不仅能增进经济良性循环和连续不断提高，并且能使经济活动起到激发鼓励和增进个人满意需求、完备自我的效用，并能将经济活动整合到社会形态群体协调进展的大系统中去。伦理是许多人的行为准则，经济活动伦理是担任管理职务的人务必关心重视的大问题。

第三，传播关于核心价值的故事和传说。具有深厚文化底蕴的企业会热衷于收集整理传播有助于支持他们基本信念的故事、趣闻和传说，这些故事对组织文化的形成有很重要的影响，因为组织中的成员都会记住这些故事，进而体会到其中所蕴含的信仰和价值观。

组织文化在力量和组成方面变化很大，有些文化强烈地深植于组织中，有的文化却弱小和分散，这主要是指亚文化的存在，很少有整个公司可以共同接受的价值观和行为标准，也很少有强有力的传统。在快速变化的经营环境中，适应性的文化是最好的，因为内部环境在回应利益相关各方变化的要求时，对所需的变革、实验、革新、新的战略和新的运营实践持接受状态。适应性文化一个重要的明显特征是将人类共同遵守的优秀品质接纳过来，再与团队的价值观相配置，从而形成企业鲜明的企业文化，并努力同时满足他们所有的合理利益。

第四，开展有助于核心价值的文化活动。明智的领导人会定期在企业开展有助于传播企业核心价值的文化活动，如企业的年度最优员工评选活动。这些活动不仅有助于企业员工深入理解企业的核心价值，还可以加强员工之间的凝聚力。如2014年3月，全国4600余家肯德基餐厅全面启用新菜单，随后肯德基通过"谁是超强星卖家，由你赞出来"的活动全面推动新菜单的理念，随着15款产品的华丽登场，"菜单大革新"活动吹响了肯德基全新出发的号角，也显示了肯德基挑战传统、打破框框的"变身"决心和魄力。

第五，借助外部文化。企业文化的建设不可避免地要受到外部文化因素的影响，外部影响因素主要有地域文化、行业文化、集团文化等（见图8-15）。多数企业在建设自身企业文化时会与外部文化发生碰撞，部分管理人员会选择避开这种有冲突的外部文化，但明智的管理者会选择利用外部文化来建设企业内部文化，如香港的肯德基也卖起了凉茶。

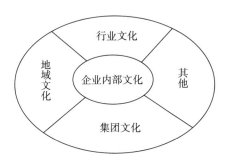

图8-15 企业所处的文化环境

地域文化最能够体现一个区域或者一个空间范围的特点的文化类型，它对企业发展的影响及对企业文化建设具有重要的启示。企业文化无可避免地受到地域文化背景的影响，打造具有地域特色的企业文化是企业当前乃至今后一段时间建设企业文化所需考虑的重要问题之一，将地域文化成功融入企业的内部文化，不仅能给企业带来较好的口碑，更能提升企业的价值。

行业文化是指该行业在人类文化、社会文化和经济文化背景中逐步形成的与本行业相关的基本信念、价值观念、道德规范以及由此产生的思维方式、行为方式、品牌效应的综合体现。如果说文化作为一种"软实力"，日益成为一个国家和地区综合实力的重要组成部分。同样，一个行业的文化发达程度和特质内涵，也深刻地影响着行业的发展模式、制度选择、政策取向以及各种资源开发和生产要素组合的水平，从而也就深刻地影响着处在这个行业的企业发展的速度、质量和水平。

维系企业集团的再生力量是集团文化，每一个成功集团背后都有属于其发展的集团文化。所以，集团文化是核心企业创建、倡导并推而广之的文化。集团文化在企业的文化建设中起着举足轻重的作用。对于一个成立不久的企业，在缺乏足够的时间和精力来建设企业的内部文化时，便可以通过集团文化的影响力，把集团的价值观辐射到企业本身，形成集团成员企业共同的价值观念。

专栏8-2　　安徽开发矿业有限公司企业文化建设与其外部文化

安徽开发矿业有限公司隶属于五矿邯邢矿业有限公司，是中国五矿集团公司所属的企业。因此，其企业文化传承五矿集团的企业文化；但又身处安徽腹地，其企业文化建设又具备了安徽文化的特征。另外，作为安徽开发矿业有限公司企业文化背景的安徽省矿山的行业文化，在相当程度上决定企业文化的倾向与特征，在核心价值取向上，安徽开发矿业的企业文化只有不断地融入行业文化，企业在行业中才能得以生存。

一、安徽开发矿业的企业文化与地域文化

安徽开发矿业有限公司位于105国道白庙段风景秀丽的40里长山脚下，北望淮河，南接六安，山清水秀，交通便利。作为一个有着60年矿山建设生产经验的大型国企，五矿邯邢矿业有限公司从开始派驻安徽开发矿业的高层管理人员便贯彻"诚信经营、规范运作"的异地办矿理念。在项目立项、安全环保、用地审批等方面严格遵守国家和地方相关规定，主动接受地方主管部门的监督指导，保障了项目建设依法规范实施，公司扎实稳健的经营管理风格也赢得地方各级政府及主管部门的高度评价和认可。安徽开发矿业有限公司很快便融入地方的经济文化生活，不断探索企地联合共建的方式途径，积极参与地方文化公益事业，彰显了互相信赖、互相依靠、共同发展、共同繁荣的长期经营理念。

几年来，安徽开发矿业有限公司坚持在霍邱县委县政府的领导下开展对口扶贫工作，定期为贫困乡镇的群众捐赠过冬棉衣棉被和食品，赞助了县第三届青少年运动会，与县武警中队、师范学院、金融系统等多家单位结成了共建单位，开展了丰富多彩的联谊活动。每年的正月十五，公司都与驻地乡镇村民共同举办联欢会，工农携手欢歌载舞，共庆佳节，在各项有益的活动中促进了企业与地方各界的融合，实现了良好的互动。

二、安徽开发矿业的企业文化建设与当地的行业文化

此外，安徽开发矿业有限公司的企业文化充分融合了当地的行业文化，建设"高起点规划，高标准建设"的建矿思路是安徽开发矿业有限公司党委从行业战略发展高度为全面解决行业朝什么方向发展，沿什么道路发展，如何继续保持科学发展提出的主要任务，也是实践企业文化的科学载体。因此，企业领导人在企业文化建设中，以严格规范、富有效率、充满活力为理念指导，丰富企业文化建设载体与表现形式，让企业文化建设既能保持行业文化建设的整体协调性，又能确保基层活力的激发与调动，建设充满生机与活力的企业文化，为行业发展提供坚实的文化保障。安徽开发矿业有限公司将服务品牌建设作为企业文化的外延，来充分发挥企业文化的辐射力，增强社会

大众对企业所主张的价值的认同，从而达到系统地对外传播行业文化的目的，实现行业文化力向经济力的转变。

三、安徽开发矿业的企业文化与集团文化

安徽开发矿业有限公司隶属于中国五矿集团，秉承中国五矿集团文化。五矿文化，来源于长期实践，是公司文化长期形成的优秀文化积淀的概括、升华和延伸，是公司的总体价值取向。安徽开发矿业有限公司是五矿邯邢矿业有限公司目前地质储量最大、设计产能最大、投资规模最大的在建矿山，肩负着实现五矿邯邢矿业有限公司持续发展能力、打造公司"百年基业"的光荣使命。面对这样的高标准、高定位，公司的高层领导充分借鉴五矿的集团文化，自觉把公司企业文化建设当成事关公司当前建设成败和长远发展大局的战略地位来谋划，围绕促进职工队融合、凝聚职工力量、塑造良好的企业形象，开展了内容形式多样的文化创建活动，取得了初步成效。在理念上加强宣传引导，公司"建设一流现代化大型地下矿山"的发展愿景得到职工广泛认同；积极倡导"高起点、高定位、高标准、高效率"的工作理念，初步形成了公司"勇争第一"的精神追求；弘扬优良传统和汲取时代内涵并重，五矿邯邢矿业有限公司、集团公司两种企业精神在公司和谐互补、相融并存。在载体上加大文体设施投入，积极参与地方文化交流，活跃了职工文化生活；开办了公司内部网站，搭建了交流工作动态、传递价值理念的平台；重大节日升国旗、司旗仪式固化为公司开展爱国爱岗教育的重要仪式；"科技明星""岗位能手"评选活动成为推动职工岗位成才的常态工作机制。在形象上广泛采用集团公司形象识别元素，积极倡导集团公司员工职业道德和行为规范，借助集团公司的知名度和社会影响力，在本地树立了良好的社会形象。

在安徽开发矿业有限公司的企业文化建设中，企业始终努力将地域文化、行业文化和集团文化三者有机地融合在一起，做到既富有行业特色又独具公司特色，既传承五矿文化又结合皖西文化。

（资料来源：笔者根据多方资料整理而成。）

【章末案例】　　　美的："789"工程到"10/11/12"工程

美的集团股份有限公司（以下简称"美的集团"）1968 年成立于广东省佛山市顺德区，1980 年正式进入家电行业，1981 年注册美的品牌，2012 年在深交所上市。美的是一家消费电器、暖通空调、机器人与自动化系统、智能供应链（物流）的科技集团，提供多元化的产品与服务，包括以厨房家电、冰箱、洗衣机及各类小家电为核心的消费电器业务；以家用空调、中央空调、供暖及通风系统为核心的暖通空调业务；以库卡集团、安川机器人合资公司等为核心的机器人及自动化系统业务；以安得智联为集成解决方案服务平台的智能供应链业务。

美的是一家全球运营的公司，美的业务与客户已遍及全球。迄今，美的在全球拥有超过 13.5 万名员工，拥有约 200 家子公司、60 多个海外分支机构及 12 个战略业务单位；同时美的为全球领先机器人智能自动化公司德国库卡集团最主要股东（约 95%）。

美的获取标普、惠誉、穆迪三大国际信用评级，评级结果在全球同行以及国内民营企

业中均处于领先地位。2017年，美的排名《财富》世界500强第450位，较上年上升31位；美的位列福布斯全球企业2000强榜单第335名，较上年上升67名；据全球最大的传播服务集团WPP发布的"2018年BrandZ最具价值中国品牌100强"年度排名，美的上升至榜单第26位，连续三年成为榜单中排名最高的家电品牌。2017年末，美的市值达3630亿元，全年涨幅超过100%，全球投资人持股比例超过20%。

一、行业发展状况

2016年家电行业出台的政策包括《家电能效领跑者实施细则》《废弃电器处理基金补贴标准》等，行业补贴政策已经由"普惠"转变为"奖优"，由只关注增量市场转变为如何利用好存量市场。2017年，得益于宏观经济平稳运行、产业结构与消费升级、新兴品类市场爆发等多方面积极因素的集中释放，家电企业持续发力供给侧结构性改革，加强技术创新和产品结构调整，紧抓消费与产品结构升级机遇，面对原料成本上升及地产调控等压力，主要运行指标均实现了稳定增长。这些政策有利于像美的这样有核心竞争力的大型家电企业在竞争中胜出。

2017年，家电行业发展具有以下特点：①原料价格上涨及消费与产业升级，推动家电企业加紧产品升级换代，加速高端化布局。②电商在保持高速增长的同时，各种零售渠道将加速融合，"线上+线下+物流+服务"的模式正在改变市场。③基于物联网技术，统筹硬件、软件和云计算平台，实现远程遥控、电器间互联互通、自我学习等功能智能家居生态圈逐渐成为主流。④"硬件+服务"时代将全面到来，既销售硬件又销售服务，将成为整个家电行业的重要特点。⑤健康概念日益深化。随着人们对健康生活追求的提高，如何保障健康将越来越成为设计家电产品时需要考虑的重要因素，饮食保健、家居环境、个人护理等领域的家电产品或功能将成为消费热点。⑥家电企业将逐渐进入智能制造时代。在国家政策的推动下，家电企业的智能化转型将加速，未来将形成一套集研发、制造、销售、用户交互、售后服务于一体的智能生态系统。⑦厨卫、生活电器将继续驱动整个行业增长，随着生活水平的提高，人们对改善生活品质的需求越来越高，厨卫和生活电器的增速预期将整体高于传统家电。

二、企业文化建设

美的在企业文化建设过程中，对竞争性文化价值模型进行了改进和完善，总结形成了适合美的的企业文化建设方法论——企业文化螺旋式发展模型。在实践中，按照企业文化螺旋发展模型，美的打造四大核心价值观，引领四大导向文化。即服务客户、精准求实、诚信共享、创业创新。

1. 服务客户

服务客户是美的的首要价值观，是美的人人要做的事情，是他们的工作方向。美的和美的人存在的价值在于为客户提供全方位的服务，让客户获得超出期望的满意。为了达到这一目的，对内，美的以客户的需要为设立目标的依据，完全从客户的角度来提升能力和素质，提升服务质量；对外，注重客户体验，倾听客户的声音，认清客户的真正需要。

2. 精准求实

美的的精准求实指的是：想事——力求以事实为依据、用数据说话，理性思考、发现问题；对事——尊重规范和标准、纪律严明，勇于面对现实、勇于承担责任；做事——注重目标可衡量、计划可操作，不断总结做事方法、努力探索做事规律，追求精益求精和简洁高效, 养成"认真、严格、主动、高效"的工作风格。

3. 诚信共享

诚信——以"诚实做人, 注重信誉; 坦诚相待, 开诚布公"为美的人最基本的道德准则; 以"取信于用户, 取信于员工, 取信于合作伙伴"为待人之道。共享——在交往中尊重他人, 注重平等、信任、欣赏和亲情; 在工作上把个人追求融入企业长远发展之中, 与同事分享远景、相互协作、共享资源、共享发展。

4. 创业创新

创业——永不满足, 勇于拼搏, 不断地超越自我; 做岗位的主人, 主动承担责任, 灵活地应对变化和挑战; 创新——坚持学习与开拓, 在可承受的风险内大胆地尝试新方法和新事物, 持续地改进工作。

三、组织结构变革分析

在整个家电行业、整体经济面临下行时期, 美的通过变革仍然实现了高速成长, 一直保持持续的增长。企业的追求不变, 目标不变, 但组织与人不断在变。美的的发展史, 本质上也是一部组织变革与人才变革的发展史。从美的最早的直线职能制, 到 1997 年的事业部改造, 再到 2001 ~ 2007 年的超事业部的改造, 再到 2007 年后的矩阵式组织, 到 2015 年方洪波所提出来的"三个去"——去中心化、去权威化、去科层化的内部组织改造, 构建起美的的"789 工程"。这也是代表未来中国企业组织变革的一个发展方向。

1. 1968 ~ 1979 年的创业阶段——并不完善的组织结构

在这一阶段, 我国还处于计划经济, 市场的竞争并不激烈, 企业还谈不上战略, 再加上企业的规模小, 人员不多, 在组织结构方面也没有很完善和标准的形式。因此, 在这 11 年里企业并没有很大的飞跃。

2. 1980 ~ 1996 年的单一业务时期与直线职能制结构

1980 年, 国家市场政策放宽, 美的正式进入家电行业并拥有了自己的厂房。在这个阶段, 由于美的当时经营的产品种类还不算多以及民营性质, 美的一开始就选择了传统的高度集权的直线职能型组织结构。直线职能型组织结构 (见图 8 - 16) 是一种中央集权的控制结构, 这种由高层统一管理的结构模式的建立, 在美的发展初期确实带来了高速增长, 也为后来的进一步扩张打下了坚实基础。因此, 在单一主导业务的企业实施职能型结构是符合企业的发展要求的。

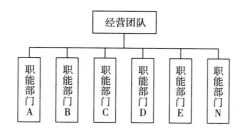

图 8 - 16　直线职能型组织结构

3. 1997 ~ 2000 年的相关多元化与事业部制结构

1997 年后, 美的的规模得到迅速扩张, 产品类型急剧增多, 在短短的几年间进入了电饭煲、空调电机、饮水机等领域。企业规模大了，生产仍由总部统一管理，组织结构还停留在单一产品制，1000多种产品由总部统一销售，就造成了产品生产和销售脱节，体制性缺陷已经日益明显。美的进行了全面的组织变革，成立了五个事业部，各个事业部拥有自己的产品和独立的市场，享有很大的经营自主权，实行独立经营、独立核算；既是受公司控制的利润中心，又是产品责任单位或市场责任单位，对销研产以及行政、人事等管理负有统一领导的职能。此外，各事业部内部的销售部门基本上设立了市场、计划、服务、财务、经营管理等五大模块，将以上功能放到销售部门，形成了以市场为导向的组织架构。事业部型组织结构（见图8-17）也称多分部制结构，即按产品、市场、地区、用户等设立事业部，各事业部制具有集中决策，分散经营的特点，把最高领导者从日常生产经营活动中解放出来，从而可以专门负责集团的战略性活动。这种组织结构体现了层级制与市场机制的有机结合，既有分散的事业部，又有负责协调、监督、战略性决策的总部，从而保证了必要的协调与控制。

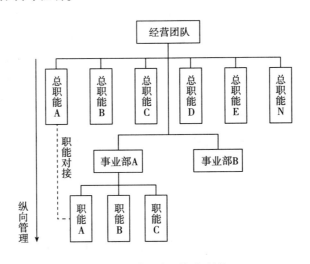

图8-17 事业部型组织结构

4. 2001～2007年的不相关多元化与事业部制的再创

2001年，随着竞争的加剧，家电业已被喻为夕阳产业。这时候，美的集团开始进军不相关多元化产业，比如客车领域、房地产领域、水电项目等。不相关多元化的发展促使美的继续寻找与之相适应的组织结构。2001年，美的集团正式分拆为两个集团公司（美的股份和威尚集团）和一个投资公司（美的技术投资公司），美的股份下设六大事业部：空调、家庭电器、厨具、电机、压缩机和磁控管；新设立的威尚集团下设九个公司：电子、物流、房产、电工、家用电器、管理咨询、钢铁配送、环境设备、工业设计。在事业部型组织结构的基础上，20世纪70年代美国和日本的一些大公司又出现了一种新的管理组织结构形式——超事业部制。它是在组织最高管理层和各个事业部之间增加了一级管理机构，负责管辖和协调所属各个事业部的活动，使领导方式在分权的基础上又适当地集中。这样做的好处是可以集中几个事业部的力量共同研究和开发新产品，可以更好地协调各事业部的活动，从而能够增强组织活动的灵活性。以产品为主线成立事业部，专业化运作；对事业部充分授权，明确权责利，独立经营和核算，调动经营者活力释放。自从建立事业部制以来，美的组织结构始终在调整，组织结构的分与合，实际上是权利的放与收的外部表现形式。从单一的直线职能制到事业部制再到超事业部制，美的经历了集权—分权—集权的权力分配过程。

5. 2008～2014 年的不相关多元化与矩阵式组织结构

中国企业转型非矩阵型结构莫属。美的提出来的全价值链卓越运营也是矩阵型结构横向管理线条。在企业内部建立横向管理线条，把核心业务前中后台集成在一起，实现系统化的流程管理，形成以产品类型或特点划分的产品项目部，由此职能型开始转变为矩阵型。矩阵型结构（见图 8－18）最大的特点是让企业出现了横向管理线条，这是唯一一种横纵两种管理线条并存的组织结构形式。矩阵型组织结构既要"承前"，对接职能型结构，还要"启后"，迈向流程型结构。

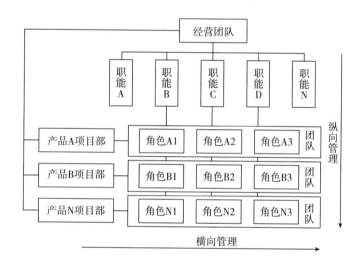

图 8－18　矩阵式组织结构

6. 2015 年至今的"789"工程

美的新的组织架构，叫做"789"新架构，是方洪波从 2015 年 6 月到 2016 年整合完成的。就是所谓去中心化、去权威化、去科层化的内部组织改革，把散状的各个事业部的共享功能集聚到集团总部，构建了 7 大平台、8 大职能和 9 大事业群体为主体脉络的架构（见图 8－19）。通过这种改革，使得前端平台人员拥有较大的自主权力和自我判断能力，而后端也越来越尊重前端平台人员的提案和决策，提高整个集团组织的资源配置能力和赋能能力。传统的部门制已经被打破，在这个平台里面，所有人的工作都是平行的，没有层级结构。淡化凡事都由领导一个人做主的传统模式，让每个人都能够独当一面。在业务层面上，按照研产销进行专业化分工，进行职能平台的整合与管理。

四、核心竞争力分析

（1）美的是主要产品品类皆占据领导地位的全球家电行业龙头，可为用户提供覆盖全产品线、全品类的一站式高品质家庭生活服务方案。美的是全产业链、全产品线的家电及暖通空调系统企业，公司以行业领先的压缩机、电控、磁控管等核心部件研发制造技术为支撑，结合强大的物流及服务能力，形成了包括关键部件与整机研发、制造和销售为一体的完整产业链。公司是国内家喻户晓的领先家电及暖通空调系统品牌，公司各主要产品品类均居行业领导地位，一方面让公司能够提供全面且具竞争力的产品组合，另一方面也为公司在品牌效应、规模议价、用户需求挖掘及研发投入多方面实现内部协同效应。面向家电智能化发展趋势，家电间的兼容、配合及互动变得越发重要，拥有全品类的家电产品线的美的在构建统一、兼容的智慧家居平台，向用户提供一体化的家庭解决方案方面已具备领先优势。

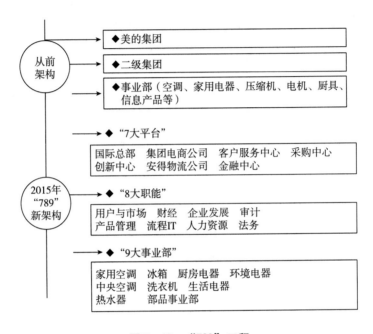

图 8-19 "789" 工程

（2）美的具备整合全球研发资源，持续领先的产品与技术创新能力。美的着力于构建具有全球竞争力的全球研发布局和多层级研发体系，具备以用户体验及产品功能为本位的全球一流研发技术投入及实力，过去五年投入研发资金超过 200 亿元，已在包括中国在内的九个国家设立了 20 个研究中心，研发人员整体超过一万人，外籍资深专家超过 300人，据科睿唯安《2017 全球创新报告》中，美的在家电领域的发明专利数量连续三年稳居全球第一。

（3）凭借持续的全球资源配置与产业投入，凭借全球领先的制造水平、规模优势，美的全球运营能力及全球产业布局更趋坚实。一系列全球资源并购整合及新产业拓展的有效完成，进一步奠定了美的全球运营的坚实基础及美的在机器人与智能自动化领域的领先能力。同时，公司通过全球领先的生产规模及经验、多样化的产品覆盖以及遍布世界各大区的生产基地，造就了集团在正在崛起的海外新兴市场中迅速扩张的能力，强化了海外成熟市场竞争的基础。公司多个产品类别皆是全球规模最大的制造商或品牌商之一，领先的生产规模让公司可以在全球市场中实现海外市场竞争对手难以媲美及难以复制的效率及成本优势。

（4）美的广阔稳固的渠道网络，完善的智能供应链体系为公司线上线下业务的稳步增长提供了坚实保障。

多年的发展与布局，美的已形成了全方位、立体式的市场覆盖。在成熟的一、二级市场，公司与大型家电连锁卖场一直保持着良好的合作关系；在广阔的三、四级市场，公司以旗舰店、专卖店、传统渠道和新兴渠道为有效补充，渠道网点已实现一、二级市场全覆盖，三、四级市场覆盖率达 95% 以上。同时，公司品牌优势、产品优势、线下渠道优势及物流布局优势，也为公司快速拓展电商业务与渠道提供了有力保障，公司已是中国家电全网销售规模最大的公司。2017 年，公司全网线上零售超过 400 亿元，线上收入占比达到内销的约 30%。

（5）完善的公司治理机制与有效的激励机制奠定了公司持续稳定发展的坚实基础。公司关注治理架构、企业管控和集权、分权体系的建设，已形成了成熟的职业经理人管理体制。事业部制运作多年，其充分放权和以业绩为导向的考评与激励制度，成为公司职业经理人锻炼与成长的平台。公司的高层经营管理团队，均为在美的经营实践中培养的职业经理人，在美的各单位工作时间平均达 15 年以上，具备丰富的行业经验和管理经验，对全球及中国家电产业有深刻的理解，对产业运营环境及企业运营管理有精准的把握。公司的机制优势奠定了美的全产业链高效卓越运营的能力与未来稳定持续发展的坚实基础。

面对不同层级的公司核心管理及技术团队，公司已推出了四期股权激励计划、一期限制性股票激励计划及三期高层"合伙人"持股计划，搭建了经营层与全体股东利益一致的股权架构及长、短期激励与约束相统一的激励机制。

公司坚持"产品领先、效率驱动、全球经营"三大战略主轴，聚焦产品与用户，加大科技投入，推动精益管理与全价值链卓越运营，整体经营目标顺利完成，各产品品类均实现高速增长，产品品质与口碑持续改善，并购项目整合有效进行，公司全品类及全球协同的市场竞争优势进一步稳固。

五、公司未来发展展望

1. 公司发展战略

以"成为全球领先的消费电器、暖通空调、机器人及工业自动化、智能供应链（物流）的科技集团"为战略愿景，深化转型，以用户为中心，通过技术创新、品质提升与精品工程，坚持产品领先；通过管理效率、制造效率及资产效率提升，打造效率驱动下的新成本竞争优势；推进全球化业务布局，提升自有品牌占比，加强海外业务合规管控，夯实全球运营基础；加强机器人及工业自动化领域的产业布局，培育新的增长点与产业平台；推进数字化 2.0 实施落地，以数字化赋能全价值链经营管理，构筑美的工业互联网生态平台。

2. 经营重点

（1）聚焦内生式增长，进一步推动全价值链的卓越运营，以用户为中心，启动新一轮转型升级，重构企业结构、企业文化与价值链体系，推进组织再造、加强体系建设，为用户创造价值；优化库存结构，改善现金周期，降低期间费用，提升盈利能力，挖掘成本与效率空间，发挥规模协同优势。把握消费升级的机遇，加大资源与研发投入，改善产品结构，提升产品能力，推动国内市场转型，保持差异化竞争优势与规模优势。

（2）进一步推动企业数字化建设，以数字化赋能业务流程和管理流程，所有的环节都要量化，所有业务流程和核心管理流程要做到 24 小时在线化，流程中环节与环节之间通过软件驱动，以全价值链的数字化，构筑智能制造与工业互联网基础。

（3）有效推进美的全球运营与管控能力，聚焦经营业绩提升，提高部门协同及海外分公司运营能力，最大化全价值链利益；有效推进并购项目的业务整合和优势互补，实现东芝家电业务扭亏，推行东盟、印度区域化试点，打造集权有度、分权有序的海外运营模式；持续强化海外公司治理及合规体系建设，夯实海外运营管理基础；加大对海外业务基础设施建设与投入，构建海外呼叫中心，完善售后服务体系和物流系统建设。

（4）深入推动营销转型，推动渠道扁平与优化整合，提升渠道效率，强化用户体验；进一步打通商品、资金、信息和物流，提升物流直发占比、统配结合，推进物流集中配送的"一盘货"物流平台建设，提高存货和资金周转效率。

（5）把握工业自动化及智能制造的产业扩张机遇，围绕工业机器人、商用机器人、服务机器人和人工智能继续进行布局，并积极拓展工业自动化领域的关键部件，加强中国区一般工业机器人、仓储自动化、医疗自动化领域的业务协同与整合，推动中国市场的深入拓展与高速增长。

美的集团的发展壮大经历了数次的战略和组织结构的变革，从最初被动地进行组织结构的变革发展到为强化竞争力而主动地、有意识地去适应环境的发展，正是其不断发展的动力之一。美的在发展过程中无论是运用直线职能制还是事业部制，抑或是超事业部制组织架构，都使企业获得了高速的发展。这不是说美的适合任何一种组织结构，或者任何一种组织结构都可以使企业获得高速的发展，而是因为美的集团在特定历史时期所选取的每一种组织结构都与当时的发展环境和企业战略达到了很好的匹配，对企业产生了有利的推力。企业的战略转型系统变革有很多方面，核心是组织与人的变革，目标是如何使组织与人始终充满活力和价值创造力。如果组织僵化，不能充满活力，即使战略方向找对了，但组织跟不上战略的要求，人才跟不上战略的要求，也会失去战略性的发展机遇。

资料来源：笔者根据多方面资料整理。

【问题思考】

1. 如何有效地配置企业资源？影响资源配置的因素有哪些？

2. 组织结构包括哪几种基本类型？

3. 组织结构与企业战略有什么关系？企业实施不同的战略时应如何与不同类型的组织结构联系起来？

4. 组织文化的特征和功能是什么？如何实现企业的组织文化与企业战略制定与实施的匹配？

5. 组织应当如何塑造自己的文化？组织文化的形成受什么因素的影响？

【参考文献】

［1］孙超等. 企业战略管理［M］. 成都：西南交通大学出版社，2016.

［2］杰克·特劳特. 什么是战略［M］. 火华强，译. 北京：机械工业出版社，2011.

［3］弗雷德·R. 戴维. 战略管理［M］. 徐飞，译. 北京：中国人民大学出版社，2012.

［4］约翰·A. 皮尔斯二世，小理查德·B. 鲁滨逊. 战略管理——制定、实施和控制［M］. 北京：中国人民大学出版社，2003.

［5］马少华，欧晓明．农业企业社会责任危机响应模式——基于双汇"瘦肉精"事件的案例研究［J］．广东农业科学，2013（3）：231－233.

［6］刘志明，谭云清．战略管理——理论、案例与盈利模式［M］．上海：上海交通大学出版社，2010.

［7］何潇，何春婷．从联想的发展看组织结构的变革与设计［J］．管理观察，2014（35）：51－53.

［8］龚嘉明．广东美的集团股份有限公司——现行战略分析和今后战略思考［D］．广州：暨南大学，2001.

［9］项保华，周亚庆．战略与文化的匹配：以万向集团为例［J］．南开管理评论，2002（2）：56－58.

［10］易钧．中国家电企业全球化布局——以 TCL 集团为例［J］．中外企业家，2017（3）：15－16.

第九章 战略风险与控制

【学习要点】

☆ 明确战略风险的定义与性质。

☆ 了解战略风险的类型及其相互关系。

☆ 理解战略风险的起源。

☆ 熟悉战略风险的控制流程与组织体系。

☆ 了解战略风险的边界设置与相关的内部控制方式。

【章首案例】 **乐视的危机**

乐视信息技术股份有限公司成立于2004年，通过"平台＋内容＋终端＋应用"经营模式，建立了七个互不关联的垂直业务，再通过业务整合，形成了独特的乐视"生态圈"。2010年8月，乐视在我国创业板上市，其业务版图不断扩张，在2014年业务总收入达100亿元，2016年业绩报告显示实现营业收入219.87亿元。看似一片欣欣向荣的背后，却隐藏着巨大的资金危机。乐视大量融资的同时拖欠手机供应商款项高达150亿元，超过60%的版权费未能支付。2017年，乐视危机全面爆发，高管纷纷离职，公司面临退市风险。

乐视危机的背后，是企业内部控制的失效。乐视内部控制问题的具体分析：

一、内部环境

（1）组织架构。2016年11月6日贾跃亭首次公开承认，乐视存在发展节奏过快、组织能力和人员匹配失衡等问题。公司董事会下设众多支持机构，包括战略委员会、审计委员会、提名委员会等；却没有预算机构和绩效考评机构，这不利于权责明晰。虽然乐视设置机构众多，但内部控制并不完善，主要表现为财务部与审计部没有独立，这样的结果是内部审计的独立性无法保障。

（2）人力资源政策。乐视迅速扩张，对人才的需求也在不断加大。但乐视选拔人员过于冗沉，团队人浮于事，在各个业务执行的时候却难以提供相应的智力和能力支撑，公司所要付出的管理成本大大增加。2016年12月以来，乐视高管包括乐视体育总编辑敖铭和总裁张志勇、乐视汽车约尔格·萨默尔和全球首席品牌官马可·马蒂亚奇陆续离职。贾跃亭也曾高薪聘请各个领域的专家，但是这些专家在"乐视模式"中却没有发挥他们应有的作用。

二、风险评估

乐视在目标设立方面，确定了其战略目标。但是，乐视生态模式的提出，并没有使乐视提升到新的高度，这遭到外界多方的质疑。乐视在经营目标设立过程中也存在问题，乐视经营的有效性、创新业绩和盈利都没有得到体现，反而不断负向发展。这就表明乐视的经营目标在制定的过程中出现不足，未能合理预估企业可承受的风险。乐视在公司资金紧缺的情况下仍然引入合并其他企业，企业发展战略明显不契合公司发展水平。

乐视的外部融资能力在不断下降，关联方资金的紧张，影响了乐视网正常的融资渠道。乐视为解决这一问题，通过与金融机构谈判合作以及债转股等方式，缓解了暂时的资金压力，但并没有从根本上解决融资问题，其偿债能力指标已快接近上限。企业的资产负债比率高，而流动性比率只有 1.39，相对比同行业低了两倍多。公司偿债风险上升且资金使用效率低，难以确保资金安全性。文化市场竞争日益激烈，需求趋于多元化。贾跃亭的经营风格比较冒险，在原有的市场中没有巩固和深化，反而利用可周转的资金激进扩张其他业务。

乐视自上市后，企业负债不断增加，导致外界对其资金危机看衰。这一问题也最终反映在股市的表现上。自 2016 年 9 月起，尽管没有利空的消息传出，但是乐视网的股价却在融创中国投入 168 亿元巨额资金仅一个涨停板后就持续下跌。面对巨额亏损，乐视并没有建立有效的风险识别系统，没有及时收集风险和风险变化相关的各种信息，导致乐视在面对一系列的危机时非常被动。

三、控制活动

乐视自成立以来，其最高决策人只有创始人贾跃亭，虽然也设有董事会，但是基本形同虚设，无法对贾跃亭最高决策权力形成有效的牵制。

乐视曾经所有重要事务的审批手续均需通过贾跃亭一人过目签订，集体决策审批无从体现。贾跃亭的集权，追求的不是效率，而是控制。在职能分工上，贾跃亭一人兼任了公司多个重要岗位职责，包括执行、考核决策等，其主导作用非常突出。贾跃亭一味地追求产业现代化潮流，在条件并不乐观的情况下执着于实现"超级汽车梦"。在他的一意孤行之下，资金链的断裂导致乐视一度深陷债务旋涡。

四、信息与沟通

乐视在发展中长期拖欠供应商的货款，在 2016 被诉讼的案件中，超过 16 亿元的拖欠款，涉及最大的一笔要 3.02 亿元。从中可以发现乐视没有通过有效的形式与供应商就信用政策、结算方式等问题进行良好的沟通，也没有及时发现和解决可能存在的控制不当的问题。乐视拖欠版权费，被供应商追债，这使得公司陷入经济危机和信誉危机，造成无可挽回的后果。

五、内部监督

内审是一项具有独立性的经济监督活动，其对独立性的要求很高。因此，想要建设好内部监督制度，不同部门之间的权责权限就要清楚，各个职工的岗位分工就要明确。乐视审计部门与财务部门未进行分离，存在合署办公情况，且公司审计部门人员较少，未能全面有效开展乐视网及其控股子公司的内部审计工作和切实履行每季度向董事会或者专门委员会进行汇报的职责。由此可以看出，乐视的内部监督及相关制度还不健全。

乐视的失败是一场血淋淋的教训，我们也从中得到了很多启示。首先，乐视生态本身并没有错，"终端＋内容"的营销模式也不一定意味着失败，梦想还是要有的，但是不可过分追求实现的速度。其次，要对风险进行合理控制与转移，风险就像战略的幽灵一样，如影随形，从某种意义上说，风险是战略的自然属性。风险有两个特征：一是风险的不确定性；二是风险会给人们带来损失。战略一方面能降低企业发展过程中的不确定性，但另一方面要合理承担一部分风险。最后，风险管理是贯穿内部控制的核心主线，内部控制就是控制风险，控制风险就是风险管理。内部风险控制得好，企业就会盈利，否则，就会遭受损失。因此，战略与风险并存，企业要学会控制风险，加强企业内部控制。

资料来源：笔者根据多方资料整理。

第一节　战略风险的类型

企业战略目标的实现会面临各种风险，由于企业是个开放的系统。从筹集资金到成立企业，从生产销售到创造价值，每个环节都充满着各种不确定性，影响着企业的生存与发展。

近几年，国内不少学者分别从资金、审计、资本运营、内部控制等角度对战略风险的类型及影响因素做了研究和分析。这些学者研究发现，企业生产经营时经常会面临资金风险，包括资金安全风险、资金短缺风险和资金使用效率风险等。公司在制定战略目标时往往还需要考虑审计风险，其影响因素包括公司的发展定位、经营模式和管控模式等。从资本运营的角度来看，资本运营风险受系统性风险（政策法律、经济环境、社会文化）以及非系统性风险（财务、经营、管理、信息）影响。对于内部控制风险，其影响因素有治理风险、经营风险、财务风险及员工的作业风险。除此之外，众多企业还会面临技术风险，该风险分为客观意义上因技术发展的不确定性因素的技术风险和主观意义上因价值判断导致的技术风险。

一、战略风险的定义

风险的基本含义是指损失的不确定性，战略风险就可以理解为企业战略损失的不确定性。这里战略损失既可以理解为经济利益损失，也可以理解为非经济利益损失。"战略风险"的概念最早是1971年哈佛大学管理学院教授安德鲁斯（Andrews）在其决策理论中提出的。20世纪90年代，战略风险研究达到顶峰，逐渐成为战略管理中比较有实用价值的研究分支。战略风险的具体含义包括以下几方面：

第一，战略风险是一种可能性，即战略必要条件存在不能随时满足合理需要的可能性。

第二，战略风险是特指企业战略性风险，这种风险直接威胁到战略目标能否实现，与投资风险、金融风险及企业经营风险的研究范围有所不同。

第三，战略风险的存在是必然的。一般来说，很难保证所有的必要条件都能随时满足一切合理需要，并且战略必要条件很多，而资源和能力普遍存在稀缺性。

第四，战略风险的后果是致命的和惨重的，是企业最不希望看到的，并努力去阻止的。

第五，战略风险是动态变化的，具有主观性和客观性。

二、战略风险的性质

战略风险的性质主要体现在隐蔽性、环境依赖性、可控性、客观性、动态性、致命性。

隐蔽性主要表现在这些风险因素往往潜伏在企业内部多年而不为管理者和企业所发现，外界和社会公众也不容易发现企业内部潜伏的这种风险因素。

环境依赖性具体表现为风险的发生都在特定的环境和时期，随着环境的改变、时间的推移，风险将会发生变化。

可控性对于企业内生战略性风险而言，企业可通过采取针对性的措施使其处于可控的状态，甚至将其逆转为企业发展的机会。

客观性主要体现在客观风险是不以人的意志为转移的，它以特定的规律发生。

动态性风险的状态并不是一成不变的，而是随着企业内外部环境交互作用而不断地发生变化。

致命性的风险对于企业的影响往往是致命的，是对其生存发展的一种根本性的威胁和阻碍。

战略风险是一个动态的概念，具有客观性、环境依赖性，还具有主观性、可管理性等特征。这里指的"主观"，其主体不单是人，还包括企业自身，风险的衡量是不能脱离主体而凭空存在的。对风险管理而言，可感受性具有十分重要的意义，因为在战略中主观判断因素要通过可感受性来发挥重要作用。战略风险的认识首先会受战略决策人自身因素的影响，包括其阅历、知识结构、风险倾向等；更重要的是，战略风险还受企业资源、能力的影响，规模大的企业抵御风险的能力一般要强于小企业。因此，可以推论在相对较大的企业客观存在的风险较小。当然，如果企业能拥有更强的技术创新能力，或者生产系统具有高效率的柔性，那么看待风险的态度肯定与其他企业也会有所不同。亚诺士·阿什（Janos Acs）认为，在金融领域战略风险被划分为系统风险和非系统风险。非系统风险可以通过分散投资来消除，而系统风险一般认为是不可以管理的。在企业的经营管理实践中，大卫·马西森（David Matheson）认为非系统风险的管理是战略管理的核心问题，企业应积极地进行战略风险的管理；杰伊·博什瓦（L. J. Bourgeois）认为管理者一方面可以通过提高自己的预测能力来规避外部环境的不可控风险；另一方面也可以通过积累相关的资源和能力来对抗宏观风险，也就是说，系统风险也是可管理的。

三、战略风险的类型

罗伯特·西蒙斯将战略风险的来源和构成分成四个部分：运营风险；资产损失风险；竞争风险；商誉风险。可以用图 9-1 表示。

罗伯特·西蒙斯认为，企业运营风险是在核心运作、制造或流程能力方面衰弱的结果。所有通过制造或服务活动创造价值的企业都会不同程度地暴露在运营风险之下。当产品或流程出现严重的失误时，运营风险就转变成战略风险。资产风险同其他风险一样，如果是对实施战略有重要影响的知识产权、财务价值或者是资产的自然条件发生退化，资产损失风险就变成一种战略风险。竞争风险来源于会使企业成功创造价值，和使自己产品或服务与众不同的能力受到损伤的竞争环境的变化。如开发高品质服务或产品方面竞争对手的活动；公共政策方面的变化；顾客需求的变化；供应商定价和议价能力上的变化等。商誉风险是上述三个方面综合产生的结果。

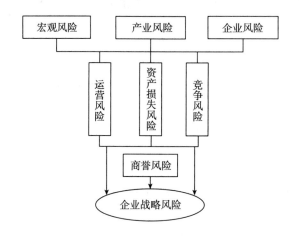

图 9 - 1　企业战略风险来源与构成

1. 运营风险

运营风险是指企业在其运营过程中，由于客观存在的外部环境的复杂性和变动性，以及自身对其环境的自我调节与适应能力的有限性，致使运营过程与运营结果和所期望的目标产生偏差。

公司的运营状况对于公司的战略实施有着重要影响，其中产品质量又是非常关键的，产品质量的严重问题有时会导致公司陷入困境。例如，2013 年九牧水龙头被曝光，以 18 倍的铅超标量位居国产卫浴品牌铅超标之首，消费者失去了对该品牌的信任，使公司的运营受到极大影响。

另外，企业在运营的过程中也要结合市场需求和外部环境进行创新，尤其是在互联网背景下，更要不断更新；因为，一旦技术落后或者不适应社会需求，就会被消费者抛弃，公司将面临重大的风险。

专栏 9 - 1　　　　　　　　金立之殇：运营失败风险

金立集团 2002 年 9 月成立于深圳，有深圳金立科技、东莞金铭、东莞金众、东莞金尚、北京金立、香港金立等 11 家全资下属企业，是一家集研发、生产、销售于一体的国家技术企业。公司注册资金两亿元人民币，年产能高达 8000 万台。金立集团建有生产基地金立工业园和印度工厂。

一、金立的黄金期

金立这个横跨功能机和智能机两个时代的手机品牌，一度辉煌无比。金立的崛起正是赶上了国产手机的红利期，2003 年是国产手机的市场份额首次超过外资品牌的一年。2013 年金立手机销量突破百万大关，销售额达到八亿元，2004 年销售手机 170 万台，销售额翻了一番。2005 年做了三年贴牌生意的金立，迎来重大发展转机，拿到了工信部颁发的手机制造牌照。当年 4 月，金立"GN638"百万像素手机被评为"消费者最喜爱的手机"。同年 5 月，刘德华先生担任金立手机形象大使，并出演由冯小刚操刀的金立广告，让金立的市场影响力进一步扩大。"天下谁人不识君"，金立成了真正的国民手机。当年年底，金立月销量突破 40 万台。2006 年，金立手机年销量突破 400万；2007 年达到 800 万台；2008 年的销售量仅次于三星和诺基亚。金立凭借"超长待机、高性价比"的实用性，获得了消费者的认同，从 2006 年到 2009 年，金立稳居线下市场第一。2010 年，金立手机销量突破 1000 万台，成为最大的国产功能手机品牌，风光无限。在那个功能机时代，金立在国内市场是当之无愧的行业巨头。但 2009 年苹果发布的 iPhone，揭开了智能机时代的序幕。自 2010 年开始，中国手机市场从功能机向智能机转型。随后，魅族、OPPO、小米、vivo 等年轻一辈也如雨后春笋般相继崛起，功能机进入衰退期，金立走到了衰败的临界点。

二、金立的运营风险

第一，市场定位不清晰。2011 年，金立才发布了首款智能机 ELIFE，先是定位世界最薄智能机，后又转向小清新，这样摇摆不定的定位，使得金立原本在大众已有的"商务范"定位被抛弃了。金立却不自知，反而在 2014 年盲目模仿小米，创立了 IUNI这个互联网品牌。再到 2015 年从"小清新"重回"商务"，金立急于证明自己的同时也让产品定位发生摇摆。最终，导致金立的品牌价值在六年多摇摆不定的定位下几近于零，而回归"商务范"后的 M2017 定位高端商务机，售价比苹果还贵，结果销售业绩惨淡。在高端商务机上没有办法与华为竞争，在年轻时尚机上，又没有办法与 OPPO和 vivo 比肩，新兴的年青一代群体中，更不是小米的对手，唯一能拿得出手作为宣传标语的加密芯片，又显得太过鸡肋，金立的目标客户群体很狭窄，几乎沦为小众手机。总体来说，金立缺乏有新意的亮点、缺乏差异化优势、缺乏年轻消费者感兴趣的功能，它的衰落是必然的。

第二，金立扩张和宣传的费用过高。2016～2017 年，金立投入超 60 亿元营销费用，另外近三年对外投资费用亦达 30 多亿元，两项费用相加近 100 亿元。伴随着金立销量和份额的增长，它的盈利并没有增长，反而还有亏损。金立原本走的是低价路线，市场主要在三、四线城市。在智能手机市场火爆之后开始向主打安全的高端机靠拢，开始投入竞争更加激烈的一、二线城市。金立虽然是面向高端人群，却在投广告的时候选择了大批以年轻受众为主的综艺节目，冠名赞助了《最强大脑》《笑傲江湖》，湖南卫视《2017 跨年演唱会》等。金立的产品定位是商务人群，但在明星代言营销上，却盲目地进行广告投放，金立的代言人换了又换。近几年部分代言名单就囊括了凤凰传奇、濮存昕、郎咸平、尹恩惠、阮经天、棋手柯洁、薛之谦、刘涛、余文乐、冯小刚夫妇等一众名人。最终这混乱的广告投放和目标群体，并没有像同样疯狂用钱砸广告的 OPPO、vivio 那样直接带来利润的提升。同时相较于其他手机品牌，不断扩展自身业务范围来说，金立还在金融、地产领域进行大量的投资，重资产模式拖垮了现金流，加速了金立的危机爆发，使得金立的资金链出现重大问题，负债高达百亿元。

三、失败的结局

2017年11月，金立资金危机曝光，资不抵债，没有积累足够抵御大风险的充足资本。2017年年底，传出金立董事长刘立荣赌博输掉超过100亿元的传闻。由于赌博传闻导致供应链企业起诉，2018年1月董事长刘立荣所持41.4%股权被冻结，由于资金链断裂，不但在上海和深圳同时陷入多起诉讼被曝光，金立多家子公司也陷入动产抵押、债权转让的纠纷。为了偿还数百亿的债务，3月，金立裁员万人；6月，以不到2.5亿元报价出售印度分公司74%的股权；9月底再爆新一轮的裁员；10月金立副总裁俞雷离职，金立处在生死边缘。

金立曾经的辉煌已经烟消云散，伴随着金立的远去，那些曾经属于国产手机的草莽时代，也终要画上一个句号。

（资料来源：笔者根据多方资料整理而成。）

2. 资产损失风险

资产损失风险是战略风险的第二类构成，具体构成如图9-2所示。资产是指公司拥有的能产生未来现金流的来源。由于获取未来现金的可能性减小，从而导致资产现值的重大损失，在这种情况下，资产就会受到损伤。如果是对实施战略有重要影响的财务价值、知识产权或者资产的自然条件发生退化，资产损失就会演变成战略风险。

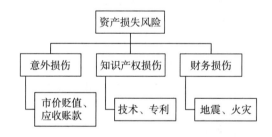

图9-2　资产损失风险的构成

第一，财务上的损伤。财务上的损伤是由于重要资产负债表上的用于再出售和作为从属抵押品的资产发生市场价值的减值所造成的。当一项资产给公司带来的未来现金流累积不足以支持其在资产负债表上的价值时，这项资产就受到了损伤。例如，如果人民币对美元不断贬值，那么拥有大量美元资产的中国公司就会发生资产损伤。

第二，知识产权上的损伤。对于一些公司而言，无形资产（如知识产权、专有的客户信息等）比公司资产负债表上的有形资产更有价值。很多IT产业的公司就是典型的例子。像微软、华为等，这些公司巨大的市场价值不是通过资产负债表来反映，而是由它们的无形知识资源所带来的未来现金流来体现。同样的，像三九制药和东阿阿胶，这些制药商的价值也主要取决于研究能力、专利和商业秘密。

专栏 9 - 2　　　　　　　　　　**余额宝的知识产权风险**

余额宝是由第三方支付平台支付宝为个人用户打造的一项余额增值服务。余额宝被称作"一种躺着也能赚钱的工具"，甚至有言论称，十万资金存入余额宝年收益近4000元，而十万元资金一年活期存款的收益不过350元。面对这种高收益的诱惑，再加上余额宝声称，用户不仅能够得到收益，还能随时消费支付和转出，像使用支付宝余额一样方便。很多人开始相信余额宝是一种安全的赚钱工具。但是，余额宝实际上就是货币基金，余额宝的高收益只是理想收益。余额宝的收益是通过网上购买货币基金所得，这注定余额宝既脱离不了普通基金的风险，也离不开网络带来的风险。那么，作为互联网金融大潮的新生儿余额宝，又会面临哪些无法避免的风险呢？

一、技术风险

2014年2月12日早上，承诺天天有收益的余额宝却显示"暂无收益"四个字，这让不少用户担忧自己的资金安全。支付宝方面回应称，由于系统升级，收益稍后发放。直到上午十点左右才有部分用户的收益陆续到账。原本应凌晨三点到账的收益迟到了七小时。

这次技术故障使得余额宝暗藏的技术风险浮出了水面，拥有超过2500亿元资金和6000多万用户的余额宝每天要处理天文级的数据信息，恐怕很难做到完全无差错。黑客入侵、系统宕机和各种不可预见的天灾人祸都可能将投资者的资金置于危险境地。

二、规模风险

过去货币基金最担心的规模风险是规模太小以至于缺乏足够的流动性，而余额宝面临的规模风险则是规模太大，以至于大到吃不饱。目前余额宝规模已超过2500亿元，年内极有可能超过5000亿元，有可能面临没有足够的货币市场票据产品可供购买的问题，届时余额宝的收益就有可能下降。由于余额宝规模太大、涉及面太广，以至于轻微的技术故障和收益风险都可能会引发投资界的大地震，甚至引发群体性事件，从而招致监管层干预，这种大到坏不起的规模风险会随着余额宝规模的越来越大而越发明显。

三、流动性风险

余额宝合同里写得很清楚，当发生不可抗力、交易所非正常停市、净收益为负、连续两个或两个以上开放日发生巨额赎回以及出现技术故障等七种情形时，基金公司有权暂停赎回业务或延迟赎回到账时间。在过去半年多时间里，不少用户在赎回高峰时就曾遭遇过余额宝赎回速度过慢的情况，与余额宝所宣传的"随时提取"承诺并不完全符合。但余额宝为了应对节假日等赎回高峰而预留大量现金，又会降低余额宝收益率和吸引力，实为两难选择。

四、收益风险

早在1999年，支付宝的老师Paypal就推出过美版余额宝，因2000年曾创下超过5%的年化收益率而风靡全美。但随着美联储降息刺激经济，尤其2008年金融危机后以零利率政策刺激市场流动性，美版余额宝收益率暴跌，用户纷纷离去，最终在2011年清盘倒闭。

前车之鉴不可小觑。即使中国将来出现美国次贷危机的可能性不大，余额宝也依然可能面临收益大幅下滑并流失用户的风险，毕竟眼下的高收益是由于政策收紧所导致的"钱荒"引发的，今后也很容易因货币政策转向而收益下降。更何况如今余额宝的爆红还要感谢股市长期走熊，假如今后牛市重现，炒股收益喜人，余额宝也将面临巨额赎回压力。这又会造成上面所说的短期亏损现象，从而形成逆激励循环。

五、法律风险

按照央行对第三方支付平台的管理规定，支付宝余额可以购买协议存款，能否购买基金并没有明确的规定。虽说支付宝在 2012 年 5 月获得了基金支付牌照，但没有获得基金销售牌照。余额宝借助天弘基金实现基金销售功能的做法，是在打擦边球。从监管层面上来说，余额宝并不合法。一旦监管部门发难，余额宝有可能会被叫停。

还有不容忽视的一点就是，余额宝并没有提醒用户货币基金的投资风险，这同样是余额宝发展过程中需要迈过的一道坎。一旦余额宝用户因收益发生争执，法律纠纷很难避免，由此引发的影响很难估计。

（资料来源：笔者根据多方资料整理而成。）

第三，意外损伤。资产的损伤也可能是由意外因素造成的，比如地震、火灾、水灾、恐怖活动等也会使公司的资产受到物理意义上的损伤。如果企业是建立在大规模的数据中心的基础上，管理者必须保证，在不造成重大运营能力损失的条件下，流程可以转换到备用的设备上。同时，公司应当事先制定出应急预案，并根据意外情况发生状况，能够及时启动实施。

3. 竞争风险

由于竞争环境的变化，企业创造价值的能力可能会受到损害，若企业不能差异化其提供的产品和服务，则企业面临着竞争风险。我们可以应用哈佛商学院教授迈克尔·波特（Michael Porter）提出的"五力模型"分析竞争风险的来源。企业存在很多损伤企业创造价值能力的竞争风险：竞争对手开发出新的产品或服务；顾客品位和需求的变化；供应商定价和供应政策的调整等。

4. 商誉风险

当上述来源的风险威胁到企业的生存时，企业将会面临商誉风险。商誉风险本身不是风险的来源，它是上述风险中任何一个超出一定程度而引发的后果。对于一个处于竞争市场的企业，商誉对其持续创造价值的能力而言是至关重要的。当顾客、供应商、雇员、商业伙伴和监管者等对一个企业失去信心时，整个企业的价值就会贬损，企业就面临着商誉风险。

商誉是企业一项不可辨认资产，它能够为企业在未来较长时间内获得超额收益。但是当商誉受到冲击时，会使企业处于危机状态，因此，商誉风险对一个企业的存亡有决定作用。商誉无形，商誉风险应该怎样识别就成为企业关注的问题。企业员工承受着各种压力，包括企业成长的压力、管理文化的压力和信息管理的压力。如果这些压力超出一定的限度，他们就可能犯无意的和故意的错误，给企业带来资产损失的风险，甚至因为引发顾客的信任危机而导致商誉风险。商誉风险的类型和来源如表 9-1 所示。

表9-1　商誉风险的类型和来源

	类型	来源	案例
商誉风险	外部潜在风险	政府政策的变动	联想集团收购美国IBM，美国政府立即宣布政府所属部门将停止采购IBM的小型个人电脑
		所在社区不满	纺织厂、核电厂和造纸厂
		不负责任的媒体报道	《健康导报》等报纸无事实依据地刊登《由格兰仕炉腔变脸，看企业诚信危机》一文
		竞争者的攻击	电视机行业价格战
	内部潜在风险	企业管理混乱	波音公司的前任首席战略官贺师统的作风问题
		关键管理人员辞职	美国投资银行董事长兼首席执行官裴熙亮被迫离任
		产品质量受到质疑	北京同仁堂"龙胆泻肝丸"的质量问题
		市场份额下降	毕雷矿泉水的水污染恐慌

专栏9-3　　　　　星级酒店的商誉风险

2018年11月14日晚上，一位微博网友发布视频，曝光了十余家五星级连锁酒店服务员用客人浴巾擦拭杯具、马桶的视频，在网上引起了广泛关注。视频长达11分钟，被曝光的酒店中不乏颇具名气的五星级连锁酒店，涉及北京、上海、南京、福州、南昌等多个城市。视频为隐蔽角度拍摄，显示多家酒店服务员用客人浴巾擦拭杯具、马桶、地板、窗台等，有服务员还将浴巾与马桶刷堆放在一起，甚至用洗发液清洁杯具。根据《旅业客房卫生间清洁操作规程》，客房杯具的消洗应由专人按《旅业客房杯具消洗操作规程》在专用的杯具洗消间进行。发布视频的网友在接受媒体采访时说，他一共暗访了30多家五星级酒店，视频曝光的仅仅是拍摄效果相对清晰、比较有代表性的14家，"事实上酒店卫生乱象的波及面将近100%"。

一、部分涉事酒店做出回应并致歉

15日，北京柏悦酒店回应：视频内容确实发生于酒店内，深表歉意并称这是个体事件；福州香格里拉酒店也承认存在乱象并致歉；上海外滩华尔道夫酒店对媒体表示，15日一早已启动内部调查，有结果会第一时间公布。

二、三地监管部门回应

目前，北京、上海、福州相关监督管理部门对此事做出回应：

上海、福州旅游管理部门：正在核实调查。在被曝光的酒店中，有七家位于上海。15日，上海市旅游局回应：正在核实调查。对证据确凿的涉事酒店，将积极协调各相关执法部门予以严处。福州市旅游局人员表示，曾接到过对该酒店的卫生投诉，正调查是否有其他行为。

北京：询问警示约谈四家涉事酒店，卫生部门到现场采样。目前，北京市旅游发展委员会已对北京的四家涉事酒店进行询问警示约谈，要求涉事酒店迅速核实情况，全面自查，如情况属实，要立即限期整改，落实自身主体管理责任。

此外，北京市卫生和计划生育监督所与涉及酒店所在辖区卫生监督机构进行联系，并已于11月15日由市卫生监督所、东城、朝阳、海淀区卫生监督所到现场进行监督检查与采样检测。

伴随着视频在网上曝光，一些颇具名气的五星级酒店华丽的面具被撕开，露出了肮脏不堪的底色。但说实话，许多消费者愤怒之余，却并不感到震惊。从快捷酒店"黑床单"到五星级酒店"毛巾擦口杯"，类似的事情一而再、再而三地发生。再多一次曝光，可以说是"情理之外，意料之中"。只是这样的丑闻不断发生之际，难道消费者只有"难得糊涂"和"眼不见心不烦"一条路吗？涉事酒店、整个行业、监管部门到底是难作为还是不作为？

一问涉事酒店：卫生屡成"最弱一环"，是管不了还是不想管？

从快捷酒店到五星级酒店，从北上广深到南京福州南昌，酒店因卫生问题屡屡被消费者和媒体曝光。我们不禁要问，酒店卫生为何屡屡上榜？从道理而言，清洁卫生和安全舒适是酒店行业的核心竞争力。无论哪个星级和市场定位的酒店，都当把客房的"口杯"当做酒店的"口碑"来呵护。然而事与愿违，从星级酒店到快捷酒店，脏毛巾擦口杯似乎成了行业惯例，让人颇感无奈。此前类似事件发生时，酒店往往把责任推卸到服务员的身上。但作为服务类行业的酒店，难道真的拿不出切实有效的办法来管束员工吗？即便是个别员工的恶劣行为，酒店难道就没有责任吗？是真的没有办法还是不愿切实投入并拿出行之有效的办法，涉事酒店需要给一个明确的答复。

二问酒店行业：卫生频上"黑榜"，是个别现象还是行业问题？

近些年，酒店因卫生问题被媒体和消费者频频曝光，已经不能用"个别现象"来形容了。在媒体曝光的现象当中，甚至出现了许多不同品牌、不同层级的酒店共同的问题——肮脏的口杯、污秽的毛巾、混乱的清洁程序。只要消费者不在现场，似乎就一切太平。一旦用摄像头偷拍记录，现实就会让人恶心反胃。事实上，目前一些消费者在潜意识中，已经认为"天下乌鸦一般黑"。有旅游达人甚至介绍经验：到酒店要自带床单，口杯和洁具要自己清洗一下。酒店卫生管理频上黑榜，究竟是个别现象还是全行业问题？这个问题的答案，不仅关系到涉事酒店的品牌形象，更关系到酒店行业的形象。

三问监管部门：行业标准为何难落实到位？

酒店的卫生问题，并非没有管理的依据和办法。1996年，国家就曾经颁布了强制性GB9663-1996《旅店业卫生标准》。后来针对酒店的食品卫生管理，又出台了《关于酒店食品卫生的管理规定》。甚至专门针对客房口杯等清洁问题，国家颁布了《旅业客房杯具洗消操作规程》。但严谨的规定难掩现实的尴尬，全行业几乎没有严格落实。对频频曝出的酒店卫生问题而言，或许我们缺乏的不是标准，而是行动。如何让行业管理标准落到实处，似乎一直是一个难点和痛点。酒店信誓旦旦地要加强管理，但只要监管人员不在，服务员就会让卫生程序变成一纸空文。同理，只要媒体没曝光，监督没到位，酒店的所谓严格管理就会变成一根松紧带。究竟拿什么切实有效的办法让行业标准落到实处，需要大招实招。否则，一次曝光终究是治标不治本。管理粗放、监督失责、惩处不力的问题不解决，下一次肮脏的口杯暴露在公众面前，也只会是一个时间问题。

第二节 战略风险的来源

战略风险的形成因素多种多样，大致分为企业战略风险以及重组战略实施风险两大类。

企业战略风险主要来源于四个方面：企业的战略环境、企业的战略资源、企业的竞争能力以及战略定位（见图9－3）。其中，企业的战略环境主要包括政治经济环境、技术环境、行业市场环境等；企业的战略资源主要包括管理资源、技术资源、市场资源、资产资源、人力资源等；企业的竞争能力主要包括管理控制能力、技术创新能力，市场营销能力、战略管理能力等；战略定位主要包括战略研究形成的企业的使命、发展方向、战略目标、战略方针和战略指导思想。

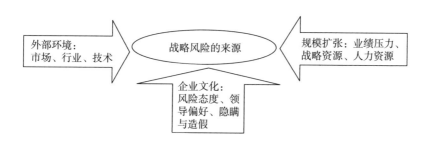

图9－3 战略风险的来源

重组战略实施风险主要来源于战略决策以及执行阶段，决策阶段引起风险的因素有体制因素和决策因素，而执行阶段则容易出现运营风险（服务的输出、内部的整合）以及财务风险（融资、资产贬值）。

通过对战略风险的形成因素的分析，结合中国企业的实际情况，目前认为，战略风险的来源主要包括三个方面：超过预期的环境变化；基于业绩压力的规模过度扩张；富于冒险精神的企业文化。

一、超过预期的环境变化

外部环境的不确定性风险是一种客观存在，是不以企业管理者的意志为转移的。不论企业管理者的意愿怎样，主观能动性如何，结果既不可控，也无法达到精确的预测。就像在同样的条件下，多次进行同一试验或调查同一现象，每次所得结果并不完全一样，抛硬币只有两种结果，但无论怎么精确，我们都无法完全控制落地朝向。另外，一些暴乱或者恐怖袭击事件会对当地甚至整个国家经济和政治产生重大影响；而且，无论是企业还是政府，都很难通过事先分析预测进行风险规避。可以看出，客观事件的不确定风险对企业影响面非常广而且深，这是所有企业在进行战略规划过程中需要突破的难点和重点，客观和适应是我们必须严格遵守的战略规划原则。

（1）市场的不确定性风险。市场的不确定性对企业战略分析而言占有很高的权重。

按照休·考尼特的观点，市场的不确定性分为四个层次：

第一层次，市场前景清晰明确，管理人员完全可以获取有关信息，将不确定性变为确定性，对前景进行精确预测，提出应对战略；

第二层次，市场有几种可能的前景，可能出现的结果是清晰和离散的，尽管分析有助于确定结果出现的概率，但人们很难预测会出现哪个结果，从而影响战略决策的实施；

第三层次，有一定变化范围的前景，人们只能确定未来情境大致的变化范围，这个变化范围是由一些有限的变量确定的，实际结果可能存在于此范围中的某一点，不存在离散的情境；

第四层次，市场前景不明，不确定环境的各个部分相互作用，使得环境实际上无法预测，这种情形很少出现，但确实也存在。

（2）行业发展的不确定性风险。行业之间以及行业内部的不确定性风险需要企业管理者高度关注，在亚当·斯密提出的"看不见的手"的作用下，资本的趋利性使得某个行业的高利润只是某个时间区间的现象，随着资本不断注入，原有的供求关系会发生变化，行业利润会变薄，一系列变化将接踵而至，威胁到行业内的所有企业。另外，行业周期的剧烈波动也不能忽视。行业最大的风险可能是以上因素与产能过剩、产品大众化等叠加在一起，使得行业中的所有参与者都逐渐丧失各自的利润空间，整个行业随之进入零利润状态。行业发展的不确定性风险作为一种社会经济现象，是社会经济单元的一分子，个别企业往往难以有效化解其负面影响，只能通过提升影响力、判断力和整合力来寻求发展的道路。

（3）技术发展的不确定性风险。技术发展的不确定性风险也不容忽视，技术的更新换代会对企业的业绩产生重大影响。产品或服务技术升级，或者一种制造流程变得过时，都属于此类风险。产品或技术升级时，可能会面临市场或需求的未知性，因此，投入的资金可能就收不回，更没有利润可言，给公司造成巨大的损失。有些公司也会采取保守的方法进行技术创新，来规避技术发展带来的风险。比如一些企业不做技术创新的领头羊，摩托罗拉公司在 RISC 芯片开发方面故意延缓其开发行动，等其他公司 RISC 芯片产品推向市场，待技术风险大幅下降后，才推出自己开发 RISC 芯片，这样就规避了技术发展带来的不确定性风险。当然，一种制造流程变得过时就必然会被市场淘汰，新流程更经济、效率或者环保就会占有市场，过时的制造流程就面临着被淘汰的风险。因此，公司既要开创新技术，取代过时的制造流程，又要学会规避技术发展的不确定性风险。

二、基于业绩压力的规模过度扩张

持续稳健的发展是企业追求的基本目标，企业制定战略本身的目的也是使企业获得更好的发展。但是，企业在发展的过程中，可能会出现急于提升业绩，导致战略制定或实施不当，从而面临巨大的战略风险问题。企业由于规模扩张导致战略风险的原因有以下几个方面：

（1）严峻的业绩压力。制定过高的发展规划，对管理者和员工有过高的业绩要求，一些员工为完成产量，不惜牺牲产品质量；为完成订单量，把产品或服务销售给信用差的客户；为掩盖亏空而虚报利润。

（2）战略资源支撑不足。为运营而设计的基础设施显得不足和公司的能力显得不足，当人和系统超出了其正常的能力，资源就显得非常有限，为运营而设计的基础设施也会很快显得不足。同时，公司的能力也会显得不够，这其中包括公司的管理能力、运营能力、筹资能力、专业化能力等。

（3）人力资源的匹配欠缺。企业面临人员短缺或者人才技能不足等人力资源问题需要大量的新员工，企业就会突击招聘员工。这时，对于员工的素质要求、工作能力可能会被搁置起来；资质标准、学历要求也可能降低；并且，对于新进的员工也缺乏培训的机会。

专栏 9 - 4　　　　盲目多元化致恒顺醋业投资失败

江苏恒顺醋业有限公司始创于 1840 年，是中国规模最大、经济效益最好的食醋生产企业，于 2001 年成为中国醋行业首家上市公司——江苏恒顺醋业股份有限公司。恒顺醋业公司以香醋为主体，配合生产果醋、酱油、料酒等，逐步发展形成了以调味品为核心的农业产业化重点龙头企业。随着国内外对于企业多元化的发展研究的深入，上市后的恒顺醋业手握大把现金开始迷失方向，房地产、LED、金融……恒顺醋业不断试错、游走在各个热点领域。

上市后的一年里，恒顺醋业的投资领域便进入房地产、汽车贸易、LED 和消防器材领域，完成了从食品企业到横跨房地产、LED、医药等多个行业的多元化布局。2002年其旗下控股、参股的公司数量便已达到了 19 家。恒顺醋业发展到 2011 年旗下的控股、参股公司多达 47 家。借助这一庞大的产业版图，恒顺醋业总资产由 2000 年的 1.9 亿元迅速膨胀至 2011 年的 33.2 亿元。不过，令人遗憾的是，资产暴增，但公司的净利润却并未因此同步增长，呈现很大波动，2012 年度甚至出现了 3700 万元的亏损。恒顺醋业的发展主要依靠酱醋调味品，房地产和其他产业的收入都很少，通过图 9 - 4 可以清晰地看出恒顺醋业的营业收入结构。

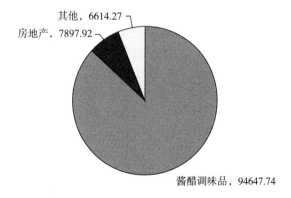

图 9 - 4　2013 年恒顺醋业的营业收入（万元）

回顾恒顺醋业上市以来的多元化战略，从房地产到 LED 再到金融，无一不是紧追时下热点。但遗憾的是，至少以今日来看，这些投资无一称得上成功。上市以来，恒顺醋业的主营业务酱醋调味品一直保持每年 10% 左右的增长，但副业发展一直不尽如人意，业绩多有起伏，甚至深陷亏损泥潭。这就意味着，在恒顺醋业的多元化大局下，实际上是在用持续盈利的主业贴补副业。恒顺醋业的多元化发展道路，真可谓抱着西瓜找芝麻。

　　在恒顺醋业所追逐的众多行业中，房地产是其最为看重的一个，不过也正是这一投资让其备受煎熬。涉足地产十多年，其业绩随着房地产市场跌宕起伏。恒顺醋业的地产之旅起源于 2003 年，进入当年恒顺醋业便开始大幅圈地。恒顺醋业旗下子公司江苏恒顺置业有限公司（下称恒顺置业）及其下属子公司共获得六块共 1500 亩土地的开发权。疯狂拿地背后便是大笔举债，而且恒顺醋业缺乏房地产开发思维，再加上受到房地产宏观调控的影响，恒顺醋业的房地产业务犹如过山车一般，大起大落。受房地产业务所累，2008 年恒顺醋业亏损 4922.88 万元。不断攀升的负债率，沉重的财务负担，终于让管理层忍无可忍，2012 年 12 月 3 日正式宣告剥离房地产业务。

　　恒顺醋业在食醋行业做到"醋老大"的位置后，开始进军多种产业，结果在其他行业尤其是最重视的房地产行业惨遭损失。也许，恒顺还没有做好准备，仅凭一腔的热情涉足其他行业是远远不够的。

　　（资料来源：笔者根据多方资料整理而成。）

三、富于冒险精神的企业文化

　　企业文化，可以概括为一个企业在运行过程中形成的，并为企业管理层和员工所接受和认同的理想、价值观和行为规范的总和。管理层对于财务报告的态度、对激进或保守的营销政策的理解与选择、对岗位职责分离的重视等，都会影响企业的战略风险管理活动。具体来说，可以从以下几个方面分析企业文化对公司战略风险形成的影响：

　　（1）企业管理者对风险的态度。企业家都有一定的冒险精神，但是，并非偏爱冒险的企业管理者都是企业家。企业可能向有风险的市场进行投资，可能会与合同履行能力欠缺的组织进行交易，可能会做出不切实际的承诺等。

　　（2）不喜欢听坏消息的领导偏好。在一些企业中，管理者不喜欢听坏消息。或者，喜欢说好消息或"好话"的员工经常得到鼓励，喜欢说坏消息或"坏话"的经常受到批评。企业的信息沟通产生障碍。员工由于害怕说出实际存在的"坏消息"，早期的预警信号就会消失，使管理者失去了察觉战略风险苗头的机会。等到问题严重时，局面有时变得无法收拾，战略风险就出现了。

　　（3）鼓励短期效益的内部竞争氛围。在某些企业中，高层给管理者通常有意或无意地在下属中制造竞争气氛，让他们为奖金或提拔而竞争。员工可能为了提高短期业绩，对企业资产、公司信息与商誉进行赌博式的经营活动，从而增加了公司的战略风险。有时，一些公司对短期业绩突出的员工进行重用，甚至对这些员工到了"顶礼膜拜"的程度，认为他们无坚不摧；甚至为了鼓励员工放手创造业绩而放弃了对其必要的监控。

　　（4）隐瞒与造假。企业中的员工或者管理者欺骗或者隐瞒公司的实际运营情况，故意遮掩事实。隐瞒与造假对企业的商誉来讲，有时甚至是致命的打击，会造成极大的战略风险。员工特别是关键岗位员工的刻意隐瞒，到了问题暴露时，往往企业已经失去了解决问题的机会。这样的战略风险已经演化为企业的战略危机，甚至导致公司的清盘。

不仅是企业的员工可能实施隐瞒与造假，在某些时候，整个公司也有可能这样做。显然，这是公司整体运作的结果。但是，当公司整体造假被发现时，对一个公司的打击是致命的。尤其是在一些药品行业，当出现产品质量问题时，对公司信誉的影响是很大的，对公司的损失也是不可弥补的。

专栏 9-5　　　　莎普爱思——白内障药品的虚假宣传

浙江莎普爱思药业股份有限公司自 1969 年建厂以来，经历了从"国营浙江平湖制药厂"转制成"浙江平湖制药厂（股份合作）"，到"浙江平湖莎普爱思制药有限公司"，再到"浙江莎普爱思制药有限公司"，最终于 2008 年 12 月 15 日更名为"浙江莎普爱思药业股份有限公司"，如今注册资金为 4900 万元人民币。公司作为一家专业从事药品研发、生产、经营的综合性制药企业，被列为"国家高新技术企业"，先后获得了"浙江省名牌产品""浙江省最具有成长型中型企业 100 佳""嘉兴市企业管理先进企业""2006 年度嘉兴市城市节水工作先进单位""嘉兴市现场管理先进企业""嘉兴市专利示范企业""标准化良好行为企业"等多项荣誉称号。2009 年 3 月，公司"莎普爱思"商标被评为"中国驰名商标"。

然而在 2012 年 11 月，长沙市药品流通行业协会指出莎普爱思等七个商品涉嫌违反《药品广告审查办法》的相关规定，含有不科学地表示药品功效的断言和保证等行为，严重欺骗、误导了消费者。2014 年浙江莎普爱思药业通过证监会上市审核时，《经济参考报》报道称该公司多次因产品质量问题、违规发布广告成为食品药品监督管理等有关部门黑榜的常客，而招股书却只字未提。

2017 年 12 月 2 日，莎普爱思被指并不具备治愈白内障的功用，涉嫌虚假宣传。

2017 年 12 月，一篇名为《一年卖出 7.5 亿的洗脑"神药"，请放过中国老人》的文章质疑莎普爱思滴眼液在高频次播放的电视广告中虚假宣传、误导消费者，使得消费者相信了"眼药水就能够治好白内障"，许多消费者出现并发症、延误治疗等情况。

2017 年 12 月 3 日，莎普爱思发布公告，称莎普爱思滴眼液对延缓老年性白内障的发展及改善或维持视力有一定的作用，疗效确切；是一种安全的、有效的抗白内障药物，经核查未发生使用莎普爱思滴眼液出现并发症、延误手术治疗等情形。

2017 年 12 月 6 日，国家食品药品监督管理总局晚间发布通知称，鉴于医务界部分医生对浙江莎普爱思药业股份有限公司生产的苄达赖氨酸滴眼液（商品名：莎普爱思）疗效提出质疑，要求浙江省食品药品监督管理局按照《中华人民共和国药品管理法》及制药质量和疗效一致性评价的有关规定，督促企业尽快启动临床有效性试验，并于三年内将评价结果报国家食品药品监督管理总局药品审评中心。为防止误导消费者，该药品批准广告应严格按照说明书适应症中规定的文字表述，不得有超出说明书适应症的文字内容。

2017年12月11日至17日，莎普爱思药效引发眼科医生质疑，舆论强烈声讨此类药物"神广告"现象，莎普爱思夸大药效话题持续引发媒体聚焦。在医保控费压力下，多地出台文件严控"辅助用药"，药品名单引争议，舆论期待重点药品监控形成制度化，动态调整医保药品目录。

莎普爱思的虚假宣传之所以大行其道，管理层的不作为难辞其咎。明显夸大疗效的广告做得天翻地覆，管理部门从不质疑，也没有介入管理，而是听之任之，最后导致了不可控的战略风险。

（资料来源：笔者根据多方资料整理而成。）

隐瞒与造假并不是先天形成的，它与企业的组织文化、监控机制等因素有关。具体而言，它是以下四个方面的条件综合形成的结果，如图9-5所示。

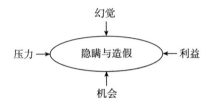

图9-5 一个危险的四元组合

第一，压力。在任何组织特别是高效企业中，战略和业绩的压力都是非常明显的。对于不能够实现目标，员工心里是相当恐惧的。因为这往往意味着不能够加薪、不能够提拔，甚至遭到减薪或降职。如果长期不能够完成业绩目标，还可能会遭到解聘。这时，员工有可能存在一种扭曲的心理，即"我千万不能失败""我不惜一切代价也要避免失败"。

第二，利益。与业绩压力相对应的是，对于完成业绩目标的员工通常会获得收益，如名利、地位等。在有的企业中，对于超额完成绩效目标的员工还给予重奖。虽然，上述做法符合人力资源管理的一般规律，但是，不可否认这样有时也会诱发员工追求短期利益的行为，因为此时利益变成了诱惑。

第三，机会。实施欺骗与造假的必要条件是"机会"。就算某些员工处于很大压力下想要实现绩效目标而扭曲规则或偷用资产，他们也只有在机会出现的时候，才能实施不正当的行为；换句话说，他们得有机会接触有价值资产或有能力篡改会计和绩效评估系统。我们必须认识到：员工的机会是很多的，而管理者的注意力是有限的。

第四，幻觉。许多研究表明：当员工实施欺骗与造假时，他们只有在一个或一个以上的借口证明自己有道理的时候才会这样做。比如，员工可能误认为这样做不仅对自己有利，而且对公司也有利；员工可能误认为这样做被发现的可能性很小；员工可能误认为这样做即使被发现了，也可能受到宽恕。这些所谓的"道理"实际上是幻觉而已。

总之，要解决隐瞒与造假所导致的战略风险，必须在上述四个条件上做文章。

第三节 战略风险的控制

战略风险对每个企业来说都是不可避免的，企业战略风险分析及应对策略上可以通过培育风险管理文化、建立风险管理系统、设置战略风险边界、强化内部控制等措施来尽可能地降低风险，保持长期稳定的发展。

一、培育风险管理文化

所谓战略风险的管理文化是指企业从战略制定到战略实施中对待风险的信念与态度。战略风险的管理文化对一个企业的长期发展来说至关重要，企业应根据自身发展状况制定相应的风险理念。杜邦公司将其描述为"本公司力图在一个与业务战略吻合的水平上管理风险，不从事那些违背公司财务管理风险政策的活动"。对此，中国的上海盛大网络发展公司也有自己的理解。培育风险管理文化，可以从以下四个方面着手：

专栏 9-6　　　　**盛大总裁钱东海的风险管理理念**

中国的网络游戏始于 20 世纪 90 年代初。2001 年上海盛大代理的《传奇》正式上线，2002 年 7 月，《传奇》中国同时在线人数突破 50 万人，成为世界上最大规模的网络游戏。2012 年中国游戏行业生产经营总收入约为 1089.47 亿元人民币。但也有数据显示，2012 年中国网络游戏国内用户付费市场增长率下滑至 20% 以下，行业增长乏力。事实上，盛大游戏的国内市场也不尽如人意。为了发展新的增长点，盛大把目光瞄准了移动游戏。

2013 年移动互联整个行业面临新的转折。在这个转折期，机会和风险是并存的。网络游戏呈现出两个明显的发展趋势，一方面游戏品质越来越高，内容越来越丰富，呈现"大作化"趋势；另一方面产品形态越来越轻量化、社交化、随身化，移动游戏获得新一轮的快速发展。

为了顺应目前网络游戏轻量化的趋势，盛大游戏开始进行移动游戏领域的战略布局，是老牌网游企业中布局移动游戏最早的。手游的收入结构和产业整个商业化的结构跟网络游戏非常不同，同时产品生命期也非常短，所以要准备大量的游戏，开发大量的游戏支撑收入和产品线，这时候一个公司要全部做下来资金量和风险非常大。

通过对手游市场需求和产业结构的分析，仅靠盛大一家公司发展壮大有很大风险，那么，应该怎样来降低风险，获取更大的收益，成为手游行业的领军企业、成为总裁钱东海思考的主要问题。因此，盛大决定与日本最大的游戏公司 Square Enix（SE）结成一个联盟概念，既能解决短期内推出大量游戏的问题，又能降低风险。由盛大游戏韩国子公司 Actoz Soft 在 2012 年年末推出的《百万亚瑟王》，迅速席卷市场，在日本、韩国等地区均已成为最热门的手机游戏。《百万亚瑟王》的成功，标志着盛大游戏手游战略首战告捷，已进入全球手游第一梯队。

盛大游戏作为传统客户端网游厂商推行"手游战略"后取得了巨大成绩，在谈到盛大游戏做手游感受时，钱东海表示："在手机游戏的领域，各个地方都有用户，市场也有用户，微信也有用户，运营商也有用户，开发商也有直接的用户，我们从传统手机行业，进入这个游戏，手机游戏这个领域的时候，我们压力是非常大的。"

（资料来源：笔者根据网上资料整理而成。）

第一，培育风险管理文化，就必须将风险管理的意识和手段融入日常的管理流程，并通过讨论与培训，使风险管理的实施得到全体员工的支持，通过经验的共享，不断加强风险管理的认同性。促进企业风险管理水平、员工风险管理素质的提升，保障企业战略风险管理目标的实现。

第二，培育风险管理文化应融入企业文化建设全过程。大力培育和塑造良好的风险管理文化，树立正确的风险管理意识，将风险管理意识转化为员工的共同认识和自觉行动，促进企业建立系统、规范、高效的风险管理机制。企业应该在内部各个层面营造风险管理文化氛围。董事会应高度重视风险管理文化的培育，总经理负责培育风险管理文化的日常工作。董事和高管人员应在培育风险管理文化中起表率带头作用。重要管理及业务流程和风险控制点的管理人员和业务操作人员应成为培育风险管理文化的骨干，以点代面，使风险意识具有群众基础。

第三，法制和道德教育对树立风险意识同样重要。企业应大力加强员工法律素质教育，制定员工诚信准则，形成人人讲道德诚信、合法经营的风险管理文化。对于不遵守国家法律法规和企业内部规章制度、弄虚作假、徇私舞弊等行为，企业要严肃查处。同时，风险管理文化建设应与薪酬政策和人事制度相结合，这样有利于增强各级管理人员特别是高管人员的风险意识，防止盲目扩张、片面追求短期业绩、忽视企业风险等行为。

第四，需要加强风险管理培训和相关知识的共享。企业应建立重要管理业务流程的风险控制点的管理人员和操作人员岗前培训制度。采取多种途径和形式，加强对风险管理理念、知识、流程、管控核心内容的培训，培养风险管理人才，培育风险管理文化。

二、建立风险管理系统

风险管理系统的建立可以从两个方面进行：一是设立风险管理组织；二是完善风险管理程序。

第一，设立风险管理组织。企业战略风险的控制必须依赖于一套风险管理组织体系。对于大型企业而言，战略风险管理组织体系相当复杂，它是由董事会、风险管理委员会、总经理、风险职能部门、审计委员会、其他职能部门及各业务单位组成并相互衔接配合的组织系统。战略风险管理与控制的执行工作需要落实到职能部门及业务单位。例如，对于生产安全方面的风险，需要生产部门予以落实；对于技术研发方面的风险，需要研发部门予以实施；对于财务报告方面的风险，需要财务部门予以执行。同时，各职能部门及业务单位还必须配合其他职能部门及业务单位进行风险管理。

第二，完善风险管理程序。公司总会面临一系列特有的战略性风险，这些风险会由于公司所在的行业、竞争地位、收入与利润来源以及品牌力量等因素而有所不同。可以通过系统地识别、评估与响应这些风险，达到降低风险的目的。这个流程可以单独进行，也可以作为企业风险管理系统的第四个组成部分，与财务风险管理、意外风险管理和运营风险管理这三个流程并列进行。完善风险管理程序步骤如图 9-6 所示。

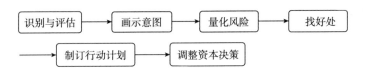

图 9-6 完善风险管理程序

步骤一：识别与评估。明确公司面临的风险属于七种主要的战略性风险（行业、技术、品牌、竞争对手、客户、项目以及发展停滞风险）中的哪一类，另外，别忘了公司的行业或业务模式所特有的风险。

步骤二：画出风险示意图。识别并评估了公司所面临的主要风险之后，要把它们描述成图形。这样，风险的轮廓就可以一目了然。

步骤三：量化风险。这样企业就可以对风险进行比较和汇总，并把它们与资产分配、定价与风险转移等决策联系起来。

步骤四：找出每个风险中潜在的好处。

步骤五：制订缓解风险的行动计划，并把执行应对措施的责任分派下去。

步骤六：相应地调整资本决策。第一，那些面临着更高风险的业务单位和某些重点项目也许应该用更高的资本成本来估算，或许应该采用风险资本的贴现率，而不是通常的企业资本贴现率。第二，总投资组合的风险水平可能会随时间的变化而变化，企业也许需要根据这种变化来改变其资本结构。例如，如果一家企业进入了波动性较大的阶段，它可能需要在资本上更加保守，减少资产负债表中的常规债务，或者利用合资经营或其他伙伴关系来分摊新的大项目的成本。

专栏 9-7   **民生银行的风险控制**

民生银行是我国股份制商业银行，成立于 1996 年。在我国四大商业银行的不良贷款"野火烧不尽，春风吹又生"的今天，民生银行却探索出了一条成功的风险管理道路。

一、重视贷前调查——充分检验，防范风险

民生银行广州分行是广州地区唯一实行"预授信申报公示"制度的银行。当年广东南海华光集团骗贷屡屡得逞，"洗劫"了广州数家银行近 74 亿元人民币；但其骗贷行为无法逃过民生银行的火眼金睛。

南海华光集团曾向民生银行广州分行申请了 5000 万元人民币的授信额度。当民生银行广州分行收到南海华光集团的有关资料后，立即进入其受理贷款申请的检测达标通道，这第一道关卡就是大名鼎鼎的"预授信申报公示"。预授信申报公示制度是广州分行2002年上半年刚刚推出的新制度，目的就是为化解一些常见的由于信息不对称而导致的风险。这套制度的原理其实非常简单，就是当银行接到授信申请时，在银行内部网站上将南海华光集团的有关材料进行为期七日的公示，广而告之，广泛征求意见，听取群众的呼声。预授信制度不但大大节省了支行具体经办人员实地贷前调查的工作量，而且使调查渠道更为广泛、通达，使授信通道更为透明、民主、公开，很难出现漏网之鱼，为自身保护提供了安全绿色屏障。南海华光集团的申请也正是在公示期间，由于该行员工陆续提供的华光集团的相关信息显示出其众多漏洞，经有关部门认真分析核实后，而被多票否决，实现了防患于未然。

二、加强贷后检查——重视结果，更重过程

尽管贷前调查与贷中审查至关重要，但并不意味着款项贷出后就"一劳永逸"，贷后管理也绝对不可小觑。民生银行杭州分行主管风险控制的副行长赵继臣说，在杭州分行，风险控制高于业务发展。银行不良资产反映的是结果，但产生是在过程。因此，对于分行来讲，过程控制重于结果控制，注重贷后管理是保证信贷资产质量的基础和关键。

杭州分行曾为杭州某企业贷款400万元人民币，然而该企业的两幢房产早在2003年9月就被法院查封，分行信贷资产的安全受到严重威胁。于是分行组织相关人员多次与借款人、保证人联系，制订清收措施。经过各项艰苦努力的工作和与当事人谈判，终于在贷款到期前一天全额收回了400万元贷款的本息。

另外，在对湖州某集团有限公司的续授信现场检查中发现，该公司在生产经营、销售渠道及财务等方面均存在问题。检查人员随即向分行贷审会提出了不能给予其续授信的理由，果断退出，避免了后来其他贷款行因来不及收贷而最终采取法律补救手段情况的发生。检查过程中，杭州分行还了解到安吉某经济技术开发总公司存在的资产流动性风险，分行配合支行几次到安吉，与企业和政府联系落实分期还款计划，并积极争取到了总行的支持，分三期收回了全部贷款本息。可见在贷款业务中，过程控制至关重要。杭州分行正是通过贷后管理，及时发现存在的问题，将风险"扼杀于摇篮中"。

三、培养风险意识——认识到位，团结一心

民生银行的一位领导曾说："银行经营同质化趋势很强，民生银行能够取得比较好的成绩，靠的是员工们工作拼搏、热情、坚韧、执着。"是什么力量鼓舞激励着民生员工？我们应该看到，民生银行尤为注重员工队伍业务培训、案例教育和警示教育工作，通过多样化、实用化、层次化的培训方式，生动活泼地为员工的实际工作注入了新鲜活力，大大强化了员工的风险防范意识，规范了他们的业务操作，对真正做到按章办事起到了积极的促进作用。意识决定行动，有了正确的积极的思想做后盾，才有了广大员工在风险防范方面更强的行动力。在高度风险意识熏陶下，风险防范观念深入了每一位民生银行员工的内心，使风险防范成为一种自觉的意识，成为民生企业文化的重要灵魂。

（资料来源：笔者根据多方资料整理而成。）

三、设置战略风险边界

仅利用风险文化系统去鼓励和指导员工探寻新的机会是不够的，员工仍然可能浪费有限的企业资源，去攫取那些不符合企业战略并给企业带来危险的机会，边界系统就为员工探寻潜在的市场机会的行为划定了界限。最高管理层必须明确告知下属什么事情是不能做的，并激励他们在清晰定义的边界内进行创新和争取所有可能的市场机遇。基于特定的企业战略，管理层必须将应避免的风险传达给员工。边界系统的设定就是为了明确传达给员工哪些风险是企业需要回避的。边界系统包括商业行为边界和战略边界。

第一，商业行为边界。最基本的边界系统是规定了商业行为准则的边界系统。商业行为准则以禁止性的词语详细列出企业所禁止的行为。被禁止的行为一般包括：利益的冲突——员工禁止在本企业的供应商那里拥有个人的利益；商业秘密的泄露——员工禁止向任何无权知道的人士透露企业的秘密信息；员工利用内部信息进行股票交易以及向政府官员提供某种形式的非正当的报酬。这些行为均可能引起导致企业损失财产、失去信誉或承担法律责任的风险。

第二，战略边界。风险文化系统、商业行为边界和内部控制主要用于防范员工在平衡利润、增长与控制的时候犯错误或者做出错误的选择。然而，还有一种风险严重威胁着企业的长期盈利能力和增长，这种风险就是将企业稀有的资源浪费在并不支持企业战略的行动上。为确保员工从事支持企业战略的活动，企业应该在战略规划中明确规定哪些寻找市场机会的行为是不可以被接受的、不应进行的。管理层可以利用战略规划和战略对照表等方式来划定范围。

高层管理者不能将战略边界看作静止的，应及时根据变化了的情况重新确定战略边界，以防止过时的战略边界给企业带来的风险。

专栏 9-8　　　　　超过 25% 以上的利润不做

20 世纪 90 年代初期，有短暂的一段时期，万科提出的企业发展口号是，要做中国的综合商社，对于五大块产业（工业、文化传播、股权投资、房地产、贸易）都很重视，大有齐头并举、分进合击的态势。地产业——精致典雅的万科城市花园；零售业——带旺了华强北一条街的万佳；娱乐业——夺得大奖的《找乐》《过年》；饮料业——你我的"怡宝"；工业——美轮美奂的万科精品。但是，当时万科所有的项目规模都很小，市场占有率极低。面对激烈的竞争不得不拼死拼活、不惜血本地做到最好。等到品牌打响了，成本也上去了，这时候想要追加投资、扩大规模，集团的资金和人才储备却捉襟见肘，无法满足各方面的需要，各分公司被迫继续小打小闹。对比万科历年净利润和净资产收益率的变动表，可以发现，1988～1993 年万科东一榔头西一棒槌地进行多元化，净利润增长快，净资产收益率连年保持在 20% 以上。新鲜刺激又有高利，美煞旁人；但是实际上业务并不稳定，企业短期的盈利掩盖了企业缺乏长期持续发展动力的隐患。

从1994年开始，万科实行投资决策权与经营权分离，集团的投资权全部在总部，投资项目一旦立项，下属公司就享有经营权。为了增强经营的方向性和目的性，万科还规定，下属公司一律不允许进行跨行业经营，否则将进行严厉处理。1992年万科开始了跨地域经营，1994～1996年处处起火，王石调兵遣将四面救急。1997年，万科大举收缩，退回五大重点城市。大量遗留问题到2000年才陆续解决，尚有部分仍未处理完毕。万科的"减法"一度成为王石的口头禅。这减法的含义：一是多元的业务架构要精简，直到现在变成"专业化"；二是被选中为主业的地产业务，地域上从青岛等万科所认为的非主流城市撤出，包括成都和沈阳在内都差点成为这一"减法"的牺牲品；业态上则是集中于居民住宅，尤其是城乡接合部的住宅开发，一度还有"下乡"与"进城"之争，最终"下乡"成为主流之一。2002年的万科减法做到极致，万佳这个保留珍藏品种终于出手，与万科退出每一项业务的理由相同。减法完成后，在加法上万科也做得彻底，一口气五大城市变成了十大城市，土地储备也增长迅速。

在以后很多年的很多场合，王石都是最坚定的公司专业化运作的鼓吹者。他分析，公司大到一定程度搞多元化是很麻烦的。所谓多元化，是指企业经营范围广泛，"东方不亮西方亮"，但这样的后遗症很大，容易导致企业资源分散，形不成规模，管理失控。万科为此曾付出不小代价。在公司原始积累期间，依靠多元化经营迅速成长，然而随着市场逐渐成熟，可选择的市场空间越来越小，靠政策赚取超额利润的时代已经过去了，必须培养自己的主导行业。在市场不好的时候，主导行业的专业优势可以充分地显示出来。

1993～1998年万科逐步走上了专业化的道路，利润稳步增长，净资产收益率逐步下降到10%左右的合理水平。稳步发展的万科，让股东、管理层和员工心里都有了底。

业界有时候有人会说笑话，说万科老是拿高价地，赚辛苦钱；但是，万科人认为，正是因为当年那么难，所以万科的基础打得好，内功深厚，才能坚持到市场好转的时候脱颖而出，奠定行业龙头的地位。一直能够基本做到持续增长的公司并不多见，但是王石没有自满，他始终认为，万科在调整错误的同时，也在继续犯其他错误，这一过程的滋味绝不好受。直到把万佳也出手后，万科的调整期才算真正完成，其后才真正能够专注于房地产住宅业的发展。王石说，做哪一个行业可能到头来原理都差不多，就是一定要坚持下去，才能做大做好。

万科地产如果说现在争得了在全国业界中的品牌美誉度，在一种相对理性的基点上看起来，这种积淀应该更多地得益于一种规范的操作和健康的心态，更多地得益于超过25%以上的利润不做的时空回报，更多地得益于培养物管队伍上的先予后取，更多地得益于一种先天发育不良后的自强不息，更多地得益于万科所不懈招揽的精英团队所造就的星光灿烂，更多地得益于不会做、不擅做地产就把它包装得别具一格与鹤立鸡群，更多地得益于一种人文氛围宣传上的特立独行与领风气之先。

（资料来源：笔者根据多方资料整理而成。）

四、强化内部控制

由于现代企业面临的风险越来越多，因此，建立起管理风险的内部控制制度成了企业生存的必备条件，很多学者的研究为企业强化内部控制提供了指导和借鉴的意义。管理层必须优化内部环境，搞好风险评估，加强控制活动，确保信息畅通，强化内部监督，才能促进企业实现发展战略。

第一，明确控制目标，优化内部控制环境。控制环境是指对建立或实施某项政策发生影响的各种因素，主要反映单位管理者和其他人员对控制的态度、认识和行动。企业内部控制应当建立在共同的道德规范的基础上，强调沟通和感情的交流，消除管理者和被管理者之间的隔膜，为内部控制程序的执行创造良好的人文环境，使内部控制更有效。

第二，加强内部监督。企业内部控制是一个过程，这个过程是通过纳入管理制度及活动实现的。因此，要确保内部控制制度被切实地执行，且执行效果良好，其必须被监督。企业应设置内部审计机构或建立内部控制自我评估系统，加强对本企业内部会计控制的监督和评估，及时发现漏洞和隐患，并针对出现的新问题和新情况及内部控制执行中的薄弱环节，及时修正或改进。

第三，加强内外部信息交流与沟通，加强反舞弊机制。企业应建立上传下达的有效机制。通过建立组织机构制定岗位责任制来实现。还应注意信息沟通的有效性和及时性。重视和加强反舞弊机制，通过各种方式，鼓励员工及企业利益方举报和投诉企业内部的违法违纪行为。

专栏 9-9　　　　　　　　　　　**三鹿奶粉内控问题**

河北石家庄三鹿集团股份有限公司，简称三鹿，是集奶牛饲养、乳品加工、科研开发为一体的大型企业集团，早期发展良好，被确定为国家免检产品。后期因为管理不善，出现毒奶粉事件，导致全国爆发婴儿肾结石，调查后证实是奶粉中掺杂了有毒化学物三聚氰胺的结果，最终于 2009 年 2 月 12 日宣布破产。

作为一家免检产品的名牌奶粉企业，怎么会生产毒奶粉，导致企业倒闭呢？究竟是哪里出了问题，成了企业界乃至广大消费者关注的焦点。

一、内部环境问题

内部环境是内部控制框架的基础所在，涵盖治理结构、机构设置及权责分配、企业文化、诚信与道德观等多方面内容。内部环境是此次三鹿毒奶粉事件最重要的问题所在。三鹿集团早在 2008 年 3 月就接到消费者反映，在 2008 年 8 月三鹿已经秘密召回部分问题奶粉，却仍然没有将事件真相及可能产生的后果公之于众，问题奶粉继续在市场上销售。2008 年 9 月，三鹿毒奶粉被新华网曝光。随后，三鹿集团继续隐瞒消费者，对媒体和消费者谎称：三鹿所有产品都是没有问题的。直到中国卫生部确认三鹿生产的三鹿牌婴幼儿配方奶粉受到三聚氰胺污染，三鹿集团才开始发布产品召回声明，称经公司自检发现部分批次三鹿婴幼儿奶粉受到三聚氰胺的污染。从问题被人揭发，秘密召回，到遭曝光，继续矢口否认问题的存在，再到卫生部的权威消息，最后自己被迫承认，三鹿公司高管表现的诚信度和道德观令人怀疑。

二、风险评估问题

食品行业是国际上公认的高风险领域。风险评估要求企业及时识别、系统分析经营活动中与实现内部控制目标相关的风险，并合理确定风险应对策略。对乳品企业来说，最重要的风险点无疑是原料奶的采购质量。我国乳制品行业主要采用的原奶采购模式，即"奶农—奶站—乳企"。三鹿集团也不例外。那么，每个农户的奶牛喂养过程、原料奶的加工、储存和运输过程等都可能存在不同的风险，这就给原料奶的质量检验带来了挑战。那么，乳制品行业应该在原料采购、产品加工、存储储藏、物流配送等各个环节设置有效的风险评估体系，以提高内部控制的效率和效果。此次事件说明三鹿集团在采购环节的风险评估和质量控制措施已经形同虚设。

三、控制活动问题

建立重大风险的预警机制和突发事件的应急处理机制，确保突发事件得到及时妥善的处理，是控制活动的特殊措施。2007年12月，三鹿集团就已经接到患儿家属投诉。进入2008年后，一些媒体开始进行不点名的报道。此时，三鹿集团采取了能推就推、能拖就拖、能瞒就瞒的处理方式，最终导致事态恶化。这说明三鹿集团的预警和应急机制是失灵的。

四、信息与沟通问题

信息与沟通从某种程度上可以看作内部控制的神经系统，它要求企业及时、准确地收集、传递与内部控制相关的信息，确保信息在企业内部、企业与外部之间进行有效沟通。早在2008年3月三鹿集团就已经接到消费者的投诉，6月反映的人越来越多，但直到2008年8月2日，三鹿集团才将相关信息上报给石家庄市政府。这中间已存在信息与沟通不及时、不全面的问题。因此，导致事态进一步扩大。

五、内部监督问题

三鹿集团的原奶采购模式是"奶农—奶站—乳企"，散户奶农的牛奶通过奶站最终被集中运送到三鹿集团的各家工厂。三鹿集团在养殖区建立技术服务站，派出驻站员，监督检查饲养环境、挤奶设施卫生、挤奶工艺程序的落实。然而，三鹿集团的驻站员监督检查，未能落实到位，也缺乏内部控制的专门监督机构对驻站员的工作进行日常监督，导致在原奶进入三鹿集团的生产企业之前，缺乏对奶站经营者的有效监督。

三鹿奶粉事件发生的根源是三鹿集团内部控制存在重大缺失。给我们的启示是：内部控制的缺失将会给企业和顾客带来十分可怕的灾难。我们应该以此为戒，从企业的实际情况出发，做好内部控制的设计并严格执行，以便有利于企业更好更快地发展。

（资料来源：笔者根据多方资料整理而成。）

【章末案例】 　　　　　　　　　　中石油推进内控与风险管理

中国石油天然气股份有限公司（简称"中国石油"或"中石油"），成立于1999年11月5日，是中国油气行业占主导地位的最大的油气生产和销售商，是中国销售收入最大的公司之一，也是世界最大的石油公司之一。截至2013年初，总资产达3478亿美元。

中石油在短期内发展规模不断扩大，经营效益稳步提高，综合实力持续上升，在激烈的市场角逐中，中国石油勇立潮头，不偏航向，很大程度上得益于内控与风险管理这个定盘星的有效支撑。那么，中石油在激烈的市场竞争中，是怎样建立高效的内控与风险管理体系的呢？

一、内控体系建设

2009 年是集团公司内控体系建设工作具有标志性的一年。遵循"总体规划、分步实施"的原则，完成了集团公司未上市企业内控体系建设任务。具体表现有以下几方面：

第一，全面开展业务流程梳理，管理规范化工作取得阶段性成果。2009 年，集团公司党组站在建设综合性国际能源公司的战略高度，从推动企业科学发展、和谐发展、可持续发展出发，提出了"流程统一、控制集中、界面清晰、简洁高效"的总体目标。进一步健全业务流程管理制度，为业务流程管理提供了标准和规范；在总部层面按部门组织，按业务梳理；采取"先试点，后规范"的方式，基于已完成的部门流程梳理，企事业单位推广实施。

第二，全过程支持 ERP 系统建设，确保系统上线满足控制要求。2009 年是集团公司 ERP 系统建设全面推广实施的一年，各级内控管理部门紧密配合，从工作程序建立和执行、风险控制矩阵制定、实施过程指导和上线测试等方面全过程支持 ERP 系统建设。发布了 ERP 系统建设内控工作程序，规范系统建设全过程的风险控制。

第三，编制发布财务管理权限指引，完善财务管理权责体系。在集团公司，系统地建立了从总会计师、总会计师主管部门负责人到所属企事业单位总会计师自上而下的业务管理权限指引；在股份公司，建立了从财务总监、财务总监主管部门负责人、各专业分公司总会计师到各地区公司总会计师自上而下的业务管理权限指引，并发布实施。

二、风险评估

按照全面风险管理的要求，结合内外部形势变化和公司经营管理实际，持续开展公司层面重大风险评估，完善风险管理策略和解决方案，健全了全面风险管理报告编制工作机制。随同业务流程梳理，全面评估经营风险，建立经营风险数据库，实现从财务报告风险评估向经营风险评估的拓展。

适应集团公司金融业务的快速发展，完善了金融业务风险管理组织架构，加快推进期货业务、商业银行和信托业务的内控与风险管理建设，发布了油品期货业务风险管理规范，编制完成商业银行、信托业务风险管理规范。

大力推进海外业务风险管理工作。以海外油气勘探开发公司为主，突出地缘政治、社会经济环境风险，开展地区风险防范研究。针对产品分成合同模式企业的运营和管理特点，编制发布海外建设单位内部控制体系建设指引，为海外业务开展风险管理工作积累了有益经验。

三、内控监督

强化监督是促进内控执行的主要手段。公司从建立内控监督评价制度入手，健全和完善内控监督机制，实现内控测试、考核评价的规范化、制度化，制定并发布了内控体系运行评价管理办法，为体系运行提供了统一的考核依据和评价标准。

第一，加快推进内控管理制度建设。以流程管理、风险管理和内控监督为主要内容的管理制度不断健全，为内控体系的建立和完善提供标准和依据。内控管理手册根据政策、制度调整以及体系运行实际，不断完善、精简，突出了指导性和实用性。

第二，持续开展内控培训，队伍素质不断提高。经过强化各层次的培训，公司已经形成一支既能组织体系建设运行和监督检查，又能熟练掌握流程管理系统应用和实施 ERP 系统控制的复合型专业骨干队伍。

第三，企事业单位内控工作取得新成效。2009 年是内控工作量相对集中、任务十分繁重的一年。各级内控部门解放思想、周密安排，克服困难、创新工作方法，充分调动全体员工参与的积极性，按计划完成了公司部署的各项工作。

四、推进集团公司内控与风险管理

重点抓好海外业务内控与风险管理工作。按照集团公司的战略部署，到 2020 年，海外油气生产将占集团公司"半壁江山"，战略地位至关重要。为了保障集团公司的海外业务安全、健康发展，要加快推进内控与风险管理工作。要结合海外业务管理特点，总体规划，精心组织，以海外油气勘探开发项目为基础，建立以风险管理为核心的内控体系。

继续抓好业务流程管理工作。加强业务流程管理是建设综合性国际能源公司的基础保障，是适应内外部环境变化，推动集团公司科学发展的有效手段，必须毫不松懈地抓紧抓好。要按照业务流程管理工作的总体规划，分步实施，持续推进，努力实现"流程统一、控制集中、界面清晰、简洁高效"的总体目标。

重点关注重要业务领域和特殊风险领域的内控工作。工程建设、产品销售、物资采购等业务领域，交易行为密集，交易金额巨大，防范风险、有效管控的难度很大，是近几年重大风险事件的多发部位。要有针对性地深入研究和完善工程建设领域的风险防控措施；销售企业要认真落实好加油站零售、批发环节的资金管理工作。物资采购管理要重点做好重要业务环节的风险识别和控制。

深入推进风险评估，持续提升风险防控水平。要结合公司管理实际，进一步深化风险管理理论知识系统研究，健全风险管理组织体系，落实风险管理责任，建立重大风险责任机制，进一步提高风险管理水平。

五、内控执行

第一，各级领导要切实提高对内控工作重要性的认识。要加强对各级领导的内控培训，强化风险管理意识。各单位总经理和总会计师作为内控体系运行的责任人，要切实履行内控有效性的责任，加强内控工作的组织领导，防止出现松懈情绪。

第二，进一步强化各单位自我监督。总部各部门和各企事业单位要结合本单位实际，规范、强化自我测试，及时发现内控体系运行中存在的问题并认真改进。要将内控体系运行情况纳入本单位绩效考核，制定完善本单位的内控体系运行评价管理制度，完善和强化内控自我监督机制，改善执行效果。

第三，加强专项测试工作。要以近年来发生的重大风险事件、审计监察发现的违规违纪案件、内控体系运行过程中容易出现的控制缺陷以及新建单位、高风险业务为重点，组织开展专项测试。要将内部控制与"三重一大"制度落实和惩防体系建设结合起来，增强防范腐败风险的管控能力。

第四，严格内控体系运行考核评价。集团公司将制定发布《内部控制运行评价管理办法》，明确考核评价标准和依据，通过每年定期实施严格考核评价，表彰先进，督促后进，强化激励约束机制，促进执行力的提升。

第五，建立内控体系运行责任追究机制。对内部控制运行无效和重大风险事件，要追究单位主要领导和相关人员责任；对不严格执行规定，人为产生控制例外事项的人员，要给予必要的处罚；对于在体系运行评价中被评为不合格的单位，实行挂牌管理，列为监督重点。

内控与风险管理工作开展以来，按照集团公司战略发展目标，立足集团公司管理实际，借鉴国外先进管理方法，建立覆盖经营管理主要领域、持续有效运行的内部控制体系。通过内部控制体系的建立和有效实施，集团公司管理控制能力得到加强，集中统一的管理制度逐步规范完善，风险防范能力明显提高。随着经济全球化、一体化进程的加快和企业的不断发展，内部控制必将在企业经营管理领域发挥更加重要的作用。

资料来源：笔者根据多方资料整理。

【问题思考】

1. 战略风险的定义与性质是什么？
2. 运营风险、资产损伤风险、竞争风险与商誉风险的关系是什么？
3. 战略风险管理包括哪些程序？其组织体系又是怎样的？
4. 设置战略边界有意义吗？有没有可能存在负面意义？
5. 怎样解决企业的"内部控制"问题？

【参考文献】

［1］唐大鹏，葛静，王璐璐. 浅谈"互联网＋"背景下乐视网的内部控制［J］. 财政监督，2016（15）：104 - 107.

［2］肖莉，姜大柱，雷轶超. 乐视内部控制案例分析［J］. 合作经济与科技，2018（9）：108 - 109.

［3］周婷. 乐视生态系统模式问题及相关对策［J］. 现代经济信息，2016（24）：54，56.

［4］李晓霞. 企业战略风险及其防范对策［J］. 商场现代化，2017（13）：100 - 101.

［5］胡璇. 企业战略风险成因及对策研究［J］. 科技致富向导，2013（8）：22.

［6］周月明. 莎普爱思遭遇史上最大风波被疑模糊消费者使用风险［J］. 广西质量监督导报，2018（1）：18 - 20.

［7］王曼怡，郭海婷，周芳. 从民生银行成功案例看商业银行风险管理与控制［J］. 经纪人学报，2006（3）：15 - 18.

［8］张宇婧. 我国商业银行风险管理研究［J］. 区域金融研究，2013（1）：67 - 72.

第十章 战略变革

【学习要点】

☆理解战略变革的内涵。

☆明确战略变革的动因。

☆熟悉战略变革的各种模型。

☆明确战略变革的阻力及造成阻力的原因。

☆掌握进行战略变革的领域、时机及策略。

【章首案例】 **格力战略变革之路**

一、专业化战略成就国际领先品牌

从成长的格力到发展的格力，如何实现"打造百年企业"的目标，专业化战略是董明珠的选择，也是格力的选择。2002~2012 年，格力整合所有资源，力图将空调做到最完美，"好空调，格力造"的口号家喻户晓。为推进专业化战略，格力采取了一系列措施。

2003 年 12 月，投资达七亿元，建设格力电器四期工程，格力电器成为全球最大的专业化空调生产基地。

2004 年 9 月，格力电器收购集团旗下的凌达压缩机、新元电子、格力电工、小家电等子公司，进一步加强和完善了配套产业链，为冲刺世界冠军奠定了坚实的基础。

2005 年 11 月，全球第一台超低温热泵数码多联机组在格力电器下线，是 1999 至 2005 年原建设部科技评估中首个获"国际领先"认定的项目。2005 年 12 月，格力家用空调产销量突破 1000 万台，跃居全球第一。

2006 年 9 月，格力电器被国家质检总局授予空调行业唯一的"世界名牌"。

2009 年 3 月，经国家科技部批准"国家节能环保制冷设备工程技术研究中心"正式落户格力，这是中国制冷行业第一个也是唯一的国家级工程技术研究中心。

2010 年初，"格力掌握核心科技"的广告语，更是宣告了格力转型升级的信心和决心，也道出了家电业同行的心声。

2011 年 7 月，全球首条碳氢制冷剂 R290（俗称"丙烷"）分体式空调示范生产线在格力电器正式竣工，并被中德两国联合专家组一致鉴定为"国际领先"。2011 年 12 月，全球首台高效直流变频离心机组在格力电器下线，被鉴定为"国际领先"。机组综合能效比 11.2，比普通离心式冷水机组节能 40% 以上，效率提升 65% 以上，是迄今为止最节能的大型中央空调。

2012 年 2 月，国家科学技术奖励大会在北京举行，格力 1 赫兹变频技术荣获国家科技进步奖。格力电器成为该奖项设立以来唯一获奖的专业化空调企业。2012 年 2 月格力电器率先承诺，格力变频空调两年免费包换。2012 年 3 月，格力形象片亮相美国纽约时代广场。2012 年 5 月董明珠升任格力电器董事长兼总裁，带领格力电器成为中国首家突破千亿元的家电上市企业。2012 年 12 月，格力电器环保贡献获联合国认可，成为中国家电行业首个获蒙特利尔多边基金的企业。同年，格力"双级增焓变频压缩机的研发及应用"鉴定为"国际领先"，改写了空调行业百年历史，开创了双级变频新纪元。2012 年，格力电器实现营业总收入 1001.10 亿元，同比增长 19.87%；净利润 73.8 亿元，同比增长 40.92%，成为中国首家突破千亿元的家电上市企业。

回顾专业化战略的这十年，格力每年在科研上的投入超过 20 亿元，创新技术成果已经成为格力在市场竞争中获胜的关键因素，也成为企业持续发展的动力。对于技术的高度重视，使得格力有了在更高层面参与竞争的底气。可以说，在专业化战略的引导下，格力已经将"中国制造"做到了极致，具有令全球制冷业业内人士认同的制造能力。格力的专业化战略得到了行业、市场以及消费者的认同。回想这十年，董明珠在多次采访中表达了坚定不移带领格力走专业化战略的路径的决心。然而未来又会怎样发展呢？

二、宣告进入多元化战略

2013 年 9 月 17 日晚间，以董明珠为代言人的晶弘冰箱的新广告片在中央电视台播出。这一广告的播放，似乎释放了一个信息——原来只做空调的格力，要开始多元化扩张。格力不再坚持专业化战略的主张了吗？

时代飞速发展，互联网经济作为新兴的经济模式，更是势如破竹。新的经济环境，新的商业模式，全新的挑战。2013 年 12 月 12 日晚，第十四届 CCTV 中国经济年度人物颁奖典礼上，董明珠与小米公司董事长雷军立下了十亿元"升级版赌约"。这一场豪赌，董明珠的信心来自哪里？回顾前 20 年，格力的发展与时代的发展一直紧密结合。为了证实这一点，董明珠和格力用实际行动践行着。

2014 年 3 月 18 日，上海 AWE 中国家电博览会，格力电器正式推出了集前沿科技和时尚潮流于一身的高端生活电器品牌大松（TOSOT），包括净水机、电暖器、加湿器、电风扇、空气净化器、干衣除湿机、电饭煲、电压力锅、电磁炉九大系列新品，均已高调亮相。依托于格力电器一流的研发体系和卓越的产品质量，专门针对"80 后""90 后"年轻消费群体打造的潮流新贵品牌 TOSOT，开创了家电领域独一无二的时尚风潮和高品质生活艺术理念。之后 TOSOT 品牌的广告片在央视及各大卫视播出。

2015 年 3 月 18 日，董明珠在中山大学讲堂演讲结束互动交流中，首次对外展示了格力手机。格力手机突然曝光，号称不强调智能化，做"物联网"概念，用手机控制家居电器、调控生活环境。

2015 年 9 月 22 日，中国制造业高峰论坛结束之后，格力电器举行了 2016 年新品发布会，四大新品惊艳全场：格力划时代空调、磁悬浮离心机组、晶弘瞬冷冻冰箱以及 TO-SOT 零耗材空气净化器。格力电器还同时发布了"格力，让世界爱上中国造"的新口号。

2016 年 3 月 6 日，格力电器公告透露拟发行股份购买珠海银隆新能源有限公司，2016 年 7 月 5 日，格力电器在深交所公告披露了收购珠海银隆新能源的详细方案，并称正在论证实施员工持股计划。董明珠表示收购银隆不是简单的跨界，而是两家公司的强强融合。

2016 年 7 月 23 日，第二届中国制造高峰论坛上，董明珠首次正式宣布格力进入多元化时代。

三、从专业化到多元化：未来会如何？

从一个年产值不到 2000 万元的小厂到全球最大的专业化空调企业，格力电器完成了一个国际化家电企业的成长蜕变，并进行了五次品牌理念的更新升级："格力电器，创造良机""好空调，格力造""格力，掌握核心科技""格力让天空更蓝大地更绿""让世界爱上中国造"。前 20 年，在品牌建设方面，格力一直奉行"专业化"品牌发展道路，推动公众对品牌专业的认识，品牌拥有极高的辨识度和联想度，消费者一旦提到"格力"二字，便联想到格力以空调为主打的优质产品。通过专业化品牌塑造，有效地提升了公众对格力的专业品牌认可，格力空调成为好空调的代名词，推动格力空调的品牌形象在空调业中一骑绝尘，成为全球唯一一个单品销售超过千亿元的品牌。格力坚定不移的专业化战略使得品牌保持着新鲜的生命力，形成格力品牌始终紧跟时代，不曾褪色的品牌特色。

近几年，从小家电到冰箱再到手机，格力多元化战略开的花多，结的果少。格力做的晶弘冰箱在国内市场占有率非常低，大松小家电也很难在市场上看到。对于格力而言，之前在家电领域的相关多元化都做得不容乐观，现在进入汽车领域做非相关多元化，也是困难重重。收购珠海银隆的交易失败，"野蛮人"敲门，卸任风波……更是困难重重，2016 年 12 月 10 日，在中国企业领袖年会上，董明珠表示，虽然收购珠海银隆失败了，但是格力还会继续做电动车。

格力电器正走上变革之路，新一轮的发展遇到了瓶颈，下一步能否正确扩张，能否变革成功，公司将面临一系列挑战。通过多元化、智能化战略的变革转型能否为企业带来新的发展格局？

资料来源：笔者根据多方资料整理而成。

第一节 战略变革基础

一、战略变革的含义

企业战略变革，顾名思义，是指企业战略的改变。要探讨战略变革的含义，必须对战略的定义进行归纳。战略既包含了企业要实现的目标，也包括了达到目标的手段。随着理论体系与方法论的逐步完善，战略的概念也相对比较成熟。这为我们定义战略变革的内涵奠定了理论上的基础。目前，对于战略变革的含义有如下观点（见表 10 - 1）：

表 10 - 1 战略变革含义学者观点汇总

学者	观点
杨卫东	战略发生改变，无论是译成战略转换还是战略变化，都是企业现行战略与过去战略相比发生了重大变化，都是公司在变化的环境中找到新的突破和方向，为应对内外环境做出的新决策
刘雪	战略更新属于战略变革的范畴，是企业对过去选择的、目前正在实施的战略方向或路线的修正或改变

学者	观点
刘益 李垣	战略转换（变革）是企业为了动态地适应外部环境和内部条件的变化，或者为了利用潜在的机会而从原有战略转变到新战略，从而不断创造新的竞争优势
项国鹏 陈传明	企业战略变革是指企业为了获得可持续竞争优势，根据所处的外部环境或内部情况已经发生或预测会发生和想要使其发生的变化，并结合环境、战略、组织三者之间的动态协调性原则，涉及企业组织各要素同步支持性变化，改变企业战略内容的发起、实施、可持续化的系统性过程

资料来源：作者整理。

　　战略变革是组织对变革的预先管理行动，以得到明确的战略目标，这可以在常规和自发性的路径下实行，战略变革不是随时间偶然的放任自由，而是一种对预先行动的研究，以使每个人都适应变革。

　　我们根据项国鹏、陈传明的理解将战略变革定义为企业为了获得可持续竞争优势，根据所处的环境、自身能力或资源整合的变化，对其自身整体能力进行评估，并在战略、管理与能力三者动态协调的原则上，改变企业战略内容的发起、实施、可持续化的系统性过程。企业战略变革的范围和程度如图 10 - 1 所示。

图 10 - 1　战略变革的范围和程度

二、战略变革的动因

　　自 20 世纪 70 年代初以来，企业战略变革动因的外生理论认为，引起战略变革的动力源主要来自企业外部经营环境变化。其中企业外部经营环境包括市场需求状况和产业竞争环境，战略选择理论分别从市场结构变化、产业竞争关系变化以及企业适应这些变化的时机选择等来探索企业战略变革动因。

　　通常来讲，企业进行战略变革的动力主要分为外部变革推动力和内部变革推动力两大变革力量。其中，外部变革推动力包括政治、经济、文化、技术、市场竞争等方面的各种因素和压力，内部变革推动力则包括组织结构、人力资源管理和经营决策等方面的因素。

　　在传统工业时代，企业内部运营环境变化相对稳定，而市场环境变化在驱使企业战略变革过程中占据主导地位，市场需求结构变化状况往往决定了企业的生存与发展。因此，市场需求的变化直接关系到企业战略选择及其实施。

　　一方面，企业在实施战略变革过程中首先要了解其所在行业的市场需求结构变化，从而制定和选择有利于企业长期发展的战略。随着知识经济的到来，企业所处的外部环境不断变化已经成为不变的规律，市场需求与竞争位势始终处于动态的急剧变化之中，企业战略变革所获取的竞争优势在这种超竞争环境下越来越依赖于战略时机选择。竞争环境的不确定性增强会促进这种战略投资选择，适时的战略变革可以阻止竞争对手的跟随和模仿战略。在超竞争环境下，战略时机不仅为企业提高竞争位势，而且也可以为企业降低战略转型成本。因此，战略变革时机对于组织成功的变革尤为重要，战略变革时机本身是企业竞争优势之源。

另一方面，产品生命周期变化是影响企业战略变革动因的重要因素。到了20世纪80年代，随着越来越多的竞争者进入市场，企业之间的竞争关系逐渐成为企业进行战略变革的主要动因。在面对有限的市场资源竞争中，企业战略变革能否成功往往依赖于竞争对手的经营活动变化。竞争的中心思想是企业间的相互依赖，企业影响其他企业的活动并且对其做出反应，所以战略变革在某种程度上依赖于对手的反应。企业战略变革行为必然触发组织演化与变革，而组织演化相应地会加速和进一步引发企业战略变革。企业战略变革动因的内生理论认为，组织演化不仅加速和推动了企业战略变革，而且从根本上保证了战略变革的有效实施。组织适应理论从企业内部变化来寻找影响企业战略变革的动力机理。

组织资源能力演化过程中所创造的动态能力是触发企业战略变革的重要因素。与外部经营环境变化一样，企业组织资源能力是历史演化的产物，并且存在着自身的演化路径，这种演化力量可能是推动战略变革的根本动力。组织演化并不是存在于战略变革之外，引导企业战略变革的五种因素是战略目的、员工、组织资产、组织常规结构以及高层管理团队。组织演化对企业战略变革的动力机制影响主要表现在：企业在战略变革过程中应该注意组织基因的丢失，注重现有组织资源能力的利用，避免盲目性变革给企业带来成长风险，企业战略预期与反应是战略改进所导致的组织动态均衡是企业战略变革的内在动力机理，战略变革也正是企业为了在竞争环境与组织潜在能力之间寻求适配。组织行为理论认为，组织学习是促进企业战略变革的主要动力之一。学习可以使企业有目的性地发展组织动态能力，从而避免组织刚性带来的成长陷阱。战略变革要求企业不断进行新陈代谢，由于组织黏性，组织学习尽管能够改变战略愿景，却难以摒弃过时的组织能力。所以，摒弃原有的组织能力虽然在短期内会损害企业绩效，但是从长期利益来看会增强企业活力，对企业战略变革产生显著影响。企业战略变革是由组织资源能力与组织学习之间相互作用所产生的自组织力量驱动的，在这种情况下，战略变革行为不仅包括企业资源能力转变，而且包括组织学习机理变化，这种学习能力可以保证企业持续成长。

专栏 10 - 1　　　　　　　　　**李宁品牌的变革**

1988 年，李宁带着 100 多枚金牌和"体操王子"的桂冠宣布退役，出任健力宝集团总经理特别助理。在健力宝创始人李经纬的支持下，创办了李宁体育用品公司，开创了中国体育用品品牌经营的先河。1996 年初，李宁将公司总部从广东迁到北京，更名为李宁运动服装公司，彻底告别了健力宝。2004 年 6 月 28 日，李宁公司正式在香港主板市场上市，公开发行 2.47 亿股，李宁及其家族拥有资产在 10 亿港元以上。2010年，李宁公司更换了企业 LOGO，同时把口号"一切皆有可能"更换为"Make The Change"。

李宁品牌的变革之路主要经历了以下几个阶段。

一、品牌塑造

1990年，李宁体育用品公司在广东三水起步。凭借在运动界的明星效应，李宁以己之名创立"李宁牌"运动装、运动鞋，迅速建立起品牌知名度。"推动中国体育事业，让运动改变我们的生活"是李宁牌创立的初衷。1990年8月，"李宁牌"运动服被选为第11届亚运会圣火传递指定服装、中国国家代表队参加亚运会领奖服及中外记者的指定服装，"李宁牌"伴随亚运圣火红遍全国。

亚运会让"李宁"一战成名，公司在当年剩下的四个月里就实现了近300万元人民币的盈利，这对当时的"李宁"堪称幸事。但市场很快让李宁明白了一点：当时消费者的消费能力并不高，传统的国营商业的主批发渠道冷眼旁观这个价格偏高的新品，并没有因为世界冠军的光环而对之刮目相看。为此，李宁开始了当时市场上前所未有的营销方式的创新。李宁公司是中国内地第一家实施特许经营体系的企业：自1993年开始实行特许经营。"李宁"的目标是要做一个品牌，而特许经营不仅可以保证品牌形象在市场上的高度统一性，还能够借用经销商的力量迅速形成独立完整的营销网络。

二、品牌重塑

1996年，李宁公司实现了历史上最高销售收入6.7亿元。那时李宁公司的目标是在1998年达到10亿元，到2000年达到20亿元。但是，事情并没有像李宁公司预计的那样发展，反而是增长在1997年戛然而止。此后一直到2001年，李宁公司的销售收入始终徘徊在7亿元左右。这期间固然有亚洲金融风暴的影响，但更根本的原因还是因为战略的缺位：一是目标消费者定位不清，二是品牌随着时代的发展面临被遗忘的风险。

在遭遇成长的上限，面对前有耐克和阿迪达斯等国际品牌的拦截，后有安踏等国内品牌追赶的激烈竞争，李宁公司迫切需要进行品牌重塑。李宁公司不再完全以研发为导向，而专门派人去研究市场消费者的行为，对品牌战略做一个较为长远的规划，目的是把李宁公司发展成一个体育用品产业的时尚化、国际化、专业化公司。2001年，李宁公司推出了"重塑李宁"计划，决定全力打造亲和、时尚、魅力的品牌形象，将核心消费人群定位为：15~35岁，喜爱运动，追求时尚的群体。

通过对消费者的调研，一个关于"李宁"的新的品牌个性渐渐浮出水面："李宁"要做成一个运动时尚的体育品牌，成为人们生活中不可缺少的一部分。2010年6月，李宁公司正式宣布更换新标识、新品牌口号。希望人们谈到自己品牌的时候，会用"亲和""时尚""魅力"这样的字眼来描述。很明显，他们面对的是不同的目标消费者，给了消费者两个利益支持点：功能上的利益和体验上的利益。对于体育用品来说，其功能性与体验性是天然相通的。

三、品牌国际化

(一) 签约NBA明星，实行专业化定位

在做出国际化战略决定后，2005年1月，李宁公司与NBA签约成为"NBA官方市场合作伙伴"，就此迈出了展开专业化战略的重要一步。NBA在全球体育市场的影响力，对李宁公司打造世界顶级体育运动品牌形象、提升在篮球产品上的专业化定位、加强在国际市场的拓展等都意义重大。

（二）与西班牙篮球协会签约，国际化战略深入化

李宁努力通过与国外运动团体及重大赛事的合作树立国际品牌的地位。

早在2004年，李宁公司就与西班牙男篮签订了为期四年的合约。就在"李宁"公司频频签下NBA球星之时，2006年9月，"李宁"又获得一个意外的胜利。身披"李宁"战袍的西班牙男篮首次杀入男篮世锦赛决赛，与欧洲冠军希腊队对决，并获得了世界冠军。顺理成章地，赞助商"李宁"也成为男篮世锦赛上最大的商业赢家。紧接着，李宁公司开始了对这次胜利的宣传活动，它开始在各大网站庆祝这次胜利，提供比赛花絮和现场图片，同时也对电视和平面媒体开放了采访。

四、重燃中国制造

2017年10月，姚明改革元年的CBA联赛新赛季揭幕战打响，李宁公司成为联赛官方战略合作伙伴，球员们穿着李宁的篮球鞋踏入赛场。续约CBA未来五年装备赞助权的同时，在大洋彼岸的NBA赛场，继十年一亿美元签下韦德之后，李宁又签下CJ-迈克勒姆，雄鹿球星"字母哥"也在李宁的追求名单中。

2018年，李宁重燃中国制造，在纽约时装周中首秀。作为第一个登陆纽约时装周的中国运动品牌，这不仅是中国品牌的里程碑，而且也是让世界感受中国设计的历史性辉煌时刻。

走起了潮牌路线的李宁，终于扬眉吐气了一回。在纽约时装周上展现出了远高于以往的设计水准，收获了不少关注度的同时，也让外界开始意识到李宁似乎跟过去不太一样了。

如今在国外，李宁已经拥有很庞大的忠实粉丝群，他们收藏球鞋的狂热程度一点也不逊于那些Nike或adidas的鞋迷。在美国更有专门交易李宁篮球鞋的活动和平台，而国内却还没有。

事实表明，越来越多的品牌已经开始逐渐走向国际市场，在做着翻天覆地的变化，走年轻化路线，拥有了新颖的设计。李宁不是被时势推上国际舞台的，它与时势相辅相成，因自身强大的影响力获得了普遍认可，更用各种方式证明了自己的实力。

纵观李宁公司的发展历程，我们看到一个不断成长、逐步走向成熟的国际化企业，不管从李宁品牌的认知度、美誉度，还是产品设计、营销手段等方面，都已经形成了自己特有的形象和运作模式。经过多年的历练，李宁已经成为中国体育用品行业的第一品牌，为李宁成为国际化的品牌和提供专业化的产品铺平了道路。

（资料来源：笔者根据多方资料整理而成。）

三、战略变革的类型

企业为了适应环境和在市场条件下生存而推行的战略变革共有四种类型。

1. 技术变革

技术变革往往涉及企业的生产过程，包括开发使之有能力与竞争对手抗衡的知识和技能。这些变革旨在使企业生产更有效率或增加产量。技术变革涉及工作方法、设备和工作流程等生产产品和服务技术。比如，一个污水处理厂，其技术变革是指设计出高效的污水

再生系统，它还可以采用先进的信息技术在组织内传播技术知识。

2. 产品和服务变革

产品和服务变革是指企业输出的产品或服务的变革，包括开发新产品或改进现有产品，这在很大程度上影响着市场机会。例如，某机床公司面对激烈的外部竞争，将自己转变为一个全面的服务供应商。它不仅提供机床，还提供所有的工业塑料、流体、化学制品。现在，机床业务只占该公司全部利润的1/4。新的产品与服务帮助它扩展了市场与顾客群，使它在这个行业中成功地生存了下来。

3. 结构和体系变革

结构和体系变革是指企业运作的管理方法的变革，包括组织结构变化、企业政策变化和控制系统变化。结构和体系变革即指组织管理领域的变革，组织管理领域涉及组织的监控和管理。结构与体系变革通常是由上而下地进行，也就是说，由最高管理层下令进行变革。产品与服务变革则通常是由下而上进行。比如企业裁员就是一个由上而下结构变革的例子。

4. 人员变革

人员变革是指企业员工价值观、工作态度、技能和行为方式的转变，目的是确保职工努力工作，完成企业目标。人员变革即指企业文化的变革，文化变革是指价值、态度、期望、信念、能力、员工行为的改变。例如，某公司是一家为化学行业供应特种金属的公司，它本来的文化特征是怀疑与不信任。管理人员经常不征询员工意见就强制进行变革，有时候还会突然改变管理方法和政策。后来该公司改变了它的文化，开始尊重员工的价值，鼓励员工的参与，使员工对管理也有了新的认识。这不仅能够激发员工的积极性，还能间接使得公司的产品质量得到提高，从而增加公司收益。

第二节　战略变革模型

目前，发展得比较成熟的战略变革模型主要有：战略变革的理性模型、认知模型、学习模型以及 Ginsberg 的战略变革模型、战略转换过程模型等，根据其特点，本书将其分为如下两类。

一、常规战略变革模型

第一，战略变革的理性模式。战略变革的理性模式是指根据事先确定的企业目标，对界定完备的问题进行程序性的、计划性的搜寻，以获得最优化解决方案的过程。代表模型如图 10 - 2 所示。

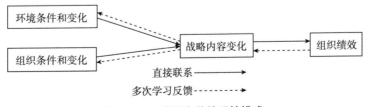

图 10 - 2　战略变革的理性模式

理性模式将战略变革定义为一种一元化的概念，所考察的主要是企业战略内容所发生的变化，可通过企业的业务战略、公司战略以及整体战略上的具体变化来衡量。同时，理性模式将组织的外部环境看做由客观因素所决定的，并具体表现为企业威胁和机会的来源。在这种模式下，主要通过检验外部环境和组织要素的变化与企业战略内容变化之间的关系来考察战略变革对企业绩效的作用和影响。对于外部环境与战略内容变化的关系，往往通过检验一系列的环境变量（如环境的不确定性以及特定环境变迁）来考察其变化对战略内容的影响。对于组织要素与战略内容变化之间的内在关系，则主要考察组织要素变量对战略内容变化的影响。

第二，战略变革的认知模式。战略变革的认知模式是以社会建构论为理论基础，突出强调管理认知在战略转换过程中显性作用的一种模式（见图10-3）。

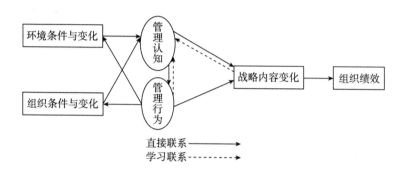

图10-3 战略变革的认知模式

该模式的重要假定是环境并非客观给定的，是管理者创造并通过管理认知表现出来的。管理认知指管理主体对外部环境与组织要素及其变化所做的主观性阐释，常与知识结构、核心理念、心智模式或心理图式等概念相联系。管理认知与战略行动相联系，而战略变革则由战略行动所引发。战略变革的认知模式成为理性模式非常有益的补充，因为对环境、组织状况的主观性阐释对战略变革需求所产生的影响效应，要比理性模式下通常采用的一些客观度量指标更为直接。

第三，战略变革的学习模式。战略变革的学习模式是将知识作为组织最核心的资源，组织的战略行为表现为通过与环境的互动而进行适应性学习，实现知识的不断获取、积累、整合以及创新。模型如图10-4所示。

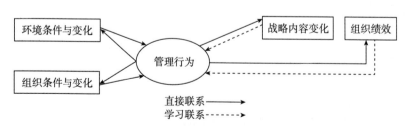

图10-4 战略变革的学习模式

学习模式将战略变革看做一种不断重复进行的过程，管理者的作用通过一系列探索环境和组织的学习步骤而变化，这些学习步骤可能会导致企业战略内容发生或大或小的变化。在学习模式下，环境或组织情境在战略变革的过程中不再被视为客观给定的，而假定为动态和不确定的。由图 10 – 4 所示的战略变革的学习模式表明外部环境和组织要素的变化与战略主体的战略行动之间存在直接的互动关系，并由此得出一个重要的结论：战略行动和战略内容转换之间的关系并不是单向度的，管理者可从持续不断的战略行动和战略转换中学习，并能运用所学到的知识去改变或强化其随后的行动。

二、自发性战略变革模型

公司外部和内部环境的变化有可能增加战略变革的压力，也有可能增加战略变革的阻力。外部环境的变化和内部环境都可能导致压力发生变化，而这个变化的压力主要是通过公司与经济环境不协调的反馈产生的。这种不协调逐渐减少了目前战略持续性的效果。那些反应组织里主要利益相关者的期望和价值转换的内外部环境的变化很可能削弱了组织与其制度环境的协调性，这会逐渐减少目前战略持续的合理性，并鼓励了那些与目前战略不一致的行为发生。或者，外部环境和内部环境里的一些变化有可能对公司转变新战略的意愿和能力有负面效果。绩效结果也有可能对变化产生影响，它或通过提供显示目前战略是否有效果和有效率的反馈，或提供公司对变化到新战略的意愿和能力的反馈，或通过强调目前战略的有效性。另外，绩效不好的效果有可能是积极的，也可能是消极的，这主要取决于它是否反映目前战略的有效果性和它变化到一个新战略的能力。在考虑关于目前战略的反馈，它有可能增加变化的压力，在考虑关于资源缺乏的反馈，它有可能创造变化的阻力，因为假如他们过度贫穷和过度富裕，绩效结果有可能增加变化的阻力，当他们处于中间水平时，很有可能创造最大的变化压力。通过稳定和加强习惯性行为，持久的外部条件和持久的内部条件就会创造对变化增加阻力的惯性力量。然而，反映高度不确定性和包容性的外部和内部条件有可能使一个公司去增加试验的行为和有助于增加变化的压力。模型如图 10 – 5 所示。

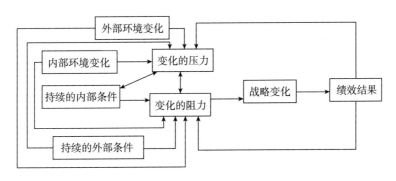

图 10 – 5　战略变革模型

战略变革的压力很可能因内外部环境的变化或条件和绩效结果的反馈而增加，因为其创造了一个对目前和未来的环境可认知的不确定性。内外部环境的变化或绩效结果使目前战略的不足越显著或支持新战略的需要越显著，这种变化的压力就越大。然而，假如组织缺乏进行战略变革的能力，那么需要弥补这种不适和差距的意识是不会导致战略变化的。那些对变化增加阻力的外部和内部的变化、绩效结果和惯性力必须被克服，以使战略变革能够顺利完成。

在新的战略选择的成因、新的战略将怎样影响战略变革决策及如何被变革决策所影响的基础上，建立了由内外部环境的变化和战略思维为决定因素的战略变革模型，如图 10-6 所示。

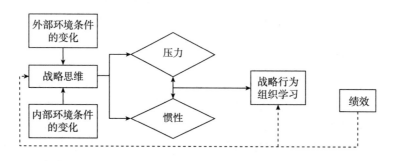

图 10-6　战略转化过程模型

在图 10-6 模型中，外部环境主要反映环境属性、产业结构和利益相关者的价值等，内部环境主要反映一系列精心设计的、随着组织成长而形成的组织结构、文化、程序、目标和理念等。企业内外部环境的变化对战略转换的作用具有二重性：一方面，不确定性的存在，使得内外环境也可能会增大战略转换的压力；另一方面，它们也产生了对变化抵制的惯性力。战略思维形成了战略转化的核心。战略转换的压力反映了个体行为者对战略的不满意以及组织与其环境匹配的不完善。一般来说，压力随着时间的推移而增大。惯性描述了维持现状的趋势和对当前战略框架之外的战略转换的抵制。组织的惯性将随着时间的推移而增大。战略行为是企业进行战略转换的主要依赖手段，战略行为不是事先确定的，但受到每一阶段所获取知识和信息的影响，因为战略决策是在有限理性、不确定性和模糊的条件下做出的。组织学习能够使组织填补今天的现实与明天的愿景之间的差距，反复学习过程的连续性是战略转换的必然要求。绩效结果通过提供表明当前战略是否有效果或效率的反馈来影响战略转换，或者说，它可以提供关于企业转变到新战略的意愿和能力的反馈。

专栏 10-2　　　　　　　　万达集团四次转型

中国万达集团创建于 1988 年，现已拥有总资产 800 多亿元、占地 600 多万平方米、员工 1.3 万名，已成为覆盖港口物流、石化橡胶、国贸贸易等产业于一体的大型国际化企业集团。在发展中万达经历了四次转型。

1993 年，万达第一次转型，由地方企业转向全国性企业。从大连跨区域到广州开发，成为全国首家跨区域发展的房地产企业。广州是中国改革开放的高地，当时流行一句话，"东西南北中，发财到广东"。总结"走出去"的经验后，1998 年万达大规模走向全国。

2000 年，万达第二次转型，由住宅地产转向商业地产。万达历经三天讨论，统一了思想，决定企业战略转型，住宅地产和商业地产两条腿走路，并将全国各地公司合并调整为商业、住宅两大建设公司。

2006 年，万达第三次转型，从单一房地产转向商业地产、文化旅游综合性企业。围绕不动产，万达进入文化、旅游等其他产业。这次转型使万达的思维方式、人才结构、企业管理都发生了变化。过去万达总裁班子都是搞建筑出身，转向综合性企业后，文化、旅游等方方面面的人才都有了。

2015 年，万达第四次转型。这次转型分两方面：从空间上看，万达从中国国内企业转向跨国企业；从内容上看，万达从以房地产为主的企业转向以服务业为主的企业，形成商业、文化、金融、电商四个支柱产业。万达第四次转型从空间和力度上都发生了深刻变化，与前三次转型有本质不同。一是企业性质发生根本变化。前三次转型，企业仍以房地产为主，这一次转向以服务业为主。二是企业战略目标发生本质变化，从中国一流企业转向世界一流跨国企业。不满足在中国发展，要走向世界。

（资料来源：笔者根据多方资料整理而成。）

第三节　战略变革的阻力分析

一、战略变革阻力产生的原因

战略变革阻力产生的原因如图 10-7 所示。

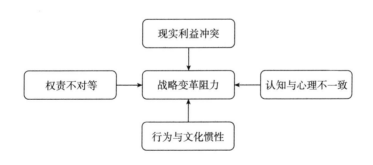

图 10-7　战略变革阻力

第一，现实利益冲突。现实利益冲突是引起变革阻力的最直接原因，首先，既得利益者一般会担心自己的利益受损，从而一开始就对变革持否定态度；其次，那些看不清变革是否会对自己有利的人，也不会积极支持变革；再次，当变革看起来是对别人而非自己有利时，许多人都会有意无意地抗拒变革。变革往往会直接威胁到员工的经济利益、社会地位、个人权威，这些都是与员工切实相关的利益，如果没有相应的解决措施，员工将成为变革的阻碍者；另外，利益相关者反对变革的一个主要原因是变革威胁到他们的现实利益，现实的利益冲突直接导致他们对组织政策战略的抵抗。

第二，认知与心理不一致。一方面，变革愿景没有达成共识，会造成变革参与者之间的目标认知偏差；另一方面，价值观、性格等因素会对风险偏好等心理因素产生影响。很多战略变革行动就是因为变革参与者对于变革本身没有达成共识，从而因为变革而争吵，由于争吵而分道扬镳。在很多情况下，认知与心理不一致是由于信息不对称引起的，由于变革发动者没有及时与其他变革参与者进行沟通，往往会造成对变革的误解，从而产生认识上的冲突。基于不同信息产生的判断和风险评价是不一致的，因此信息不对称会造成变革参与各方对于变革的目的、方向、风险的不同认知和心理反应，从而造成各自有各自的算盘，使得变革各方无法协同配合，变革无疑将难以进行。

第三，权责不对等。由于变革时期组织发展的特殊性，将产生权责难以一致的情况。在变革中，由于处在不断变动之中，无法达到管理学中"责任与权力对等"的管理原则。我们可以将权力和责任类比为正方形与菱形的关系，两者是无法完全重叠的。权责不对等在变革中将造成两个难题：在员工权力大于责任的时候，如何让员工主动争取更大的责任；在权力小于责任的时候，如何激励员工争取各方的支持，完成任务。如果不能很好解决，权力和责任的不对等将阻碍变革顺利进行。

第四，行为与文化惯性。行为与文化的惯性造成的障碍是战略变革者最难克服的，需要花费大量的精力和长期的时间。在组织中，我们适应了习以为常的企业文化，形成了自己独特的固定的行事作风，而组织战略的改变势必会影响到这些行为习惯的改变，所以也就造成了战略变革的困难。

二、战略变革的阻力分析

根据企业发展的状况以及自身的特点，企业进行战略变革可能遇到的阻力主要来自企业员工抵制、文化的阻碍以及利益相关者的反对。

第一，企业员工抵制。组织中主要涉及几类人群，组织中的高层管理者、中层执行者及基层员工。组织环境能为员工在其中的发展提供必须的条件，并且员工习惯在熟悉的环境及模式中生活，组织进行战略变革往往会给员工的工作带来一些不适应性。比如，不同的战略方案带来的工作方式的转变、直接领导的转变等，都在一定程度上转变了员工对原有的工作环境的认识。试着去接受一个新的组织形式和工作环境，需要一段较长的时间和极大的勇气。这些，都使得员工的抵制成为企业战略变革之路上的绊脚石。

第二，文化的障碍。文化障碍是从组织整体来研究变革阻力。与员工抵制不同，抗拒不仅来自组织个体成员的抗拒，也来自组织的抗拒。个体因为习惯、惯性、对变革未知的恐惧、担心缺乏适应变革后所需要的技能、担心变革后丧失权力而产生抗拒。组织对于变革的抗拒来自惯性、成本、对旧有组织的信任等方面。这种抗拒主要表现在代表企业文化的价值观念、行为方式与战略变革发生了冲突，组织整体的状况不利于变革的顺利进行。

第三，利益相关者的反对。利益相关者的反对包括的范围非常广泛。企业作为社会的一个组成部分，与其他的社会组织有着密不可分的关联。当企业的战略变革需要增减、改变、消除这些关联的时候，就会面临利益相关者的干预。如果不能处理好与利益相关者的关系，那么变革就会遇到阻力。甚至由于利益相关者的反对，变革无法进行或者根本无法达成目的。企业的利益相关者主要包括：政府、顾客、供应商等。如果企业的战略变革能够获得利益相关者的支持，那么会使企业的变革更加顺利进行。

专栏 10 - 3 　　　　　　　　中小股东对格力战略变革的压力

2018 年 4 月，格力为满足市场需求，进一步降低经营成本，强化竞争优势，公司计划对空调产能进行逐步扩充。格力集团董事长董明珠宣布不对股东进行分红，这是格力十几年来首次不分红。在宣布不分红后股价一度跌停，也表现了部分股东对于此事件的排斥，表现出股东对于格力的又一轮战略变革有着巨大压力，而在 2016 年格力收购珠海银隆最终宣告失败一事也表现出股东现实利益以及企业文化习惯对战略变革的巨大压力。

格力为何要收购珠海银隆？其实在格力电器宣布收购之前，珠海银隆在行业内并不知名，钛酸锂电池也并非主流锂电池技术。珠海银隆成立于 2009 年，2010 年，其通过全资子公司储能科技出资 5751 万美元收购纳斯达克上市的美国奥钛纳米科技有限公司 53.3% 股份，由此获得钛酸锂电池技术，并在此基础上衍生出储能系统业务。在收购的同时，珠海银隆也在客车生产领域加快布局。2012 年，利用客车市场竞争激烈、小厂生存困难的契机，珠海银隆收购了珠海广通、石家庄中博、星凯龙等整车制造商，这为其获得了汽车生产资质并扩大了产能。珠海银隆 2012 年和 2013 年的订单寥寥无几，2014 年纯电动客车产量为 111 辆，2015 年猛增至 2996 辆，位列当年纯电动客车生产厂商第七位。

2016 年的格力认为国内空调市场已达到成熟和饱和阶段，单纯依靠单一产业实现进一步大幅增长的空间有限，迫切寻求转型，及时切入既具有增长潜力，又具有相应规模的新兴产业和市场，进而带来新的收入和利润增长点。就在此时，格力看上了珠海银隆。珠海银隆掌握钛酸锂电池核心技术，该公司钛酸锂电池具有高安全性、长寿命、可大倍率快速充放电、工作温度范围较宽等技术特性，可精准匹配新能源汽车在固定线路领域（如公交车、通勤车、校车、物流车等）的应用需求，于是双方"看对眼了"，密谋"联姻"。

2016 年 8 月 19 日，格力电器公开披露收购珠海银隆方案，格力电器和珠海银隆的 21 名股东签署了发行股份购买资产协议，但受到多方质疑。许多投资者以及股东纷纷认为此次收购珠海银隆过分高估了其市值，必将导致集团利益受损，因此投资者大多从现实利益出发纷纷反对此收购方案。

2016 年 9 月 1 日，格力电器发布修订后的珠海银隆收购报告书，股东仍对此表示强烈反对，认为格力集团"跨界造车"，与企业文化相悖。将家电和新能源客车这两个截然不同的领域结合起来必将导致失败。

2016 年 10 月 28 日，格力电器召开了临时股东大会，格力电器发行股份收购珠海银隆并募集配套资金方案整体上未获通过。此次股东大会正是这次重组中各利益方集中爆发的体现。从投票结果来看，中小股东普遍对格力电器此次重组持反对意见，最主要的矛盾焦点是股权被稀释。

在此期间，格力电器与珠海银隆及其主要股东进行沟通协商，并结合中小投资者的意见对本次交易方案进行优化和调整；督促中介机构对调整方案进行论证，并对申请材料进行修改完善；督促珠海银隆以及各交易方加快进度履行内部决策程序，然而这次珠海银隆的股东不干了，认为这有损他们的利益。

2016年11月2日，由于接到投资者投诉，深交所向格力电器发出问询函，要求其在11月7日前就市场股东及投资者的一系列质疑做出解释。11月7日，格力将回复函日期由11月7日延期至11月16日。11月8日，格力电器发布继续停牌公告，拟对交易方案进行优化和调整，预计在不超过一个月的时间内披露优化及修订后的收购方案。最终于11月16日格力电器优化调整后的方案未能获得珠海银隆股东会审议通过，格力电器对深交所就珠海银隆千辆大单事项的问询函发布了回复公告，与这一公告同时发布的是格力电器关于终止筹划发行股份购买珠海银隆资产事项的公告。

格力电器在收购珠海银隆的过程中受到了层层阻力，股东们一直以利益受损、跨界造成与企业品牌文化不合为由，极力反对格力收购珠海银隆方案，使得格力集团"造车梦"又以一纸告知函被碾碎。由此我们可以看出股东现实利益冲突、认知与心理不一致、企业文化习惯是一个公司战略变革的巨大阻力，公司想要力求变革就必须花费大量的成本、运用合适的方法、采用便捷的途径克服这些阻力，为战略变革创造良好的条件。

（资料来源：笔者根据多方资料整理而成。）

第四节　战略变革的选择

一、战略变革的领域选择

战略变革的领域选择是企业进行战略定位的过程。对于大多数的企业，可以根据产品的发展状况来选择战略变革的领域。利用波士顿矩阵把企业的产品分为四类，如图10-8所示。

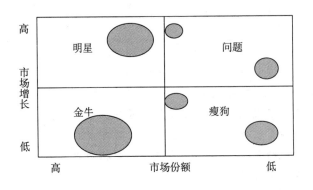

图10-8　波士顿矩阵

对于销量增长率和相对市场占有率较高的明星产品来说，应该增加投资，并进一步进行市场份额的拓展。对于销量增长率低，但是相对市场占有率较高的产品而言，应该积极拓宽销售渠道。对于销量增长率较高，相对市场占有率较低的产品来讲，应该拉长战线对其进行投资，并促使其积极向明星产品进行转化。对于销售增长率和相对市场占有率均较低的瘦狗产品，则可以果断放弃并进行产品的转型。企业选择什么领域，如何选择领域，都要根据企业自身的发展来决定。

二、战略变革的时机选择

企业的战略变革是一项软任务，即有时候组织结构不改变，企业仿佛也能运转下去，但如果要等到企业无法运转时再进行战略变革就为时已晚。因此，企业管理者必须抓住战略变革的征兆，及时进行组织变革。战略变革的征兆有：第一，企业经营成绩的下降，如市场占有率下降，产品质量下降，消耗和浪费严重，企业资金周转不灵等。第二，企业生产经营缺乏创新，如企业缺乏新的战略和适应性措施，缺乏新的产品和技术更新，没有新的管理办法或新的管理办法推行起来困难等。第三，组织机构本身病症的显露，如决策迟缓，指挥不灵，信息交流不畅，机构臃肿，职责重叠，管理幅度过大，扯皮增多，人事纠纷增多，管理效率下降等。第四，职工士气低落，不满情绪增加，如管理人员离职率增加，员工旷工率，病、事假率增加等。

根据各种征兆的时间不一样，将战略变革时机分为三种选择：第一，提前性变革：管理者能及时地预测到未来的危机，提前进行必要的战略变革。能及时地进行提前性战略变革的企业是最具有生命力的企业。第二，反应性变革：在这种情况下，企业已经存在有形的可感觉到的危机，并且已经为过迟变革付出了一定的代价。第三，危机性变革：这时企业已经存在根本性的危机，再不进行战略变革，企业将面临倒闭和破产。危机性变革是一种被迫的变革，企业往往付出较大的代价才能取得变革的成效。

三、战略变革的策略选择

企业策略一般是指我们制定的方案或者目标规划。企业在发展的过程中，会运用到各种各样的策略，比如营销策略、财务策略、生产策略等。企业若进行战略变革必然会影响到这些策略的实施和发展。企业在发展的过程中，会制定各种关于生存的发展策略，而这些策略的制定要根据企业多方面的实际状况来制定。

企业在制定策略时，要追求几个原则：

第一，要符合企业的内在条件。充分发挥优势，扬长避短，并营造新的优势资源。

第二，策略要有前瞻性。要预测到未来规划期内社会、经济、科技、环境、人口、市场诸多方面的重大变化的影响，考虑相应对策，从而有相当的适应性。

第三，企业策略应划分为若干阶段和设定一些控制点，渐进式地逼近终极目标。在该进程中，短期利益与长远利益结合、局部利益与整体利益兼顾，既积极推进又稳妥地在这些因素约束下选择相对合理的发展轨迹。

第四，企业策略一经确定或批准，则具有长期指导性、持久性、一贯性和严肃性。除非遇到不可抗力事件或未预测到事件的严重影响，一般不宜频繁修改或调整。

企业策略的制定受很多因素影响，但是只要企业在变革过程中把握好相应的对策和路径，就能够持续获得竞争优势。企业发展策略的选择路径主要有以下几个方面：

第一，调整企业理念。企业战略变革首选的理念是得到社会普遍认同的，体现企业自身个性特征的，促使并保持企业正常运作以及长足发展而构建的反映整个企业经营意识的价值体系。它是企业统一化的可突出本企业与其他企业差异性的识别标志，包含企业使命、经营思想和行为准则三部分。调整企业理念，首先，确定企业使命，即企业应该依据怎样的使命开展各种经营活动，它是企业行动的原动力；其次，确立经营思想，指导企业经营活动的观念、态度和思想，给人以不同的企业形象；最后，靠行为准则约束和要求员工，使他们在企业经营活动中必须奉行一系列行为准则和规则。调整企业理念，给企业全新定位，这是一种企业适应社会经济发展的变革，只有在这种不断地演化、渐进变革中，才能够构建新的企业战略，企业才能重生，才能得到发展和壮大。在重新调整企业理念时，首先与行业特征相吻合，其次在充分挖掘原有企业理念的基础上赋予其时代特色，最后企业理念和竞争对手有所区别。

第二，企业战略重新进行定位。如何实施战略定位是战略变革的重要内容，根据迈克尔波特的观点，帮助企业获得竞争优势而进行的战略定位，实际上就是在价值链配置系统中，从产品范围、市场范围和企业价值系统范围三方面进行定位的选择过程。产品的重新定位，对于明星产品，由于企业竞争力和市场吸引力强，也是高速成长的市场领先者，对其要多投资，促进发展，扩大市场份额；对于"金牛"产品，由于具有规模经济和高利润优势，但有风险，对其维持市场份额，尽可能多地榨取市场利润；对于问题产品，虽然产品市场吸引力强，但由于要加大投资，因此主要考虑在尽可能短的时间内收回成本；对于"瘦狗"产品，企业的对策就是尽快地售出剩余产品然后转产。对于市场和企业价值系统的重新定位，由于企业作为一个独立的组织，其竞争优势来源于研发、生产、营销和服务等过程，来源于企业的价值链配置系统，就是这个系统在市场与企业之间不断地传递有关价格、质量、创新和价值的信息，从而为企业营造和保持新的竞争优势。

第三，重新设计企业的组织结构。在进行组织结构设计时，要围绕战略目标实现的路径来确定不同层级的管理跨距。适当的管理跨距并没有一定的法则，一般是三人至十五人，在进行界定时可以依据管理层级的不同、人员的素质、沟通的渠道、职务的内容以及企业文化等因素。在设计组织结构时，还要充分考虑企业各部门顺利完成各自目标的可能性，以及在此基础上的合作协调性、各自分工的平衡性、权责明确性、企业指挥的统一性、企业应变的弹性、企业成长的稳定性和效率性、企业的持续成长性。通过重新设计企业的组织结构，厘清各部门的管理职责，改变指挥混乱和权责不对等的现象，从而提高管理效率。

策略的制定不是一朝一夕，要匹配企业自身的发展状况，根据企业长期的发展路线来制定各方面的发展策略。企业在进行战略变革的时候，还要考虑到策略的转变及选择将会如何影响企业未来的发展，什么样的策略更能适应企业的战略变革。这样，企业在进行战略变革的时候才能更好地结合实际，才能做出最正确的策略选择。

专栏 10 – 4　　　　　　　　　　**完美策略助五粮液成功**

　　五粮液集团有限公司前身是 20 世纪 50 年代初八家古传酿酒作坊联合组建而成的"中国专卖公司四川省宜宾酒厂"，1959 年正式命名为"宜宾五粮液酒厂"，1998 年改制为"四川省宜宾五粮液集团有限公司"。

　　五粮液集团有限公司始终坚持"发展才是硬道理"的战略思想，坚持"敬业奉公，精益克靡，为消费者生、为消费者长，为消费者忧、为消费者乐"的核心价值观，秉承"创新求进、永争第一"的企业精神，通过实施"酒业为主、多元发展"战略，超速发展，不仅成为全球规模最大、全国生态环境最佳、产品品质最优、古老与现代完美结合的酿酒圣地、中国酒业大王，而且在机械制造、高分子材料、民生科技、玻璃绝缘子、大中小高精尖注射和精密塑胶制品、循环经济、电子科技等诸多领域占领高端，形成了突出优势，成为具有深厚企业文化的国有特大型企业集团。2013 年，实现营业总收入 247.19 亿元，实现归属于上市公司股东的净利润 79.73 亿元。

　　尽管营业总收入和股东净利润高于酒企行业的其他公司，但是相较于前几年的发展，还是有所减慢。原因在于：2013 年，白酒行业进入深度调整期，如何在行业变革中找到出路，变还是不变，这已经成为酒企的当务之急。过去的种种调整战略，已经率先在五粮液身上凸显出成效，五粮液可能先于其他次高端和中端白酒品牌走出泥潭。在白酒行业调整期，五粮液从产品到商业模式，从思维到组织结构，从营销到渠道模式采取了一系列变革措施，再次印证强者恒强、巨浪难倒的历史规律。

　　2013 年，五粮液实现营业总收入 247.19 亿元，同比下降 9.13%；实现归属于上市公司股东的净利润 79.73 亿元，同比下降 19.75%。五粮液称，尽管经济指标没有正增长，但通过理性分析，公司及时转变发展观念、改革内部机构、调整产品结构、梳理营销渠道、厘清发展思路，战略规划和发展道路更加清晰。以往白酒企业普遍不重视对消费者的培养，但是在如今的消费者市场，五粮液不得不把这一课补回来。传统的经销商方式已经无法满足企业自身的发展，于是五粮液学会了聆听来自市场与消费者的声音。五粮液深刻认识到，与消费者近距离接触才是王道。现在，五粮液整体实行全员营销的战略，深入了解消费者的偏好及喜好。切身在市场上感受和了解消费者的需求，大力发展以客户和市场为中心的工作作风。2014 年，对酒类行业来说仍将是调整之年，结合行业现状和经营实际，公司经营目标力争营业总收入正增长。根据市场迅速做出反应，才能更好地发展公司战略。

　　当原有的组织架构无法满足市场需求时，五粮液果断地在行业内推行营销体制改革。首先，在总部设立各个相关部门来进一步进行品牌的开发和营销活动；其次，在全国各地设立销售中心来推进营销体制的改革；再次，在制度上推行客户分级管理制度，推进渠道下沉。

　　目前，五粮液在推行营销体制改革之后，已经初见成效，公司整体发展在朝着预想中的方向大步前进。

　　（资料来源：笔者根据多方资料整理而成。）

第五节　战略变革与商业模式创新

中国经济正在实行战略转型，为了应对这一变化，许多企业也同样面临战略转型变革。行业有没有发展前景、有没有市场吸引力、该不该并购或涉足，这些都是传统企业应当适时思考的问题。一些本来非常优秀的创新企业，因为不能适应经济形势的变化，最后逐渐地被淘汰，这方面的例子比比皆是。因此，传统企业不仅要清楚自身在行业中的定位，还要清楚新兴行业在未来的可发展前景，及时涉足市场吸引力强的领域找到新的商业模式可以为企业良好发展前景带来保障。很多行业即将或已经进入一个产业转型期，已经完成转型的产业，比如说手机行业已经完成产业转型期，汽车行业正处于产业转型期；在产业转型期，所有企业都将面临一个战略转折点，而在这个关键时刻，我们需要重新定义这个行业。所有的重新定义都有油门和加速器，油门一方面来源于新技术，另一方面来源于新的商业模式。

商业模式热潮始于20世纪末期的互联网创业潮。互联网兴起之后，涌现出许多新的经营模式，同时网络经济条件下，出现了各种不同的业务流程、不同的收入模式、不同的信息流通方式，迫使企业重新考虑竞争优势的来源、结构以及过程，这使企业商业模式受到了从创业者和投资家的广泛关注。人们逐渐认识到，企业必须选择一个适合自己的、有效的和成功的商业模式，实施战略变革，从而保证自己的生存和发展。

对商业模式创新的认识，可以追溯到19世纪末，商业模式创新作为一种创新形态引起广泛的重视，与20世纪90年代中期计算机互联网在商业世界的普及应用密切相关。洛克菲勒（Rockefeller）在对交易成本的认识上发现了商业模式创新的秘密，把生产经营活动集中在公司内以降低交易成本。Amit和Zott（2001）认为公司的商业模式是创新的重要土壤，也是价值创造的关键，商业模式创新是企业主导战略重新定位的驱动力。Rothman（2001）研究发现，商业模式创新是改变世界的公司经营成果的关键所在。Magretta（2002）认为一个好的商业模式对任何一个成功的组织来说都是不可或缺的。德勤咨询公司（Deloitte Research，2002）通过对15家企业的商业模式创新进行研究，发现企业进行商业模式创新是为了满足消费者潜在的、尚未得到满足的需求，并不全是人们通常认为的技术、法律法规以及社会经济的变化。无独有偶，IBM（2006）就在世界范围内对700多名高管做过相关的调查，有300多名被调查者认为竞争对手最有可能利用商业模式来改变产业的环境和格局，因此他们也希望自己的公司能够参与并掌控这样的创新。Henning Kagermann（2008）指出，当今企业商业模式的创新比以往任何时代都需要实现伟大的转变：从以往单纯针对产品创新，转到针对消费者的创新；从产品驱动型的商业模式，转到服务与解决方案驱动型的商业模式。2008年，马克·约翰逊、克莱顿·克里斯滕森、孔翰宁三位著名学者在《哈佛商业评论》杂志上发表了经典文章《如何重塑商业模式》，认为企业若想实现变革性增长，依靠的往往不是产品和技术创新，而是商业模式创新。可以说，商业模式创新的重要性已经不言而喻。

2000年前后，商业模式作为人们最初用来描述数字经济时代新商业现象的一个关键词，互联网的应用使一批新型企业应运而生，如Yahoo，Amazon和eBay等，在短短几年时间，就取得巨大发展，并成功上市，许多人也随即成为百万甚至亿万富翁，产生了强力的示范效应。它们的赚钱方式明显有别于传统企业。

随着2001年互联网泡沫的破裂，许多基于互联网的企业虽然可能有很好的技术，但由于缺乏良好的商业模式而破产倒闭。另一些企业尽管它们的技术最初可能不是最好的，但由于有好的商业模式，依然保持很好的发展。随着市场竞争日益激烈，人们认识到，在全球化浪潮冲击、技术变革加快及商业环境变得更加不确定的时代，决定企业成败最重要的因素，不是技术，而是它的商业模式。企业要想取得成功，就必须要探索商业模式的变革或创新之路。商业模式创新已经不再局限于互联网产业领域，被扩展到了其他产业领域。

2003年前后，创新并设计出好的商业模式，成了商业界关注的新的焦点，商业模式创新开始引起人们普遍重视，商业模式创新被认为能带来战略性的竞争优势，是新时期企业战略变革的方向，商业模式创新在全球商业界，引起了前所未有的重视。

专栏10-5   **"新零售"的开拓者——盒马鲜生**

无论经济环境是好是坏，这个时代一定会有层出不穷的商业创新出现，滴滴、小米、摩拜、盒马鲜生……盒马鲜生作为阿里巴巴内部孵化的新零售项目，正是一个模式创新的产物。它与传统的农贸市场或生鲜超市最大的区别是，创造了新的消费场景和体验：有更好的性价比，可以即买即食，是家庭社交的场合，提供快捷的到家服务。盒马鲜生在"战略、选品、服务、运营、营销、技术"上的创新，使其成为2017年的"年终爆款"。

一、战略创新

（1）未来盒马的服务形态，可能会形成一个"超市＋便利店＋社区服务"的模式，整合周边3~5公里范围社区服务：洗衣、修理、理发、美容、宠物等，通过盒马的"营销平台＋大数据＋运营系统＋服务体系"提高线下服务效率，形成线上线下一站式生活服务平台，简单理解是"沃尔玛＋7-11＋美团"的2.0版本，所以战略上盒马希望通过"技术＋大数据＋人工智能"重构线下服务体系。

（2）通过构建线上线下一体化的系统，包括前端的营销系统（App、促销、会员、订单、支付、售后等），后端（供应链、物流WMS、ERP、财务、门店POS、物流配送等），基于这些系统产生的大数据不断地优化盒马的人工智能系统，使得盒马的运营效率会越来越高，未来输出人工智能服务给线下场景，成为盒马的超级赚钱机器。

（3）人才结构证明盒马未来的战略方向，盒马现在有800多人，50%以上的员工是程序员，主要的工作就是搭建从供应商一端到消费者的全部数字化系统，打造"线上＋线下"的整套人工智能系统，盒马本质是在用"机器"应对传统行业的"人工"运营，所以无论是线下门店还是线上商城，盒马的ROI都会很高。

二、选品创新

（1）确定"生鲜为核心品类，商超为服务形态，App为战略平台"：中国生鲜电商

的渗透率只有6.71%，生鲜电商的增长率在58.6%，其中1.36万亿元的生鲜市场中有38%是从生鲜超市卖出去，所以生鲜是目前电商最后一个红利品类，超市是当前解决生鲜电商体验的最优方式，未来90%的订单还是来自App。

（2）确定以"进口海鲜"为突破口，打破了海鲜给人"高不可攀"的价格形态，从供应链去中间渠道直接面对零售终端，这样就能降低15%~20%的成本；因为门店的定位在引流和体验，所以"进口海鲜"就有很大的观赏价值和表演价值，而且消费升级和全球供应链的完善，"进口海鲜"是一个高维的"爆款"，对标"低维"的产品很容易获取眼球和流量以及传播效果。

三、服务创新

（1）以"吃"为中心打造线下全新的体验模式："生鲜市场＋餐饮店＋便利店"。首先生鲜上引入的都是波士顿龙虾、美国帝王蟹、日本濑户内海的牡蛎、韩国的生蚝、巴基斯坦青蟹等，进口鲜活的生鲜在品类上就和传统生鲜不在一个维度竞争；其次引入小火锅、炭烤牛排、原麦山丘、贡茶、果汁、自选沙拉等联营餐饮，给用户即买即食的全新体验；最核心的是99元一只的波士顿龙虾、3.9元一只的鲍鱼、245元一斤的俄罗斯帝王蟹……把海鲜几乎以海鲜市场一半的价格售出，这种思维明显的是互联网的爆款流量思维。

（2）直接告诉用户"不卖隔夜菜""不卖隔夜肉"，所有的菜品打上电子标签，全程可溯，保证食品安全；同时实施无条件退款政策，西瓜吃了不甜，退货；苹果有虫，保证退货，而且赔款，并且不需要举证。这种质保就如同电商的"七天无理由退货"，给用户极大的信心来提升用户转化率。

（3）在店内随处摆放着各种新颖的自动售卖机、咖啡机、小杯购买葡萄酒贩卖机等，让用户随时随地可以坐下来聊天、喝杯咖啡等。通过各种创新的体验来不断满足用户各种碎片化的需求，拉长用户在盒马的时间，增强用户对盒马的品牌认知。

四、运营创新

（1）在供应链上建立优势"源头直采"，最大的问题是如何解决"采购VS销售"的问题。盒马直接打通天猫超市，采购由天猫在海外的采购团队来完成，不论是美国西北车厘子还是波士顿龙虾，销售通过"盒马＋天猫超市"协同完成，不但降低了采购成本，而且大大提升了供应链效率，比如"帝王蟹"从深海1000米采购完到上海门店，只用八个小时完成，而且是鲜活的，背后就是签订了独家采购，而且前端有巨大的销售能力（可见引入资本考虑资源比"钱"重要）。

（2）"门店三公里范围内30分钟送达"，在行业内生鲜的送达时间在三个小时以内。因为盒马的门店就是前置仓库，所以用户一旦下单，系统会直接把订单给到店员，店员收到线上订单立即用专用购物袋开始拣货，拣货完成通过店内滑道输送到下位工作人员拣货，依次拣货完成后，传送到后仓进行打包和配送。整个过程完成不到十分钟。传送滑道的设计不仅节省大量人力物力，且自动化运作高效，同时线上订单传输到后仓进行打包也不会影响线下顾客的现场体验，线上线下两条线并行运作互不干扰。

（3）在就餐区为顾客举办生日聚餐、同学聚会、活动Party等，还支持老师带小学生来认识海产品。为用户创造各种各样的场景，鼓励消费者去拍照、去分享、去秀，让消费者在这里感受到玩、社交的氛围，无形中营销了自己还提升了用户黏性。

五、营销创新

（1）通过可爱憨厚的河马形象来"IP化"整个品牌，拉近用户的心理距离。进入门店，就会有盒马吉祥物和用户互动，统一黄蓝视觉系统让店内看起来鲜亮活泼，盒马把服务员称作"小蜜蜂"，广告语俏皮的蹭一下"马爸爸"的热点。而店内的"小蜜蜂"会随时为用户解决问题，所以整个购物体验已经被娱乐化。

（2）通过"社群＋微信＋新媒体"的方式连接用户与传播。盒马首先引入了一大批"海鲜达人"，这批达人本身就是全球旅游的吃货，对海鲜极其了解和推崇，所以会自然把这种理念和盒马当前的品类挂钩，然后通过品牌的IP化让这些用户成为盒马的粉丝，通过线下不断地制造营销场景和新媒体传播，形成一套"爆款＋粉丝"的运营机制。

六、技术创新

（1）大数据营销：比如上海的虹桥店下午5：00之后还剩下十盒猪肉没有卖完，大数据算法就会自动启动促销模式，比如限时折扣九折，每隔一个小时会有一套促销算法出来，同时这套促销在App上会根据优先级、地理位置、库存数量、毛利、保鲜时长、历史促销结果等分配促销位置和促销方式，保证生鲜每日卖完。

（2）大数据运营：通过悬挂链、电子价签、智能分拨等技术手段，提高商品在线上线下的流转。在算法驱动之下，不论是调货补货，还是打包配送，进一步降低出错率，提高人效、坪效以及物流效率。

现代商业的竞争本质是科技的竞争，而科技的本质是"创新"。现代企业的瓶颈在于对科技的认知不足和被原有行业的惯性思维束缚，现实就像小米用一个手机品类来切入新零售，接着用新零售平台来反扑手机，盒马在用"生鲜超市"切入O2O生活服务，未来形成的O2O生活平台会再次反哺"生鲜超市"，盒马到底是一个什么形态不重要，重要的是其正在一次又一次创新……

（资料来源：笔者根据知乎汤垒科技·人文·商业·哲学专栏整理。）

一、商业模式创新的定义

创新是一个并不陌生的名词，在商业模式视角下的创新如何定义？

本书认为，商业模式创新是指企业价值创造提供基本逻辑的创新变化，它既可能包括多个商业模式构成要素的变化，也可能包括要素间关系或者动力机制的变化。通俗地说，商业模式创新就是指企业以新的有效方式赚钱。

商业模式创新作为一个整体的、系统的概念，而不仅仅是一个单一的组成因素。如收入模式（广告收入、注册费、服务费），向客户提供的价值（在价格上竞争、在质量上竞争），组织架构（自成体系的业务单元、整合的网络能力）等，这些都是商业模式的重要组成部分，但并非全部。相对于这些传统的模式，商业模式创新表现为：

第一，提供全新的产品或服务、开创新的产业领域，或以前所未有的方式提供已有的产品或服务。商业模式创新如果提供全新的产品或服务，那么它可能开创了一个全新的可盈利产业领域，即便提供已有的产品或服务，也更能给企业带来更持久的盈利能力与更大的竞争优势。

第二，其商业模式至少有多个要素明显不同于其他企业，而非少量的差异。虽然商业模式创新也表现为企业效率提高、成本降低，但是它涉及多个要素与众不同，因此，与竞争者相比，它具备更多的战略性竞争优势。西南航空在多方面不同于其他航空公司，如提供点对点基本航空服务、不设头等舱、只使用一种机型、利用大城市不拥挤机场等。

第三，有良好的业绩表现，体现在成本、盈利能力、独特竞争优势等方面。如亚马逊在短短几年就成为世界上最大的书店，数倍于竞争对手的存货周转速度给它带来独特的优势，消费者购物用信用卡支付时，通常在24小时内到账，而亚马逊付给供货商的时间通常是收货后的45天，这意味它可以利用客户的钱长达一个半月，表明了它商业模式的优势。

第四，商业模式创新更注重从客户的角度，从根本上以客户价值最大化是商业模式主观追求目标思考设计企业的行为，视角更为外向和开放，更多注重和涉及企业经济方面的因素。商业模式创新的出发点，是如何从根本上为客户创造增加的价值。因此，它逻辑思考的起点是客户的需求，根据客户需求考虑如何有效满足它，这点明显不同于许多技术创新。

第五，商业模式创新表现得更为系统和根本，它不是单一因素的变化。它常常涉及商业模式多个要素同时大的变化，需要企业组织较大的战略调整，是一种集成创新。商业模式创新往往伴随产品、工艺或者组织的创新；反之，则未必足以构成商业模式创新。如开发出新产品或者新的生产工艺，就是通常认为的技术创新。技术创新，通常是对有形实物产品的生产来说的。

专栏 10 - 6   北京同仁堂的商业模式创新实践与评价

一、企业简介

同仁堂品牌文化底蕴深厚，在行业中树立了良好的口碑。业务涵盖现代制药业、零售商业和医疗服务三大板块。企业的发展定位是"打造国际知名、国内领先的以中医中药为核心的健康产业集团"。截至2017年末，集团拥有药品、保健食品等六大类产品2600余种，36个生产基地，105条现代化生产线，一个国家工程中心和博士后科研工作站。集团系统共有零售终端2121家（其中海外140家）；医疗服务终端（含中医医院、诊所）488家（其中海外80家）。

二、同仁堂商业模式创新实践

同仁堂在新环境中不断探索，基于现实情况采取了几大措施进行商业模式创新。

1. 从顾客角度提供新的价值

同仁堂在市场中积极对客户需求进行探索，努力提供让客户满意的产品和服务。例如现今人们生活速度节奏快，一些中药的使用方法比较复杂，同仁堂则给客户提供切片、粉碎、炮制等服务，方便顾客的使用；同时根据各个地区的特点、客户的消费习惯制定特有的销售策略，很好地满足了客户的心理需求。

2. 积极优化价值传递途径

近几年来，同仁堂一直在探索传统中药业务与电子商务的有效结合点，在 2015 年 10 月上线"天然淘"跨境电商平台的基础上，继续从传统营销渠道向互联网转型，成立了多个网上药店，旨在能够有更多的客户群体，发挥中药产品的独有优势等。同时同仁堂健康推出了多个微信公众号，为一些典型客户推广产品，增加了企业对外的渠道。2017 年同仁堂又选取了同仁堂漱口水和同仁堂娇韵紧润露进军微商领域。

3. 努力优化成本结构

企业的研发投入低，2016 年研发投入仅占销售额的 1.67%，而研发投入中的大部分是用在优化生产工序、环保处理、节能降耗等方面，这大大降低了企业的成本。

三、同仁堂商业模式创新评价

首先，从新产品的研发情况可以看出同仁堂目前仍旧依靠几个大的系列产品来维持企业竞争力，例如安宫牛黄丸、同仁大活络丸等。其次对新产品的研发投入显然是不足的，主要是一些产品进行四期临床、优化生产工序、环保处理和节能降耗等方面开展研究工作。再次同仁堂的销售模式仍是主要通过经销商渠道销往市场，最终到达终端，部分通过下属子公司同仁堂商业的终端零售药店实现销售，没有探索出与电子商务的有效结合点。随着医药行业的竞争加剧，同仁堂的商业模式需调整以适应新的市场环境。

（资料来源：笔者根据多方资料整理而成。）

二、商业模式创新的作用

商业模式创新的作用有以下几点：

第一，突破成长的天花板，跳跃性成长。一个做了很多年的企业，销售额却变化不大，原因绝对不会是管理模式的问题，往往是因为商业模式和资本模式没有运作到位，因为商业模式的限制，企业只能做这么多，商业模式不改变，就不能做更高的事情，商业模式必须改变，企业才可以获得跨越性的发展。

专栏 10 - 7　　　　　　　　　**美的进军智能家居**

正所谓变则通，通则灵。一个行业的变化，往往从领头羊身上观察得最为明显。家电行业的发展顺应时代和技术进行着重大的变革。随着物联网、云计算、移动互联等技术的快速发展和应用，智能家居在迅猛发展，一场新的智能生活浪潮正在掀起。从孤立的家电到联网的家电再到整屋智能家电，这几乎是公认的家电产业进化的基本路径。比如海尔激进变革，以人单合一模式推动组织重生。美的则以大数据、云计算和人工智能作为新企业架构的黏合剂，不惜牺牲增长速度来推动模式更新，之前的战略和当前的战略发生很大的变化。

2014 年 3 月初，美的集团发布了 M – Smart 战略，坚定不移地推进智慧家居战略，美的集团正由传统家电制造商，逐步转型为智慧家居生活的服务商。

自 2014 年 3 月宣布开放 M – Smart 智慧家居平台 SDK 后，美的在智能家居上可谓动作频频。美的智能家居"朋友圈"急速扩大。其中，和华为的联手基本实现打通了智慧家电、智能手机、智能路由器、智能平板电脑甚至是穿戴式设备的多种应用场景；与杜亚的合作是智慧家居向纵深的拓展，将各类电动窗帘、晾衣架、门窗等产品引入 M – Smart 平台；当年 8 月与 TCL 的合作更是真正实现了智能家电厂商之间的互联互通。

作为美的集团 M – Smart 大战略当中的重要一员，美的冰箱定位于"营养智慧管家"率先亮相。美的智能冰箱不仅仅是硬件方面的巨大提升，更是体验的大升级，在消费转型升级的时代潮流下，美的智能冰箱用技术改变了人们的生活方式，将全力推进冰箱产品的智能化普及，给消费者带来全新的营养健康生活方式，真正成为陪伴用户的专业化、个性化的高智慧生活管家。目前，美的智能产品已经涵盖 30 多个种类、年出货量超两亿元，智能单品出货量 2017 年达到 3000 万台，美的智慧生活服务全面上线运营。

在智能家居竞争日益激烈的时代，美的站在了智能制造转型升级的前端，引领企业智能化发展潮流。不断创新、不断完善、不断超越，走出一条独具特色的转型之路。

（资料来源：笔者根据多方资料整理而成。）

第二，切入高利润区的利器。对于任何一个企业，都有价值链，因为价值链本身价值的不同，投入的每一元钱，雇的每一人投在价值链上的不同环节，产生的回报绝对不一样，所以商业模式就要帮助企业切入高利润的环节中去。

第三，降低选择和试错的成本。浪费比贪污更可怕，因为贪污只有极个别人，而人人都可以浪费，但是决策失误比浪费更可怕，每个企业家投资人每天要面对大量决策，一个决策失误可以使所有资本一去不复返，而一个管理上的失误可能会挽回。所以商业模式可以给决策指明方向，减少决策的失误。

第四，最大化发挥资源作用。重资产公司最容易受金融危机的影响，如钢材、汽车、飞机等行业，因为重资产的公司，资源利用率低，比如联想集团 1984 年成立，发展到现在有两万多人，销售额超过 1000 亿元，但它的市值只有 200 亿元人民币，而金凤科技 1998 年创立，有 800 多人，市值 400 亿元人民币以上，金凤科技的市场价值要比联想高一倍以上，是因为它的资源利用率更高，而不是资产更高，销售额更高，是资源的利用率和利用水平更高，商业模式设计就是帮助企业提升资源效率和提升企业的价值。

第五，杠杆的力量——通过模式的力量以小搏大。众所周知，一个手指头不能戳破酒瓶，但如果拿一把枪，一个手指就能打破酒瓶了，手枪就是一个模式，模式可以把资源的力量放大。

第六，可以预期变化。中国有很多产品，如商务通、山寨机、背背佳，在几年里赚到很多钱，但他们的模式本身注定了产品走不远，看到一个模式，就知道这个企业的未来发展。

三、商业模式创新的类型

1. 微创新商业模式

微创新已成为近年来企业间最热话题,无论大企业还是中小企业,只要谈到创新,都言必称"微"。在消费者驱动的年代,当创新不再局限于技术上的变革时,微创新是中国企业努力的方向,重视用户体验,企业才能赢得用户的心。微创新是相对于颠覆式创新而言,从小处着手,不断贴近用户需求;快速出击,不断试错,最终获得市场认可。如微创新引起了企业各界的广泛关注,也营造了很多成功的案例(见表10 - 2)。

表10 - 2 微创新成功的案例

奇虎360	推出了众多微创新举措粘连用户,如网购保镖、微博卫士等系列产品
凡客诚品	凡客在用户体验上微创新,如30天无条件退换货、上门试穿等
联想	对乐系列产品的本土化微创新,勾勒具有竞争力的产品服务体系
海尔电器	海尔社区进行了针对空气盒子外形颜色的投票,根据网友的投票结果,推出了白色、荧光绿两款颜色的产品
暴风影音	解决众多格式不能播放问题,打包解码器
飞信	免费短信群发

专栏10 - 8 初创期的凡客诚品经营模式

2010年12月21日,2010年第六届最佳商业模式中国峰会上,主办方发布"2010年最佳商业模式十强企业",刚刚创办三年的凡客诚品,成为最年轻的十强企业之一。2010年凡客诚品营业额预计达到20亿元,相比2009年实现了超过200%的增长。创办凡客诚品的陈年,之前曾是国内老牌B2C卓越网的CEO,对于客户体验的研究拥有丰富的经验。以微创新为手段,以客户体验为服务目标,凡客诚品以远高于业界的速度在成长。

凡客诚品创办短短的三年多时间,凭借对电子商务互联网营销的深刻理解,不但超越了最初市场形态的竞争对手,而且不断以微创新方式提升客户体验。甚至B2C互联网的许多基于客户体验的基本性规则,都由凡客诚品所创新设立。"30天退换货保障""全场免运费""1000城市送货上门""货到付款"之类消费者承诺。这些虽然并不是B2C行业的标准性规则,却是吸引用户、刺激消费的最核心客户体验。

凡客诚品成立三年,包装盒更改过不下三次。在2007年公司成立最初,包装盒使用的是最简单朴素的、没有印LOGO的硬纸壳折叠盒子。没过多久,随着凡客诚品的快速成长与产品销量的快速提升,改变包装整体风格很快就被提上了议事日程。"应该精致高档一些,符合用户送礼等多方面的需求并且能够综合提升凡客诚品的品牌价值"。凡客诚品外包装后来又经过多次升级改革,最终被定型为三层牛皮纸外盒附加环保无纺布内包装。三层牛皮纸确保了硬度足够强,在快递过程中不会被压坏。同时根据顾客不同的商品购买量，凡客诚品都配以不同型号的外包装盒，具体的尺寸都是经过细致的手工测量确定的。无纺布袋是附在装衣服的塑料袋外面，让消费者在打开外包装的时候感觉舒服。凡客诚品的外包装从第二版开始，都是交由专业设计公司进行设计的。陈年个人对外包装的重视程度也是史无前例的，从原材料的挑选、LOGO 的露出、颜色的选择，都要由他最后确定。就是为了增强消费者在收到凡客诚品快递、打开精美包装一刹那的愉悦感，凡客诚品加大了在包装方面材料、仓储等的投入，花掉了占整体费用5%的钱在外包装上。

针对线上卖的每类商品，凡客诚品几乎都有对应的不同商品内包装，从鞋子到饰品、钱包、婴儿礼盒、领带等共有十多个不同款式，仅鞋子就分帆布鞋、雪地靴、皮鞋这几类的不同。在大多数人认为这些体验其实增加了凡客的麻烦和成本的时候，凡客诚品创始人、董事长兼CEO陈年却不这么认为。"这跟高档无关，只是为了增进消费者的亲近感。"

凡客诚品不断地从多个层面的"微创新"来提升用户体验——微创新制胜。商业模式除了模式本身到位外，还需要锤炼细节，凡客诚品在微创新上加固了其商业模式的优势。因而在第六届最佳商业模式评比中胜出。

（资料来源：笔者根据多方资料整理而成。）

2. 完善性商业模式创新

完善性商业模式创新是对企业原有商业模式进行不断完善，类似于我们之前提及的维持性创新，渐进性完善企业现有产品，向市场提供更具需求性的产品，逐步抢占更多消费人群以及销量。完善性商业模式创新其本质就是一种维持性、渐进性的商业模式创新。维持性创新本身也是一种渐进性创新。大量的小创新不断地改善着企业的技术状态，并在达到一定程度时导致质变的大创新。渐进性创新注重对原有商业模式的不断完善，由量变到质变，进而实现商业模式创新。

3. 改良性商业模式创新

改良性商业模式创新，是介于完善性商业模式创新和颠覆性商业模式创新之间而又与之有所区别的一种商业模式创新形式。改良性商业模式强调的是在原有的商业模式上有所完善，同时又在某些方面有一定的破坏性和颠覆性的创新，从而形成一种集完善与颠覆相互结合的创新。在创新的程度上来说，改良性商业模式创新对原有商业模式有所变革，同时变革的力度是有限的。所以对原有商业模式有所改良，但又缺乏革命性。改良性商业模式创新，我们一般可理解为构成要素的创新。就是通过改变商业模式的构成要素以及之间的关系，来实现商业模式创新。一般而言，我们认为企业产品服务（或价值主张）、目标客户、供应链（或伙伴关系）以及成本与收益模式是商业模式的核心构成要素。对于云计算企业而言，也是在探讨如何对原有商业模式要素进行有效组合，实现商业模式创新。对于很多企业，要想实现价值创造，就不能仅仅停留在盈利模式方面，而且还要考虑资本运作、考虑组织能力、考虑资源整合能力等，通过对企业主要涉及的构成要素，来实现对原有商业模式进行改良性的商业模式创新。

4. 颠覆性商业模式创新

颠覆性创新是对原有的商业模式实现破坏性毁灭的同时，创造出一种全新的商业模式。破坏性创新是使企业显著改变传统竞争规则，并改变现有市场需求的创新。颠覆性创新源自熊彼得的破坏性创新，也就是对企业进行完全颠覆性或者破坏性创新。可以说，企业商业模式本身是一种破坏性商业模式，是对原有商业模式的完全颠覆性的商业模式创新，即重新定义顾客价值、改变提供产品或服务的路径、改变收入模式等方式实现。如何整合企业内外创新资源，实现创新要素的有效配置和运用，以创造出全新的商业模式，是企业商业模式创新成败的关键。

专栏 10 - 9　　抓住新零售契机，永辉超市迈开商业模式创新步伐

一、企业简介

永辉超市成立于 2001 年，是中国大陆首批将生鲜农产品引进现代超市的流通企业之一，被国家七部委誉为中国"农改超"推广的典范，被百姓誉为"民生超市、百姓永辉"。永辉已发展成为以零售业为龙头，以现代物流为支撑，以现代农业和食品工业为两翼，以实业开发为基础的大型集团企业。位居 2017 年中国连锁百强企业六强、中国快速消费品连锁百强四强。

永辉超市 2017 年年报显示：公司实现营业总收入 585.91 亿元，同比增长 19.01%，归属于上市公司股东的合并净利润 18.17 亿元，同比增长 46.28%。

二、新零售时期永辉超市商业模式创新路径

互联网、大数据和实体经济的深度融合促进了新零售模式的产生。作为传统的零售超商企业，永辉超市先后推出"彩食鲜""超级物种"等创新业务，成为传统零售企业新零售转型的探路者和引导者。

2015 年 5 月以来，永辉超市推出永辉云超、永辉云创、永辉云商、永辉云金四大板块，进行战略和业务布局。如图 10 - 9 所示，永辉超市的战略布局主要由三部分组成：线下实体店布局、线上平台布局和新零售创新布局。

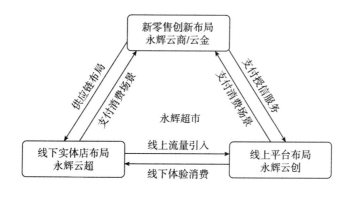

图 10 - 9　永辉超市战略布局

1. 线下实体店布局

永辉超市以永辉云超平台进行线下实体店布局，现有的实体店包括红标店、绿标店、Bravo 精标店、会员店、超级物种五种业态。

传统红标店针对大众平民消费者，以种类丰富、质优价廉的大卖场为特色；绿标店针对中端消费群体，以海量的进口商品和品牌商品、舒适的购物环境和体验为特色；Bravo 精标店针对中高端消费群体，以现代化的装修陈列、电子智能化的标签及结算系统、多元化的餐饮休闲服务为特色；会员店针对中高端社区消费者，以社区体验、线上线下结合和高效配送为特色；"超级物种"店针对中高端消费体验群体，以"零售 + 餐饮"的多元化产品服务、丰富的消费场景为特色。

"超级物种"是永辉超市新零售创新的重要布局。2017 年 1 月 1 日，首家永辉超级物种店在福州落地，650 平方米的门店拥有 1000 多种单品，鲜鱼工坊、麦子工坊、盒牛工坊、波龙工坊、咏悦汇、生活厨房、健康生活有机馆、静候花开花艺馆等八家铺面和 100 平方米左右的顾客用餐区。"超级物种"以优质的商品、多样化的餐饮服务、现代舒适的购物空间、线上线下的融合机制成为新零售探索的成功典型。

永辉超市线下多品牌战略扩大了目标消费群体，精准的品牌定位增强了细分领域的市场竞争力。此外，不同种类的实体店间也存在着竞争合作关系，一方面他们争夺优质的消费群体，另一方面不同的实体店互相提供业务支撑。

2. 线上平台布局

永辉超市以永辉云创平台进行线上平台布局，采用自营电商和第三方电商平台进行销售。

（1）自营电商：永辉生活 App，它覆盖永辉 Bravo 绿标店、永辉会员店、超级物种三大线下门店，支持现金、银行卡、永辉在线会员卡和支付宝、微信第三方移动支付，同时自建短途物流配送体系。

（2）第三方电商平台：京东官方旗舰店，通过这一平台为消费者提供安全高质、品类丰富的商品，支付结算由平台方京东负责。此外，京东为永辉超市提供平台流量整合功能、物流配送和售后服务。

3. 新零售创新布局

永辉超市以永辉云商和永辉云金平台进行新零售创新布局，探索新零售商户端供应和新金融领域。

（1）永辉云商：建设"彩食鲜"中央厨房，打造食品供应链公司。"彩食鲜"现有业务包括三类：向中高端餐饮企业、机关企事业单位、连锁酒店及便利店供应生鲜食材；为永辉超市旗下各实体店提供生鲜货品；利用"彩食鲜"App 向永辉自有电商平台和其他生鲜电商平台供货。

（2）永辉云金：获批民营银行、商业保理、小额贷款三大牌照，打造零售产业银行。目前，永辉超市已取得民营银行、商业保理、互联网小贷等金融牌照，开展相关业务：组建福建华通银行、开展支付和财富管理服务，解决永辉零售体系内的支付和授信问题，推动企业资源优化配置；设立永辉青禾商业保理公司，为零售产业供应链中的中小企业提供贸易融资，以此为依托构建永辉全供应链；推出永辉小贷，一方面为零售业相关中小企业提供融资服务，另一方面为消费者和员工提供消费信贷服务。

永辉超市顺应新零售契机进行商业模式创新，从传统的零售超商不断转型，提升企业综合能力，取得了一定的发展成果。

（资料来源：笔者根据多方资料整理而成。）

四、商业模式创新的路径

商业模式创新的途径必须是可操作的，并且能够产生充分增长的、比竞争对手更有优势的。可以把商业模式创新的途径归纳为六种：

第一，重新定义顾客。顾客需求不断发生变化，企业根据这种变化重新定义顾客，选择新的细分顾客，提出相应的顾客价值主张。

第二，提供特别的产品或服务。产品的差异化是竞争优势的一种重要来源，提供特别的产品或服务的商业模式是难以模仿的，能够为顾客创造独特的和附加的价值。

第三，改变提供产品或服务的路径。改变提供产品或服务的路径就是要改变分销渠道，企业可以通过增加或压缩渠道的层次和环节，改变与分销商的合作形式，或者采用全新的渠道，节省成本，提高分销的效率。

第四，改变收入模式。收入模式定义了企业的商业模式如何取得收入，包括收入的介质：选择什么产品或服务获得收入；交易方式：通过什么样的方法和渠道取得收入；计费方法：怎样对收入介质定价。灵活地改变收入模式中的这些要素，可以刺激顾客的消费欲望，增加购买，或者提高单位产品的收入。

第五，改变对顾客的支持体系。顾客需求越来越趋向个性化，企业非常有必要建立对顾客的回应处理和支持体系，对顾客的要求和投诉做出处理，对顾客提供技术、服务等多方面的支持。

第六，发展独特的价值网络。在高度竞争的环境中，企业考虑利润产生的环节和自身实力，在价值链中选择合理的位置，发展与供应商、分销商、合作伙伴的联系，发挥协同效应，形成共同为顾客提供价值的网络。包含独特联系的价值网络。

五、移动互联网下的商业模式创新

相比桌面互联网使用的长时性、电脑的固定特性及使用环境的安静性，移动互联网具有碎片化和高度移动的特征，由此衍生出商业模式创新方向。

手机具有随身携带的移动特征，手机与用户之间一一对应的关系，为基于身份识别技术上的位置服务和移动支付等新商业模式提供了可能。

身份识别包含两方面含义：一是通过实名制等方式，手机与用户存在一一对应的关系，手机可以作为用户身份认证的工具。这对于传统的身份认证是一种冲击，在将来，一部手机包含了用户的所有信息。二是基于上述对应关系，用户通过手机所做的任何事情都是有迹可循的，并且可以通过分析手机用户的行为，衍生出一系列业务。移动支付和位置服务就是身份识别的两大应用。

移动支付主要是指借助手机、通过无线方式所进行的缴费、购物、银行转账等商业交易活动。按照支付距离，手机移动支付可分为远程支付和现场支付。其中，远程以各家银行推出的"手机银行"为代表业务，而现场支付则主要利用 RFID 射频技术，使手机和自动售货机、POS 终端、汽车停放收费表等终端设备之间的本地化通信成为可能。目前，移动支付有四种类型：电子商务企业主导型、电信运营商主导型、金融机构主导型和第三方支付平台主导型。

位置服务 LBS（Location – Based Services）是移动互联时代全新的业务模式，尽管盈利之路仍在探索之中，但巨大的潜在市场足以令各方垂涎。

由于终端的高度移动性，使得碎片化成为移动互联时代的重要特征。以往碎片化时间、垃圾时间成为聚沙成塔的商业沃土。举一个简单的例子，乘坐公交车。从等车到乘车再到下车，大多数人会掏出手机，看新闻、发微博、玩游戏或查地图。简单的例子表明，在高移动的碎片化时间段里，以手机为载体的移动互联网在满足用户碎片化信息、碎片化娱乐的需求具有广阔的商业前景。事实上，碎片化包含两方面含义：一是时间的碎片化，即每次上网的时间较短；二是信息的碎片化，即海量信息包围下，个体感兴趣的信息仅仅是一小部分。基于此，移动互联网时代商业模式出现了两个新变化：一是"微"模式，如碎片化需求下的微阅读、微博、微应用、微视频等；二是"圈"模式，信息碎片化后，人们面对海量信息，会建立以自我为中心的信息圈、交际圈，从而进一步催化 SNS（Social Networking Service）产业。

"微"模式催生了微阅读、微应用、微博、微视频等新业务模式。微阅读包括手机上网阅读和电子书；微应用是各类手机应用程序；微博是简约版的博客；微视频则是适合在手机上观赏的各类短小视频节目。这些"微"模式并非由技术驱动，用户在手机上阅读和观看视频与在电脑上阅读与观看视频的差异仅仅是文本格式，微博与博客的差异仅仅是字数限制，而微应用较网游还更为简单，它们之所以能够爆发，核心点就是满足了移动时代碎片化的需求。

"圈"模式则是碎片化下打造以个人为中心的交互平台。面对海量化的信息，碎片化摄取的用户，开始逐步建立以个人为中心的信息、娱乐交互平台，这将进一步催化 SNS 产业。手机终端"随时随地、永远在线"的特点使得手机与社交服务成为天生一对，大大增加了手机用户对社交网络服务的需求。在此背景下，不仅各类 SNS 网站大行其道，如 Facebook 成为全球第三大"国度"，而且各大互联网也纷纷涉足 SNS 领域，如 Google、百度、新浪。

移动互联网这片"蓝海"还有巨大的挖掘潜力和开拓空间，如何突破现有的商业模式，利用创新商业模式创造无限的商机是运营商应该着重思考的问题。

专栏 10 – 10　　第一家独立上市的移动聚合资讯平台——趣头条

趣头条的成功上市，再次刷新了中国互联网企业最快上市纪录，从 2016 年 6 月 8 日趣头条 App 上线，到成功登陆纳斯达克，趣头条仅仅用时 2 年零 3 个月。本次 IPO 融资额为 8400 万美元，对应市值约 21 亿美元。虽然募集的资金不多，但能上市，对于趣头条这样一家仅成立两年的互联网公司而言，已然是超出了绝大部分同行的成绩。有可能是中国公司的一个纪录，如此"火箭般"的上市速度，背后是趣头条用户量的激增。重要的不是上市的速度，而是能够做到怎样的商业价值和社会价值。

趣头条是手机上的移动应用，是移动端的内容平台。主要的业务是通过人工智能算法，向用户推荐个性化的内容，包括图文、短视频。经常用手机看新闻的都知道，目前移动端的新闻类 App 有今日头条客户端、腾讯的天天快报、网易新闻客户端等。似乎这些背靠大公司的新闻类 App 已经把持了大部分相关流量，但趣头条在短短两年内快速崛起，仅次于今日头条，靠的自然不是证明硬刚，而是"非对称式打法"。传统媒体是由编辑决定每个用户看到的东西，而且每个用户看到的东西是没有区别的。即便在互联网时代的前 20 年，这个逻辑也没有变化。但从人工智能算法兴起以后，每个用户看到的内容，是算法根据用户自己的兴趣、自己以前的行为决定的，所以每个人看的东西不一样，这是一个非常大的逻辑升级。趣头条 App 于 2016 年 6 月正式上线，瞄准的是"下沉市场"，该平台以娱乐、生活资讯为主体内容，通过整合海量兼具乐趣和价值的信息内容，依托于强大的智能化数据分析系统，为下沉市场受众提供精准的内容分发服务，并通过对平台内容持续优化和创新，不断满足下沉市场人群日益增长的在线娱乐内容需求。短短两年多的时间，趣头条一跃成为移动内容聚合 App 独角兽。也就是说中国的移动互联网七八亿的日活用户，每个人每天花四个小时，全中国用户花的时间是 30 亿小时，趣头条占了其中 3000 万小时，可以说中国人花在手机上时间的 1%，是在趣头条上面。

截至 2018 年 8 月，趣头条 App 的累计装机量达 1.81 亿，月活用户 6220 万，在两年时间内跃居内容聚合领域第二名，仅次于今日头条。营收方面，截至 2018 年 6 月 30 日，趣头条半年的营收额达 7.178 亿元人民币（合 1.085 亿美元），超过 2017 年全年数据，增长势头很明显。

（资料来源：笔者根据多方资料整理而成。）

【章末案例】 **沈阳机床跨越式裂变之路**

沈阳机床（集团）有限责任公司于 1995 年 12 月通过对沈阳原三大机床厂——沈阳第一机床厂、沈阳第二机床厂（中捷友谊厂）、辽宁精密仪器厂资产重组而组建。1996 年 7 月 18 日在深交所挂牌上市，股票代码 000410。主要生产基地分布在中国的沈阳、昆明以及德国的阿瑟斯雷本。2004 年机床产销量突破五万台，其中数控机床产销量突破六千台，机床产销量多年来始终居国内同行业首位。

公司主导产品为金属切削机床，包括两大类：一类是数控机床，包括数控车床、数控铣镗床、立式加工中心、卧式加工中心、数控钻床、高速仿形铣床、激光切割机、质量定心机及各种数控专用机床和数控刀架等；另一类是普通机床，包括普通车床、摇臂钻床、卧式镗床、多轴自动车床、各种普通专机和附件。共 300 多个品种，千余种规格。市场覆盖全国，并出口 80 多个国家和地区。

公司的中高档数控机床已成批量进入汽车、国防军工、航空航天、轨道交通等重点行业的核心制造领域。"十五"期间囊括机床行业三个"十五"科技攻关课题项目，研制的轨道梁加工生产线等数控机床产品已达到国际领先水平；2004 年成功并购具有 140 年重型机床制造历史的德国希斯公司，重组了素有"中国金牌出口基地"之称的云南 CY 集团有限公司，标志公司已经开始步入国际化经营轨道。公司的发展目标是打造世界知名品牌，创建世界知名公司。`2009 年《中国机械 500 强研究报告》暨《世界机械 500 强》发布会于 7 月 30 日在北京人民大会堂隆重举行，沈阳机床（集团）有限责任公司再次入选"中国机械 500 强"，位居第 48 位，比上一年提高 8 位。此次活动是由中国机械工业企业管理协会主办，机械工业经济管理研究院和世界经理人集团联合承办。2009 年 10 月，沈阳机床研制的国产首台（套）数控机床——STM200160 数控立式龙门复合车铣中心获得沈阳市政府 1000 万元的研制补助资金的支持；该机床于 2007 年 8 月通过了中国机床工具工业协会组织的国内首台（套）国产数控机床认定；STM200160 数控立式龙门复合车铣中心采用内装式滑枕结构、双电机同步驱动横梁结构等先进的结构和技术，可以实现车、镗、钻、攻丝及铣削复杂零件的加工，能满足重点行业建设项目需求；产品填补了国内同类产品空白，可替代进口，对提高民族装备工业水平、增强国防实力具有重要作用。2011 年入选首批"国家技术创新示范企业"，全国上榜企业仅 55 家。

目前，沈阳机床集团正在由过去只注重生产制造转变为重视研发和市场；同时，正在扎实推进"以客户为中心"的战略理念转变，即在产品结构、技术方向、经营结构、组织结构、人力结构、管理流程六个方面进行系统性变革，确立以客户为导向的企业系统性集成创新，不断提高客户服务质量和提升客户服务速度。为此，沈阳机床集团确立了由生产制造向研发制造、高技术产品方向发展，并提出制造服务化、服务高科技化经营战略。基于此，近年来沈阳机床集团积极进行变革，主营业务收入快速增长。战略变革前期，沈阳机床也面临着发展的各种关键问题，主要包括：第一，老工业区规划建设的不合理，成为企业发展的桎梏。第二，沈阳机床集团在国内机床市场上处于"低端混战，高端失守"局面。第三，创新能力差，营销模式单一。

认识到这些发展中的问题后，沈阳机床开始进行重组、并购等裂变之路。沈阳机床集团自重组以来，每年根据其自身发展特点提出相应的企业发展战略，使企业紧随市场变化，以较快的速度不断发展壮大。从 2005 年到 2011 年，沈阳机床集团以搬迁重组为契机，一直致力于推进各项变革，包括生产运作、流程再造、管理理念转变、营销模式转型和盈利能力提升等，各方面都取得了显著的成效。

沈阳机床根据自身发展中存在的问题，仔细剖析变化、顾客及竞争之间的关系，制定了符合自身发展的战略，并开始进行战略变革。

从自主高端的产品到战略独特的 OEM，再到"4S"店的独特模式直至产学研的深度合作，沈阳机床按照自己的创新战略发展（见图 10 - 10），取得了不菲的成绩。

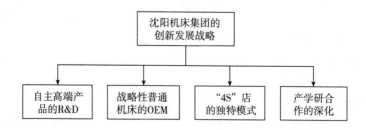

图 10 - 10　沈阳机床集团的创新战略模式的跨越式裂变

第一，自主高端产品的研发。自 2007 年组建数控系统研发团队以来，每年投入上亿元资金攻关，终于在 2009 年取得了技术上的突破，成功研制出"飞阳"牌数控系统。经过两年多的试用，该系统的软件与硬件通过了严格的集成测试，运行起来稳定、高效，具有独特的优势，具备了大批量应用的条件，这标志着中国机床产业将告别"空芯化"，从根本上解决了自主创新的核心技术难题。

2011 年年底，沈阳机床集团经不懈努力，率先攻克困扰我国数控机床发展的核心技术——数控系统，使其进入全新的发展阶段。

沈阳机床集团为了实现企业质的飞跃，从战略发展的内在需求和承担民族使命的战略高度出发，确立了自主高端产品 R&D（Research and Development）的创新战略，将资源重点向中高端数控产品倾斜，逐步提升中高端产品比重，在新产品 R&D 方面则更注重商业化运作。

第二，战略性普通机床的 OEM。2010 年 11 月，沈阳机床集团推出一个加快自身产品结构革命性调整的战略性举措，即运用 OEM 方式，将占据市场绝对优势的普通机床产品面向全球招商，整体扩散和生产。沈阳机床集团推出的这一创新战略，遵循的是战略管理理论之一的波士顿矩阵分析法。依据波士顿矩阵分析法理论，企业经营者的任务，是通过对定位于四个象限中的企业全部经营业务的分析，掌握产品结构的现状及预测未来市场的变化，进而有效地、合理地分配企业的经营资源。在产品结构调整中，企业经营者不是在产品到了"瘦狗"阶段才考虑如何撤退，而应在"现金牛"阶段时就考虑如何使产品造成的损失最小而收益最大。

由图 10-11 可知，数控机床处于高增长率、高市场占有率象限内的产品群，属于明星业务，应该重点发展，成为未来的现金牛产品；镗床产品在低增长率、低市场占有率象限内的产品群，无法为企业带来收益，应尽快淘汰或者采取代工生产。

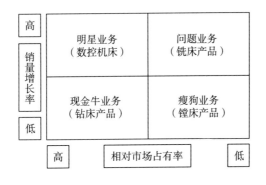

图 10-11　沈阳机床集团的波士顿矩阵

第三，"4S"店的独特模式。沈阳机床集团提出"买机床像买汽车一样，享受着精心系统化服务支持，产品的销售一定要与完善的服务相伴相形"这一独特的客户服务理念，并为此设立了"4S"店模式。"4S"店提供集产品展示、销售、配件服务、技术服务为一体的服务，这是沈阳机床集团在业界的独特创造，也是其营销模式转型的重要举措之一。其目的不仅仅局限于卖产品，而是以产品为载体，向上下游延伸并提供相关技术服务，以获取产业链上最丰厚的利润。

第四，产学研合作的深化。近年来，沈阳机床集团为进一步提升企业的核心竞争力，提高其在数控机床市场的竞争能力，先后与国内许多知名院校、科研单位和同行业企业进行了深度的产学研合作发展。2008年底，沈阳机床集团联合清华大学、同济大学、北京航空航天大学、中科院沈阳计算所等15家单位，建成以沈阳机床集团为依托的国家高档数控机床重点实验室、国内行业数控机床产业技术创新联盟。此外，沈阳机床集团与德国柏林工业大学、德国鲁尔大学、德国RAP公司等国外科研机构建立了广泛的技术合作联盟，与意大利菲迪亚、深圳麦格米特等企业组成了数控系统核心技术战略研发联盟，并积极开展与德国德马吉、日本森精机的合资合作，加快建设重大型数控机床生产基地。产学研合作的积极开展，使得沈阳机床集团在技术改造能力与创新能力方面不断提高，企业核心竞争力不断增强。

企业在发展的过程中总是会面临来自外部竞争与内部条件的变化，如何在动态发展的环境中，正确认识自己的优劣势，是目前企业需要明确的问题。企业的发展并非一朝一夕之事，我们应该学会在动态竞争的世界里及时选择合适的时机、策略以及领域，将企业进一步发展壮大。

资料来源：笔者根据多方资料整理。

【问题思考】

1. 战略变革的内涵是什么？
2. 战略变革的动因有哪些？
3. 简单描述战略变革的模型。
4. 战略变革的阻力来源于哪些方面？
5. 对商业模式创新的认知。

【参考文献】

[1] 黄卓龄. 关于李宁品牌重塑的思考 [J]. 江苏商论, 2011 (10): 119 – 121.

[2] 张森, 杨逸臣. 中国体育用品产业国际化发展策略研究 [J]. 山东体育学院学报, 2012 (2): 18 – 23.

[3] 常凤英. 我国体育品牌营销的国际化发展战略——以李宁公司为例 [J]. 中国商论, 2015 (34): 1 – 3.

[4] 陈晓平. 李宁的破和立 [J]. 21世纪商业评论, 2018 (4): 26 – 27.

[5] 本刊编辑部. 万达：四次转型成就企业航母 [J]. 城市开发, 2013 (14): 24 – 25.

[6] 张宁. 我国房地产开发企业的战略转型研究 [D]. 武汉：华中师范大学, 2015.

[7] 唐巍. 万达商业地产开发模式分析与对策 [D]. 沈阳：沈阳大学, 2014.

[8] 徐海川, 陈溪. 上市公司并购定向增发方式与股权治理——基于格力电器收购珠海银隆失败案的分析 [J]. 财会通讯, 2018 (4): 8 – 11.

[9] 程航. 格力130亿的"跨界" [J]. 中国连锁, 2016 (9): 56 – 58.

[10] 孙麒翔, 石飞月. 议案遭否决 格力造车暂缓 [N]. 北京商报, 2016 – 11 – 01 (003).

[11] 张俊. 格力11年来首次不分红 [N]. 南方日报, 2018 – 04 – 27 (A15).

[12] 李芳, 蔡红晖. 海尔集团组织变革策略分析 [J]. 石油化工管理干部学院学报, 2015, 17

（2）：70 - 73.

［13］谢姣．海尔集团战略规划下的商业模式变革研究［J］．经济研究导刊，2018（8）：5.

［14］丁军杰．海尔：打造"互联网＋"创客平台［J］．中国品牌，2015（4）：26 - 28.

［15］邓丹，姜斌．互联网时代的品牌营销模式转型——以海尔企业的品牌战略为例［J］．美与时代（城市版），2015（12）：116 - 117.

［16］海尔集团人力资源平台．按单聚散——海尔生态平台上的人力资源管理新模式［J］．企业管理，2015（3）：6 - 13.

［17］陈明，孟鹰，余来文．战略管理：理论应用和中国案例［M］．北京：经济管理出版社，2014.

［18］黄旭．战略管理：思维与要径：第3版［M］．北京：机械工业出版社，2015.